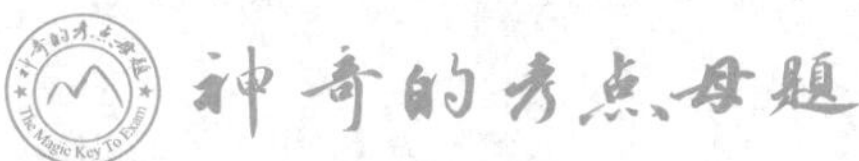

2023年 注册会计师全国统一考试

公司战略与风险管理

应试指导及母题精讲

编著◎王峰娟　刘胜

神奇母题® ①

团结出版社
UNITY PRESS

图书在版编目（CIP）数据

公司战略与风险管理应试指导及母题精讲 / 王峰娟，刘胜编著. -- 北京 : 团结出版社 , 2023.3
ISBN 978-7-5126-9983-0

Ⅰ. ①公… Ⅱ. ①刘… Ⅲ. ①公司—企业管理—资格考试—自学参考资料②公司—风险管理—资格考试—自学参考资料 Ⅳ. ① F276.6

中国版本图书馆 CIP 数据核字 (2022) 第 245669 号

出　版：团结出版社
（北京市东城区东皇城根南街 84 号 邮编：100006）
电　话：（010）65228880 65244790
网　址：http://www.tjpress.com
E-mail：65244790@163.com
经　销：全国新华书店
印　刷：涿州汇美亿浓印刷有限公司
装　订：涿州汇美亿浓印刷有限公司

开　本：185mm × 260mm　16 开
印　张：24
字　数：338 千字
版　次：2023 年 3 月 第 1 版
印　次：2023 年 3 月 第 1 次印刷

书　号：978-7-5126-9983-0
定　价：80.00 元

前　言

注册会计师考试科目多、难度大，需要考生投入大量的备考时间。本套神奇母题注会系列辅导教材，以考点母题为核心，从命题规律和考生学习规律出发，按照最新考试大纲和教材精心编写。本套辅导教材的特点包括：

1. 考点母题化

考点母题是根据命题规律和考试大纲，将教材内容中出题的考点进行精准锁定，同时将考点对应的真题出题方向和选项进行全面、精准归纳，形成真题出题的原料库。考点母题搭建起教材和考试之间的桥梁，掌握了考点母题就掌握了考试的秘方，解决了考生“学习学得好但考试不一定考得好”的问题，让考试更轻松，过关更高效。

2. 习题子题化

将考点母题按照真题的范式衍生出考点子题，考点子题完全按照真题的难度和要求命制，是高质量准真题。通过练习考点子题，掌握考点母题衍生真题的规律，举一反三，有的放矢，拒绝题海战术。把好题练好，练熟。

3. 教材形象化

看漫画学注会，将教材海量文字内容通过漫画的形式或图表的形式进行展示，将公式形象化，让教材通俗易通、一目了然。本书将核心考点内容都漫画化了，核心公式都形式化、可视化了，让内容更生动，学习更有趣。

4. 记忆口诀化

根据各科目考试特点，将需要记忆的考点总结成朗朗上口的记忆口诀，让考点入心入脑，不但让考生学会考点内容和母题内容，还让考生能轻松地记忆和准确运用。

5. 书课一体化

本套辅导教材为神奇母题课程的授课讲义，完全书课一体。神奇的考点母题授课团队均为高校教授、博士（生），考点把握精准、授课专业精彩、课时精短高效、课程资料精致。书中部分考点母题配有考点视频二维码，方便考生立体学习。

《公司战略与风险管理》是注册会计师考试中难度相对较低的一门科目，特点是理论性强，考点多，记忆量大。近年来战略考试题量较大，同时也越发灵活，要求既要记忆知识点，又具有案例分析能力，还要提高做题速度，而考试难度的提升，要求学生对知识点的掌握程度也相应提升。为了帮助大家通过考试，本书在编写过程中，设置了【考点母题】【考点子题】栏目，将战略考试真题高度总结、浓缩，并辅助以表格，漫画等帮助理解记忆，使考生以最短的时间熟悉考点，并在理解的基础上记忆考点，提高备考效率。本书由王峰娟教授、刘胜博士生编著，靳会芳、刘文虎参与校对、编辑等工作，共同为学员提供一份高效拿下 CPA《公司战略与风险管理》的通关宝典。

神奇的考点母题教研团队

王峰娟 教授 博士

北京工商大学财务系教授，博士生导师

中央财经大学管理学博士

中国注册会计师非执业会员

第十三届、第十四届北京市政协委员

九三学社北京市市委委员

曾任财政部会计资格评价中心专家

教育部新世纪优秀人才

北京市中青年骨干教师

国家一流专业、一流课程主讲教师

主持国家社科基金项目 2 项、北京社科基金项目 1 项

参与国家社科重大基金项目、重点基金项目多项

发表学术论文 80 多篇

出版专著、教材十余部

神奇的考点母题创始人

多家企业执行董事、法定代表人

多家上市公司独立董事

刘胜 博士生

北京工商大学金融学博士生

首都经济贸易大学管理学硕士

北京理工大学 MBA 投资学授课导师

首都经济贸易大学 MBA 创业导师

云胜商学院院长

云胜投资总经理

目　录

第 1 章　战略与战略管理

本章思维导图

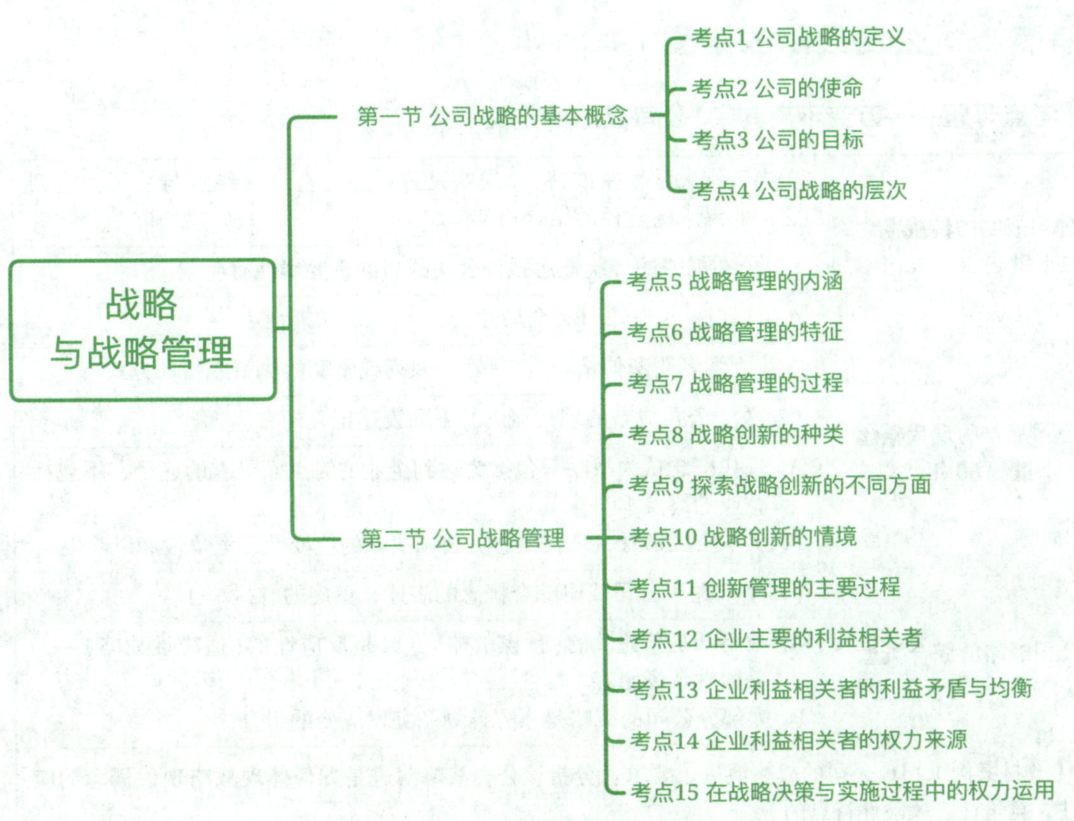

近5年题型题量分值

年份	2017	2018	2019	2020	2021	2022
单选题	–	1 题 1 分	1 题 1 分	1 题 1 分	2 题 2 分	2 题 2 分
多选题	1 题 1.5 分	1 题 1.5 分	1 题 1.5 分	1 题 1.5 分	–	2 题 3 分
简答题	–	–	–	–	1 题 2 分	–
综合题	–	1 题 2 分	–	–	1 题 2 分	–
合计	1.5 分	4.5 分	2.5 分	2.5 分	6 分	5 分

本章主要介绍公司战略的基本概念和公司战略管理，涉及到的基本概念和原理是深入学习其他章节的基础。每年平均考 2–6 分，重点考查战略创新管理及公司的使命和目标。23 年教材本章没有实质性变动。

第一节　公司战略的基本概念

考点1 公司战略的定义（★客观题）

【考点母题——万变不离其宗】公司战略的定义

公司战略的**传统概念**（二十世纪60、70年代）	美国哈佛大学教授波特：“战略是公司为之奋斗的终点与公司为达到它们而寻求的途径的结合物。”
	(1)公司战略的传统概念强调公司战略的重要属性有(　　)。
	A. 计划性　　B. 全局性　　C. 长期性
公司战略的**现代概念**（二十世纪80年代以来）	加拿大学者明茨伯格：战略是“一系列或整套的决策或行动方式”。
	(2)关于公司战略的现代概念，下列表述正确的有(　　)。
	A. 现代概念认为战略只包括为达到企业的终点而寻求的途径，不包括企业的终点本身 B. 从本质区别看，现代概念更强调战略的应变性、竞争性和风险性
公司战略的**综合概念**	(3)下列关于公司战略综合概念的表述，正确的有(　　)。
	A. 战略既是预先性的(预谋战略)，又是反应性的(适应性战略)——美国学者汤姆森 B. 大部分公司的战略是事先计划和突发应变的组合
(4)【教材案例1.1】G公司的战略演进。要求：分析该公司战略演进是如何体现战略现代概念的应变性、竞争性、风险性特点的。	

【考点子题——举一反三，真枪实练】

[1] (2013年·多选题)公司战略的现代概念强调战略的(　　)。

A. 全局性　　B. 竞争性　　C. 风险性　　D. 应变性

[2] (2018年·多选题)甲公司是一家手机游戏软件开发商。该公司为实现预定的战略目标，借助大数据分析工具，及时根据市场需求的变化调整产品开发和经营计划，成效显著。下列各项中，对甲公司上述做法表述正确的有(　　)。

A. 甲公司的战略是理性计划的产物

B. 甲公司的战略是在其内外环境的变化中不断规划和再规划的结果

C. 甲公司采取主动态势预测未来

D. 甲公司的战略是事先的计划和突发应变的组合

考点 2 公司的使命（★★★，客观题和主观题）

使命主要阐明企业组织的根本性质与存在理由（50 年以上的目标），一般包括目的、宗旨、经营哲学三个方面。

图 1-1　公司使命（目的、宗旨、经营哲学）

【考点母题——万变不离其宗】公司的目的、宗旨与经营哲学

公司目的	（1）下列关于公司目的的表述中，正确的有（　）。	
	A. 公司目的是企业组织的根本性质和存在理由的直接体现 B. 公司作为营利性组织，其首要目的是为其所有者带来经济价值 C. 公司其次的目的是履行社会责任，以保障企业主要经济目标的实现	【说明】非营利组织（比如红十字会）其首要目的是提高社会福利、促进政治和社会变革，而非营利。
公司宗旨	（2）下列关于公司宗旨的表述中，正确的有（　）。	
	A. 公司宗旨旨在阐述公司长期的战略意向 B. 公司宗旨的具体内容主要说明公司目前和未来所要从事的经营业务范围，即公司的业务是什么 C. 公司宗旨反映出公司的定位	【说明】公司的业务范围应包括企业的产品（或服务）、顾客对象、市场和技术等几个方面。
经营哲学	（3）下列关于公司经营哲学的表述中，正确的有（　）。	
	A. 经营哲学是公司为其经营活动方式所确立的价值观、基本信念和行为准则，是企业文化的高度概括 B. 经营哲学主要通过公司对利益相关者的态度、公司提倡的共同价值观、政策和目标以及管理风格等方面体现出来 C. 经营哲学同样影响着公司的经营范围和经营效果	
	（4）【教材案例 1.2】要求：简要论述公司使命对公司的经营范围和经营业绩的影响。	

【考点子题——举一反三，真枪实练】

[3]（经典例题·单选题）母公司要求其子公司在经营过程中遵守法律法规，这体现的

是(　)。

A. 公司宗旨　　B. 公司目的　　C. 经营哲学　　D. 公司目标

[4] (2019年·单选题)云飞公司最初是一家电子商务企业，后来成长为业务涵盖网上商城、餐饮、酒店和物流的大型多元化公司。云飞公司的发展体现了公司(　)。

A. 宗旨的变化　　B. 经营哲学的变化

C. 公司目的的变化　　D. 战略层次的变化

[5] (2015年·单选题)以营利为目的而成立的组织，其首要目的是(　)。

A. 保证员工利益　　B. 实现经营者期望

C. 履行社会职责　　D. 为其所有者带来经济价值

考点3 公司的目标(★★客观题)

公司的目标是公司使命的具体化(完成期限、定量化、具体指标)。

【考点母题——万变不离其宗】公司的目标(具体vs抽象、短期vs长期、功利vs非功利)

<table>
<tr><td colspan="3">(1)下列关于公司目标的说法，正确的有(　)。</td></tr>
<tr><td colspan="3">A. 公司目标不是抽象的，而是行动的承诺，借以实现企业的使命</td></tr>
<tr><td colspan="3">B. 公司目标也是一种用以衡量工作成绩的标准，换句话说，目标是企业的基本战略</td></tr>
<tr><td rowspan="3">C. 公司目标是一个体系</td><td colspan="2">(2)从整个公司的角度看，公司管理层需要建立的目标体系有(　)。</td></tr>
<tr><td>A. 财务目标体系(定量、结果)</td><td>具体指标有：市场占有率、收益增长率、投资回报率、股利增长率、股票价格评价、现金流、公司的信任度等。</td></tr>
<tr><td>B. 战略目标体系(定性、过程)</td><td>具体指标有：市场竞争优势；在产品质量、客户服务或产品革新、成本、技术等方面压倒竞争对手；提高声誉；在国际市场的强大立足点；持久竞争力；抓住成长机会等。</td></tr>
<tr><td colspan="3">D. 公司目标体系应该从短期目标和长期目标两个维度体现出来</td></tr>
<tr><td colspan="3">E. 目标体系的建立需要所有管理者的参与</td></tr>
</table>

【考点子题——举一反三，真枪实练】

[6] (2020年·单选题)天鸣公司是全球领先的通信基础设施和智能终端提供商，该公司在网站上显著位置有如下说明：致力于把数字科技带入每个人、每个家庭，每个组织，构建万物互联的智能世界。天鸣公司的上述说明体现了该公司的(　)。

A. 目的　　B. 宗旨　　C. 经营哲学　　D. 目标

[7] (2011年·单选题)下列各项表述中，可以作为企业使命的是(　)。

A. 加强开发项目的质量管理

B. 5 年内在市区建成 2 个地标性建筑

C. 为城市建设的现代化、特色化、合理化添砖加瓦

D. 在开发某地标建筑时，以中国传统文化为基础融入科技元素

[8] (2014 年 · 多选题) 下列关于公司建立战略目标体系目的的表述中，正确的有（　）。

A. 提高股利增长率　　B. 获得满意的投资回报率

C. 提高公司在客户中的声誉　　D. 获得持久的竞争优势

[9] (2015 年 · 单选题) 以营利为目的而成立的组织，其首要目的是(　)。

A. 履行社会职责　　B. 保证员工利益

C. 实现经营者期望　　D. 为其所有者带来经济价值

[10] (2018 年 · 综合题节选)

2010 年 4 月，由 6 名工程师、2 名设计师组成的联合团队创建的科通科技公司正式成立。公司成立之初，公司 CEO 与股东们有了一个想法，要做一款设计好、品质好、价格便宜的智能手机。

2010 年的手机市场，还是国际品牌的天下，功能机仍是主体，智能手机的价格至少在 3 000–4 000 元。虽然也有一些国产品牌手机，但大多数是低质低价的山寨机。

……

2014 年，CEO 开始意识到"智能硬件"和"万物互联(Internet of Things, IoT)"可能是比智能手机更大的发展机遇。于是，科通公司开启了科通生态链计划，运用科通公司已经积累的大量资金，准备在 5 年内投资 100 家创业公司，在这些公司复制科通模式。

……

2016 年，科通生态链宣布使用全新的麦家品牌，除了手机、电视、路由器等继续使用科通品牌，科通生态链的其他产品都将成为"麦家"成员。2016 年，科通生态链企业的总营业收入超过了 150 亿元。至 2018 年 5 月，科通已经投资了 90 多家生态链企业，涉足上百个行业。在移动电源、空气净化器、可穿戴设备、平衡车等许多新兴产品领域，麦家的多个产品已做到全球数量第一。科通生态链公司也出现多个独角兽(指那些估值达 10 亿美元以上的初创企业)。

……

科通公司还建成了全球最大消费类 IoT 平台，连接超过 1 亿台智能设备。通过这种独特的战略联盟模式，科通公司投资和带动了更多志同道合的创业者，

围绕手机业务构建起手机配件、智能、生活消费产品三层产品矩阵；科通公司也从一家手机公司过渡到一个涵盖众多消费电子产品、软硬件和内容全覆盖的互联网企业。2018年4月，科通公司成功上市。

要求：简要分析科通公司从初创时期到上市之前公司宗旨的变化。

考点4 公司战略的层次（★★客观题）

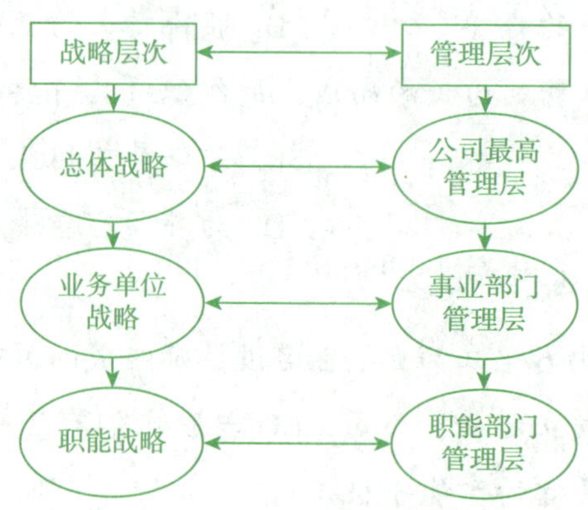

图1-2 公司战略的结构层次

【考点母题——万变不离其宗】公司战略的层次

<table>
<tr><td colspan="3">（1）公司战略的层次包括（ ）。</td></tr>
<tr><td rowspan="2">A. 总体战略
（公司层战略）</td><td colspan="2">（2）下列关于总体战略的说法，正确的有（ ）。</td></tr>
<tr><td colspan="2">A. 又称公司层战略，是公司最高层次战略
B. 它需要根据企业的目标，选择企业可以竞争的经营领域
C. 合理配置企业经营所必需的资源，使各项经营业务相互支持、互相协调
D. 常常涉及整个企业的财务结构和组织结构方面问题</td></tr>
<tr><td rowspan="2">B. 业务单位战略
（竞争战略）</td><td colspan="2">（3）下列关于业务单位战略的说法，正确的有（ ）。</td></tr>
<tr><td>A. 又叫竞争战略，是公司的二级战略，涉及各业务单位的主管和辅助人员
B. 它要针对不断变化的外部环境，在各自的经营领域中有效竞争
C. 为保证企业竞争优势，各经营单位要有效地控制资源的分配和使用</td><td>【说明】
1. 经理人员的主要任务是将公司战略所包括的企业目标、发展方向和措施具体化，形成本业务单位具体的竞争和经营战略。
2. 对于单业务公司来讲，总体战略和业务单位战略只有一个，可以合二为一。只有业务多元化公司，区分二者才有意义。</td></tr>
</table>

续表

<table>
<tr><td rowspan="2">C. 职能战略
(职能层战略)</td><td colspan="2">(4)下列关于职能战略的说法，正确的有(　)。</td></tr>
<tr><td>A. 又叫职能层战略，主要涉及企业内各职能部门如何更好地配置企业内部资源，为各级战略服务，并提高组织效率
B. 各职能部门的主要任务不同，关键变量也不同，即使在同一职能部门，关键变量的重要性也因经营条件不同而有所变化，因为难以归纳出一般性的职能战略
C. 职能战略中，协同作用具有非常重要的意义</td><td>【说明】
这种协同作用首先体现在单个职能中各种活动的协调性与一致性，其次体现在各个不同职能战略和业务流程或活动之间的协调性与一致性。</td></tr>
</table>

【通关绿卡】注意总体战略、业务单位战略、职能战略三者的区别。

【考点子题——举一反三，真枪实练】

[11] (2015 年 · 单选题) 下列各项中，属于多元化公司总体战略核心要素的是(　)。

A. 明确企业的竞争战略

B. 选择企业可以竞争的经营领域

C. 协调每个职能中各种活动之间的关系

D. 协调不同职能与业务流程之间的关系

[12] (2014 年 · 单选题) 公司总体战略的构成要素是(　)。

A. 选择经营范围，发挥协同作用

B. 确立竞争优势，有效地控制资源的分配和使用

C. 配置企业内部资源，发挥协同作用

D. 选择经营范围，合理配置企业经营所需资源

[13] (2013 年 · 多选题) 甲集团的经营范围涉及网络游戏、医药保健，最近该集团宣布进军电子金融领域。由此可见，甲集团的公司战略层次包括(　)。

A. 总体战略　　B. 业务单位战略

C. 多元化战略　　D. 职能战略

[14] (2012 年 · 多选题) 甲公司的 100 多家生活日用品百货超市，分布于一个三省交界的地域，分别由公司下设的 5 个地区事业部管理，各个事业部实行自我计划和自我管理。所以该公司的企业战略的结构层次应当包括(　)。

A. 公司战略　　B. 业务单位战略

C. 市场战略　　D. 职能战略

第二节 公司战略管理

考点5 战略管理的内涵（★客观题）

【考点题源】战略管理的内涵

主流观点	安索夫：战略管理是指将企业的日常业务决策同长期计划决策相结合而形成的一系列经营管理业务。 斯坦纳：战略管理是根据企业外部环境和内部条件确定企业目标，保证目标的正确落实并使企业使命最终得以实现的一个动态过程。
其它观点	战略管理是企业处理自身和环境关系过程中实现其使命的管理过程。 战略管理是决定企业长期表现的一系列重大决策和行动，包括战略的制定、实施、评价和控制。
基本内容	企业战略是一种区别于传统职能管理的管理方式，它指导着企业一切活动，其重点是制定和实施企业战略，制定和实施企业战略的关键是对企业的外部环境和内部条件进行分析，并在此基础之上确定企业的使命和战略目标，使他们之间形成并保持动态平衡。
定义	企业战略管理是为实现企业的使命和战略目标，科学地分析企业内外部环境与条件，制定战略决策，评估、选择并实施战略方案，控制战略绩效的动态管理。

考点6 战略管理的特征（★客观题）

【考点母题——万变不离其宗】战略管理的特征

下列关于战略管理特征的表述，正确的有（ ）。	
A. 战略管理是企业的**综合性管理**	战略管理是一项涉及企业所有管理部门、业务单位及所有相关因素的管理活动。
B. 战略管理是企业的**高层次管理**	与企业的日常管理和职能管理不同，战略管理必须由企业的高层领导来推动和实施。
C. 战略管理是企业的一种**动态性管理**	战略管理要适应企业内外部各种条件和因素的变化进行适当调整或变更。

【考点子题——举一反三，真枪实练】

[15]（经典例题·多选题）在零售企业纷纷传来关店倒闭消息之时，苏宁易购却逆势而为，交出了一份华丽的成绩单。华丽的业绩离不开持续不断的变革，战略转型一直是苏宁亘古不变的主题，从2009年年初的“沃尔玛+亚马逊”，到“云商”，

再到“一体两翼”，最后到 2017 年的“一体两翼三云四端”，其涉及总体战略、业务单位战略和职能战略的变革，且每次都以改革者的姿态，撼动既有的利益格局，每一次都是颠覆传统零售业的玩法。无论遇到多大的阻挠，无论多么不被看好，苏宁的掌舵人张近东毅然奏响组织转型的狂想曲，高歌飙进。苏宁易购体现的战略管理的特征有(　)。

A. 战略管理是企业的综合性管理　　B. 战略管理是企业的高层次管理

C. 战略管理是企业的一种动态性管理　　D. 战略管理是企业的静态性管理

考点 7　战略管理过程（★，客观题和主观题）

简单讲，战略管理包含三个关键要素：

战略分析—了解组织所处的环境和相对竞争地位；

战略选择—战略的制定、评价和选择；

战略实施—采取措施使战略发挥作用。

具体看：

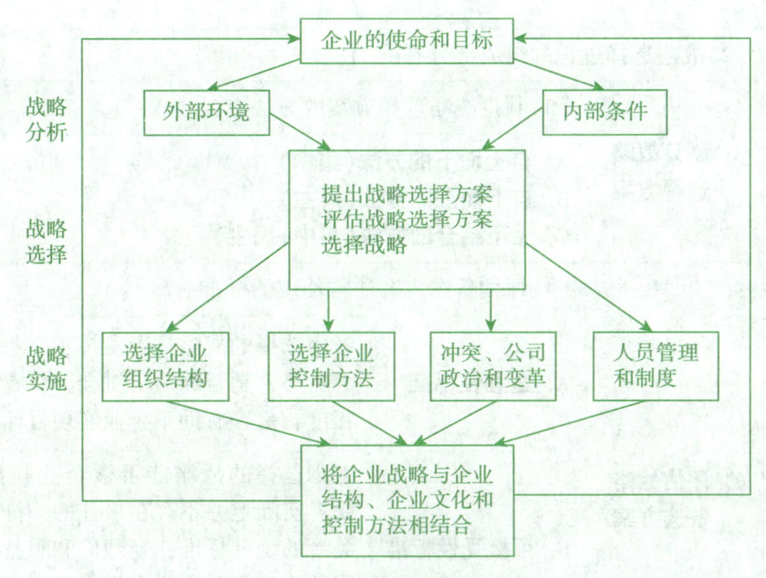

图 1-3　战略管理过程

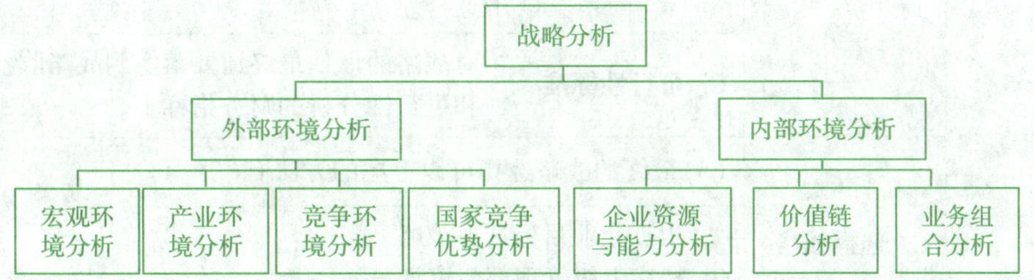

图 1-4　战略分析的内容

【考点题源】战略分析（回答“**企业目前处于什么位置**”这个问题）

<table>
<tr><td>目的</td><td colspan="2">评价企业目前和今后发展的关键因素，并确定在战略选择步骤中的具体影响因素。</td></tr>
<tr><td rowspan="3">外部环境分析</td><td>目的</td><td>了解企业所处环境的变化，判断机会还是威胁。</td></tr>
<tr><td>内容</td><td>宏观环境、产业环境、竞争环境。</td></tr>
<tr><td>方法</td><td>PSET 分析、产品生命周期、产业五种竞争力、成功关键因素分析、竞争对手分析、战略群组分析等。</td></tr>
<tr><td rowspan="3">内部环境分析</td><td>目的</td><td>了解企业自身所处的相对地位、具有的资源和战略能力。</td></tr>
<tr><td>内容</td><td>企业资源与能力分析、价值链分析、业务组合分析。</td></tr>
<tr><td>方法</td><td>波士顿矩阵、通用矩阵、SWOT 分析等。</td></tr>
</table>

【考点母题——万变不离其宗】战略选择（回答“**企业向何处发展**”这个问题）

<table>
<tr><td colspan="4">（1）企业在战略选择阶段要考虑的问题有（　）。</td></tr>
<tr><td>A. 可选择的战略类型</td><td colspan="3">具体参见考点 4：公司战略的层次。</td></tr>
<tr><td rowspan="9">B. 战略选择过程</td><td colspan="3">（2）战略选择过程的组成部分有（　）。</td></tr>
<tr><td rowspan="2">A. 制订战略选择方案</td><td colspan="2">（3）制订战略选择方案的方法有（　）。</td></tr>
<tr><td colspan="2">A. 自上而下的方法（集中）
B. 自下而上的方法（民主）
C. 上下结合的方法（集中+民主）</td></tr>
<tr><td rowspan="4">B. 评估战略备选方案</td><td colspan="2">（4）评估备选方案通常使用的标准有（　）。</td></tr>
<tr><td>A. 适宜性标准</td><td>考虑选择的战略是否发挥了企业的优势，克服了劣势，是否利用了机会，将威胁削弱到最低程度，是否有助于企业实现目标。</td></tr>
<tr><td>B. 可接受性标准</td><td>考虑选择的战略能否被企业利益相关者所接受；实际上并不存在最佳的、符合各方利益相关者的统一标准，经理们和利益相关团体的不同的价值观和期望在很大程度上影响着战略的选择。</td></tr>
<tr><td>C. 可行性标准</td><td>对战略的评估最终还要落实到战略收益、风险和可行性分析的财务指标上。</td></tr>
<tr><td rowspan="2">C. 选择战略</td><td colspan="2">（5）最终的战略选择可以考虑的方法有（　）。</td></tr>
<tr><td colspan="2">A. 根据企业目标选择战略
B. 提交上级管理部门审批
C. 聘请外部机构</td></tr>
</table>

【通关绿卡】注意：适宜性标准、可接受性标准、可行性标准三者的区别。

【考点子题——举一反三，真枪实练】

[16]（2014 年·单选题）甲公司评估战略备选方案时，主要考虑选择的战略是否发挥了企业优势，克服了劣势，是否利用了机会，将威胁削弱到最低程度，是否有助于企业实现目标。甲公司评估战略备选方案使用的标准是（　）。

A. 适宜性标准　　B. 外部性标准

C. 可行性标准　　D. 可接受性标准

【考点母题——万变不离其宗】战略实施（将战略转化为行动并取得成果的过程）

战略实施要解决的主要问题有（　）。
A. 调整和完善企业的组织结构，使之适合公司战略的定位 B. 推进企业文化的建设，使之成为实现公司战略目标的驱动力和重要支撑以及调动企业员工积极性促进战略实施的保证 C. 运用财务和非财务手段、方法，监督战略实施过程，及时发现和纠正偏差 D. 采用先进技术尤其是数字化技术，构建新型企业组织，转变经营模式，支持企业数字化转型和数字化战略的实施 E. 协调好企业战略、组织结构、文化建设和技术创新诸方面的关系

【说明】战略管理不是一次性的工作，而是一个循环往复的过程；战略制定固然重要，但在一定意义上说，战略实施更为重要。

考点 8 战略创新的种类（★★★，客观题和主观题）

【考点题源】战略创新的概念（了解）

含义	企业战略创新是指企业为了获得可持续竞争优势，根据所处的内外部环境已经发生或预测会发生的变化，结合环境、战略、组织三者之间的动态协调性原则，并涉及企业组织各要素同步支持性变化，对新的创意进行搜索、选择、实施、获取的系统性过程。	
概念辨析	**变革与创新**	变革是指将企业转化成新的状况和不断变化的过程，在这一过程中企业可能沿用现行的计划和概念而未必产生新的构想。 创新则是产生新的构想和概念，并将它们付诸企业管理的过程。
	发明与创新	发明一般指将充满智慧的新创意转化为有形的产物（例如一件产品、一个流程、一种模式）。
		创新不是一种单独的行为，而是对新创意的产生、开发、实施和获取过程所涉及的所有活动（**创新是一个过程**）。

【考点母题——万变不离其宗】创新的重要性(了解)

创新的重要性主要体现在(　)。	
A. 创新是企业适应不断变化外部环境、确保自身生存发展至关重要的能力	即适应环境(外部)
B. 创新是企业获得持续竞争优势最主要的来源	即获取优势(内部)
C. 持续不断的创新是维持企业竞争优势的根本保障	即维持优势

【考点母题——万变不离其宗】战略创新的类型

战略创新的主要类型有(　)。	
A. **产品创新**	即组织提供的产品和服务的变化。例如：向市场推出一款新设计的轿车；为容易发生事故的婴儿提供新的保险种类；提供安装新的家庭娱乐系统服务等。
B. **流程创新**	即产品和服务的生产和交付方式的变化。例如：生产汽车及家庭娱乐系统的制造方法和设备的变化；保险业务办公手续和任务排序的变化。
C. **定位创新**	指环境的变化，即通过在特定用户情境下重新定位对既有产品和流程的感知来实现的创新。例如：英国一个历史悠久的产品名为“Lucozade”，早在1927年作为葡萄糖饮品用来帮助儿童发育和病人康复。后来，品牌所有者摒弃了它与疾病的关联，转而瞄向日渐增长的健康市场，将它作为一款提高运动效能的饮品重新推出。
D. **范式创新**	即影响组织业务的潜在思维模式的变化。例如：安然公司最初作为一家天然气管理承包商，在取消管制的大背景下，其网络分布系统建立了全球范围的联系，能源和其他公共服务事业服务都逐渐商品化，在未来就可以像糖或可可的期货一样进行交易了。

【说明】上述四种创新类型经常交织在一起，其界限并不十分清晰。例如：

(1)一艘喷气式海洋渡轮：产品创新+流程创新；

(2)将咖啡和果汁这样的饮料重新定位为高端产品：定位创新+范式创新；

(3)文艺演出“人物山水”，将歌舞与风景结合在一起，启用乡村百姓担任主要演员，让观众更直观地体验到“人物山水”是真正从山水和农民中“降生”的艺术，其独特的设计使得一场文艺演出成为当地旅游的经典品牌：产品创新+流程创新+定位创新+范式创新。

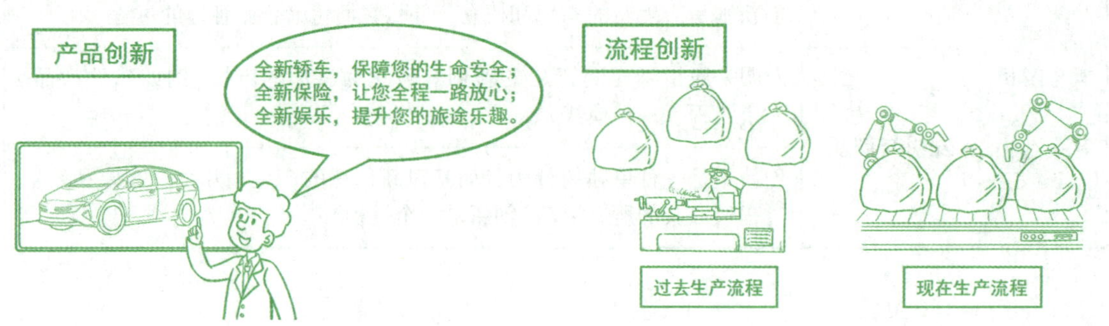

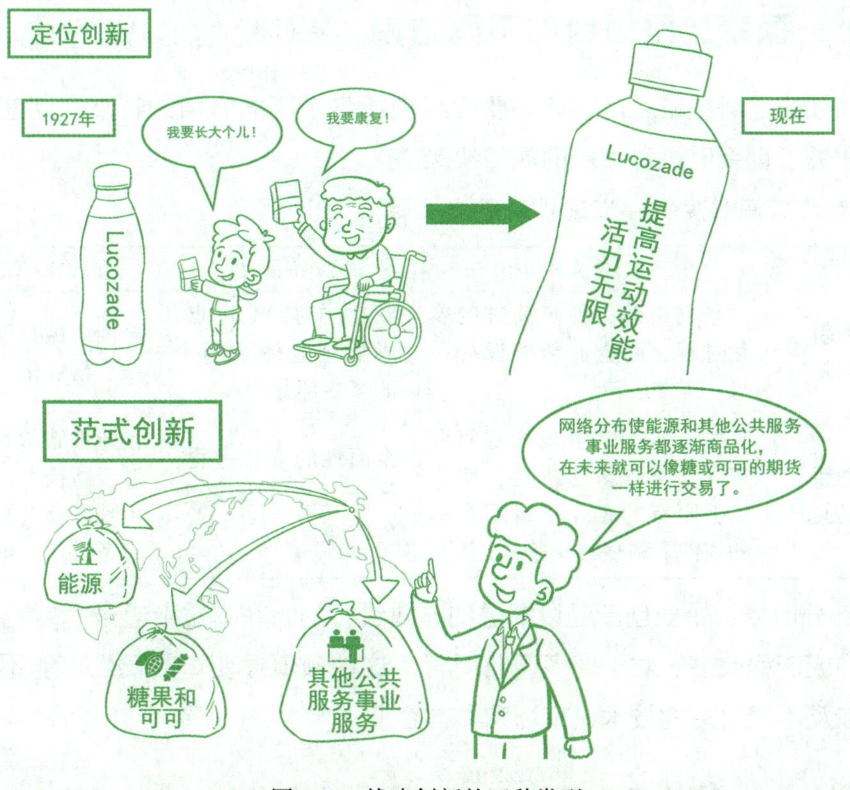

图 1-5　战略创新的四种类型

【通关绿卡】结合题目给定的案例场景，要会判断具体属于产品创新、流程创新、定位创新、范式创新中的哪一(些)种。

【考点子题——举一反三，真枪实练】

[17] (经典例题·多选题)C 国 G 省旅游局推出大型文艺演出节目“人物山水”，将歌舞与风景结合在一起，启用乡村百姓担任主要演员，让观众更直观地体验到“人物山水”是真正从山水和农民中“降生”的艺术，其独特的设计使得一场文艺演出成为当地旅游的经典品牌。G 省旅游局的上述做法体现的战略创新类型包括(　)。

A. 产品创新　B. 流程创新　C. 定位创新　D. 范式创新

[18] (经典例题·单选题)B 公司是一家汽车制造企业，其不断对汽车零部件采购、汽车研发、汽车组装以及产成品运输等价值链环节进行优化，在提升企业生产效率的同时，降低了汽车制造成本以及销售成本。B 公司涉及的战略创新的类型是(　)。

A. 产品创新　B. 流程创新　C. 定位创新　D. 范式创新

考点9 探索战略创新的不同方面（★★★，客观题和主观题）

企业在战略创新决策之前，有必要考虑创新各个不同方面的特点。这些特点有可能影响企业关于创新时机和领域的战略决策。

1. 创新的新颖程度——渐进性还是突破性

类型	含义	特征	理论或实践依据
渐进性创新（持续性创新）	一系列持续、稳步前进的变化过程，使企业能够保持平稳、正常运转。	发生在某些时点，影响企业体系当中的某些部分。	全面质量管理、学习曲线、精益化。
突破性创新（非连续性创新）	需要重新界定游戏的空间和边界，开辟新的机会，使市场上原有的企业不得不在新的条件下调整其业务。	全面性的变化过程，使企业整个体系发生改变。	创造性毁灭（熊彼特）：源于新技术、新市场的出现以及人们对于产业思考方式的重构。

【说明】大部分时候，企业创新是以渐进的方式进行的，在本质上遵循“做得更好”的思路进行产品或流程改进。对于许多行业而言，这种颠覆性变革的发生可能不是一次而是多次，涉及不同时期的技术、市场和参与企业。

2. 创新的基础产品和产品家族——平台战略/生态战略

要使持续的创新达到理想的效果，途径之一是借助“基础产品”或“产品家族”这一概念。

基本思路	依托一个稳健的基础产品或可以扩展的产品家族，为创新提供一定范围的延展空间。
举例	小米公司2014年开启“小米生态链计划”，围绕其基础产品手机业务，建成了全球最大的消费类万物互联（IoT）产品家族，连接超过1亿台智能设备，构建起手机配件、智能硬件、生活消费产品三层产品矩阵。小米公司也从一家手机厂商发展成为一个涵盖众多消费电子产品、软硬件和内容全覆盖的互联网企业（即小米生态圈）。

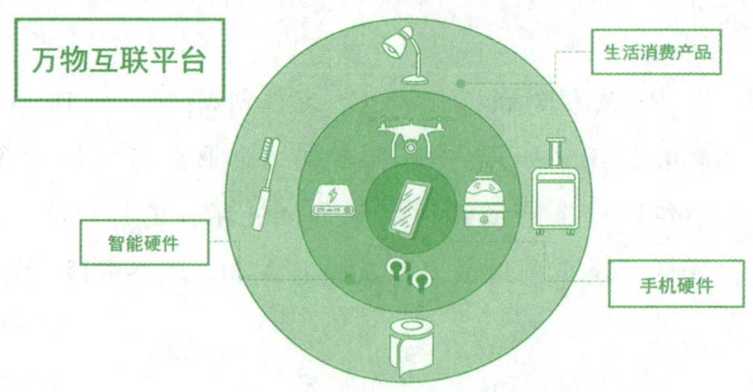

图1-6　小米公司的平台战略

3. 创新的层面——组件层面还是架构层面

认识创新机会的重要视角还有创新的层面：有些创新改变了组件层面，有些创新则改变了整个系统架构。

<table>
<tr><td rowspan="2">总体要求</td><td>成功的创新要求管理者既能够掌握和使用关于组件的知识，又能掌握如何将这些组件组合在一起的架构的知识。</td></tr>
<tr><td>举例：对于飞机制造来说，组件层面上的改变也许包括采用新的金属或者复合材料来制造机翼，或者使用新的电子控制系统来取代控制线或液压装置。但是如果在系统架构层面上对于如何连接机翼、控制系统和推动系统等知识不作更新，组件层面的这些创新可能很难实现。</td></tr>
<tr><td>不同层面的创新对企业知识流的影响</td><td>①如果创新是在组件层面上(即局部创新)，具有关于这些组件的知识和技术的人员将会相互交流，在发生变化时能够整合新的知识；
②如果创新是在架构层面上(即整体创新)，现有的沟通渠道和知识流也许不适合或者不足以支持创新，企业就需要发展新的知识流结构(如系统性思考)。</td></tr>
<tr><td>架构层面创新的实现</td><td>①通过技术融合，将不同的技术流相互汇合，使得原本分散的产品创新融合成新的架构。例如：家庭自动化产业——计算机技术、通信技术、工业控制和初级机器人技术的融合使得新一代的住宅系统拥有了整合娱乐、环境控制(暖气、空调和灯光)和通信功能的可能性。
②通过整体性解决方案，即由许多组件构成的系统共同为最终用户提供价值。例如：优尚公司将“投一产多”(在酒店大堂开设蛋糕店、面吧，在房间销售毛巾、浴巾等产品)、“住酒店可以不花钱”(家居用品厂家把酒店作为一个商场来展示和销售商品，顾客只要是体验后喜欢的，购买了同等房价的物品，就可以免收房间费用)、“打造互联网智能公寓”、“增加信用住宿、无息贷款、投资扶持、微信开锁等功能”等多个组件创新整合在一起，实现了从经济连锁酒店向中高档酒店的战略转型。</td></tr>
</table>

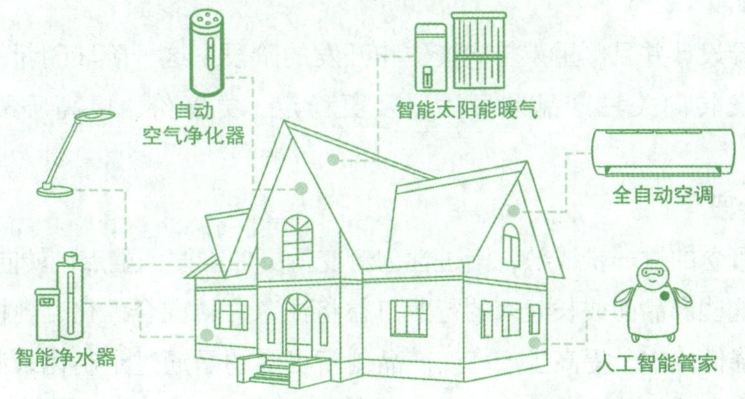

图 1-7　架构层面创新——家庭自动化

4. 创新的时机——创新生命周期

创新的时机随着时间的推移而改变。在新的行业，围绕着新产品和服务的概念进行创新，大有可为；而在更加成熟的行业，则趋向于关注流程创新和定位创新，寻找成本更低、更快捷地销售产品和服务的方法，或者找到并占有新的细分市场。

阿伯内西(Abernathy W)和厄特巴克(Utterback J)开发了创新生命周期模型来描述创新模式的三个不同的发展阶段。

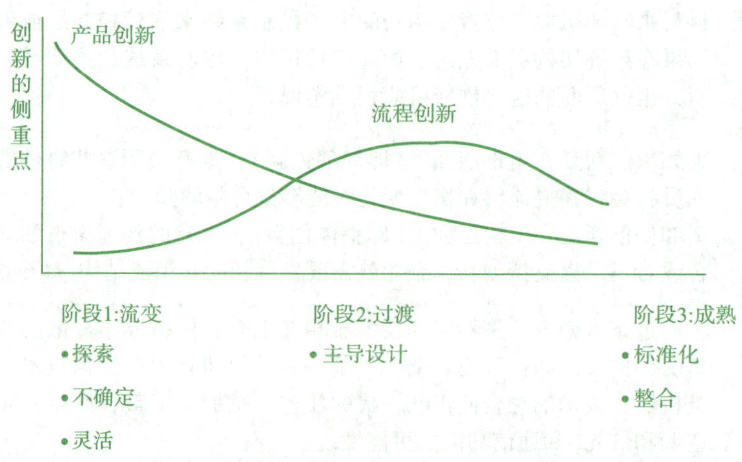

图1-8 阿伯内西和厄特巴克的创新生命周期模型

(1)流变阶段

全新的技术或市场出现时，存在一个"流变阶段"(或称"酝酿阶段")。这个阶段有很大的不确定性。没有人知道技术手段和市场需要的"正确"配置是怎样的，因此许多市场参与者(包括大量新创企业)都在进行大量的实验(伴随着许多失败)和快速学习。流变阶段的特征是新旧技术的共存和两者的快速提高。该阶段常出现"帆船效应"，即成熟的技术加快自己的改进速度，以此作为对新的竞争技术的回应。

(2)过渡阶段

即出现主导设计并且侧重点转向模仿和开发的阶段。这一阶段创新的主要活动从根本概念的开发转向关注产品差异化以及更稳定、更廉价、更高质量和更多样的功能等。

(3)成熟阶段

随着创新概念的进一步成熟，渐进性创新变得更加重要，重点也转向价格等因素。这意味着围绕这些产品而成长起来的行业日益将注意力转向合理化、规模经济和流程创新，以此来降低成本，提高生产率。产品创新更多的是通过定制化来满足特定客户的特殊需求。这一阶段被称为"成熟阶段"。

表 1-1　　创新生命周期各阶段的主要元素

创新特征	流变阶段	过渡阶段	成熟阶段
竞争重点	功能性的产品性能	产品差异化	降低成本
创新的驱动因素	关于客户需求的信息，技术投入	通过扩展内部的技术能力来创造机会	降低成本、提高质量
创新的主要类型	产品的经常性的主要变化	随着生产规模扩大，要求出现重大流程创新	渐进性的产品和流程创新
产品线	多样性， 通常包括定制的设计	包括至少一种稳定或主导设计	基本无差异的标准化
生产流程	灵活但低效，目标带有实验性，而且经常变化	变得越来越严格和明确	高效，通常形成资本集约化

【考点子题——举一反三，真枪实练】

[19]（经典例题·单选题）B 公司所在产业的竞争重点在于提升性价比，创新的主要类型是渐进性的产品和流程创新。根据创新生命周期理论，B 公司所处的创新生命周期阶段是(　)。

A. 成熟阶段　　B. 流变阶段　　C. 衰退阶段　　D. 过渡阶段

【考点母题——万变不离其宗】有些组织难以应对非连续性创新的原因

根据阿伯内西和厄特巴克的创新生命周期模型，有些组织总是难以应对非连续性创新的原因有(　)。	
A. 沉没成本(比如对既有技术和市场的投入) B. 心理与制度上的障碍	【说明】并非所有企业都是如此，不少企业可以基于新的轨道调动和利用其积累的知识、网络、技术和财务资产，借助新的机会来提高自己的能力。

考点 10　战略创新的情境（★★★，客观题和主观题）

即成功的战略创新赖以实现的关键情境。

【考点母题——万变不离其宗】建立创新型组织

(1)创新型组织的组成要素有(　)。	
A. **共同使命、领导力和创新的意愿**	清晰明确地阐述共同的企业使命； “高管层的承诺”和领导力；高管层必须勇于承担风险，并将失败看作一种学习和发展的机会。
B. **合适的组织结构**	松散、灵活、有机的组织结构，适合非程序化、不确定性、快速变革的环境和产业(比如电子或生物技术)，而机械的组织结构，适合稳定的环境和产业(比如食品包装)。

续表

<table>
<tr><td>B. 合适的组织结构</td><td colspan="2">关键问题是在“有机的”(适合快速变革的环境)和“机械的”(适合稳定的环境)模式之间找到恰当的平衡，在特定的环境中采取合适的结构形式，使创新成为可能并强化为创新行为。</td></tr>
<tr><td rowspan="5">C. 关键个体</td><td colspan="2">(2)企业创新活动中的关键人物可以发挥多方面作用，对项目的结果产生重大影响，具体有(　)。</td></tr>
<tr><td>A. 发明者或团队领导者</td><td>作为关键技术知识的来源。</td></tr>
<tr><td>B. 组织发起者</td><td>它们能确信创新的潜力。</td></tr>
<tr><td>C. 技术把关人员</td><td>信息中枢、知识管理。</td></tr>
<tr><td>D. 项目经理、商业创新者等其他角色</td><td>“重量级”项目经理，在企业创新活动中参与度较高，并拥有确保各种元素凝聚在一起的组织力量；而商业创新者可以代表并影响更广阔的市场或更广泛用户的观点。</td></tr>
<tr><td>D. 全员参与创新</td><td colspan="2">全员都参与整个组织的持续改进活动。</td></tr>
<tr><td>E. 有效的团队合作</td><td colspan="2">适当地使用团队(在本部门、跨职能和组织间)来解决问题，需要在团队选择和建设上给予投入。</td></tr>
<tr><td>F. 创造性的氛围</td><td colspan="2">使用积极的方法来获得创造性的想法，得到相关激励系统的支持。
关于氛围如何影响创新，有六个最关键的影响因素：信任和开放性、挑战和参与、组织松弛度、冲突和争论、风险承担、自由。</td></tr>
<tr><td>G. 跨越边界</td><td colspan="2">即：内部和外部的顾客导向；广泛的网络。
建立创新性组织的过程中，建立一种外部导向意识：首先是强化对组织内部和外部多方位客户的联系和协同；然后是与形形色色的利益相关者建立联系，以某种网络形式与其他组织——供应链、产业集群、合作学习俱乐部等进行融合，并建立组织间网络。
【案例】教材案例 2. 19 中生产经营医用耗材类产品的 JY 公司发展战略的第二阶段“外包转型”和第三阶段“平台战略”就分别体现了该公司强化对组织内部和外部多方位顾客的联系和协同、建立和运行组织间网络的外部导向战略转型。</td></tr>
</table>

图 1-9　创新型组织的构成要素

【考点子题——举一反三，真枪实练】

[20]（经典例题·简答题）

A 公司是一家智能汽车企业，2016 年年初公司董事长兼创始人吴渊认为，现如今汽车制造业已经进入 2.0 数字时代，其特征是“电机驱动+智能互联”，而汽车 3.0 代是人工智能时代，其特征是“±出行空间”。为了赢得 2.0 时代，并参与 3.0 时代，A 公司开始全面布局。吴渊认为，未来企业竞争的关键要素，是具备快速成长能力的公司组织。他把 60%的时间用于组织管理，以是否具备创新能力与正确价值观而非是否来自成功大企业为标准选拔人才；帮助团队中每一个人成就心中的事业追求，去挑战自己和团队成长的极限领空。

A 公司的第一款产品 SUV 面向国内外共享汽车使用群体，续航里程将超过 100 公里。但是，两年筹备之后，由于低速车的合法性以及海外分时租赁市场实际容量的局限，这个雄心勃勃的计划，还是夭折了。面对挫折，吴渊立即将公司产品开发重心转移到中大型 SUV 的“智造 ONE”。而最终“智造 ONE”也以其高性价比获得了市场优势。

要求：简要分析 A 公司战略创新赖以实现的关键情境。

【考点母题——万变不离其宗】制定创新的战略（了解）

下列关于公司战略与创新之间关系的观点，正确的有（ ）。
A. 企业特定的知识，包括探索知识的能力，是企业在竞争中取得成功的本质特征 B. 公司战略的本质特征应该是一种创新战略，其目的就是积累这种企业特定的知识 C. 一种创新战略必须能够应对外部复杂的千变万化的环境 D. 内部结构和过程必须与可能的冲突性需求保持平衡 【说明】①在技术领域、业务职能和产品部门中识别并开发专业知识；②通过对技术领域、业务职能和产品部门进行整合来探索专门知识。

考点 11 创新管理的主要过程（★★★客观题）

【考点母题——万变不离其宗】创新管理的主要过程

创新管理一般要经历的阶段有（ ）。	
A. **搜索阶段**	即如何找到创新的机会。
B. **选择阶段**	即要做什么以及为什么。
C. **实施阶段**	即如何实现创新。
D. **获取阶段**	即如何获得利益。

【考点子题——举一反三，真枪实练】

[21]（经典例题·单选题）从创新管理的主要过程来看，创新管理一般经历的四个阶段是（ ）。

A. 搜索—选择—实施—获取

B. 搜索—获取—选择—实施

C. 搜索—选择—获取—实施

D. 选择—搜索—获取—实施

考点12 企业主要的利益相关者（★客观题）

【考点母题——万变不离其宗】企业主要的利益相关者及其利益期望

下列关于企业的主要利益相关者及其利益期望的表述中，正确的有（ ）。	
内部利益相关者	A. 向企业投资的利益相关者，包括股东和机构投资者，利益期望是资本收益——股息、红利（利润最大化）和争得多数股权 B. 经理阶层的利益期望是销售额最大化 C. 企业员工的利益期望是是多方面的，主要追求个人收入和职业稳定的极大化
外部利益相关者	D. 政府最直接的利益期望是对企业的税收 E. 购买者和供应者的利益期望是在他们各自所处的阶段增加更多价值 F. 债权人的利益期望是企业有理想的现金流量管理状况以及较高的偿付贷款和利息的能力 G. 社会公众期望企业能够承担一系列的社会责任

考点13 企业利益相关者的利益矛盾与均衡（★客观题）

【考点母题——万变不离其宗】企业各利益相关者的利益矛盾与均衡

投资者与经理人员的矛盾与均衡	（1）关于投资者与经理人员之间利益矛盾和冲突，代表性的模型有（ ）。	
	A. 鲍莫尔的“销售最大化”模型	经理总是期望企业获得最大化的销售收益，而股东追求的目标是利润包括红利的最大化。 【矛盾】 •一方面，企业赚得的利润并不一定能满足股东对红利的需求，也不一定能达到资本市场的需求（即销售最大化造成利润下降，股东分红降低，资本市场评价下调，无法融资）； •另一方面，利润最大化的产出点往往要求企业的经营活动低于其全部生产能力。销售最大化无法实现利润最大化。 【均衡】在两种产量之间进行平衡。

续表

<table>
<tr><td rowspan="2">投资者与经理人员的矛盾与均衡</td><td>B. 马里斯的增长模型</td><td>企业经理人员的主要目标是公司规模的增长（兼并现象增多），但这将受到那些分享某些共同利益的股东们的利益的制约。
【矛盾与共同利益】
●经理可能超过利润最大化时对应的销售量而继续追求销售量的扩大，实际上是以牺牲利润追求增长最大化，这与股东的目标相冲突；
●扩大规模（实现增长率最大化）会增加投入，利润会进行再投资，股息分红减少。（股东不满意，经理不安全）
●股票价格会上涨，对双方都有利，有助于新资本证券发行和资产估价，避免被廉价兼并等。
【均衡】由于市场评价、兼并的风险和其他共同利益，经理与股东利益均衡的结果可能会使企业的增长率确定在双方都可能接受一个区域内。</td></tr>
<tr><td>C. 威廉姆森的管理权限理论</td><td>反映了企业的经理人员运用自身相对股东的信息优势来实现其对企业的利益追求。经理们总是力求最大化他们自己的效用函数，从而使他们的权力和声望最大化。
主要体现在三个重要变量中：
①雇员开支（雇用人员的数量和质量）；
②酬金开支（支出账目、高质量办公服务等）；
③可支配的投资开支（超越严格经济动机，反映管理者权力和偏好的投资）。
【观点】经理们应当把他们的个人利益和作为经理本身所作出的决定区别开来。</td></tr>
<tr><td>企业员工与企业（股东或经理）之间的利益矛盾与均衡</td><td colspan="2">列昂惕夫（Leontief W.）模型描述了企业员工与企业之间的利益的矛盾与均衡。
【矛盾】
●员工：工资收入最大化和工作稳定（反映在企业就业水平高）。
●企业：利润最大化（在最佳就业水平，在工资水平约束下以实现企业利润最大化）。
【均衡】
●企业员工与企业讨价还价的博弈结果将在一条直线上实现均衡，而最终均衡点更偏于哪一方的利益，要取决于双方讨价还价的实力大小。</td></tr>
<tr><td>企业利益与社会效益的矛盾与均衡</td><td colspan="2">①企业的社会效益与企业利润最大化原则往往是不一致的。
②企业如何对待社会效益，被称为“商业伦理”问题。
③企业的社会效益目标与企业自身经济目标很难两全其美。在社会效益与企业利益之间，企业实际上也总是处于一个讨价还价的均衡点。
④企业的社会责任包括三方面：保证企业利益相关者的基本利益要求；保护自然环境；赞助和支持社会公益事业。</td></tr>
</table>

【考点子题——举一反三，真枪实练】

[22]（2015年·单选题）鲍莫尔(Baumol W. J.)的"销售最大化"模型，描述了企业在追求利润最大化和销售额最大化之间的博弈过程。这一模型反映了（　）。

A. 股东与经理人员的利益矛盾与均衡

B. 企业利益与社会效益的矛盾与均衡

C. 企业与外部利益相关者的矛盾与均衡

D. 企业员工与企业之间的利益矛盾与均衡

考点14 企业利益相关者的权力来源（★★★，客观题和主观题）

【考点母题——万变不离其宗】企业利益相关者的权力来源

(1)企业利益相关者的权力源于（　）。			
A. **对资源的控制和交换的权力**	取决于资源的稀缺程度与企业的依赖程度。		
B. **在管理层次中的地位**	(2)由于在管理层次中的地位而获得权力的基础有（　）。		
	A. 法定权	B. 奖励权	C. 惩罚权
C. **个人的素质和影响**	非正式职权；榜样权和专家权。		
D. **参与或影响企业的战略决策与实施过程**	"能够接近那些有权力的人"，本身就是一种权力来源。		
E. **利益相关者集中或联合的程度**	"团结就是力量"。		

【考点子题——举一反三，真枪实练】

[23]（2018年·单选题）截至2015年秋，U国甲航空公司与M航空公司合并已有5年，但原甲公司和M公司机舱服务员的劳工合约仍未统一。为此，原甲公司与M公司的机舱服务员在临近圣诞节期间发起抗议行动，有效推动了该项问题的解决，本案例中原甲公司与M公司机舱服务员的权力来源于（　）。

A. 在管理层次中的地位

B. 个人的素质和影响

C. 参与或影响企业战略决策与实施过程

D. 利益相关者集中或联合的程度

[24]（2014年·单选题）成功的管理者需要建立起榜样权和专家权。关于榜样权和专家权，下列表述中正确的是（　）。

A. 是管理者的权力来源之一

B. 主要存在于正式组织中

C. 是管理者在管理层次中的体现

D. 是管理者对资源的控制的体现

考点 15　在战略决策与实施过程中的权力运用（★★客观题）

【考点母题——万变不离其宗】在战略决策与实施过程中的权力运用

企业各利益相关者在企业战略决策和实施过程中，运用权力的行为模式有（　）。		
A. **对抗**	坚定行为+不合作行为； 企业利益相关者运用这种模式处理矛盾与冲突，目的在于使对方彻底就范，根本不考虑对方的要求，并坚信自己有能力实现所追求的目标。	抵抗到底
B. **和解**	不坚定行为+合作行为； 一方利益相关者面对利益矛盾与冲突时，设法满足对方的要求，目的在于保持或改进现存的关系。通常表现为默认和让步。	单方面让步
C. **协作**	坚定行为+合作行为； 在对待利益矛盾与冲突时，既考虑自己利益的满足，也考虑对方的利益，力图寻求相互利益的最佳结合点，并借助于这种合作，使双方的利益都得到满足。	找共同点
D. **折中**	中等程度的坚定性+中等程度的合作性行为； 通过各方利益相关者之间的讨价还价，相互做出让步，达成双方都能接受的协议。折中模式既可以采取积极的方式，也可以采取消极的方式。前者是指对冲突的另一方做出承诺，给予一定的补偿，以求得对方的让步；后者则以威胁、惩罚等要挟对方做出让步。多数场合，则是双管齐下。	双方让步
E. **规避**	不坚定行为+不合作行为； 以时机选择的早晚区分为两种情况：一种是当预期将要发生矛盾与冲突时，通过调整来躲避冲突；另一种情况是当矛盾与冲突实际发生时主动或被动撤出。	惹不起躲得起

图 1-10　战略决策与实施过程中权力运用的五种模式

【考点子题——举一反三，真枪实练】

[25]（2020 年·单选题）国内大型制冷设备制造商西奥公司拟在欧州 N 国建立生产基本并雇佣当地操作员，当得知 N 国劳动者工资水平高且经常在工会支持下提出增加福利的要求后，西奥公司修改了投资和建设方案，所需操作员工全部由机器代替，西奥公司在战略决策与实施过程中的行为方式是（　）。

A. 折中　　B. 对抗　　C. 协作　　D. 规避

[26]（2019年·单选题）2015年，大型冶金企业金通公司为获得稳定的原料来源，向某稀土开采企业提出以20亿元人民币并购该企业的要求，遭到后者拒绝。后来双方经多次谈判，最终达成以部分股权互换的方式结为战略联盟的协议。金通公司在战略决策与实施过程中的行为模式属于（　）。

A. 对抗　　B. 和解　　C. 折中　　D. 规避

【本章考点子题答案及解析】

1. 【答案：BCD】战略的传统概念强调了公司战略的计划性、全局性和长期性；战略的现代概念更强调战略的应变性、竞争性和风险性。本题考察战略的现代观，A是战略传统观，所以选择BCD。

2. 【答案：BCD】A项理性计划的产物强调是战略的传统概念，而BCD则强调了战略的综合概念，本题的题干属于考战略的综合概念。

3. 【答案：C】经营哲学是公司为其经营活动方式所确立的价值观、基本信念和行为准则，是企业文化的高度概括。经营哲学主要通过公司对利益相关者的态度、公司提倡的共同价值观、政策和目标以及管理风格等方面体现出来。本题体现的是价值观、基本信念和行为准则。选C。

4. 【答案：A】公司宗旨旨在阐述公司长期的战略意向，其具体内容主要说明公司目前和未来所从事的经营业务范围。本题中"云飞公司最初是一家电子商务企业，后来成长为业务涵盖网上商城、餐饮、酒店和物流的大型多元化公司"可知是经营业务范围的变化，选择宗旨的变化。所以选择A。

5. 【答案：D】公司目的是企业组织的根本性质和存在理由的直接体现。组织按其存在理由可以分为两大类：营利组织和非营利组织。以营利为目的而成立的组织，其首要目的是为其所有者带来经济价值。所以本题选择D。

6. 【答案：B】公司宗旨旨在阐述公司长期的战略意向，其具体内容主要说明公司目前和未来所从事的经营业务范围。"致力于把数字科技带入每个人、每个家庭，每个组织，构建万物互联的智能世界"属于公司宗旨，选项B正确。

7. 【答案：C】使命主要阐明企业组织的根本性质与存在理由。使命是抽象的描述，只有C符合。ABD项过于具体，不是使命的特点。

8. 【答案：CD】AB选项是属于财务目标体系，CD选项是属于战略目标体系，所以选择CD。

9. 【答案：D】以营利为目的的组织，首要目的是为其所有者带来经济利益，所以选项D正确。

10. 【答案与解析】公司宗旨旨在阐述公司长期的战略意向，其具体内容主要说明公司目前和未来所要从事的经营业务范围。科通公司初创时期的业务定位是做手机业务，"要做一款设计好、品质好而价格又便宜的智能手机"；而历经8年的发展，到2018年科通公司上市之前，公司的业务定位是"涵盖众多消费电子产品、软硬件和内容全覆盖的互联网企业"。

11. 【答案：B】A属于竞争战略，CD属于职能战略，只有B是总体战略。

12. 【答案：D】A 为职能战略，B 为竞争战略，C 为职能战略，D 选项为总体战略。

13. 【答案：ABD】公司战略分为三个层次：总体战略、业务单位战略(或竞争战略)和职能战略。在大中型企业中，特别是多元化经营的企业，总体战略是企业最高层次的战略。它需要根据企业的目标，选择企业可以竞争的经营领域，合理配置企业经营所必需的资源，使各项经营业务相互支持、相互协调。C 项是属于多元化战略是总体战略的一种子战略，不属于战略层次范畴。

14. 【答案：ABD】公司战略分为三个层次：总体战略、业务单位战略(或竞争战略)和职能战略。市场战略是职能战略的一种，不属于战略层次。

15. 【答案：ABC】“华丽的业绩离不开持续不断的变革，战略转型一直是苏宁亘古不变的主题”体现了战略管理具有的动态性特征；“从 2009 年年初的‘沃尔玛+亚马逊’，到‘云商’，再到‘一体两翼’，最后到 2017 年的‘一体两翼三云四端’，其涉及总体战略、业务单位战略和职能战略的变革”体现了战略管理具有的综合性特征；“无论遇到多大的阻挠，无论多么不被看好，苏宁的掌舵人张近东毅然奏响组织转型的狂想曲，高歌飚进”体现了战略管理具有的高层次性特征。所以，本题选择 ABC，选项 D 是干扰项。

16. 【答案：A】“是否发挥了企业优势，克服了劣势，是否利用了机会，将威胁削弱到最低程度”根据教材的定义，属于适宜性标准的特点。选择 A。

17. 【答案：ABCD】推出大型文艺演出节目“人物山水”为产品创新，选择 A；将歌舞与风景结合在一起，属于流程创新，选择 B；启用乡村百姓担任主要演员，让观众更直观地体验到“人物山水”是真正从山水和农民中“降生”的艺术为定位创新，选择 C；独特的设计使得一场文艺演出成为当地旅游的经典品牌为范式创新，选择 D，所以本题选择 ABCD。

18. 【答案：B】流程创新是指产品和服务的生产和交付方式的变化。B 公司对其内部采购、研发、组装及运输等环节不断优化，属于流程创新，选项 B 正确。

19. 【答案：B】创新的主要类型是渐进性的产品和流程创新，根据这句话我们知道是属于成熟阶段的特点。所以选择 B。

20. 【答案与解析】(1)共同使命、领导力和创新的意愿。董事长兼创始人吴渊认为，现如今汽车制造业已经进入 2.0 数字时代，其特征是“电机驱动+智能互联”，而汽车 3.0 时代是人工智能时代，其特征是“无人驾驶+出行空间”。为了赢得 2.0 时代，并参与 3.0 时代的竞争，A 公司开始全面布局。A 公司的第一款产品 SUV 面向国内外共享汽车使用群体，续航里程将超过 100 公里。但是，两年备之后，由于低速车的合法性以及海外分时租赁市场实际容量的局限，这个雄心勃勃的计划，还是夭折了。面对挫折，吴渊立即将公司产品开发重心转移到中大型 SUV 的“智造 ONE”

(2)全员参与创新。吴渊认为，未来企业竞争的关键要素，是具备快速成长能力的公司组织。他把 60%的时间用于组织管理，以是否具备创新能力与正确价值观而非是否来自成功大企业为标准选拔人才；帮助团队中每一个人成就心中的事业追求，去挑战自己和团队成长的极限。

21. 【答案：A】依据创新管理的主要过程，按照教材原文的理解，选择 A。

22. 【答案：A】投资者与经理人员的矛盾与均衡中的模型之一就是该题的鲍莫尔“销售最大化”模型，

还有 2 个模型分别是马里斯的增长模型，威廉姆森的管理权限理论。

23. 【答案：A 】榜样权和专家权是管理者权力来源之一。

24. 【答案：D】“当得知 N 国劳动者工资水平高且经常在工会支持下提出增加福利的要求后，西奥公司修改了投资和建设方案，所需操作员工全部由机器人代替”表明当预期将要发生矛盾与冲突时，本通过调整来躲避冲突，属于规避。

25. 【答案：D】“当得知 N 国劳动者工资水平高且经常在工会支持下提出增加福利的要求后，西奥公司修改了投资和建设方案，所需操作员工全部由机器人代替”表明当预期将要发生矛盾与冲突时，本通过调整来躲避冲突，属于规避。

26. 【答案：C】通过各方利益相关者之间的讨价还价，相互做出让步，达成双方都能接受的协议。即为折中，选项 C 正确。

第 2 章 战略分析

本章思维导图

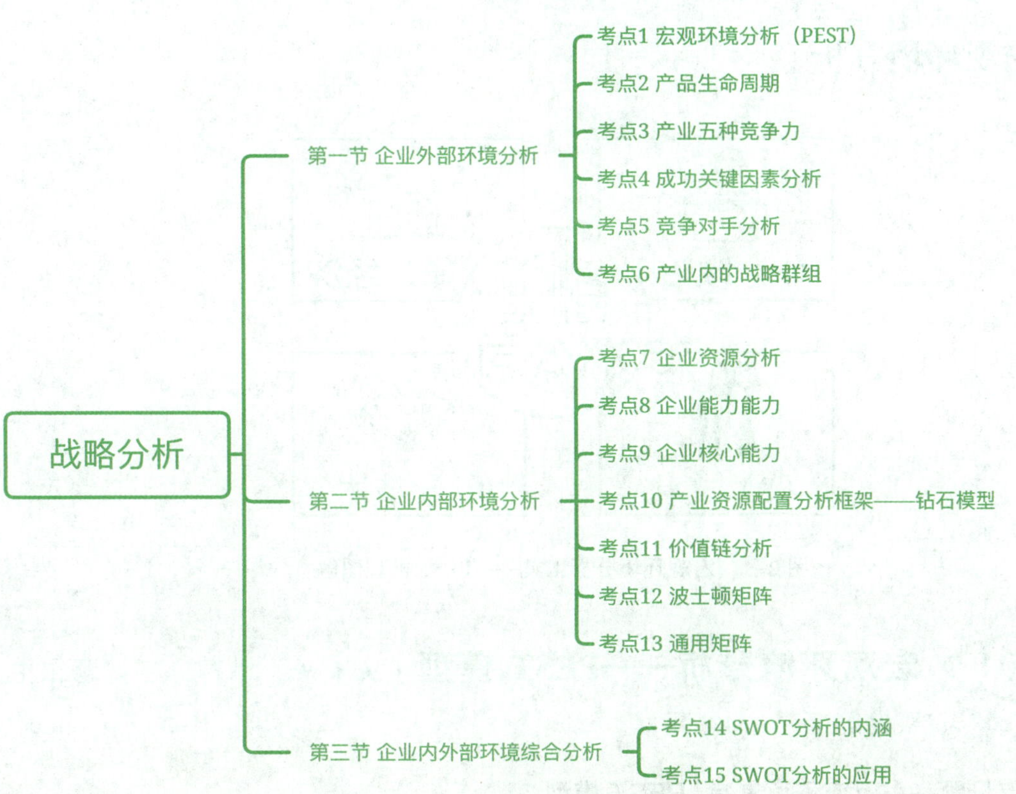

近5年题型题量分值

年份	2017	2018	2019	2020	2021	2022
单选题	7 题 7 分	5 题 5 分	7 题 7 分	6 题 6 分	4 题 4 分	7 题 7 分
多选题	2 题 3 分	1 题 1.5 分	4 题 6 分	3 题 4.5 分	2 题 3 分	4 题 6 分
简答题	1 题 8 分	1 题 5 分	1 题 8 分	1 题 8 分	2 题 6 分	2 题 5 分
综合题	1 题 4 分	2 题 9 分	1 题 3 分	1 题 3 分	2 题 5 分	-
合计	22 分	20.5 分	24 分	21.5 分	18 分	18 分

本章重要性仅次于第三章，主要介绍企业战略分析的方法和工具。在近几年考试中越来越重要，年均分值 12~20 分，题型既有客观题，也有主观题。22 年教材将原第一节中的“国家竞争优势(钻石模型)”移到了第二节中的“资源与能力分析”，并将名称改为“产业资源配置分析框架——钻石模型”，要引起注意。23 年教材仅仅把第三节名称改为“企业内外部环境综合分析”，没有其他实质性变动。

第一节 企业外部环境分析

一、宏观环境分析

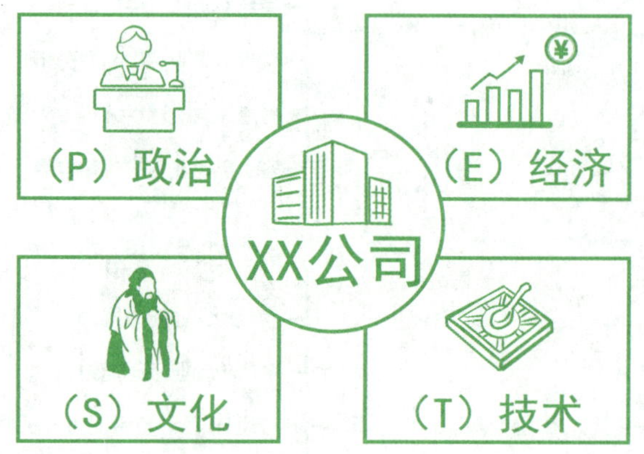

图 2-1 宏观环境分析工具——PEST 模型图解

宏观环境分析——PEST 模型（★★★，掌握，客观题和主观题）

【考点母题——万变不离其宗】PEST 模型

<table>
<tr><td colspan="3">(1)根据 PEST 模型，宏观环境分析的要素包括(　)。</td></tr>
<tr><td rowspan="3">A. 政治法律环境因素</td><td colspan="2">(2)下列各项宏观环境因素中，属于政治与法律因素的有(　)。</td></tr>
<tr><td>政治因素</td><td>A. 企业所在国家和地区的政局稳定状况
B. 政府行为对企业的影响(如政府如何拥有国家土地、自然资源及其储备，都会影响一些企业的战略)
C. 执政党所持的态度和推行的基本政策(如产业政策、税收政策、进出口限制等)，以及这些政策的连续性和稳定性
D. 各政治利益集团对企业活动产生的影响(体现在两个方面：通过立法影响；通过舆论影响)</td></tr>
<tr><td>法律因素
(简单了解)</td><td>E. 保护企业，反对不正当竞争(反垄断法)
F. 保护消费者(食品安全法)
G. 保护员工(劳动合同法)
H. 保护公众权益免受不合理企业行为的损害(直销管理条例)</td></tr>
</table>

续表

<table>
<tr><td rowspan="5">B. 经济环境因素</td><td colspan="2">(3)下列各项宏观环境因素中，属于经济环境因素的有(　)。</td></tr>
<tr><td>A. 社会经济结构</td><td>指国民经济中不同的经济成分、不同的产业部门及社会再生产各方面在组成国民经济整体时相互的适应性、量的比例及排列关联的状况，主要包括：产业结构、分配结构、交换结构、消费结构、技术结构。</td></tr>
<tr><td>B. 经济发展水平</td><td>指一个国家经济发展的规模、速度和所达到的水平，主要指标：国内生产总值、国民收入、人均 GDP 和经济增长速度【中等收入陷阱】。</td></tr>
<tr><td>C. 经济体制</td><td>国家经济组织的形式，规定了国家与企业、企业与企业、企业与各经济部门之间的关系。</td></tr>
<tr><td>D. 宏观经济政策</td><td>指实现国家经济发展目标的战略与策略，包括综合性的全国发展战略和产业政策、国民收入分配政策、价格政策、物资流通政策等。</td></tr>
<tr><td rowspan="2"></td><td>E. 当前经济状况</td><td>其他经济影响因素包括：税收水平、通货膨胀率、贸易差额和汇率、失业率、利率、信贷投放以及政府补助等。</td></tr>
<tr><td>F. 其他经济条件</td><td>例如工资水平、供应者及竞争对手的价格变化。</td></tr>
<tr><td rowspan="7">C. 社会和文化环境因素</td><td colspan="2">(4)下列各项宏观环境因素中，属于社会和文化环境因素的有(　)。</td></tr>
<tr><td>A. 人口因素</td><td>企业所在地居民的地理分布及密度、年龄、教育水平、国籍等。对人口因素分析的指标：结婚率、离婚率、出生率和死亡率、人口的平均寿命、人口的年龄和地区分布、人口在民族和性别上的比例、地区人口在教育水平和生活方式上的差异等。</td></tr>
<tr><td>B. 社会流动性</td><td>社会的分层情况、各阶层之间的差异以及人们是否可在各阶层之间转换、人口内部各群体的规模、财富及其构成的变化以及不同区域(城市、郊区及农村地区)的人口分布等。</td></tr>
<tr><td>C. 消费心理</td><td>例如，从众、求异、攀比、求实。</td></tr>
<tr><td colspan="2">D. 生活方式变化</td></tr>
<tr><td>E. 文化传统</td><td>一个国家或地区在较长历史时期内形成的一种社会习惯。</td></tr>
<tr><td>F. 价值观</td><td>社会公众评价各种行为的观念标准。</td></tr>
<tr><td rowspan="2">D. 技术环境因素</td><td colspan="2">(5)下列关于技术环境对战略所产生影响的说法，正确的有(　)。</td></tr>
<tr><td colspan="2">A. 技术进步使企业能对市场及客户进行更有效的分析
B. 新技术的出现使社会对本行业产品和服务的需求增加
C. 技术进步可创造竞争优势
D. 技术进步可导致现有产品被淘汰，或大大缩短产品的生命周期
E. 新技术的发展使企业可多关注环境保护，企业的社会责任及可持续成长等问题</td></tr>
</table>

【通关绿卡】技术环境因素还没考过，今年注意一下；另外，母题中“父辈”、“子辈”、“孙辈”各层选项之间背记时不要串行和混淆；中美贸易摩擦背景下，政治因素考的可能性比较大。

【考点子题——举一反三，真枪实练】

[1]（2019年·单选题）2012年政府颁布了《生活饮用水卫生标准》。然而，由于相关设施和技术等方面的原因，国内一些地区的自来水水质短期内还不能达到标准。同时，近年随着国内经济迅速发展，国民追求健康和高品质生活的愿望不断提高。通过对上述情况的分析，华道公司于2013年从国外引进自来水滤水壶项目，获得成功。本案例中，华道公司外部环境分析所采用的主要方法是（ ）。

A. 五种竞争力分析　　B. 产品生命周期分析

C. PEST分析　　D. 钻石模型分析

[2]（2019年·单选题）国家出台“每对夫妻可生育两个子女”的政策后，少儿智能学习机制造商龙华公司预测其产品的市场需求将明显增长，于是制定并实施了新的发展战略，扩大投资，提高生产能力，同时采用新一代智能技术实现产品升级。龙华公司外部环境分析所采用的主要方法是（ ）。

A. 五种竞争力分析　　B. PEST分析

C. 成功关键因素分析　　D. 产业生命周期分析

[3]（2011年·单选题）商界有句名言“女人和孩子的钱好赚”。从战略分析角度来看，该说法主要分析的因素是（ ）。

A. 人口因素　　B. 价值观　　C. 生活方式变化　　D. 消费心理

[4]（2010年·多选题）甲公司为国内上市的电信公司。甲公司正在研究收购某发展中国家的乙移动通信公司。下列各项因素中，属于甲公司在PEST分析中应当考虑的有（ ）。

A. 甲公司收购乙移动通信公司符合其总体公司战略

B. 乙移动通信公司所在国政府历来对企业实施高税收政策

C. 甲公司在国内提供电信服务积累的经验与技术有助于管理乙移动通信公司的业务

D. 乙移动通信公司所在国电信行业十年来发展迅速，移动通信业务过去10年增长了300倍

[5]（2017年·简答题节选）南天集团是一家川味特色餐饮集团，成立于2001年，通过不断创新菜品和高端餐饮的定位，在国内餐饮市场上赢得了一席之地。2012年以来，受宏观经济的影响，国内餐饮行业整体增长趋势明显放缓，行业收入增速同比下降。特别是2012年年底政府出台各种限制“三公”消费的政策，这些政策

引起了社会公众的强烈反响，个人消费攀比之风得到遏制，大众的消费需求更加理性。高端餐饮行业受到猛烈冲击，市场需求萎缩。此外，房地产市场的火爆推升了房租价格，也加大了餐饮行业的经营成本。

面对前所未有的困局，南天集团决定向“大众餐饮”转型，主推中低档大众菜品。近年来国内移动互联网行业呈现井喷式发展，催生出了新的商业模式和消费习惯，南天集团开始通过微信、微博和网络外卖等互联网工具扩大销售，并通过大数据来发现客户的就餐习惯和餐饮偏好，提升服务质量。同时，南天集团认为环保行业将是产业政策的下一个风口，前景看好。2015 年南天集团通过收购洁丽公司大举进入环保行业。由于环保行业竞争日趋激烈，短期内盈利前景不明朗，南天集团用于环保业务的资本支出不断加大。同时两家公司的文化存在差异，内耗不断。洁丽公司的经营一直处于亏损状态，导致了后来南天集团现金流断裂，不仅使集团在新业务上进退两难，还拖累了刚走出低谷的餐饮业务。

要求：运用 PEST 分析方法，简要分析 2012 年以来南天集团面临的机会与威胁。

二、产业环境分析

“形成竞争战略的实质就是将一个公司与其环境建立联系。尽管相关环境的范围广阔，包括社会的因素，经济的因素，但公司环境的最关键部分就是公司投入竞争的一个或几个产业。”

“一个产业是由一群生产相似替代品的公司组成的”

——波特《竞争战略》

考点 2　产品生命周期（★★★，掌握，客观题和主观题）

图 2-2　自然界的万事万物皆有生命周期

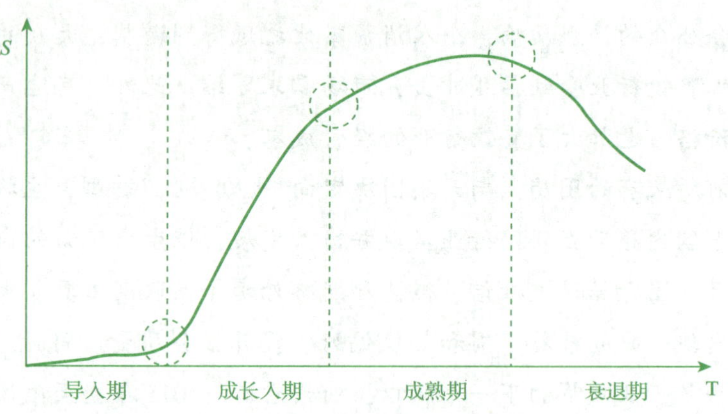

图 2-3　产品生命周期模型

产品技术特点→销量→成本→利润→竞争→经营风险→战略目标→战略路径

【考点母题——万变不离其宗】产业生命周期各阶段主线和特点

<table>
<tr><td rowspan="9">导入期</td><td colspan="2">(1)下列关于导入期的表述中，正确的有（　）。</td></tr>
<tr><td>产品技术特点</td><td>A. 产品质量有待提高，产品类型、特点、性能和目标市场方面尚在不断发展变化当中</td></tr>
<tr><td>销量</td><td>B. 产品用户很少，只有高收入用户会尝试新的产品</td></tr>
<tr><td>成本</td><td>C. 为了说服客户购买，导入期的产品营销成本高，广告费用大，而且销量小，产能过剩，生产成本高</td></tr>
<tr><td>利润</td><td>D. 产品的独特性和客户的高收入使得价格弹性较小，可以采用高价格、高毛利的政策，但是销量小使得净利润较低</td></tr>
<tr><td>竞争</td><td>E. 企业的规模可能会非常小，只有很少的竞争对手</td></tr>
<tr><td>经营风险</td><td>F. 经营风险非常高</td></tr>
<tr><td>战略目标</td><td>G. 战略目标是扩大市场份额，争取成为“领头羊”</td></tr>
<tr><td>主要战略路径</td><td>H. 投资于研究与开发和技术改进，提高产品质量</td></tr>
<tr><td rowspan="7">成长期</td><td colspan="2">(2)下列关于成长期的表述中，正确的有（　）。</td></tr>
<tr><td>产品技术特点</td><td>A. 各厂家的产品在技术和性能方面有较大差异</td></tr>
<tr><td>销量</td><td>B. 产品销量节节攀升，产品客户群已经扩大，消费者对质量的要求不高</td></tr>
<tr><td>成本</td><td>C. 广告费用较高，但是每单位销售收入分担的广告费在下降，生产能力不足，需要向大批量生产转换，并建立大宗分销渠道</td></tr>
<tr><td>利润</td><td>D. 产品价格最高，单位产品净利润也最高</td></tr>
<tr><td>竞争</td><td>E. 市场扩大，竞争加剧</td></tr>
<tr><td>经营风险</td><td>F. 经营风险仍然维持在较高水平，但有所下降</td></tr>
</table>

续表

成长期	战略目标	G. 争取最大市场份额，并坚持到成熟期的到来
	主要战略路径	H. 市场营销，此时是改变价格形象和质量形象的好时机
成熟期	(3)下列关于**成熟期**的表述中，正确的有(　)。	
	产品技术特点	A. 产品逐步标准化，差异不明显，技术和质量改进缓慢
	销量	B. 新的客户减少，主要靠老客户的重复购买支撑，市场巨大，但已经基本饱和
	成本	C. 生产稳定，局部生产能力过剩
	利润	D. 产品价格开始下降，毛利率和净利润率都下降，利润空间适中
	竞争	E. 竞争者之间出现价格竞争
	经营风险	F. 经营风险进一步降低，达到中等水平，销售额和市场份额、盈利水平都比较稳定，现金流量变得比较容易预测，经营风险主要是稳定的销售额可以持续多长时间，以及总盈利水平的高低
	战略目标	G. 重点转向在巩固市场份额的同时提高投资报酬率
	主要战略路径	H. 提高效率，降低成本
衰退期	(4)下列关于**衰退期**的表述中，正确的有(　)。	
	产品技术特点	A. 各企业的产品差别小，因此价格差异也会缩小，为降低成本，产品质量可能会出现问题
	销量	B. 客户对性价比要求很高
	成本	C. 产能严重过剩，只有大批量生产并有自己销售渠道的企业才具有竞争力
	利润	D. 产品的价格、毛利都很低。只有到后期，多数企业退出后，价格才有望上扬
	竞争	E. 有些竞争者先于产品退出市场
	经营风险	F. 经营风险进一步降低，主要悬念是什么时间产品将完全退出市场
	战略目标	G. 首先是防御，获取最后的现金流
	主要战略路径	H. 控制成本，以求能维持正的现金流量，如果缺乏成本控制的优势，就应采用退却战略，尽早退出

【考点题源】总结：产品生命周期四阶段主要特征横向比较(★★客观题)

	导入期	成长期	成熟期	衰退期
消费者	高收入用户	销售群扩大	新客户减少	对性价比要求高
竞争	只有很少的竞争对手	市场扩大，竞争加剧	挑衅性的价格竞争(竞争最激烈)	有些竞争者先于产品退出市场
产能	过剩	不足	稳定，局部过剩	严重过剩
生产量	小	扩大	大	萎缩
销量	低	节节攀升	最大	下降
价格	弹性小、价格高	最高	开始下降	很低
成本	高	一般	较低	低
利润	较低	最高	适中	很低
战略目标	扩大市场份额，争取成为“领头羊”	争取最大市场份额，并坚持到成熟期的到来	巩固市场份额，提高投资回报率	防御，获取最后的现金流
战略路径	投资研发，提升产品质量	市场营销，改变价格与质量形象	提高效率降低成本	控制成本，维持正的现金流量或退却战略
经营风险	高	较高	中等水平	进一步降低

【通关绿卡】重点记住那些描述各个阶段主要特征的关键词，并通过横向比较加深记忆。

【考点母题——万变不离其宗】运用产品生命周期理论受到的批评

产品生命周期理论受到的批评主要有(　)。

A. 各阶段的持续时间随着产业的不同而显著不同，并且一个产业究竟处于生命周期的哪一阶段通常不清楚，这就削弱了此概念作为规划工具的有用之处

B. 产业的增长并不总是呈“S”形

C. 公司可以通过产品创新和产品的重新定位，来影响增长曲线的形状

D. 与生命周期每一阶段相联系的竞争属性随着产业的不同而不同

【总结】产品生命周期主观题考查方式

- 简要分析 XX 公司所处的产品生命周期发展阶段。
- 根据产品生命周期分析 XX 公司所处发展阶段的主要特征。

【考点子题——举一反三，真枪实练】

[6] (2020 年·单选题) 宝灵公司是一家牙膏生产企业。目前牙膏行业的销售额达到前所未有的规模，各个企业生产的不同品牌的牙膏在质量和功效等方面差别不大，价格竞争十分激烈。在上述情况下，宝灵公司的战略重点应是(　)。

A. 扩大市场份额　　B. 争取最大市场份额

C. 在巩固市场份额的同时提高投资报酬率　　D. 提高投资报酬率

[7] (2019 年·单选题) 专为商业零售企业提供管理咨询服务的智信公司于 2015 年预测中国的实体百货零售业已进入衰退期。该公司做出上述预测的依据应是(　)。

A. 实体百货零售业投资额增长率曲线的拐点

B. 实体百货零售业利润额增长率曲线的拐点

C. 实体百货零售业工资额增长率曲线的拐点

D. 实体百货零售业销售额增长率曲线的拐点

[8] (2013 年·单选题) 关于产品生命周期，以下表述正确的是(　)。

A. 从产业环境与从国际生产要素组合不同角度分析，产品生命周期的内涵是一致的

B. 从产品研发和生产角度考察，产品生命周期可以划分为导入期、成长期、成熟期和衰退期 4 个阶段

C. 在衰退期后期，多数企业退出后，产品价格可能上扬

D. 产品生命周期可用于分析所有产业的发展规律，但各阶段的持续时间随着产业不同而不同

[9] (2018 年·单选题) 近年来，国产品牌智能手机企业强势崛起，出货量迅猛增长，与国际品牌智能手机在市场上平分秋色。中低端智能手机市场基本被国产智能手机占领，新进入者难以获得市场地位，同时，由于运营商渠道调整，电商等渠道比重加大。产品“同质化”现象加剧，“价格战”日趋激烈。根据上述情况，国内智能手机产业目前所处于生命周期阶段是(　)。

A. 成长期　　B. 导入期　　C. 衰退期　　D. 成熟期

考点 3　产业五种竞争力（★★★，掌握，客观题和主观题）

波特在《竞争战略》一书中，从产业组织理论的角度，提出了产业结构分析的基本框架——五种竞争力分析。

波特认为，在每一个产业中都存在五种基本竞争力量，即潜在进入者、替代品、购买者、供应者与现有竞争者间的抗衡(如图2-4所示)。在一个产业中，这五种力量共同决定产业竞争的强度以及产业利润率，最强的一种或几种力量占据着统治地位并且从战略形成角度来看起着关键性作用。

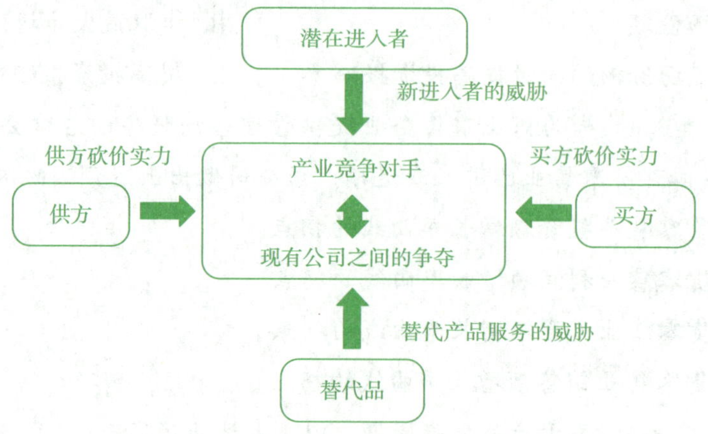

图2-4　波特的五力模型

图2-5　五种竞争力趣解

【考点母题——万变不离其宗】潜在进入者的进入威胁

<table>
<tr><td rowspan="2">潜在进入者减少现有厂商的利润</td><td>利润是对投资者的重要信号，经常能够导致潜在进入者的进入。潜在进入者将在两个方面减少现有厂商利润：
第一，进入者会瓜分原有的市场份额，获得一些业务；
第二，进入者减少了市场集中，从而激发现有企业间的竞争，减少价格成本差(利润)。</td></tr>
<tr><td>【提示】进入威胁的大小取决于呈现的进入障碍与准备进入者可能遇到的现有在位者的反击。它们统称为进入障碍，前者称为“结构性障碍”，后者称为“行为性障碍”。</td></tr>
</table>

续表

<table>
<tr><td rowspan="9">决定进入壁垒高度的主要因素</td><td colspan="4">(1)对于一个产业来说，决定进入障碍大小的是(　)。</td></tr>
<tr><td rowspan="5">结构性障碍
(静态的)</td><td>波特的观点</td><td colspan="2">波特认为存在七种主要的障碍：规模经济、产品差异、资金需求、转换成本、分销渠道、其他优势及政府政策。</td></tr>
<tr><td rowspan="4">**贝恩的观点**</td><td colspan="2">(2)贝恩归纳的三种主要的进入障碍有(　)。</td></tr>
<tr><td>A. **规模经济**</td><td>当经济活动处于一个比较大的规模时，能够以较低的单位成本进行生产。</td></tr>
<tr><td>B. **现有企业对关键资源的控制**</td><td>表现为对资金、专利或专有技术、原材料供应、分销渠道、学习曲线等资源及资源使用方法的积累与控制。
【说明】学习曲线(又称经验曲线)指当某一产品累计生产量增加时，由于经验和专有技术的积累所带来的产品单位成本的下降。</td></tr>
<tr><td>C. **现有企业的市场优势**</td><td>主要表现在：
• 品牌优势：这是产品差异化的结果；
• 政府政策：政府的政策、法规和法令都会在某些产业中限制新的加入者或者清除一些不合格者，从而为在位企业造就了强有力的进入障碍。</td></tr>
<tr><td rowspan="3">行为性障碍
(战略性障碍)
(动态的)</td><td colspan="3">(3)行为性障碍是指现有企业对进入者实施报复手段所形成的的进入障碍，具体的报复手段有(　)。</td></tr>
<tr><td>A. 限制进入定价</td><td colspan="2">在位企业试图通过实施低价来告诉进入者自己是低成本的，进入将是无利可图的。</td></tr>
<tr><td colspan="3">B. 进入对方领域</td></tr>
</table>

【通关绿卡】很少考波特的观点，经常考的是贝恩的观点。

【考点题源】一组重要概念：规模经济 VS 学习曲线

规模经济	指在一定时期内，企业所生产的产品和劳务的绝对量增加时，其单位成本趋于下降；当产业的规模经济很显著时，处于最小有效规模或者超过最小有效规模经营的老企业对于较小的新进入者就有成本优势，从而构成进入障碍。
“学习曲线”(又称“经验曲线”)	是指当某一产品累积生产量增加时，由于经验和专有技术的积累所带来的单位产品成本的下降。它与规模经济往往交叉地影响产品成本的下降水平： 规模经济使得经济活动在处于一个比较大的规模时，能够以较低的单位成本进行生产；学习经济是由于积累经验而导致的单位成本的减少。即使是学习经济规模很小的情况下，规模经济也可能是很大的。这在诸如铝罐制造这样的简单资本密集型的生产中通常能够产生；同样，在规模经济很小时，学习经济也可以是很大的，这存在于诸如计算机软件开发等复杂的劳动密集型产业中。

【通关绿卡】两种效应都表现为单位产品成本的下降，但形成的原因不用；二者往往交叉地影响产品成本的下降。

【考点题源】替代品的替代威胁——间接替代

产品替代的种类有(　)。	
A. 直接产品替代	即某一种产品直接取代另一种产品。比如，苹果计算机代替王安计算机。波特关于产业的定义中的替代品，即指直接替代品。
B. 间接产品替代	即由能起到相同作用的产品非直接地取代另外一些产品，比如，人工合成纤维取代天然布料。波特关于替代品的替代威胁中的替代品指的是间接替代品。
【提示】 ●替代品往往是新技术与社会新需求的产物，对于现有产业来说，这种“替代”威胁的严重性，不言而喻。 ●老产品能否被新产品替代主要取决于两种产品的性能——价格比(价值=功能/成本)的比较。 ●替代品的替代威胁并不一定意味着新产品对老产品最终的取代，几种替代品长期共存也是很常见的情况。	

【考点题源】供应者、购买者讨价还价的能力

决定购买者和供应者讨价还价能力大小的因素有(　)。	
A. **买方(或卖方)的集中程度或业务量的大小**	购买者集中度高，业务量大，议价能力强。 【提示】集中度的高低可以根据行业内企业数量(数量多，集中度低)、排名前几位的企业市场份额比重(比重大，集中度高)等因素判断。
	供应者集中度高，议价能力强。
B. **产品差异化程度与资产专用性程度**	供应者的产品存在着差别化，议价能力强； 供应者的产品是标准化产品，或者没有差别(替代品)，议价能力弱。
	供应者的产品高度专用化，议价能力强。
C. **纵向一体化程度**	如果购买者实行了部分一体化或者存在后向一体化的现实威胁，在讨价还价中就处于能迫使对方让步的有利地位。
	当供应者表现出前向一体化的现实威胁，也会提高其讨价还价能力。
D. **信息掌握的程度**	购买者充分了解需求、实际市场价格，甚至供应者的成本等方面信息时，购买者将处于更为有利的位置。
	如果供应者充分地掌握了购买者的有关信息，了解购买者的转换成本(即从一个供应者转换到另一个供应者的成本)，也增加了讨价还价的能力，并在购买者盈利水平还能承受的情况下，拒绝给予提供更优惠的供货条件。
【提示】劳动力也是供应者的一部分。他们可能对许多产业施加压力。经验表明，短缺的、高技能雇员以及紧密团结起来的劳工可以与雇主或劳动力购买者讨价还价从而削减相当一部分产业利润潜力。	

【考点母题——万变不离其宗】产业内现有企业的竞争

定义	即一个产业内的企业围绕市场占有率而进行的竞争。
表现形式	价格竞争、广告战、产品引进、增加对消费者的服务等。
影响因素	产业内现有企业的竞争影响因素有(　)。
	A. 产业内有众多的或势均力敌的竞争对手 B. 产业发展缓慢 C. 顾客认为所有的商品都是同质的 D. 产业中存在过剩的生产能力 E. 产业进入障碍低而退出障碍高

【说明】产业内现有企业的竞争分析，是公司战略分析的重点部分，在本节第三个问题“竞争环境分析”还将做更深入的阐述。

【考点母题——万变不离其宗】对付五种竞争力的战略

波特的五力模型表明产业中的所有公司都必须面对产业利润的威胁力量。公司应对这五种竞争力威胁的战略有(　)。
A. 公司必须自我定位，通过利用成本优势或差异优势把公司与五种竞争力相隔离，从而超越其竞争对手 B. 公司必须识别在产业哪一个细分市场中，五种竞争力的影响更少一点(即波特的集中战略) C. 公司必须努力去改变这五种竞争力 【提示】公司可以通过与供应者或购买者建立长期战略联盟，以减少相互之间的讨价还价；公司还必须寻求进入阻绝战略来减少潜在进入者的威胁等等。

【考点母题——万变不离其宗】五力模型的局限性

波特的五种竞争力模型存在着局限性，具体有(　)。
A. 该分析模型基本上是静态的，然而，在现实中竞争环境始终在变化，这些变化可能从高变低，也可能从低变高，其变化速度比模型所显示的要快得多。 B. 该模型能够确定行业的盈利能力，但是对于非营利机构，有关获利能力的假设可能是错误的 C. 该模型基于这样的假设：即一旦进行了这种分析，企业就可以制定企业战略来处理分析结果，但这只是一种理想的方式 D. 该模型假设战略制定者可以了解整个行业(包括所有潜在的进入者和替代产品)的信息，但这一假设在现实中并不存在 E. 该模型低估了企业与供应商、客户或分销商、合资企业之间可能建立长期合作关系以减轻相互之间威胁的可能性 F. 该模型对产业竞争力的构成要素考虑不够全面

【考点题源】第六个要素——互动互补作用力(简单了解即可)

哈佛商学院教授大卫·亚非提出：任何一个产业内部都存在不同程度的互补互动(指互相配合一起使用)的产品或服务业务。

【提示】

在产业发展初期阶段，企业在其经营战略定位时，可以考虑控制部分互补品的供应，这样有助于改善整个行业结构，包括提高行业、企业、产品、服务的整体形象，提高行业进入壁垒，降低现有企业之间的竞争程度。

随着行业的发展，企业应有意识地帮助和促进互补行业的健康发展，还可以考虑采用捆绑式经营(存话费送手机)或交叉补贴销售(打印机与墨盒)等策略。

【考点子题——举一反三，真枪实练】

[10] (2019年·单选题)龙苑公司是一家制作泥塑工艺品的家族企业。该公司成立100多年来，经过世代相传积累了丰富的泥塑工艺品制作经验和精湛技艺，产品远销国内外。目前一些企业试图进入泥塑工艺品制作领域。根据上述信息，龙苑公司给潜在进入者设置的进入障碍是(　)。

A. 资金需求　B. 学习曲线　C. 行为性障碍　D. 分销渠道

[11] (2019年·多选题)巨能公司是多家手机制造企业的电池供应商。根据波特的五种竞争力分析理论，下列各项关于巨能公司与其客户讨价还价能力的说法中，正确的有(　)。

A. 巨能公司能够进行前向一体化时，其讨价还价能力强

B. 巨能公司提供的电池差异化程度越高，其讨价还价能力越强

C. 巨能公司掌握的客户的转换成本信息越多，其讨价还价能力越强

D. 巨能公司的客户购买量越大，巨能公司讨价还价能力越强

[12] (2017·单选题)2007-2013年，S公司在作为P公司最大的元器件和闪存供应商的同时，推出了原创智能手机和平板，成为P公司在智能手机和平板市场主要的竞争对手，P公司很想摆脱对S公司的依赖，但由于S公司在生产关键零件方面的能力显著强于其他公司，因而短期内P公司仍离不开S公司，最后影响了S公司对P公司讨价还价能力的主要因素是(　)。

A. 业务量　B. 产品差异化程度和与资产专用性程度

C. 纵向一体化程度　D. 信息把握程度

[13] (2018年·多选题)近年来国内洗涤品生产企业面临日益沉重的竞争压力。国外著名洗涤品公司加快进入中国市场的步伐，原材料及用工成本不断上涨，国内洗涤品生产企业众多，产品差异较小，消费者选择余地大，新型洗涤品层出不穷，产品生命周期缩短，原有洗涤品不断遭到淘汰。从产业五种竞争力角度考

察，国内洗涤品生产企业面临的竞争压力包括(　)。

A. 产业内现有企业的竞争　　B. 购买者讨价还价

C. 供应者讨价还价　　D. 潜在进入者的进入威胁

考点 4　成功关键因素分析（★★，客观题和主观题）

成功关键因素(KSF)是指公司在特定市场获得盈利必须拥有的技能和资产。KSF确认产业的关键成功因素必须从三个角度考虑三个问题：

市场共性—顾客在各个竞争品牌之间进行选择的基础是什么?

资源能力—产业中的一个卖方厂商要取得竞争成功，需要什么样的资源和竞争能力?

竞争动态—产业中的一个卖方厂商获取持久的竞争优势，必须采取什么样的措施?

【考点母题——万变不离其宗】常见的几种成功关键因素(6 个方面)

下列各项中，属于成功关键因素的有(　)。	
与技术相关的	A. 科学研究、创造改进、产品革新、专有技能、运用互联网的能力
与制造相关的	B. 低成本生产效率、固定资产利用率高、获得足够的娴熟劳动力、劳动生产率高、成本低的产品设计、灵活生产的模型
与分销相关的	C. 强大的分销网络、分销成本低、送货快、自有分销渠道和网点
与营销相关的	D. 快速技术支持、礼貌的客户服务、顾客订单准确满足、产品线宽、推销技巧、保修和保险、精明的广告
与技能相关的	E. 劳动力拥有卓越的才能、质量控制诀窍、设计的技能、开发、卓越的信息系统、快速对变化环境的反应、娴熟运用网络及电子商务、经验
其他类型的	F. 有利的公司形象声誉、总成本低、便利的选址、可获得财务资本、专利保护，礼貌的职员等

【通关绿卡】“礼貌的客户服务”和“礼貌的职员”分别属于营销类因素和其它类因素，不可搞混。

【考点题源】产品寿命周期各阶段中的成功关键因素

阶段	投入期	成长期	成熟期	衰退期
市场	**广告宣传，开辟销售渠道**	**建立商标信誉，开拓新销售渠道**	**保护现有市场，渗入别人的市场**	**选择市场区域，改善企业形象**
生产经营	提高生产效率，开发产品标准	改进产品质量，增加花色品种	加强和顾客的关系，降低成本	缩减生产能力，保持价格优势

续表

阶段	投入期	成长期	成熟期	衰退期
财力	利用金融杠杆	集聚资源以支持生产	控制成本	提高管理控制系统的效率
人事	使员工适应新的生产和市场	发展生产和技术能力	提高生产效率	面向新的增长领域
研究开发	掌握技术秘诀	提高产品的质量和功能	降低成本，开发新品种	面向新的增长领域

【考点题源】不同产业中的成功关键因素(简单阅读，应对选择题)

工业部门类别	成功关键因素
铀、石油	原料资源
船舶制造、炼钢	生产设施
航空、高保真音响	设计能力
纯碱、半导体	生产技术
百货商场、零部件	产品范围、花色品种
大规模集成电路、微机	工程设计和技术能力
电梯、汽车	销售能力、售后服务
啤酒、家电	销售网络

【通关绿卡】客观题冷门考点，如曾考到电梯行业的两个成功关键因素(销售能力、售后服务)。

【考点母题——万变不离其宗】KSF的特点

KSF的特点有(　)。
A. KSF随着产业不同而不同 【提示】同一产业内，也随着环境变化而变化。特定产业来说，极少有超过三四个KSF。 B. KSF会随着产品生命周期的演变而变化 C. KSF是产业和市场层次的特征

【考点子题——举一反三，真枪实练】

[14] (2022年·单选题·考生回忆版)目前，量子材料产业不断推出新产品，但质量和可靠性有待提高；企业虽可以采用高价格、高毛利的政策，但因为产品销量小且营销成本、生产成本高，所以净利润较低。下列各项中，属于量子材料产业生命周期现阶段在财力方面的成功关键因素是(　)。

A. 提高管理控制系统的效率　　B. 集聚资源以支持生产

C. 控制成本　　D. 利用金融杠杆

[15] (2019 年 · 多选题)近几年 VR(虚拟现实)产品的销售量节节攀升，顾客群逐渐扩大；不同企业的产品在技术和性能方面有较大差异；消费者对产品质量的要求不高。从市场角度看，现阶段 VR 行业的成功关键因素有(　)。

A. 建立商标信誉　　B. 保护现有市场

C. 开拓新销售渠道　　D. 改善企业形象

[16] (2017 年 · 单选题)近年来，国内智能家电产业的产品销售量节节攀升，竞争者不断涌入。各厂家的产品虽然在技术和性能方面有较大差异，但均可被消费者接受。产品由于供不应求，价格高。在产品寿命周期的这个阶段，从市场角度看，国内智能家电产业的成功关键因素应当是(　)。

A. 建立商标信誉，开拓新销售渠道　　B. 保护现有市场，渗入别人的市场

C. 选择区域市场，改善企业形象　　D. 广告宣传，开辟销售渠道

三、竞争环境分析

考点 5 竞争对手分析(★★★，客观题和主观题)

【考点母题——万变不离其宗】竞争对手分析

<table>
<tr><td>含义</td><td colspan="3">•这里的竞争对手指波特的五力模型中的最后一种竞争力量，即产业内部同行业的竞争对手；
•作为产业环境分析的补充，竞争环境分析的重点集中在与企业直接竞争的每一个企业。</td></tr>
<tr><td rowspan="2">两个方面</td><td colspan="3">(1)竞争对手分析的两个方面分别是(　)。</td></tr>
<tr><td colspan="3">A. 从个别企业视角去观察分析竞争对手的实力
B. 从产业竞争结构视角观察分析企业所面对的竞争格局</td></tr>
<tr><td rowspan="5">内容</td><td colspan="3">(2)竞争对手分析的内容有(　)。</td></tr>
<tr><td rowspan="4">A. 竞争对手的未来目标</td><td colspan="2">即什么驱使着竞争对手。存在于各级管理层和多个战略方面。对竞争对手未来目标的分析与了解，有利于预测竞争对手对其目前的市场地位以及财务状况的满意程度，从而推断其改变现行战略的可能性以及对其他企业战略行为的敏感性。</td></tr>
<tr><td colspan="2">(3)分析竞争对手未来竞争战略的目标，需要考虑的因素有(　)。</td></tr>
<tr><td>A. 竞争对手的财务目标</td><td>这反映竞争对手未来的发展速度和发展规模，及其业务结构、资源配置改编的方向。</td></tr>
<tr><td>B. 竞争对手对于风险的态度</td><td>企业对于风险的不同态度，导致采用不同的战略。了解竞争对手对于风险的态度，有助于本公司采用恰当的战略对策。</td></tr>
</table>

续表

<table>
<tr><td rowspan="13">内容</td><td rowspan="7">A. 竞争对手的未来目标</td><td>C. 竞争对手的价值观</td><td>价值观反映企业的宗旨和目标，竞争对手的价值观对其业务范围、经营行为、竞争手段和策略有重大影响。</td></tr>
<tr><td>D. 竞争对手的组织结构</td><td>不同的组织结构一般对应不同的业务组合和管理方式、尤其与不同的战略类型相匹配。</td></tr>
<tr><td>E. 竞争对手的会计系统、控制和激励系统</td><td>这可在一定程度上反映竞争对手战略实施所受到的约束、激励和成功的可能性。</td></tr>
<tr><td>F. 竞争对手领导阶层的情况</td><td>对此做了解和分析，有助于判断、预测其战略类型的取向和发生重大改变的可能性。</td></tr>
<tr><td>G. 对竞争对手各种行为的各种政府或社会限制</td><td>从这些限制可以了解竞争对手的战略选择余地和业务发展方向。</td></tr>
<tr><td colspan="2">(4)如果竞争对手是某个较大公司的一个子公司，则对该竞争对手的分析除了上述因素，还需考虑的因素有(　)。</td></tr>
<tr><td colspan="2">A. 母公司的总体目标和经营现状
B. 母公司对其子公司业务的态度
C. 母公司招聘、激励、约束子公司经理人员的方法</td></tr>
<tr><td rowspan="6">B. 竞争对手的假设</td><td colspan="2">关于其自身和产业。
假设包括竞争对手对自身企业的评价和对所处产业以及其他企业的评价。</td></tr>
<tr><td colspan="2">(5)分析、了解竞争对手假设的战略意义有(　)。</td></tr>
<tr><td>A. 了解竞争对手的假设有利于正确判断竞争对手的战略意图</td><td>假设往往是企业各种行为取向的根本动因。</td></tr>
<tr><td>B. 竞争对手的假设可能正确也可能不正确，不正确的假设可造成本企业及其他企业的战略契机</td><td>对竞争对手假设的检验能发现其管理人员在认识环境方法中存在的偏见和盲点。针对上述盲点，本企业可制定、实施有利于确立或保持自身竞争优势的战略。</td></tr>
<tr><td colspan="2">(6)分析竞争对手的假设可以考虑的方面有(　)。</td></tr>
<tr><td colspan="2">A. 竞争对手的公开言论、领导层和销售队伍的宣称及其他暗示，表现出竞争对手表现出对其在成本、产品质量、技术的尖端性及产品的其他主要方面相对地位持何种认识，把什么看成自己的优势或劣势，这些看法是否正确
B. 由于历史、感情或文化上的原因，在诸如产品设计方法、产品质量要求、制造场所、推销方法、分销渠道等方面，竞争对手强烈坚持哪些方面
C. 竞争对手根深蒂固的价值观和观察、分析事物的方法是什么
D. 竞争对手对产品的未来需求和产业发展趋势持何种看法
E. 竞争对手对其竞争者们的目标和能力的看法如何，它是否高估或低估了它们</td></tr>
</table>

续表

<table>
<tr><td rowspan="12">内容</td><td>C. 竞争对手的现行战略</td><td colspan="2">关于该企业现在如何竞争，即竞争对手在做什么和能做什么。
对竞争对手现行战略的分析，目的在于揭示竞争对手正在做什么、能够做什么，重点在于其战略选择的类型和战略实施的效果如何，其竞争地位是否会发生变化以及发生了怎样的变化，竞争对手改变其战略的可能性即这种可能性对本企业的影响。
在对竞争对手目标与假设分析的基础上，判断竞争对手的现行战略就变得相对容易了。非常有用的一种方法是，了解竞争对手在其各项业务和各项职能领域采用的关键性经营方针，以及它如何寻求各项业务之间和各项职能之间的相互联系。</td></tr>
<tr><td rowspan="11">D. 竞争对手的能力</td><td colspan="2">即强项和弱项。竞争对手的目标、假设和现行战略会影响其反击的可能性、时间、性质及强烈程度，而其优势和劣势将决定其战略行动力以及应对、处理所处环境变化和各类重大突发事件的能力。</td></tr>
<tr><td colspan="2">(7)竞争对手能力分析包括的内容有(　)。</td></tr>
<tr><td colspan="2">A. 核心能力</td></tr>
<tr><td colspan="2">B. 成长能力</td></tr>
<tr><td rowspan="3">C. 快速反应能力</td><td>指企业对所处环境变化的敏感程度和迅速采取正确应对措施的能力。</td></tr>
<tr><td>(8)快速反应能力的决定因素有(　)。</td></tr>
<tr><td>A. 自由现金储备
B. 留存借贷能力
C. 厂房设备的余力
D. 定型的但尚未推出的新产品</td></tr>
<tr><td>D. 适应变化的能力</td><td>对环境的反应。</td></tr>
<tr><td rowspan="3">E. 持久力(能耗多久)</td><td>指企业在处于不利环境或收入、现金流面临压力时，能够坚持以待局面改变的时间的长短。</td></tr>
<tr><td>(9)决定企业持久力的因素有(　)。</td></tr>
<tr><td>A. 现金储备
B. 管理人员的协调统一
C. 财务目标上的长远眼光
D. 较少受股票市场的压力</td></tr>
</table>

【通关绿卡】此部分内容建议主要掌握竞争对手分析的基本框架，以理解为主。重点集中在与企业直接竞争的每一个企业；现金储备是决定企业持久力的因素之一，而自由现金储备是决定企业快速反应能力的因素之一，不可混淆。

图 2-6 竞争对手的能力分析趣解

【考点子题——举一反三，真枪实练】

[17] (2020 年·单选题)T 公司是国际著名汽车制造商，该公司 2019 年预计随着环保理念的普及和相关技术的进步，Z 国的新能源汽车产业将进入快速发展期，其竞争对手 Z 国的汽车制造商 S 公司将减少传统燃油汽车的生产量，增加电动汽车和混合动力汽车的生产量。T 公司对 S 公司的上述分析属于(　)。

A. 财务能力分析　　B. 适应变化的能力分析

C. 快速反应能力分析　　D. 成长能力分析

[18] (2017 年·单选题)2010 年，R 国汽车制造商 G 公司预测随着绿色环保理念的普及和政府相关产业政策的推出，R 国的新能源汽车产业将迎来一个巨大的发展机遇；其本国竞争对手汽车制造商 S 公司，将凭借雄厚的资金实力和强大的科研能力，把投资和研发的重点转向新能源汽车领域。G 公司对 S 公司的上述分析属于(　)。

A. 成长能力分析　　B. 适应变化能力分析

C. 快速反应能力分析　　D. 财务能力分析

考点 6 产业内的战略群组（★★★，掌握，客观题和主观题）

竞争环境分析的另一个重要方面是确定产业内所有主要竞争对手的战略诸方面的特征。波特教授用“战略群组”的划分来研究这些特征。

【考点题源】产业内的战略群组

含义	战略群组是指某一个产业中在某一战略方面采用相同或相似战略，或具有相同战略特征的各公司组成的集团。一般来说，在一个产业中仅有几个群组。
战略群组的特征（很小的知识点，没有出现过考题，简单了解即可）	正确确定战略群组，是件困难的事情。 在识别战略群组的特征时，可以考虑使用一下变量： (1)产品(或服务)差异化(多样化)程度； (2)各地区交叉的程度； (3)细分市场的数目； (4)所使用的分销渠道； (5)品牌的数量； (6)营销的力度(如广告覆盖面、销售人员的数目等)； (7)纵向一体化程度； (8)产品的服务质量； (9)技术领先程度(是技术领先者还是技术追随者)； (10)研究开发能力(生产过程或产品的革新程度)； (11)成本定位(如为降低成本而作的投资大小等)； (12)能力的利用率； (13)价格水平； (14)装备水平； (15)所有者结构； (16)与政府、金融界等外部利益相关者的关系； (17)组织的规模。 【提示】选择划分产业内战略群组的特征要避免选择同一产业中所有公司都相同的特征，为识别战略群组，选择特征的 2 至 3 项来区别。

【考点母题——万变不离其宗】战略群组分析的意义(重点)

战略群组分析的意义有(　)。

A. 有助于很好地了解战略群组间的竞争状况，主动地发现近处和远处的竞争者，也有助于了解某一群体与其他群组间的不同

B. 有助于了解各战略群组之间的“移动障碍”

C. 有助于了解战略群组内企业竞争的主要着眼点

D. 利用战略群组图还可以预测市场变化或发现战略机会

【通关绿卡】战略群组分析的这四点意义要理解并且背下来，可结合蓝海战略考察：

红海战略：常规的竞争方式，针锋相对的竞争；

蓝海战略：不局限于现有边界，创新产品和服务。

图 2-7　战略群组分析的意义趣解

【考点子题——举一反三，真枪实练】

[19] (2022 年 · 单选题 · 考生回忆版) 广元牛奶公司对所处竞争环境进行分析后，决定将与其产品价格和销售区域覆盖率相近的牛奶企业作为主要竞争对手。根据上述情况，广元牛奶公司采用的竞争环境分析方法是(　)。

A. 成功关键因素分析　　B. 五种竞争力分析

C. 竞争对手分析　　D. 战略群组分析

[20] (2019 年 · 单选题) 七彩公司以“文化娱乐性”和“观光游览性”为两维坐标，将旅游业分为不同的战略群组，并将“文化娱乐性高、观光游览性低”的文艺演出与“文化娱乐性低、观光游览性高”的实景旅游两类功能结合起来，率先创建了“人物山水”旅游项目，它将震撼的文艺演出置于秀丽山水之中，让观众在观赏歌舞演出的同时将身心融于自然。七彩公司采用战略群组分析的主要思路是(　)。

A. 了解战略群组间的竞争状况　　B. 了解战略群组间的“移动障碍”

C. 预测市场变化或发现战略机会　　D. 了解战略群组内企业竞争的主要着眼点

[21] (2017 年 · 多选题) 国内卫浴产品企业可分为两类。第一类是知名国际名牌企业，其产品实现了功能性和外观时尚性的完美结合，但研发和投资成本都很大，产品价格高；第二类是国内老品牌企业，其产品的功能性和外观性都与国际品牌产品有较大差距，价格也显著低于国际品牌产品。有专家建议，在激烈的竞争中第二类企业应当增强售后服务功能以提升竞争力，因为国内各类企业都没有对该功能给予应有的重视。依据战略群组分析理论，下列各项中，对专家建议理解正确的有(　)。

A. 了解战略群组内企业竞争的主要着眼点　　B. 了解各战略群组之间的移动障碍

C. 了解战略群组间的竞争状况　　D. 运用战略群组分析发现战略机会

[22] (2014 年 · 简答题修改) 福安公司为一家食品生产企业。2006 年，福安公司拟扩大生产经营范围，投资于饮料行业。福安公司管理层在对当时国内饮料行业进

行深入调研后发现：已有一批大中型饮料企业从事各类知名品牌的饮用水的生产和销售。有关情况如下：

(1)水清公司生产饮用水历史最长，其生产的矿泉水的市场综合占有率多年名列行业前三；

(2)蓝宝公司实施相关多元化战略，早已形成瓶装水、高档玻璃瓶装水、碳酸饮料、茶饮料、果汁饮料等几大系列十几种产品，全方位地进入饮料市场；

(3)童乐公司从儿童营养液起步，形成奶制品、水、茶、可乐、八宝粥5大战略业务单元；

(4)万宝公司以长期经营的多种饮料产品为基础，近年来开发了新产品果蔬饮料，仅短短两、三年时间，万宝公司在果蔬饮料开发、生产、销售及市场占有率等方面，占据绝对优势；

(5)K公司和B公司是两大国际知名外资企业，其产品集中于碳酸饮料。它们资金雄厚，研发能力强，依靠庞大的销售网络和低成本的产量扩张，在饮料市场占据了最大的份额，在碳酸饮料市场的占有率超过80%。

通过对饮料市场的深入调研，福安公司对市场竞争格局有了清晰的把握。公司管理层认为，开发上述公司已经占据优势地位的饮料产品市场，难度太大。公司管理层决定：着手开发当时国内市场上尚属空白的功能饮料，而且选择高端市场，注重品质和功能。这部分市场虽然目前市场需求量有限，但发展前景良好。2008年，福安公司生产的第一批功能性饮料下线试销，受到消费者的广泛认同。

要求：

(1)运用“产品多样化程度”、“新产品程度”两个战略特征，各分为“高”、“低”两个档次，对福安公司所调研的国内饮料行业的企业进行战略群组划分。

(2)分析福安公司进入尚属空白的功能饮料的依据。

第二节 企业内部环境分析

在对企业进行外部环境分析之后，战略分析的另一个方面是进行企业内部环境分析。通过内部环境分析，企业可以决定“能够做什么”，即企业所拥有的独特资源与能力所能支持的行为。

一、资源与能力分析(能力源于资源)

考点7 企业资源分析（★★★，掌握，客观题和主观题）

【考点母题——万变不离其宗】企业资源分析

<table>
<tr><td>定义</td><td colspan="4">企业资源是指企业所拥有或控制的有效因素的总和。
按照竞争优势的资源基础理论，企业的资源禀赋是其获得持续竞争优势的重要基础。</td></tr>
<tr><td rowspan="6">类型</td><td colspan="4">(1)企业资源的主要类型有(　)。</td></tr>
<tr><td rowspan="4">A. 有形资源</td><td>定义</td><td colspan="2">指可见的、能用货币直接计量的资源。
【注意教材例子】香港半岛酒店，由于占据有利的地理位置，其美不胜收的海景和夜景，是其一大特色，从而构成了其竞争优势的一大来源。</td></tr>
<tr><td rowspan="3">类型</td><td colspan="2">(2)企业有形资源的类型有(　)。</td></tr>
<tr><td>A. 物质资源</td><td>包括企业的土地、厂房、生产设备、原材料等，是企业的实物资源。</td></tr>
<tr><td>B. 财务资源</td><td>是企业可以用来投资或生产的资金，包括应收账款、有价证券等。
【说明】有形资源一般反映在企业的资产当中。但是由于会计核算的要求，资产负债表所记录的账面价值并不能完全代表有形资源的战略价值。</td></tr>
<tr><td>B. 无形资源</td><td colspan="3">• 指企业长期积累的、没有实物形态的、甚至无法用货币精确度量的资源，通常包括品牌、商誉、技术、专利、商标、企业文化及组织经验等。
• 尽管难以精确度量，但由于无形资源一般难以被竞争对手了解、购买、模仿或替代，因此，无形资源是一种十分重要的企业核心竞争力的来源。
• 比如，技术资源就是一种重要的无形资源，它主要是指专利、版权、商业秘密等，具有先进性、独创性、独占性等特点，使得企业可以据此建立自己的竞争优势。</td></tr>
</table>

续表

<table>
<tr><td rowspan="2">类型</td><td>B. 无形资源</td><td colspan="2">●又比如，商誉也是一种关键的无形资源，是指企业由于管理卓越、顾客信任或其他特殊优势而具有的企业形象，它能给企业带来超额利润。对于产品质量差异比较小的行业，比如软饮行业，商誉可以说是最重要的企业资源。
●由于会计核算的原因，资产负债表中的无形资产并不能代表企业的全部无形资源，甚至可以说，有相当一部分无形资源是游离于资产负债表之外的。</td></tr>
<tr><td>C. 人力资源</td><td colspan="2">●指组织成员向组织提供的技能、知识以及推理和决策能力。
●是人掌握的技能、知识造就了企业的繁荣，而不是其他资源。在技术飞速发展和信息化加速的新经济时代，人力资源在企业中的作用越来越突出。</td></tr>
<tr><td rowspan="11">判断标准</td><td colspan="3">(3)决定企业竞争优势的企业资源判断标准是(　)。</td></tr>
<tr><td>A. 资源的稀缺性</td><td colspan="2">企业掌握而竞争对手不能获取，则企业获得竞争优势。</td></tr>
<tr><td rowspan="6">B. 资源的不可模仿性</td><td colspan="2">资源的不可模仿性是竞争优势的来源，也是价值创造的核心。</td></tr>
<tr><td colspan="2">(4)企业资源的不可模仿性的形式有(　)。</td></tr>
<tr><td>A. 物理上独特的资源</td><td>●即物质本身的特性所决定的资源不可模仿性。
●例如，企业所拥有的房地产处于极佳的地理位置，拥有矿物开采权或拥有法律保护的专利生产技术等。</td></tr>
<tr><td>B. 具有路径依赖性的资源</td><td>●指那些必须经过长期的积累才能获得的资源。
●例如，海尔在售后服务环节的竞争优势。</td></tr>
<tr><td>C. 具有因果含糊性的资源</td><td>●即那些形成原因说不清、道不明的企业资源；是组织中最常见的一种资源，难以对竞争对手模仿。
●例如，企业文化，美国西南航空“家庭式愉快，节俭而投入”的企业文化。</td></tr>
<tr><td>D. 具有经济制约性的资源</td><td>●指企业的竞争对手虽然已经具备复制其资源的能力，但因市场空间有限不能与其竞争的情况。
●例如，企业在市场上处于领导者的地位，其战略是在特定的市场上投入大量资本。这个特定市场可能会由于空间太小，不能支撑两个竞争者同时盈利，企业的竞争对手再有能力，也只好放弃竞争。</td></tr>
<tr><td>C. 资源的不可替代性</td><td colspan="2">例如，一些旅游景点的独特优势很难被其他景点的资源所代替。</td></tr>
<tr><td>D. 资源的持久性</td><td colspan="2">●资源的贬值速度越慢，就越有利于形成核心竞争力。
●一些品牌资源随着时代的发展实际上在不断升值；反之通信技术和计算机技术迅速的更新换代却会对建立在这些技术之上的企业竞争优势构成严峻挑战。</td></tr>
</table>

【通关绿卡】企业资源的主要类型，选择题为主，仔细阅读教材，注意教材例子；技术资源的特点(先进性、独创性、独占性)关注一下；决定企业竞争优势的企业资源的四

条判断标准，要理解其内涵，具体案例要会判定；资源的不可模仿性的四种形式要背下来，具体案例要会判定。

图 2-8 企业资源不可模仿性的四种形式趣解

【考点子题——举一反三，真枪实练】

[23] (2020 年 · 多选题)钢琴制造企业G公司创立于19世纪，在100多年的探索、创新和发展过程中，取得100多项有关钢琴制作材料和设备创新的专利，逐渐建立起一套极其严密、科学的钢琴生产工艺流程和管理体系，创造了世界钢琴第一品牌。下列各项中，属于G公司获得持续竞争优势的重要基础的资源有(　)。

A. 有形资源　　B. 组织资源

C. 无形资源　　D. 人力资源

[24] (2020 年 · 单选题)广记公司是一家卤制品生产企业。该公司凭借其长期积累形成的原料配制秘方和生产工艺诀窍等资源生产的多种卤制品，深受消费者喜爱，近年国内市场占有率一直位居第一。在下列资源不可模仿性的形式中，广记公司的上述资源属于(　)。

A. 物理上独特的资源　　B. 具有因果含糊性的资源

C. 具有经济制约性的资源　　D. 具有路径依赖性的资源

[25] (2019 年 · 多选题)研发和生产家用滤水壶的汇康公司秉承“使员工幸福，让顾客满意”的理念，建立并持续实施了一套以顾客需求为导向、充分调动员工积极性的管理体制，使该公司的技术发明专利数量、盈利率和顾客满意率长期稳居行业前列，显示出难以模仿的竞争优势。汇康公司的资源不可模仿性主要表现为(　)。

A. 物理上独特的资源　　B. 具有路径依赖性的资源

C. 具有因果含糊性的资源　　D. 具有经济制约性的资源

[26] (2018 年 · 单选题) 以生物药品研发为主营业务的 B 公司多年来不断完善科研管理体制建设，为科研人才的创造性活动提供了坚实的基础和障碍，使公司在激烈的市场竞争中获得明显优势，B 公司的竞争优势来源于(　)。

A. 具有经济制约性的资源　　B. 物理上独特的资源

C. 具有因果含糊性的资源　　D. 具有路径依赖性的资源

考点 8 企业能力分析（★★★，掌握，客观题和主观题）

企业能力是指企业配置资源，发挥其生产和竞争作用的能力；能力来源于企业有形资源、无形资源和组织资源的整合，是企业各种资源有机组合的结果。

【考点母题——万变不离其宗】企业能力的构成

<table>
<tr><td colspan="3">(1)企业能力主要包括(　)。</td></tr>
<tr><td>A. 研发能力</td><td colspan="2">主要从研发计划、研发组织、研发过程和研发效果几个方面进行衡量。</td></tr>
<tr><td>B. 生产管理能力</td><td colspan="2">生产活动是企业最基本的活动，主要涉及五个方面，即生产过程、生产能力、库存管理、人力资源管理和质量管理。</td></tr>
<tr><td rowspan="4">C. 营销能力</td><td colspan="2">(2)企业营销能力包括(　)。</td></tr>
<tr><td>A. 产品竞争能力</td><td>产品竞争能力主要可从产品市场地位、收益性、成长性等方面分析。
产品的市场地位：市场占有率、市场覆盖率等指标衡量。
产品的收益性：利润空间和本量利进行分析。
产品的成长性：销售增长率、市场扩大率等指标进行比较分析。</td></tr>
<tr><td>B. 销售活动能力</td><td>销售活动能力是对企业销售组织、销售绩效、销售渠道、销售计划等方面的综合考察。
销售组织分析主要包括对销售机构、销售人员和销售管理等基础数据的评估。
销售绩效分析是以销售计划完成率和销售活动效率分析为主要内容。
销售渠道分析则主要分析以下内容：销售渠道结构(如直接销售和间接销售的比例)、中间商评价和销售渠道管理。</td></tr>
<tr><td>C. 市场决策能力</td><td>市场决策能力是以产品竞争能力、销售活动能力的分析结果为依据的，是领导者对企业市场进行决策的能力。</td></tr>
<tr><td>D. 财务能力</td><td colspan="2">筹集资金的能力+使用和管理所筹集资金的能力。即找钱+用钱的能力。</td></tr>
<tr><td>E. 组织管理能力</td><td colspan="2">职能管理体系的任务分工；岗位责任；集权和分权的情况；组织结构(直线职能、事业部等)；管理层次和管理范围的匹配。</td></tr>
</table>

【通关绿卡】企业的五大能力要背下来，每种能力的内涵、构成要理解(特别是营销能力)，并能分清“父辈”、“子辈”、“孙辈”选项的内容。

【考点子题——举一反三，真枪实练】

[27]（2019年·简答题）

日升公司于1995年成立，1996年在国内设立生产基地，建设了五个制造厂房。日升公司最初主要从事OEM代工业务，为M国的客户FC公司贴牌生产家具配套及小巧家具组件。之后，公司业务扩展至餐厅及卧房家具，成为国内首家生产卧房家具的企业。1998年，日升公司单月出货量从100个货柜大幅提升至300个货柜，制造能力远远超过昔日家具业的龙头老大。

1999年以前，日升公司的家具几乎全部外销，只做OEM代工业务而没有自己的品牌。公司在低附加值的经营中认识到打造自身品牌的重要性。1999年3月，日升公司在M国组建公司并创立公司品牌“LC”，主要从事中低端家具的生产和销售。然而，日升公司在M国自创品牌的成效并不显著。于是，公司先后实施四次跨国并购，获取了欧美知名企业的品牌、渠道、研发设计及制造能力等战略性资产，实现了从OEM向原始设计制造商OBM的升级。

2001年，日升公司斥资完成对原委托方FC公司的收购，直接进入M国中高档家具市场。

2005年日升公司成功上市。上市后，公司市值从2004年的1.37亿美元跃升至2005年的3.69亿美元，增长2.69倍。

在强大的资金和产能支持下，日升公司于2006年至2008年又先后收购国际三大品牌家具制造商。四次跨国收购使日升公司的产品组合由单一的中低端木制家具拓展为包含中低端、高端、顶级木制家具，以及沙发、酒店家具的组合。销售市场由M国扩展到欧洲。2000年和2008年，在国内设立研发中心的基础上，日升公司又分别在M国和欧洲设立了研发中心。

2007年以来，全球经济环境发生了很大变化。出于对国内市场潜力的判断，日升公司适时调整经营策略，决定在巩固海外市场的同时，进军国内市场。多年的国际化经历使日升公司在生产、设计、销售方面储备、积累了大量人才和经验。2008年日升公司在国内展会上全面亮相，展出专门针对国内市场开发的三大品牌——“日升家居”、“日升家园”和“日升屋”。2009年9月在国内建成了日升国际风尚馆。

日升公司在原有多个知名品牌的基础上，运用特许经营品牌、针对细分客户设立新品牌等策略，进一步巩固日升公司的OBM业务。2010年，开展酒店家具业务，并在 J 国和 N 国设立生产基地。2009 年、2012 年，先后推出特许品牌“PDH 和“PDK”；2011 年，推出青年家具品牌“SM”；2012 年，M 国日升推出特许品牌“MH11”。2013 年，推出特许品牌“B”；2014 年，推出婴儿家具品牌“SB”。日升公司的 OBM 业务约占总业务的 90%。目前，日升公司在国内 18 个城市 23 家门店销售产品。国际市场仍然是日升公司的主要市场。

要求：简要分析日升公司“从 OEM 向 OBM 升级”所显示的企业能力。

考点 9 企业核心能力（★★★，掌握，客观题和主观题）

核心能力的概念打破了以往企业管理人员将企业看成是各项业务组合的思维模式，重新认识到企业是一种能力的组合。核心能力就是企业中有价值的资源，它可以使企业获得竞争优势，并且不会随着使用而递减。

【考点母题——万变不离其宗】企业的核心能力

<table>
<tr><td>含义</td><td colspan="2">核心能力就是企业在具有重要竞争意义的经营活动中能够比其竞争对手做得更好的能力。</td></tr>
<tr><td rowspan="4">核心能力的辨别</td><td colspan="2">（1）辨别企业能力是否属于核心能力的三个关键测试有（　）。</td></tr>
<tr><td colspan="2">A. 它对顾客是否有价值？
B. 它与企业竞争对手相比是否有优势？
C. 它是否很难被模仿或复制？</td></tr>
<tr><td colspan="2">（2）核心能力的其他辨识方法有（　）。</td></tr>
<tr><td colspan="2">A. 功能分析
B. 资源分析【分析实物资源比较容易，而分析无形资产则比较困难】
C. 过程系统分析【过程涉及企业多种活动从而形成系统】</td></tr>
<tr><td rowspan="3">核心能力的评价</td><td rowspan="2">评价的基础与方法</td><td>（3）核心能力的评价方法主要有（　）。</td></tr>
<tr><td>A. 企业的自我评价
B. 产业内部比较
C. 基准分析（标杆学习法，benchmarking）
D. 成本驱动力和作业成本法
E. 收集竞争对手的信息</td></tr>
<tr><td>基准分析</td><td>定义：是企业比较自己和竞争对手的业绩，包括单一或多种具体活动、系统或过程的比较。最理想的方法是企业把自己和一流企业作比较，无论它们是否处于同一个产业；另一种方法是把企业和产业内的国内外其他企业进行比较。
目的：发现竞争对手的优点和不足，针对其优点，补己之短；根据其不足，选择突破口，从而帮助企业从竞争对手的表现中获得思路和经验，冲出竞争者的包围，超越竞争对手。</td></tr>
</table>

续表

核心能力的评价	基准分析	(4)基准分析的对象有( )。
		A. 占用较多资金的活动 B. 能显著改善与顾客关系的活动 C. 能最终影响企业结果的活动
		(5)基准的类型有( )。
		A. **内部基准**【企业内部各个部门之间互为基准进行学习与比较】 B. **竞争性基准**【直接以竞争对手为基准进行比较】【此生你应该感谢的人就是你的竞争对手】 C. **过程或活动基准**【以具有类似核心经营内容的企业为基准进行比较。但是二者之间的产品和服务不存在直接竞争的关系】 D. **一般基准**【以具有相同业务功能的企业为基准进行比较】【比如武义的五星级酒店向北京的五星级酒店学习】 E. **顾客基准**【以顾客的预期为基准进行比较】
		(6)简述企业实施基准分析的具体步骤。
	企业实施基准分析的过程(了解)	第一步:选择基准对象。管理人员在明确基准对象时应尽可能地精确。 第二步:建立工作小组。小组成员需要包括涉及每项活动的战略上、功能上及战术上的代表成员。 第三步:决定进行基准分析的问题,并决定对哪家企业做这样的分析。借助专家顾问、产业协会以及产业新闻媒介的力量,企业可以做出正确的决定。 第四步:基准分析小组收集对方的数据进行分析,把本企业的业绩与对方的业绩进行比较,以帮助自己找到可以改进的地方。工作小组通过衡量消除自身与对方差距的收益与成本来决定企业所要付出的努力水平。
企业核心能力与成功关键因素(了解)		成功关键因素应被看作是产业和市场层次的特征,而不是针对某个个别公司。拥有成功关键因素是获得竞争优势的必要条件,而不是充分条件。企业核心能力和成功关键因素的共同之处在于它们都是公司盈利能力的指示器。虽然它们在概念上的区别是清楚的,但在特定的环境中区分它们并不容易。

【通关绿卡】核心能力的定义、辨识(方法)、评价(基础与方法)、与KSF的区分;基准分析的定义、目的、对象、类型要理解并会判定具体案例;对五种基准的概念要理解透彻,要会判定具体案例属于哪一种基准类型。

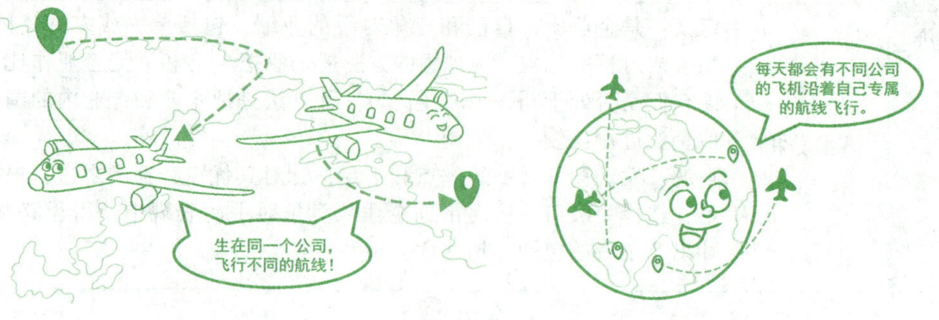

图2-9 基准的类型趣解

【总结】

1. 比较：企业核心能力与成功关键因素(了解)

• 成功关键因素应被看作是产业和市场层次的特征，而不是针对某个个别公司。拥有成功关键因素是获得竞争优势的必要条件，而不是充分条件。

• 企业核心能力和成功关键因素的共同之处在于它们都是公司盈利能力的指示器。虽然它们在概念上的区别是清楚的，但在特定的环境中区分它们并不容易。

2. 比较：

	直接竞争关系	职能领域
竞争性基准	√	√
一般基准	×	√
过程或活动基准	×	×

【考点子题——举一反三，真枪实练】

[28] (2020 年 · 多选题)经营连锁超市的茂林公司为了改善内部管理，开展了顾客满意度调查，组织相关管理人员走访学习了某著名连锁餐饮集团管理下属分店的经验，并瞄准本行标杆企业制定了整改方案。茂林公司进行基准分析所采用的基准类型有(　)。

A. 内部基准　　B. 一般基准　　C. 顾客基准　　D. 竞争性基准

[29] (2019 年 · 多选题)多年成功经营的丰盛纺织集团收购了某国一家濒临破产的纺织厂，并组织该厂管理人员到集团旗下国内某著名纺织厂调研、学习，收效良好。丰盛集团所收购的纺织厂基准分析的类型涉及(　)。

A. 一般基准　　B. 顾客基准　　C. 竞争性基准　　D. 内部基准

[30] (2017 · 单选题)西康酒店是一家位于中国西部某著名旅游景区的五星级酒店，为了提升管理水平，西康酒店定期派人去东部旅游景区的五星级酒店学习，从而逐步提升了服务质量和财务业绩。西康酒店进行基准分析的基准类型是(　)。

A. 内部基准　　B. 过程或活动基准

C. 一般基准　　D. 竞争性基准

[31] (2018 年 · 综合题节选)

2010 年 4 月，由 6 名工程师、2 名设计师组成的联合团队创建的科通科技公司正式成立。公司成立之初，公司 CEO 与股东们有了一个想法，要做一款设计好、品质好、价格便宜的智能手机。

2010 年的手机市场，还是国际品牌的天下，功能机仍是主体，智能手机的价格至少在 3 000–4 000 元。虽然也有一些国产品牌手机，但大多数是低质低价的山寨机。

……

2011年8月16日，科通公司发布了第一款“为发烧而生”的科通手机。这款号称顶级配置的手机定价只有1 999。几乎是同配置手机价格的一半。科通手机2012年实现销售量719万部。2014年二季度，科通手机占据国内智能手机市场的第一名，科通公司在全球也成为第三大手机厂商。

短短5年时间，科通公司的估值增长180倍，高达460亿美元。科通成为国内乃至全球成长最迅猛的企业，一度是全国估值最高的初创企业。CEO总结科通公司成功的秘诀是“用互联网思维做消费电子，这是科通在过去5年取得成绩的理论基础”。在CEO看来，“互联网思维”体现在两个关键点上：

一是用户体验，利用互联网接近用户，了解他们的感受和需求；

二是效率，利用互联网技术提高企业的运行效率，使优质的产品以高性价比的形式出现，做到感动人心、价格厚道。

科通的成功模式成为各行各业观摩学习的范本，大量企业开始对标科通，声称要用科通模式颠覆自己所在行业。“做xx行业的科通”，成为众多企业的口号。

要求：针对“科通的成功模式成为各行各业观摩学习的范本”，依据核心能力评价理论，简要分析本案例中向科通公司学习的企业进行基准分析的基准类型。

考点10 产业资源配置分析框架——钻石模型（★★★，掌握，客观题和主观题）

1990年波特教授在《国家竞争优势》一书中，构建了一个产业资源配置分析框架——钻石模型，全面分析影响国家产业竞争优势的主要因素。

波特识别出影响国家产业竞争优势的四个主要因素，并以钻石图来展示(图2-10)。

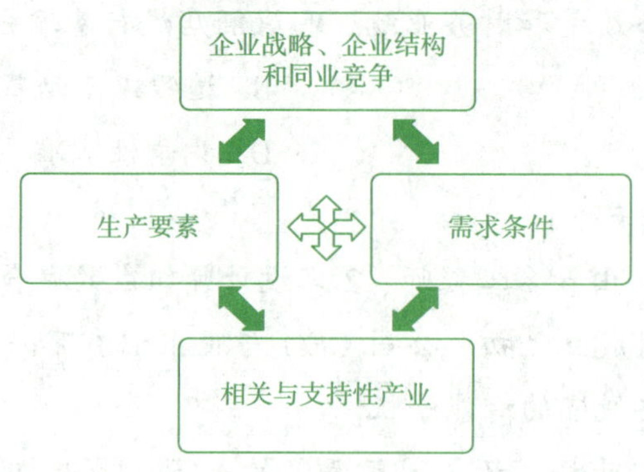

图2-10 用于国家产业竞争优势分析的钻石图

【考点母题——万变不离其宗】钻石模型

<table>
<tr><td colspan="4">钻石模型四个主要因素有(　)。</td></tr>
<tr><td rowspan="5">A. 生产要素</td><td rowspan="2">第一种分类</td><td>初级生产要素</td><td>● 指天然资源、气候、地理位置、非技术工人、资金等。
● 其重要性越来越低。</td></tr>
<tr><td>高级生产要素</td><td>● 指现代通讯、信息、交通等基础设施，以及受过高等教育的人力、研究机构等。
● 它对获得竞争优势具有不容置疑的重要性；很难从外部获得，必须自己投资创造。</td></tr>
<tr><td rowspan="2">第二种分类</td><td colspan="2">一般生产要素</td></tr>
<tr><td>专业生产要素</td><td>● 比如，高级专业人才、专业研究机构、专用的软、硬件设施等。
● 越是精致的产业越需要专业生产要素，而拥有专业生产要素的企业也会产生更加精致的竞争优势。
【结论】一个国家如果想通过生产要素建立起强大而又持久的产业优势，就必须发展高级生产要素和专业生产要素，这两类生产要素的可获得性与精致程度也决定了竞争优势的质量。如果国家把竞争优势建立在初级与一般生产要素的基础上，这样的竞争优势通常是不稳定的。
一个国家的竞争优势其实可以从不利的生产要素中形成。不利因素，反而会形成一种刺激产业创新的压力，促进产业竞争优势的持久升级。</td></tr>
<tr><td>B. 需求条件</td><td colspan="3">国内需求市场是产业发展的动力，全球性的竞争并没有减少国内市场的重要性：
本地客户的素质非常重要，特别是内行而挑剔的客户，会激发出该国企业的竞争优势。
预期性需求。如果本地的顾客需求领先于其他国家，这也可以成为本地企业的一种优势，因为先进的产品需要前卫的需求来支持；有时国家政策会影响预期性需求，如汽车的环保和安全法规、节能法规、税费政策等。</td></tr>
<tr><td>C. 相关与支持性产业</td><td colspan="3">对形成国家竞争优势而言，相关和支持性产业与优势产业是一种休戚与共的关系。比如，“产业集群”现象，即一个优势产业不是单独存在的，它一定是同国内相关强势产业一同崛起。
本国供应商是产业创新和升级过程中不可缺少的一环；另外，有竞争力的本国产业通常会带动相关产业的竞争力。</td></tr>
<tr><td>D. 企业战略、企业结构和同业竞争</td><td colspan="3">推进企业走向国际化竞争的动力很重要。创造并持续产业竞争优势的最大关联因素是国内市场强有力的竞争对手。
在国际竞争中，成功的产业必然先经过国内市场的搏斗，迫使其进行改进和创新，海外市场则是其竞争力的延伸。</td></tr>
</table>

【考点子题——举一反三，真枪实练】

[32]（2020 年 · 多选题）卓力公司是一家汽车玻璃生产企业，拟在 S 国投资建立汽车玻璃生产基地，并对 S 国的相关环境进行了分析。卓力公司所做的下列分析中，

符合钻石模型四要素分析要求的有(　)。

A. S国的汽车玻璃业发展落后，仅有一家本国汽车玻璃生产企业，其他国家的汽车玻璃生产企业尚未进入

B. S国的土地租金和电力价格长期处于较低水平

C. S国政府鼓励并支持该国汽车玻璃业的发展

D. S国的汽车制造业处于成长期

[33] (2019年·多选题)华泰医药公司拟在J国建立一个药品研发和生产基地，并对该国的相关情况进行了调查分析。下列各项中，符合钻石模型四要素分析要求的有(　)。

A. J国近年来经济增长较快，对高质量药品需求与日俱增

B. J国政府近期颁布了多项支持医药产业发展的政策

C. J国药品研发人才不足，尚无一项药品专利

D. J国本土医药企业虽然数量较多，但规模小，竞争主要围绕价格进行

[34] (2018年·单选题)B公司是C国著名的生产和经营电动汽车的厂商，2017年，公司制定了国际化战略，拟到某发展中国家N国投资建厂。为此，B公司委托专业机构对N国的现有条件进行了认真详细的分析。根据波特的钻石模型理论，下列分析中不属于钻石模型4要素的是(　)。

A. N国电动汽车零部件市场比较落后，供应商管理水平较低

B. N国电动汽车市场刚刚兴起，市场需求增长较快

C. N国政府为了保护本国汽车产业，对B公司的进入设定了限制条件

D. N国劳动力价格相对C国较低，工人技术水平和文化素质不高

[35] (2021年·简答题)Q省地处QS高原腹地，具有发展太阳能产业的独特资源优势。近年来，随着国内外清洁能源需求的不断增长，Q省以电力企业为依托，抓住人才、技术、资金等关键资源，打造光伏一条龙全产业链，实现经济、生态保护和民生改善多赢。

作为Q省TL戈壁滩光伏产业园区的核心企业，河天水电公司将生态保护的理念融入到产业园区的建设中。TL戈壁滩日照多，降水少，风沙大，几乎没有多少绿色植被，刮风沙时，经常有小石子被吹起来，造成光伏板破损率比较高。河天水电公司开展了光伏生态产业种植的研究试验工作，根据当地土壤、水质的特点，种植雪菊、紫苏、透骨草等高原生态作物。这些作物牢牢抓住土壤，解决了光伏电板易损、报废的问题。产业园区要定期清洗光伏板，而冲洗光伏板的水能灌溉作物。作物的生长又使水十更好地得到保持，光伏板下因此形成

了小型绿色生态园。

由于植被长势太好，甚至会遮蔽光伏电板，而且冬季可能引发火灾。为解决这一问题，河天水电公司与附近几个村庄合作，发展小尾寒羊的养殖。为了避免羊吃草的随意性，公司规划出了放羊路线，请牧民按规划到光伏产业园区放羊，羊吃不到的地方就请牧民手动除草，工资另算。

光伏电站不仅带来了生态的良性循环、还发展了当地的养殖产业，对于实现当地牧民的脱贫目标，功不可没。

问题：依据钻石模型四要素，简要分析 Q 省打造光伏一条龙全产业链的优势。

二、价值链分析

考点 11 价值链分析（★★★，掌握，客观题和主观题）

图 2-11 价值链分析趣解

【考点母题——万变不离其宗】价值链的两类活动（重点内容）

五种基本活动的内容	(1)根据价值链理论，下列各项活动中，属于基本活动的有（ ）。		
	A. **内部后勤（进货物流）**	与产品投入有关的进货、仓储和分配等活动。	原材料的装卸、入库、盘存、运输以及退货等。
	B. **生产经营**	将投入转化为最终产品的活动。	机加工、装配、包装、设备维修、检测等。
	C. **外部后勤（出货物流）**	与产品的库存、分送给购买者有关的活动。	最终产品的入库、接受订单、送货等。
	D. **市场销售**	促进和引导购买者购买企业产品的活动。	广告、定价、销售渠道等。
	E. **服务**	与保持和提高产品价值有关的活动。	培训、修理、零部件的供应和产品的调试等。

续表

	(2)根据价值链理论，下列各项活动中，属于支持活动的有（ ）。		
四种支持活动的内容	A. **基础设施**	企业的组织结构、惯例、控制系统以及文化等。	企业高层管理人员。
	B. **采购管理**	采购企业所需投入品的职能，而不是被采购的投入品本身。	采购是广义的，既包括原材料的采购，也包括其他资源投入的购买和管理。 【提示】例如，企业聘请咨询公司为企业进行广告策划、市场预测、管理信息系统设计、法律咨询等都属于采购。
	C. **人力资源管理**	是指企业对职工的管理。	企业职工的招聘、雇用、培训、提拔和退休等各项管理活动。
四种支持活动的内容	D. **技术开发**	可以改进企业产品和工序的一系列技术活动。	广义的概念，既包括生产性技术，也包括非生产性技术。企业中每项生产经营活动都包含着技术，只不过其技术的性质、开发的程度和使用的范围不同而已。有的属于生产方面的工程技术，有的属于通信方面的信息技术，还有的属于领导的决策技术。

【通关绿卡】对这两大类共九种活动要背下来，对其内涵要理解，例子要熟悉并会判定；公司高管人员属于支持性活动中的基础设施；注意内部后勤中的原材料装卸与采购管理中的原材料采购不要混淆。

【考点母题——万变不离其宗】价值链的确定

(1)下列关于价值链确定的表述中，正确的有（ ）。
A. 为了在一个特定产业进行竞争并判定企业竞争优势，有必要确定企业的价值链 B. 价值链中的每一个活动都能分解为一些相互分离的活动，确定有关价值活动要求将在技术特征或经济效果方面可分离的活动分解出来 C. 价值链活动分解的适当程度依赖于这些活动的经济性和分析价值链的目的
(2)分离价值链中的每一个活动应遵循的基本原则有（ ）。
A. 具有不同的经济性　　B. 对产品差异化产生很大的潜在影响 C. 在成本中所占比例很大或所占比例在上升 【提示】将某一活动恰当归类需要进行判断。各项活动应分别归入能最好地反映它们对企业竞争优势贡献的类别中。

【考点题源】企业资源能力的价值链分析（★★主观题）

企业资源能力的价值链分析要明确的问题有（ ）。

续表

A. **确认那些支持企业竞争优势的关键性活动**	• 虽然价值链的每项活动，包括基本活动和支持活动，都是企业成功所必经的环节，但是这些活动对企业竞争优势的影响是不同的。 • 在关键活动的基础上建立和强化这种优势很可能使企业获得成功。 • 支持企业竞争优势的关键性活动，事实上就是企业的独特能力的一部分。
B. **明确价值链内各种活动之间的联系（企业内部联系）**	价值链中基本活动之间、基本活动与支持活动之间以及支持活动之间存在各种联系，选择或构筑最佳的联系方式对于提高价值创造和战略能力是十分重要的。 【示例】在基本活动之间，保持高水平的存货会使生产安排变得容易，并且可以对顾客的需求作出快速反应，但会增加经营成本，因此，应该评估一下增加存货可能带来的利和弊。又如，传统的库存管理与 JIT（准时生产）反映了基本活动与支持活动之间不同的联系方式，前者要求库存部门按照既定的订货费用、准备结束费用、存货费用、保险量等因素决定最佳库存量，后者则将这些因素都作为可变量，因而将优化库存的过程变为优化整个生产管理的过程。这两种管理方式显然反应的是企业基础设施（企业整体的控制系统）与企业基本生产经营活动不同的联系方式。
C. **明确价值系统内各项价值活动之间的联系（企业外部联系）**	价值活动的联系不仅存在于企业价值链内部，而且存在于企业与企业的价值链之间。 【示例】美国一些铝罐生产商把它们的生产工厂建在啤酒厂的附近，用顶端传输器直接把产品传送到啤酒厂的装瓶线上，这样可为双方节约生产安排、装运以及存货等费用。

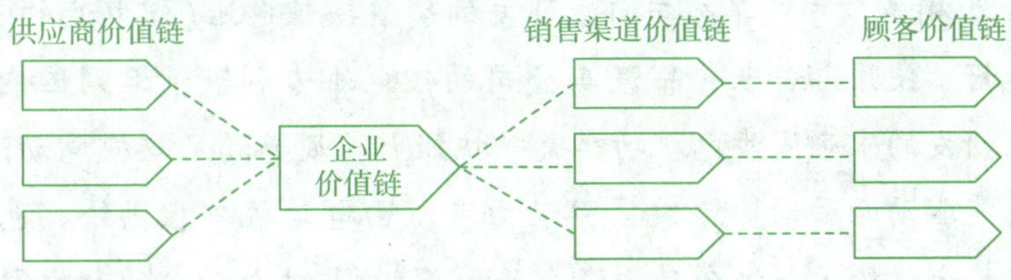

图 2-12 价值系统

【考点子题——举一反三，真枪实练】

[36] (2020 年 · 多选题) 朝晖汽车制造公司为了获取成本优势，与汽车发动机供应商建立了良好的关系，保证生产进度不受影响，所需外购配件由就近的泰达公司提供，减少了运输费用；内部各个配件厂分布在总装产周围，建立大规模生产线实现规模经济。该公司的上述做法涉及其价值链中的（ ）。

A. 内部后勤　B. 生产经营　C. 采购管理　D. 外部后勤

[37] (2020 年 · 单选题) 甲公司是一家汽车制造企业，该公司通过售后用户体验追踪系统随时掌握，分析不同车型的质量问题，并与汽车分销商共享信息，不断提高来维修的客户的满意度，甲公司的上述做法属于该公司价值链中的（ ）。

A. 内部后勤　B. 服务　C. 基础设施　D. 外部后勤

[38]（2017年·多选题）华生公司开发了有助于失明患者进行义眼移植的Y产品，并且取得了发明专利。公司随后建立了生产Y产品的工厂，目前形成了较为完善的进货、生产、发货、服务与分销体系。从企业价值链的角度考察，华生公司与Y产品有关的价值活动包括(　)。

A. 基础设施　B. 生产经营　C. 内部后勤　D. 技术开发

[39]（2017年·单选题）根据波特的价值链分析理论，下列各项中，属于企业支持活动(或称辅助活动)的是(　)。

A. 聘请咨询公司实施广告策略　B. 物流配送产品

C. 生产设备的维修　D. 通过互联网进行广告宣传

[40]（2018年·简答题）

2003年，"电池大王"甲公司收购了一家汽车制造公司，成立了甲汽车公司。甲汽车公司将其电池生产技术优势与汽车制造技术相结合，迅速成为国内新能源汽车领域的龙头企业。新能源汽车生产的关键在于掌握三大核心零部件电机、电控与电池的生产制造技术以及具有完备的整车组装能力。甲汽车公司下大力气增强企业这些关键性活动的竞争优势。

甲汽车公司在包括电机、电控与电池生产领域投入的研发费用占销售收入比重达4.13%，远高于国内同类汽车生产企业的研发投入占比，与国际知名汽车品牌企业相当。甲汽车公司自主研发的磷酰铁锂电池(锂电池的一种)管理系统安全性能好、使用寿命长；甲汽车公司的锂电池专利数量名列国内第一。甲汽车公司自主研发的永磁同步电机功率大、扭矩大，足够满足双模电动汽车(拥有燃油驱动与电能驱动两种动力系统，驱动力可以由电动机单独供给，也可以由发动机与电动机耦合供给，与混合动力汽车并无差别)与纯电动车的动力需求。

甲汽车公司自主研发的动力系统匹配技术能够保证动力电池、驱动电机及整车系统的匹配，保证整车运行效率。此外，2008年甲汽车公司以近2亿元的价格收购了半导体制造企业中达公司，此次收购使甲汽车公司拥有了电动汽车驱动电机的研发能力和生产能力。

2011年甲汽车公司与国际知名老牌汽车制造企业D公司成立合资企业，借助D公司掌握的汽车结构以及安全领域的专有技术，增强公司在汽车整车组装方面的研发能力和生产能力。为了进一步扩大新能源汽车生产制造规模，甲汽车公司又将在新能源轿车制造的优势延展至新能源客车制造。2009年甲汽车公司以6 000万元的价格收购国内美泽客车公司，获得客车生产许可证；2014年甲汽车公司又与国内广贸汽车集团分别按51%和49%的持股比例合资设立新能源客车公司，注册资本3亿元人民币。

近年来，甲汽车公司开启了向产业上下游延展的战略新举措。2015 年甲汽车公司收购专门从事盐湖资源综合利用产品的开发、加工与销售的东州公司，这一收购整合了 甲汽车公司零部件得到生产。2016 年甲汽车公司以 49%的持股比例，与青山盐湖工业公司及深域投资公司共同建立合资企业，注册基金 5 亿元人民币。此次合作实现了甲汽车公司的动力锂电池优势与盐湖锂资源优势相结合。2016 年甲汽车公司与广安银行分别以 80%和 20%的持股比例合资成立环亚汽车金融公司，注册资本 6 亿元人民币，这是甲汽车公司向汽车服务市场延伸的一个重大事件。

到目前为止，甲汽车公司是全球少有的同时掌握新能源电池、电机、电控及充电配套、整车制造等核心技术以及拥有成熟市场推广经验的企业之一。环亚新能源汽车的足迹已遍布全球六大洲 50 个国家和地区。

要求：简要分析甲汽车公司在分析自身的资源和能力，从而构筑其竞争优势的过程中，是如何体现价值链分析方法的。

三、业务组合分析

前面的价值链分析有助于对企业的能力进行考察，这种能力来源于独立的产品、服务或业务单位。但是对于多元化经营的公司来说，还需要将企业的资源和能力作为一个整体来考虑。因此，公司战略能力分析的一个重要方面就是对公司业务组合进行分析，保证业务组合的优化是公司战略管理的主要责任。波士顿矩阵和通用矩阵是公司业务组合分析的主要方法。

考点 12 波士顿矩阵（★★★，掌握，客观题和主观题）

【考点题源】波士顿矩阵的基本概念和基本原理

波士顿矩阵(BCG Matrix)，又称市场增长率——相对市场份额矩阵、波士顿咨询集团法、四象限分析法、产品系列结构管理法等，是一种用来分析和规划企业产品组合的方法。

波士顿矩阵认为决定产品结构的基本因素有两个：

- 市场引力：包括市场增长率、目标市场容量、竞争对手强弱及利润高低等，其中最主要的反映市场引力的综合指标是市场增长率，它是决定企业产品结构是否合理的外在因素；
- 企业实力：包括市场占有率以及技术、设备、资金利用能力等，其中市场占有率是决定企业产品结构的内在要素，它直接显示出企业的竞争实力。

波士顿矩阵将企业所有产品从市场增长率和市场占有率角度进行再组合：

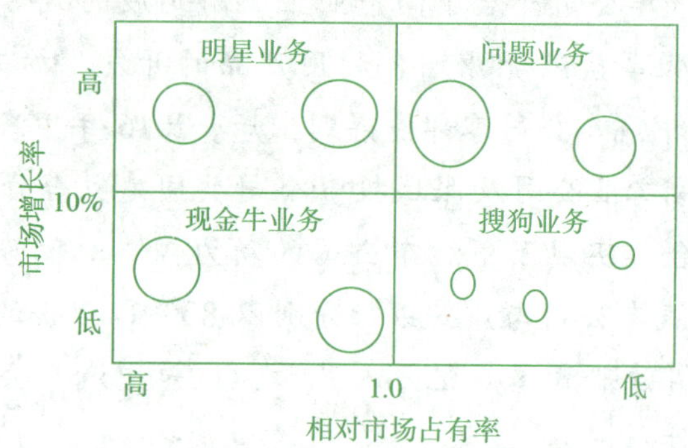

图 2-13 波士顿矩阵

两个指标的计算公式(理解):

市场增长率=(本期销售额-上期销售额)/上期销售额

高低分界点：10%

相对市场占有率=本企业某业务的市场占有率/该业务最大竞争对手的市场占有率

高低分界点：1.0

【提示】

图 2-13 中：

纵轴表示市场增长率，是指企业所在产业某项业务前后两年市场销售额增长的百分比。这一增长率表示每项经营业务所在市场的相对吸引力。通常以 10%作为增长率高低的界限。判断时，应以整个市场作为判断依据，不能以本企业自己的产品销售增长速度来判断。例如："近年来，A 产品在国内需求旺盛，市场发展迅猛，而主营业务为 A 产品的甲公司由于自身管理不善，未能抓住市场发展所带来的机会，市场份额每况愈下。"，在本案例中，判断市场增长率的高低应依据"国内需求旺盛，市场发展迅猛"，得出市场增长率高的结论，如果依据"主营业务为 A 产品的甲公司由于自身管理不善，未能抓住市场发展所带来的机会，市场份额每况愈下"来判断，得出市场增长率低的结论。

横轴表示企业在产业中的相对市场占有率，是指以企业某项业务的市场份额与这个市场上最大的竞争对手的市场份额之比。这一市场占有率反映企业在市场上的竞争地位。相对市场占有率的分界线为 1.0(在该点本企业的某项业务的市场份额与该业务市场上最大竞争对手的市场份额相等)，该分界线将市场占有率划分为高、低两个区域。

纵坐标与横坐标的交叉点代表企业的一项经营业务或产品，而圆圈面积大小代表该业务收益占企业全部收益的比重。

【通关绿卡】

这一指标的判断，会有两种考法：

第一种是题目给出明确的市场份额排名，此时表明是要根据指标的计算公式进行判断，例如“甲公司 A 产品市场占有率排名第二”，直接套用公式，算出的结果小于 1，则得出结论相对市场占有率小。

第二种是题目给出的是定性的线索，不是明确的市场份额排名，则需要根据具体文字进行判断。例如“保持着较高的市场份额”、“排名前列”、“一线品牌”等，则表明相对市场占有率高；“逐渐丧失了市场优势”、“处于亏损状态”、“沦为三线品牌”等，则表明相对市场占有率低。

【考点题源】波士顿矩阵的具体内容

业务类型	**明星业务**
指标特征	【相对市场占有率】高【市场增长率】高
现金流量	是企业资源的主要消费者，需要大量的投资。
对策	在短期内优先供给他们所需的资源，支持它们继续发展，积极扩大经济规模和市场机会，以长远利益为目标，提高市场占有率，加强竞争地位。
组织要求	管理组织最好采用事业部形式，由对生产技术和销售两方面都很内行的经营者负责。
业务类型	**问题业务**
指标特征	【相对市场占有率】低【市场增长率】高
现金流量	通常处于最差的现金流量状态。
对策	采取选择性投资战略。即首先确定对该象限中那些经过改进可能会成为“明星”的业务进行重点投资，提高市场占有率，使之转变为“明星”业务；对其他将来有希望成为“明星”的业务则在一段时间内采取扶持的对策。对“问题”业务的改进与扶持方案一般均列入企业长期计划中。
组织要求	最好是采取智囊团或项目组织等形式，选拔有规划能力、敢于冒风险的人负责。
业务类型	**瘦狗业务**
指标特征	【相对市场占有率】低【市场增长率】低
现金流量	可获利润很低，不能成为企业资金的来源。
对策	采用撤退战略：首先应减少批量，逐渐撤退，对那些还能自我维持的业务，应缩小经营范围，加强内部管理；而对那些市场增长率和企业市场占有率均极低的业务则应立即淘汰。其次是将剩余资源向其他产品转移。最后是整顿产品系列，最好将“瘦狗”产品与其他事业部合并，统一管理。
组织要求	最好将“瘦狗”产品与其他事业部合并，统一管理。
业务类型	**现金牛业务**
指标特征	【相对市场占有率】高【市场增长率】低
现金流量	本身不需要投资，反而能为企业提供大量资金，用以支持其他业务的发展。

续表

对策	采用收获战略，即所投入资源以达到短期收益最大化为限。 ①把设备投资和其他投资尽量压缩； ②采用榨油式方法，争取在最短时间内获取更多利润。对于市场增长率仍有所增长的业务，应进一步进行市场细分，维持现存市场增长率或延缓其下降速度。
组织要求	适合于用事业部制进行管理，其经营者最好是市场营销型人物。

【通关绿卡】从指标特征、现金流量、对策、组织结构要求四个方面比较这四大业务。

图 2-14 波士顿矩阵四种业务类型趣解

【考点题源】波士顿矩阵的运用

战略目标	目标及适用业务类型
发展	以提高相对市场占有率为目标，增加资金投入，甚至不惜放弃短期收益。比如：想尽快变成“明星”的问题业务。
保持	目标是保持业务单位该项业务现有的市场占有率。对于较大的“现金牛”可以此为战略，以使它们产生更多的收益。
收割	目标是在短期内尽可能地得到最大限度的现金收入。处境不佳的“现金牛”类业务、没有发展前途的“问题”类业务和“瘦狗”类业务应视具体情况采取这种策略。
放弃	目标在于清理和撤销某些业务，减轻负担，将有限的资源用于效益较高业务。适用于无利可图的“瘦狗”类和“问题”类业务。

【通关绿卡】要深刻理解对应的战略，注意选择题。

【考点题源】波士顿矩阵的贡献与局限

波士顿矩阵的贡献	• 最早的组合分析方法之一，被广泛运用。 • 将不同的经营业务综合在一个矩阵，简单明了。 • 指出了每个业务经营单位在竞争中的地位、作用和任务，从而有选择和集中地运用有限的资金。 • 可帮助企业推断竞争对手对相关业务的总体安排。

续表

波士顿矩阵的局限	• 在实践中要确定各业务的市场增长率和相对市场占有率是比较困难的。 • 用市场增长率和企业相对占有率两个单一指标有些简单。 • 暗含假设：企业的市场份额与投资回报是呈正比的，假设有时不成立或不全面。 • 另一条件是资金是主要的资源，但技术、时间和人员的创造力也很重要。 • 在实际运用中有很多困难，例如文化变革问题。

【考点子题——举一反三，真枪实练】

[41] (2020 年 · 多选题) 凯阳公司拥有发电设备制造、新能源开发、电站建设和环保 4 部分业务，这些业务的市场增长率依次为 5.5%、11%、5% 和 13%，相对市场占有率依次为 1.3、1.1、0.8 和 0.2。根据波士顿矩阵原理，上述 4 部分业务中，可以视情况采取收割战略的有(　)。

A. 发电设备制造业务　　B. 环保业务

C. 新能源开发业务　　D. 电站建设业务

[42] (2019 年 · 单选题) 实行多元化经营的达梦公司在家装行业有很强的竞争力，市场占有率达 50% 以上。近年来家装市场进入低速增长阶段，根据波士顿矩阵原理，下列各项中，对达梦公司的家装业务表达正确的是(　)。

A. 该业务应采用撤退战略，将剩余资源向其他业务转移

B. 该业务应由生产技术和销售两方面都很内行的经营者负责

C. 该业务的经营者最好是市场营销型人物

D. 该业务需要增加投资以加强竞争地位

[43] (2018 年 · 单选题) 天兆公司经营造船、港口建设、海运和相关智能设备制造四部分业务，这些业务的市场增长率分别为 7.5%、9%、10.5% 和 18%，相对市场占有率分别为 1.2、0.3、1.1 和 0.6。该公司四部分业务中，适合采用智囊团或项目组等管理组织的是(　)。

A. 造船业务　　B. 港口建设业务

C. 海运业务　　D. 相关智能设备制造业务

[44] (2015 年 · 综合题)

思达公司前身是 C 国 J 省一家冷气设备生产企业。为了最大限度地利用市场机会和公司在家电行业的优势地位，思达公司陆续上马了电冰箱、洗衣机、电视机、电脑等产品项目，希望利用公司的品牌优势，为企业获取更多的利润。

在 C 国，空调等家电产品的市场需求巨大，行业发展前景十分广阔。思达公司家电业几大业务的经营状况如下：

(1) 空调器业务。思达公司曾经是 C 国最大空调生产基地、世界空调器生产企业七强之一，由于思达公司的领导层未充分利用企业资源对空调业务扩大投资，公司生产的空调逐渐失去了市场优势，其市场份额逐年下降，已沦为 C 国

内空调器三类品牌。

(2)洗衣机业务。思达公司的洗衣机业务只在投产的第一年实现盈亏基本平衡，其余年份都是亏损。思达公司试图通过调整产品结构、不断推出新产品来打开市场局面，但效果一直不理想，洗衣机业务的经营状况未得到根本扭转。

(3)电冰箱业务。思达品牌电冰箱的发展不尽如人意。2003年思达公司将电冰箱业务全部出售给另一家公司。

从1998年开始，C国加大对新能源行业的政策支持，思达公司领导层认为这一领域发展潜力巨大、前景广阔。1999年思达公司对高能动力镍氢电池项目进行了立项。2002年，思达公司召开了“高能动力镍氢电池及应用发布会”，标志着这个跨度更大的新能源行业成为思达公司的又一个主营领域。

至2013年，思达公司是C国仅有的掌握镍氢电池自主专利技术的厂家，技术优势明显。

2009年思达公司的领导力排众议，坚持成立思达房地产开发有限公司，宣布进入房地产行业，希望高回报率的房地产业能给企业发展带来新的转机。然而，之后不久C国政府对房地产行业进行宏观调控，房地产业进入了一个“寒冬期”，资金链紧张，房地产销售面积大降。而作为一个没有房地产开发经验的行业“新手”，要想在宏观政策收紧的情况下，从众多经验丰富、实力雄厚、拥有良好品牌的房地产企业中夺取市场份额无疑难度极大。2010年思达公司房地产业务亏损近千万元。

要求：根据波士顿矩阵划分企业经营业务的两维坐标及其四类业务的内容，分析思达公司现存的家电业务、新能源业务、房地产业务在波士顿矩阵中的业务类型，并根据波士顿矩阵的原理说明这三类业务下一步的发展方向。

考点13 通用矩阵（★★，掌握，客观题和主观题）

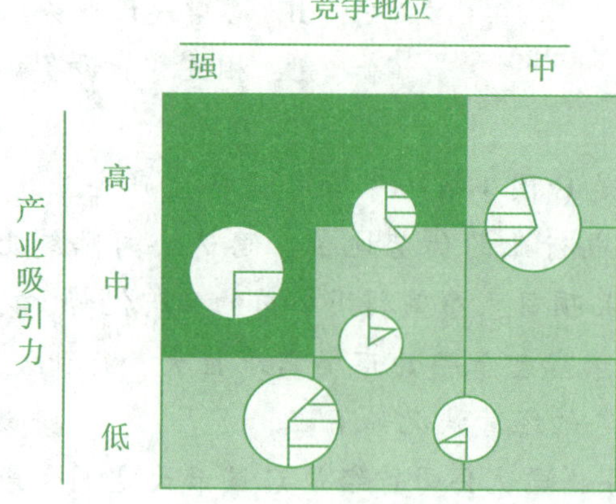

图2-15 通用矩阵

【考点母题——万变不离其宗】通用矩阵

<table>
<tr><td>定义</td><td>又称行业吸引力矩阵，是美国通用电气公司设计的一种投资组合分析方法。</td></tr>
<tr><td rowspan="6">基本原理</td><td>(1) 通用矩阵针对波士顿矩阵过于简化的不足，做的改进有(　)。</td></tr>
<tr><td>A. 在两个坐标轴上都增加了中间等级
B. 其纵坐标用多个指标反映产业吸引力，横坐标用多个指标反映企业竞争地位</td></tr>
<tr><td>(2) 对于通用矩阵九个区域中的不同业务，应该分别采取的战略有(　)。</td></tr>
<tr><td>A. 对处于左上方三个方格的业务，适于采取增长与发展战略，企业应优先分配资源</td></tr>
<tr><td>B. 对处于右下方三个方格的业务，一般就采取停止、转移、撤退战略</td></tr>
<tr><td>C. 对处于对角线三个方格的业务，应采取维持或有选择地发展的战略，维持原有的发展规模，同时调整其发展方向</td></tr>
<tr><td rowspan="2">局限性</td><td>(2) 通用矩阵虽改进了波士顿矩阵过于简化的不足，但仍由一些自身的不足，具体有(　)。</td></tr>
<tr><td>A. 用综合指标来测算产业吸引力和企业竞争地位，这些指标在一个产业或一个企业的表现可能会产生不一致，评价结果也会由于指标权数分配的不准确而带来偏差
B. 划分较细，对于业务类型较多的多元化大公司必要性不大，且需要更多数据，方法比较繁杂，不易操作</td></tr>
</table>

【考点子题——举一反三，真枪实练】

[45] (经典例题·单选题) 根据通用矩阵理论，当某企业的特定业务竞争地位比较强，产业吸引力处于中等时，应该采取的对策是(　)。

A. 增长与发展战略　　B. 停止

C. 转移　　D. 维持

第三节 企业内外部环境综合分析

考点14 SWOT分析的内涵（★★★，掌握，客观题和主观题）

图2-16 SWOT分析图解

【考点母题——万变不离其宗】SWOT分析的四个方面

<table>
<tr><td>概念</td><td>SWOT分析是一种综合考虑企业内部条件和外部环境的各种因素，进行系统评价，从而选择最佳经营战略的方法。SWOT分析的目的在于提供企业在市场中所处地位的分析(在此基础上，进一步明确下一步的方向，即选择战略)。</td></tr>
<tr><td colspan="2">SWOT分析的四个方面是指(　)。</td></tr>
<tr><td>A. 优势
(Strengths)</td><td>企业拥有的专业市场知识
对自然资源的独有进入性
专利权
新颖的、创新的产品或服务
企业地理位置优越
由于自主知识产权所获得的成本优势
质量流程与控制优势
品牌和声誉优势</td></tr>
<tr><td>B. 劣势
(Weaknesses)</td><td>缺乏市场知识
经营无差别的产品和服务(与竞争对手相比较)
企业地理位置较差
竞争对手进入分销渠道并占据优先位置
产品或服务质量低下
声誉败坏</td></tr>
</table>

续表

C. 机会 （Opportunities）	发展中的新兴市场（中国互联网） 并购、合资或战略联盟 进入具有吸引力的新的细分市场 新的国际市场 政府规则放宽 国际贸易壁垒消除 某一市场的领导者力量薄弱
D. 威胁 （Threats）	企业所处的市场中出现新的竞争对手 价格战 竞争对手发明新颖的、创新性的替代产品或服务 政府颁布新的规则 出现新的贸易壁垒 针对企业产品或服务的潜在税务负担

考点 15 SWOT 分析的应用（★★★，掌握，客观题和主观题）

【考点题源】SWOT 分析的应用

		外部环境	
		机会	威胁
内部环境	优势	**【增长型战略(SO)】** 第Ⅰ类型的企业具有很好的内部优势以及众多的外部机会，应当采取增长型战略，如开发市场、增加产量等。	**【多种经营战略(ST)】** 第Ⅳ类企业具有内部优势，但外部环境存在威胁，应采取多种经营战略，利用自己的优势，在多样化经营上寻找长期发展的机会；或进一步增强自身竞争优势，以对抗威胁。
内部环境	劣势	**【扭转型战略(WO)】** 第Ⅱ类企业面临着良好的外部机会，但受到内部劣势的限制，应采用扭转型战略，充分利用环境带来的机会，设法消除劣势。	**【防御型战略(WT)】** 第Ⅲ类企业内部存在劣势，外部面临威胁，应采用防御型战略，进行业务调整，设法避开威胁和消除劣势。

【应用小结】

SWOT 分析可以将战略分析过程中的总结转换为企业下一步的战略开发方向。

SWOT 分析成为战略分析与战略选择两个阶段的连接点。

SWOT 分析之后，对于可选择的战略方向还要进行总结和梳理，最终确定公司战略选择的主要方向。

【考点子题——举一反三，真枪实练】

[46]（2021 年·单选题）麦迪公司是 Z 国一家成功经营多年的连锁快餐企业，营业收入和利润率长期位居行业第一。2018 年，Z 国劳动力、水电、食材价格大幅上

涨造成餐饮企业盈利水平普遍下降，麦迪公司的经营也受到很大影响。根据SWOT分析，麦迪公司应采用(　)。

A. 增长型战略　　B. 扭转型战略

C. 多种经营战略　　D. 防御型战略

[47] (2020年·单选题)飞牛公司是一家农用无人机研发和制造企业。下列各项中，符合飞牛公司SWOT分析要求的是(　)。

A. 农用无人机市场需求旺盛，飞牛公司有较强的研发和制造能力，应加快业务发展。此为ST战略

B. 农用无人机市场需求旺盛，飞牛公司缺乏精通业务的营销人员，应与有实力的公司合作。此为SO战略

C. 农用无人机市场竞争日趋激烈，飞牛公司有较强的研发和制造能力，应加大技术和产品创新力度。此为WO战略

D. 农用无人机市场竞争日趋激烈，飞牛公司缺乏精通业务的营销人员，应加大相关人才的招聘和培养力度。此为WT战略

[48] (2019·单选题)近年来新能源汽车产业及市场迅猛增长。国内汽车制造商华新公司于2018年进入新能源汽车制造领域，但是受技术和管理水平制约，其产品性能欠佳，市场占有率较低。根据SWOT分析，该公司应采取的战略是(　)。

A. 增长型战略　　B. 多元化战略　　C. 防御型战略　　D. 扭转型战略

[49] (2018年·单选题)甲公司是国内一家中型煤炭企业，近年来在政府出台压缩过剩产能政策。行业竞争异常激烈的情况下，经营每况愈下，市场份额大幅缩减，根据SWOT分析，甲公司应采取(　)。

A. 扭转型战略　　B. 增长型战略

C. 防御型战略　　D. 多种经营战略

[50] (2012年·综合题)

资料一

万成保险公司(简称万成保险)是一家领先的保险企业之一。在成立初期，它是一家专营财险的地方性保险公司，经过多年努力，不断积累经验，实现了业务快速扩张，目前成为很有信誉的保险专家。万成保险利用保险代理人的团队负责保险销售、提供客户服务(如配置文件更新、客户关系)、理赔处理等活动。其一直经营的核心业务都以提供单一保障为目标，产品包括财产保险、人寿保险、养老保险、医疗保险等，这些产品均处于领先地位。在整个保险市场中还有几个主要的参与者，它们的营运方式与万成保险相同。以下是有关保险

业的宏观环境和行业特性、万成保险公司营运优势及风险和其未来三年的业务发展目标及计划的相关信息。

国内有三十家保险企业。保险行业是一个提供保障性的产品行业，没有太多物质要素的投入，保险企业的核心竞争力主要取决于提供给客户的保障范围及程度。

保险行业在兴起阶段，市场不成熟，消费者对保险处于观望态度。国民对保险的意识较弱，人们相信养儿防老，对保险公司并不太信任，这主要是由于保险市场普遍采用佣金制，导致保险公司代理人的短期行为较严重，只注重销售新单而忽视业务质量后续服务。

随着经济发展进入高速成长阶段，国民可消费的收入增多，对健康及生活保障的要求提高了很多。在消费市场上的保险产品多是单一险种的产品，如财产保险、人寿保险、养老保险、医疗保险等，而这些产品一般在各保险公司都能提供，所以国民对保险公司的可选择性较强。

可是，国民对于保险代理人或中介机构销售保险后的服务质量(特别是在客户提出理赔申请时)还是抱着怀疑和不信任的态度。

在其他一些发展中国家，保险业发展的一大趋势就是保险业务与银行之间的互相融合。由于银行与保险业务都需要众多分支机构来开展业务，因此，行业间的合作可以在一定程度上实现资源共享，利用银行代理销售金融保险产品(如含保险和储蓄或投资成分的保险产品)就是其中一个普遍的做法。银保合作不但实现了业务互补的目标，同时让保险公司能够有效利用银行强大的定点销售渠道。

政府为配合国家的经济发展改革和市场开放，一方面鼓励国内企业持续发展，如设立创业板上市，鼓励企业进行融资集资的活动；另一方面，正计划开放市场，让实力雄厚的外资保险公司有限度地进入国内市场。

资料二

万成保险占保险市场份额的30%，受到广泛的公众认同，在2009年和2011年被国内知名财经杂志选为“最具发展潜力”企业，得到金融机构给予的最高信用评级。万成保险的年度盈利在过去三年均实现两位数增长，于2012年初正式成为上市企业。万成保险拥有一个经验丰富的管理团队。尽管如此，由于保险业中销售人员的薪酬多以佣金制为主，因此行业的人员流失率比其他服务性行业为高，万成保险每年的人员流失率维持在18%以上，稍高于行业的平均指标。

2012年，万成保险为配合业务发展，按照2010年发布的《企业内部控制评价指引》，对各主要业务流程及子流程进行自我评价。保险理赔是主要业务流程之一。保险理赔是指在承保的保险事故发生，保险受益人提出理赔申请后，根据保险合同的规定，对事故的原因和损失情况进行调查，并予以赔偿的过程。

评价小组在对理赔流程及相关子流程进行了解时，识别出多个的主要风险关注点，其中一个是对医疗保险中虚构和重复理赔记录的风险。

评价小组在理赔流程中进行穿行测试时记录了一些流程的细节，当中也包括相关的风险控制。以下是其中部分内容：

(1)每个理赔申请个案由各险种的理赔主任复核和签字才能确认赔偿。超过二十万元的赔偿由各险种理赔主任的上级管理总监批核。

(2)理赔总监于每季度复核公司财务部的理赔报告，分析在各类险种中企业所承受的理赔总额和各保险产品的赔付率。

(3)信息系统会根据理赔员输入的事故资料，从系统中抽取相关于客户的资料及受保条件，自动计算理赔金额。同时系统能够拒绝理赔申请单上相同号码的输入。

资料三

管理层团队在讨论公司未来三年的业务发展目标及计划后，得出以下初步结果：

方案(一)：制定新的密集型成长战略。不再只销售单一保险业务，参考发达国家的成功案例，利用银保跨行业合作的概念，在全国推出含储蓄成分的保险产品或其他含保本、投资和多种保险元素的综合性产品。

对于此方案，万成保险的首席执行官李大辉认为在实施此战略的时候，应根据地区特性、消费者特性或期望来实施这战略。

方案(二)：推行电子商务，开拓网上业务。利用互联网的平台提供不同资讯和服务，其中包括让客户可以在网上查阅或下载有关万成保险各类险种的信息、进行网上购买、享用更及时和方便的在线客户查询服务、以及提出理赔申请等。

对于此方案，万成保险的管理团队一致认为首要任务是设立一个专用的信息系统处理电子商务交易。

要求：

简要说明SWOT分析的内涵及用处。根据文中信息，编制一个万成保险的SWOT分析图。

【本章考点子题答案及解析】

1. 【答案：C】本题中“2012 年政府颁布了《生活饮用水卫生标准》”属于政治和法律因素；“由于相关设施和技术等方面的原因，国内一些地区的自来水水质短期内还不能达到标准”可知属于技术因素；“近年随着国内经济迅速发展”可知属于经济因素；“国民追求健康和高品质生活的愿望不断提高可知”属于社会和文化因素。所以，选择 PEST 分析。

2. 【答案：B】“国家出台“每对夫妻可生育两个子女的政策”属于宏观环境分析（PEST 分析）中的政治和法律因素，选项 B 正确。

3. 【答案：D】本题应该强调在好赚这个字眼上，女人的攀比心理，孩子见到好东西就要买的冲动心理，实际都是一个客户在购买过程中的消费心理的反应。本题选择 D。

4. 【答案：BD】A 选项是考虑企业内部的战略问题，C 选项是考虑企业内部的经验和技术，都是考虑的内部环境问题，本题答案选择 BD。

5. 【答案与解析】机会：技术环境因素。近年来国内移动互联网行业呈现井喷式发展，催生出了新的商业模式和消费习惯，南天集团开始通过微信、微博和网络外卖等互联网工具扩大销售，并通过大数据来发现客户的就餐习惯和餐饮偏好，提升服务质量。

   威胁：①政治和法律环境因素。2012 年年底政府出台各种限制“三公”消费的政策。②经济环境因素。受宏观经济的影响，国内餐饮行业整体增长趋势明显放缓，行业收入增速同比下降。房地产市场的火爆推升了房租价格，也加大了餐饮行业的经营成本。环保行业竞争日趋激烈，短期内盈利前景不明朗。③社会和文化环境因素。个人消费攀比之风得到遏制，大众的消费需求更加理性。

6. 【答案：C】成熟期经营战略重点在巩固市场份额的同时提高投资报酬率，“目前牙膏行业的销售额达到前所未有的规模，各个企业生产的不同品牌的牙膏在质量和功效等方面差别不大，价格竞争十分激烈”说明宝灵公司处在成熟期。选项 C 正确。

7. 【答案：D】产业发展要经过 4 个阶段：导入期、成长期、成熟期和衰退期。这些阶段是以产业销售额增长率曲线的拐点划分。选项 D 正确。

8. 【答案：C】从产业环境角度分析，产品生命周期可以分为导入期、成长期、成熟期和衰退期，从国际生产要素的组合角度分析，产品生命周期可以分为创新阶段、成熟阶段和标准化阶段，所以选项 AB 错误。波特的产品生命周期总结了常见的关于产业在其生命周期中如何变化以及它们如何影响战略的预测，不可能用于分析所有产业的发展规律，选项 D 的说法不正确。正确选项是 C，教材原文指出只有到后期，多数企业退出后，价格才有望上扬。

9. 【答案：D】本题属于生命周期理论典型考法，即给出相关案例线索，要求判断生命周期所处阶段，主观题也会有类似考法。题目案例线索与教材内容结合紧密，复习时应将教材原文熟练掌握。成熟期产品逐步标准化，差异不明显，技术和质量改进缓慢，市场巨大，但已经饱和，主要战略路径是提高效率，降低成本。教材上原文记录：任何竞争者想要扩大市场份额，都会遇到竞争对手顽强的抵抗，并引发价格战。因此判断属于成熟期。选项 D 正确。

10. 【答案：B】“经过世代相传积累了丰富的泥塑工艺品制作经验和精湛技艺，产品远销国内外”体现的是学习曲线，选项 B 正确。

11. 【答案：ABC】选项 D，巨能公司的客户购买量越大，巨能公司的讨价还价能力越弱。

12. 【答案：B】从题干中我们可以知道 S 公司在作为 P 公司最大的元器件和闪存供应商，由于 S 公司

在生产关键零件方面的能力显著强于其他公司，因而短期内 P 公司仍离不开 S 公司，这句话的意思是说，P 公司所需要的关键零件离不开 S 公司的生产设备，即 S 的资产设备专用性程度和差异化程度比较高，应该选择 B。

13.【答案：ABCD】从题干中我们可以知道：国外著名洗涤品公司加快进入中国市场的步伐【潜在进入者的进入威胁】原材料及用工成本不断上涨【供应者讨价还价】；国内洗涤品生产企业众多，产品差异较小【产业内现有企业的竞争】；消费者选择余地大，新型洗涤品层出不穷，【购买者讨价还价】，所以本题应该选择 ABCD。

14.【答案：D】题干"质量和可靠性有待提高；企业虽可以采用高价格、高毛利的政策，但因为产品销量小且营销成本、生产成本高，所以净利润较低"表明量子材料产业现阶段处于导入期。选项 A 属于衰退期财力方面的成功关键因素，选项 B 属于成长期财力方面的成功关键因素，选项 C 属于成熟期财力方面的成功关键因素。因此，选项 D 正确。

15.【答案：AC】本题中"近几年 VR(虚拟现实)产品的销售量节节攀升，顾客群逐渐扩大；不同企业的产品在技术和性能方面有较大差异；消费者对产品质量的要求不高"可知处于成长期。市场方面：建立商标信誉、开拓新销售渠道。选项 AC 正确。

16.【答案：A】本题考的是教材上的原文，国内智能家电产业的产品销售量节节攀升，竞争者不断涌入。各厂家的产品虽然在技术和性能方面有较大差异，但均可被消费者接受。产品由于供不应求，价格高，企业这个阶段属于成长期，根据教材，应该选择 A 选项。

阶段	投入期	成长期	成熟期	衰退期
市场	广告宣传，开辟销售渠道	建立商标信誉，开拓新销售渠道	保护现有市场，渗入别人的市场	选择市场区域，改善企业形象

17.【答案：B】适应变化的能力分析主要分析的是其竞争对手在面对外部环境发生变化时所做出的反应。在本题中，作为 T 公司的竞争对手，S 公司在面对"环保理念的普及和相关技术的进步"这个环境下，将减少传统燃油汽车的生产量，增加电动汽车和混合动力汽车的生产量，故属于适应变化能力分析，选项 B 正确。

18.【答案：B】此题干扰项最大的选项是 C 项，快速反应能力分析主要是面对竞争对手迅速做出反应的能力或立即发动进攻的能力，但本题并没有说 G 公司面对其竞争对手采取的行动，没有行动，所以本题只是考 G 公司的适应变化的能力分析。选项 B 正确。

19.【答案：D】竞争环境分析包括竞争对手分析和战略群组分析。广元牛奶公司"将与其产品价格和销售区域覆盖率相近的牛奶企业作为主要竞争对手"体现了战略群组分析作用中的有助于很好地了解战略群组间的竞争状况，主动地发现近处和远处的竞争者，也可以很好地了解某一群组与其他群组间的不同。

20.【答案：C】"率先创建了"人物山水'旅游项目，它将震撼的文艺演出置于秀丽山水之中，让观众在观赏歌舞演出的同时将身心融于自然"体现的是预测市场变化或发现战略机会。选项 C 正确。

21.【答案：ABCD】战略群组分析有助于企业了解相对于其他企业和本企业的战略地位以及公司战略变化可能产生的竞争性影响。(1)有助于很好地了解战略群组间的竞争状况，主动地发现近处和远处的竞争者，也可以很好地了解某一群体与其他群组间的不同。(2)有助于了解各战略群组之间的"移动障碍"。(3)有助于了解战略群组内企业竞争的主要着眼点。(4)利用战略群组图还可以预测市场变化或发现战略机会。

22.【答案与解析】(1)运用“产品多样化程度”、“新产品程度”两个战略特征，各分为“高”、“低”两个档次，对福安公司所调研的国内饮料行业的企业进行战略群组划分，

可将饮料生产企业划分为 3 个战略群组：

①产品多样化程度高、新产品程度低的群组，包括童乐公司、蓝宝公司。

②产品多样化程度低、新产品程度低的群组，包括水清公司、K 公司、B 公司。

③产品多样化程度高、新产品程度高的群组，包括万宝公司。

(2)福安公司通过对饮料市场战略群组分析，了解了战略群组间的竞争状况和战略群组内企业竞争的主要着眼点(或“对市场竞争格局有了清晰的把握”)；

了解了各战略群组之间的“移动障碍”(或“开发上述公司已经占据优势地位的饮料产品市场，难度太大”)；

发现了战略机会(或“着手开发当时国内市场上尚属空白的功能饮料”)。

23.【答案：CD】“取得……专利”“创造了世界钢琴第一品牌”，体现了无形资源。“建立起一套极其严密、科学的钢琴生产工艺流程和管理体系”，体现了人力资源。选项 CD 正确。

24.【答案：D】具有路径依赖性的资源是指那些必须经过长期的积累才能获得的资源。“凭借其长期积累形成的原料配制秘方和生产工艺诀窍等资源生产的多种卤制品”属于具有路径依赖性的资源，选项 D 正确。

25.【答案：ABC】“使员工幸福，让顾客满意’的概念”属于具有因果含糊性的资源；“建立并持续实施了一套以顾客需求为导向、充分调动员工积极性的管理体制”属于路径依赖性的资源；“该公司的技术发明专利数量……长期稳居行业前列”属于物理上独特的资源。因此，选项 A、B、C 正确。

26.【答案：D】“以生物药品研发为主营业务的 B 公司多年来不断完善科研管理体制建设，为科研人才的创造性活动提供了坚实的基础和障碍”属于具有路径依赖性的资源。选项 D 正确。

27.【答案与解析】企业能力包括：研发能力、生产管理能力、营销能力、财务能力、组织管理能力。日升集团体现的有；

①研发能力。“2000 年和 2008 年，在国内设立研发中心的基础上，日升公司又分别在 M 国和欧洲设立了研发中心”。

②生产管理能力。“多年的国际化经历使日升公司在生产、设计、销售方面储备、积累了大量人才和经验”。

③营销能力。“2007 年以来，全球经济环境发生了很大变化。出于对国内市场潜力的判断，日升公司适时调整经营策略，决定在巩固海外市场的同时，进军国内市场”“日升公司在原有多个知名品牌的基础上，运用特许经营品牌. 针对细分客户设立新品牌等策略，进一步巩固日升公司的 OBM 业务”“2010 年，开展酒店家具业务，并在 J 国和 N 国设立生产基地。2009 年、2012 年，先后推出特许品牌‘PDH’和‘PDK’；2011 年，推出年家具品牌‘SM’；2012 年，M 国日升推出特许品牌 MH11。2013 年，推出特许品牌‘B’；2014 年，推出婴儿家具品牌‘SB’”。

④财务能力。“在强大的资金和产能支持下”“上市后，公司市值从 2004 年的 1. 37 亿美元跃升至 2005 年的 3. 69 亿美元，增长 2. 69 倍。”

28.【答案：CD】“开展了顾客满意度调查”属于顾客基准。“组织相关管理人员走访学习了某著名连锁餐饮集团管理下属分店的经验”属于过程或活动基准；“瞄准本行标杆企业制定了整改方案”属于竞争性基准。

29.【答案：AD】“多年成功经营的丰盛纺织集团收购了某国一家濒临破产的纺织厂”说明二者虽是相同业务，但是不存在竞争关系，属于一般基准，选项A正确；“并组织该厂管理人员到集团旗下国内某著名纺织厂调研、学习，收效良好”属于内部基准，选项D正确。

30.【答案：C】一般基准：以具有相同业务功能的企业为基准进行比较，不构成竞争时，职能功能也是不同的。

31.【答案与解析】“科通的成功模式成为各行各业观摩学习的范本”，依据核心能力评价理论，向科通公司学习的企业基准分析的基准类型是过程或活动基准，即以具有类似核心经营的企业为基准进行比较，但是二者之间的产品和服务不存在直接竞争关系。这类基准分析的目的在于找出企业做得最突出的方面。“大量企业开始对标科通，声称要用科通模式颠覆自己所在行业，‘做XX行业的科通’，成为众多企业的口号”，说明不是同一行业企业，当然也不存在直接竞争关系。

32.【答案：ABD】选项A“仅有一家本国汽车玻璃生产企业”属于钻石模型中的同业竞争；选项B“土地租金和电力价格”是必要的资源，属于钻石模型中的生产要素；选项C属于PEST模型中的政治和法律要素；选项D“汽车制造业”属于钻石模型中的相关与支持性产业。选项ABD正确。

33.【答案：ACD】选项A体现的是钻石模型中的需求条件因素；选项B体现的是宏观环境分析中的政治因素；选项C体现的是钻石模型中的生产要素；选项D体现的是企业战略、企业结构和同业竞争。选项ACD正确。

34.【答案：C】迈克波特教授没有把政府及政治原因考虑到钻石模型中。本题选C。

35.【答案与解析】①生产要素。“Q省地处QS高原腹地，具有发展太阳能产业的独特资源优势，……Q省以电力企业为依托，抓住人才、技术、资金等关键资源……”。

②需求条件。“随着国内外清洁能源需求的不断增长”。

③相关与支持性产业。“根据当地土壤、水质的特点，种植高原生态作物，这些作物牢牢抓住土壤，解决了光伏电板易损、报废的问题。产业园区要定期清洗光伏板，而冲洗光伏板的水能灌溉作物，作物的生长又使水土更好地得到保持，光伏板下因此形成了小型绿色生态园”；“由于植被长势太好，甚至会遮蔽光伏电板，而且冬季可能引发火灾。为解决这一问题，河天水电公司与附近几个村庄合作，发展小尾寒羊的养殖”；“光伏电站不仅带来了生态的良性循环，还发展了当地的养殖产业”。

④企业战略、企业结构和同业竞争。“作为Q省TL戈壁滩光伏产业园区的核心企业，河天水电公司将生态保护的理念融入到产业园区的建设中”。

36.【答案：ABC】“与汽车发动机供应商建立了良好的关系，保证生产进度不受影响”属于采购管理；“所需外购配件由就近的泰达公司提供，减少了运输费用”属于内部后勤；“内部各个配件厂分布在总装厂周围，建立大规模生产线实现规模经济”属于生产经营。选项ABC正确。

37.【答案：B】服务是指与保持和提高产品价值有关的活动，如培训、修理、零部件的供应和产品的调试等。“该公司通过售后用户体验追踪系统随时掌握，分析不同车型的质量问题，并与汽车分销商共享信息，不断提高来维修的客户的满意度”属于服务，选项B正确。

38.【答案：BCD】“建立了生产Y产品的工厂”，该项活动属于生产经营，选项B正确；“形成了较为完善的进货……体系”，该项活动属于内部后勤，选项C正确；“华生公司开发了有助于失明患者进行义眼移植的Y产品，并且取得了发明专利”，该项活动属于技术开发，选项D正确。

39.【答案：A】聘请咨询公司实施广告策略也是一种采购，是属于广义上的采购。B物流配送产品是属于外部后勤；C生产设备的维修是属于内部后勤；D通过互联网进行广告宣传是属于基本活动中的市场营销；所以本题的正确答案就是 A。

40. 【答案与解析】①确认那些支持企业竞争优势的关键性活动。

"能源汽车生产的关键在于掌握三大核心零部件电机、电控与电池的生产制造技术以及具有完备的整车组装能力"。

②明确价值链内各种活动之间的联系。

"甲汽车公司的锂电池专利数量名列国内第一。甲汽车公司自主研发的永磁同步电机功率大、扭矩大，足够满足双模电动汽车(拥有燃油驱动与电能驱动两种动力系统，驱动力可以由电动机单独供给，也可以由发动机与电动机耦合供给，与混合动力汽车并无差别)与纯电动车的动力需求""甲汽车公司自主研发的动力系统匹配技术能够保证动力电池、驱动电机及整车系统的匹配，保证整车运行效率"。

③明确价值系统内各项价值活动之间的联系。

"2011 年甲汽车公司与国际知名老牌汽车制造企业 D 公司成立合资企业，借助 D 公司掌握的汽车结构以及安全领域的专有技术，增强公司在汽车整车组装方面的研发能力和生产能力"。

41. 【答案：ABD】发电设备制造业务市场增长率低，相对市场占有率高，属于现金牛业务。新能源开发业务市场增长率高，相对市场占有率高，属于明星业务。电站建设业务市场增长率低，相对市场占有率低，属于瘦狗业务。环保业务市场增长率高，相对市场占有率低，属于问题业务。对于处境不佳的现金牛类业务及没有发展前途的问题类业务和瘦狗类业务应视具体情况采取收割战略，所以正确选项是选项 A、B、D。

42. 【答案：C】"市场占有率达 50%以上""近年来家装市场进入低速增长阶段"体现了达梦公司的家装业务属于现金牛业务，其经营者最好是市场营销型人物。选项 C 正确。

43. 【答案：D】高增长-弱竞争地位的"问题"业务，最好是采取智囊团或项目等形式。本题中相关智能设备制作业务市场增长率大于 10%，相对市场占有率低于 1；适合采用智囊团或项目组等形式。选项 D 正确。

44. 【答案与解析】思达公司现存的家电业务在波士顿矩阵中属于高增长—低竞争地位的"问题"业务，"在 C 国空调等家电产品的市场需求巨大，发展前景广阔"；"公司空调逐渐丧失了市场优势"、"洗衣机业务的经营状况未得到根本扭转"。

企业对于"问题"业务的进一步投资需要进行分析，判断使其转移到"明星"业务所需要的投资量，分析其未来盈利，研究是否值得投资等问题。

思达公司现存的新能源业务在波士顿矩阵中属于高增长—强竞争地位的"明星"业务，"行业发展前景广阔"、"思达公司是 C 国仅有的掌握镍氢电池自主专利技术的厂家，技术优势明显"。为了保护和扩展"明星"业务在增长的市场上占主导地位，企业应在短期内优先供给其所需的资源，支持其继续发展。

思达公司现存的房地产业务在波士顿矩阵中属于低增长—弱竞争地位"瘦狗"业务，"房地产业已进入了一个'寒冬期'"、"行业'新手'"、"房地产业务亏损近百万元"。对这类产品应采用撤退战略。

45. 【答案：A】根据通用矩阵理论，当某企业的特定业务竞争地位比较强，产业吸引力处于中等时，应该采取增长与发展战略，企业应优先分配资源，选项 A 正确。

46. 【答案：C】根据 SWOT 分析，"麦迪公司是 Z 国一家成功经营多年的连锁快餐企业，营业收入和利润率长期位居行业第一"为优势 S，"Z 国劳动力、水电、食材价格大幅上涨造成餐饮企业盈利水平普遍下降”为威胁 T，应该采取 ST 战略，即多种经营战略。

47.【答案：D】“农用无人机市场需求旺盛”属于机会(O)，“有较强的研发和制造能力”属于优势(S)，应为 SO 战略，选项 A 错误。“农用无人机市场需求旺盛”属于机会(O)，“缺乏精通业务的营销人员”属于劣势(W)，应为 WO 战略，选项 B 错误。“农用无人机市场竞争日趋激烈”属于威胁（T)，“有较强的研发和制造能力”属于优势（S)，应为 ST 战略，选项 C 错误。“农用无人机市场竞争日趋激烈”属于威胁(T)，“缺乏精通业务的营销人员”属于劣势(W)，应为 WT 战略，选项 D 正确。

48.【答案：D】“近年来新能源汽车产业及市场迅猛增长”体现了外部环境中的机会(O)，“受技术和管理水平制约，其产品性能欠佳，市场占有率较低”体现了内部环境中的劣势，即为扭转型战略，选项 D 正确。

49.【答案：C】第Ⅲ类企业内部存在劣势，外部面临威胁，应采用防御型战略，进行业务调整，设法避开威胁和消除劣势。为 WT 战略，实际是防御型战略。选项 C 正确。

50.【答案与解析】SWOT 分析的内涵及用处

SWOT 分析应用于企业战略分析阶段时所进行的企业评估，它综合了企业内部环境中的优势和劣势、外部环境中的机会与威胁。SWOT 分析可以帮助管理层更容易地确定企业在市场中的地位，选择最好的战略以实现企业目标。

万成保险的 SWOT 分析图如下：

优势(strengths)

- 公司在保险业拥有领先地位，市场份额高；-拥有品牌和声誉优势
- 拥有一个经验丰富的管理团队
- 财务实力及盈利能力强

劣势(weaknesses)

- 公司的核心业务都以提供单一保障为目标
- 销售团队人员流失率高

机会(opportunities)

- 国内保险业市场处于成长阶段
- 现有市场参与者不多
- 国民消费力增强对健康及生活保障的要求增加

威胁(threats)

- 保险市场不成熟，消费者对保险抱观望态度，保险意识较弱
- 国民对保险公司的可选择性较强
- 国民对保险代理服务不太信任
- 政府正计划开放市场让外资保险公司进入市场

第 3 章　战略选择

扫码畅听增值课

本章思维导图

战略选择

- 第一节 总体战略
  - 考点1 总体战略的概念和类型
  - 考点2 纵向一体化战略
  - 考点3 横向一体化战略
  - 考点4 密集型战略
  - 考点5 多元化战略
  - 考点6 稳定战略
  - 考点7 收缩战略
  - 考点8 外部发展（并购）
  - 考点9 内部发展（新建）
  - 考点10 企业战略联盟
- 第二节 业务单位战略
  - 考点11 成本领先战略
  - 考点12 差异化战略
  - 考点13 集中化战略
  - 考点14 基本战略的综合分析—“战略钟”
  - 考点15 零散产业中的竞争战略
  - 考点16 新兴产业中的竞争战略
  - 考点17 蓝海战略
- 第三节 职能战略
  - 考点18 市场营销战略
  - 考点19 研究与开发战略
  - 考点20 生产运营战略
  - 考点21 采购战略
  - 考点22 人力资源战略
  - 考点23 财务战略
- 第四节 国际化经营战略
  - 考点24 国际化经营动因
  - 考点25 国际化经营的主要方式
  - 考点26 全球价值链中的企业国际化经营
  - 考点27 国际化经营的战略类型
  - 考点28 新兴市场的企业战略

近5年题型题量分值

年份	2017	2018	2019	2020	2021	2022
单选题	7 题 7 分	4 题 4 分	5 题 5 分	7 题 7 分	9 题 9 分	8 题 8 分
多选题	4 题 6 分	7 题 10.5 分	6 题 9 分	6 题 9 分	6 题 9 分	5 题 7.5 分
简答题	2 题 16 分	3 题 17 分	2 题 14 分	3 题 16 分	3 题 6 分	1 题 2 分
综合题	1 题 15 分	3 题 9 分	4 题 16 分	3 题 11 分	3 题 12 分	1 题 12 分
合计	44 分	40.5 分	44 分	43 分	26 分	29.5 分

本章教材在 2022 年变动较大：第三节职能战略中，对生产运营战略、采购战略做了大幅的增、删、改；第四节将“二、国际市场进入模式”改为了“二、国际化经营的主要方式”，并调整了部分表述，新增“三、全球价值链中的企业国际化经营”。新增、删除部分案例(要特别重视新增的案例)。2023 年教材本章没有实质性变动。

本章属于全书最重要的一章，得第三章者得战略！历年考试对本章的考察，既突出重点(所谓“重点恒重”)，又偏爱考新增知识点(所谓“逢新必考”)，因此大家在学习本章时，首先在全面学习的同时突出重点，其次对本章的变化之处要格外留意。近几年的考试中，每年平均考分 40 分，主、客观题均容易考核，且可能结合其他章节出题，平时学习过程中，要注意练习综合性的主观题。

第一节　总体战略

一、总体战略的主要类型

考点 1　总体战略的概念和类型（★★★，客观题与主观题）

总体战略的概念	又称公司层战略，是企业最高层次的战略。它需要根据企业的目标，选择企业可以竞争的经营领域，合理配置企业经营所必需的资源，使各项经营业务相互支持、相互协调。常常涉及整个企业的财务结构和组织结构方面的问题。
总体战略的类型	分为**发展战略**、**稳定战略**和**收缩战略**三种基本类型。具体见图 3-1。

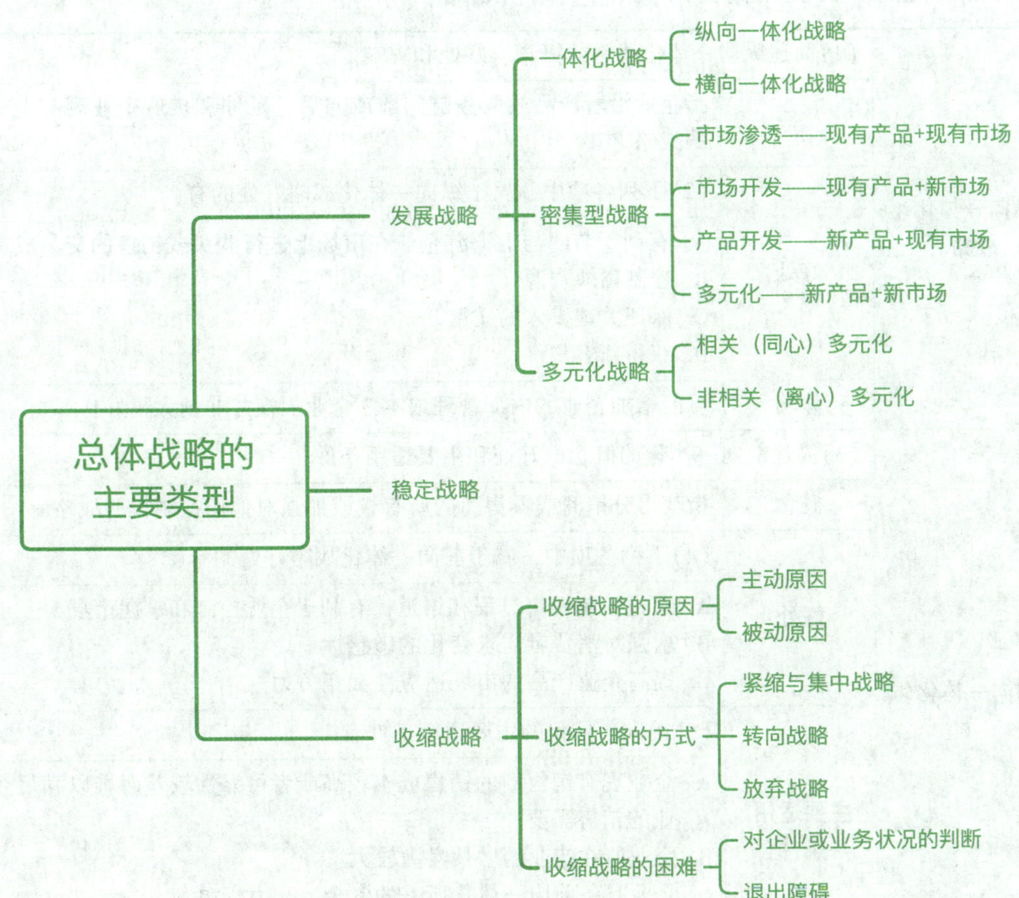

图 3-1　总体战略的主要类型

【考点母题——万变不离其宗】发展战略的概念和类型

<table>
<tr><td colspan="3">简述发展战略的概念和主要类型。</td></tr>
<tr><td>概念</td><td colspan="2">企业发展战略强调充分利用外部环境中的机会，充分发掘企业内部的优势资源，以求得企业在现有的基础上向更高一级的方向发展。</td></tr>
<tr><td rowspan="3">基本类型</td><td>一体化战略</td><td>一体化战略是指企业对具有优势和增长潜力的产品或业务，沿其经营链条的纵向或横向延展业务的深度和广度，扩大经营规模，实现企业成长。</td></tr>
<tr><td>密集型战略</td><td>密集型战略，是指企业充分利用现有产品或服务的潜力，强化现有产品或服务竞争地位的战略。</td></tr>
<tr><td>多元化战略</td><td>多元化战略指企业进入与现有产品和市场不同的领域。</td></tr>
</table>

考点2 纵向一体化战略（★★，客观题和主观题）

【考点母题——万变不离其宗】纵向一体化战略

<table>
<tr><td rowspan="5">纵向一体化战略</td><td colspan="2">(1)简述纵向一体化战略的概念、好处和弊端。</td></tr>
<tr><td>概念</td><td>指企业沿着产品或业务链向前或向后，延伸和扩展企业现有业务的战略。</td></tr>
<tr><td rowspan="2">好处</td><td>(2)下列各项中，属于纵向一体化战略好处的有(　)。</td></tr>
<tr><td>A. 有利于节约与上下游企业在市场上进行购买或销售的交易成本
B. 控制稀缺资源
C. 保证关键投入的质量
D. 获得新客户</td></tr>
<tr><td>弊端</td><td>可能增加企业的内部管理成本。企业规模并非越大越好！</td></tr>
<tr><td rowspan="7">前向一体化</td><td colspan="2">(3)简述前向一体化的概念、好处和主要适用条件。</td></tr>
<tr><td>概念</td><td>指获得分销商或零售商的所有权或加强对他们控制权的战略</td></tr>
<tr><td rowspan="2">好处</td><td>(4)下列各项中，属于前向一体化战略好处的有(　)。</td></tr>
<tr><td>A. 通过控制销售过程和渠道，有利于企业控制和掌握市场
B. 增强对消费者需求变化的敏感性
C. 提高企业产品的市场适应性和竞争力</td></tr>
<tr><td rowspan="2">主要适用条件</td><td>(5)前向一体化的主要适用条件有(　)。</td></tr>
<tr><td>A. 企业现有销售商的销售成本较高或者可靠性较差而难以满足企业的销售需要
B. 企业所在产业的增长潜力较大
C. 企业具备前向一体化所需的资金、人力资源等
D. 销售环节的利润率较高</td></tr>
</table>

续表

<table>
<tr><td rowspan="5">后向一体化</td><td colspan="2">(6)简述后向一体化的概念、好处和主要适用条件。</td></tr>
<tr><td>概念</td><td>指获得供应商的所有权或加强对其控制权。后向一体化战略在汽车、钢铁等产业采用得较多。</td></tr>
<tr><td>好处</td><td>有利于企业有效控制关键原材料等投入的成本、质量及供应可靠性，确保企业生产经营活动稳步进行。</td></tr>
<tr><td rowspan="2">主要适用条件</td><td>(7)后向一体化的主要适用条件有( )。</td></tr>
<tr><td>A. 企业现有的供应商供应成本较高或者可靠性较差而难以满足企业对原材料、零部件等的需求
B. 供应商数量较少而需求方竞争者众多
C. 企业所在产业的增长潜力较大
D. 企业具备后向一体化所需的资金、人力资源等
E. 供应环节的利润率较高
F. 企业产品价格的稳定对企业而言十分关键，后向一体化有利于控制原材料成本，从而确保产品价格的稳定</td></tr>
<tr><td rowspan="2">纵向一体化战略的主要风险</td><td colspan="2">(8)纵向一体化战略的主要风险有( )。</td></tr>
<tr><td colspan="2">A. 不熟悉新业务领域所带来的风险
B. 纵向一体化，尤其是后向一体化，一般涉及的投资数额较大且资产专用性较强，增加了企业在该产业的退出成本</td></tr>
</table>

【考点子题——举一反三，真枪实练】

[1] (2018年·多选题)甲公司是一家特种钢材生产企业，其产品主要用于大型采矿机械、采油设备的生产。为了增强对钢铁市场需求变化的敏感性，甲公司决定把前向一体化作为发展战略。下列各项中，符合该公司发展战略的有( )。

A. 参股海城矿山机械公司

B. 与东港石油公司签订集研发、生产、销售为一体的合作协议

C. 投资建立铁矿资源开发和生产企业

D. 与南岗煤炭集团建立战略联盟

[2] (2017年·单选题)为了克服对客户需求的变化缺乏敏感性，公司结构性产能过剩问题，神大钢铁公司近年来收购了远航造船厂，参股国兴造船厂，与天州钢帘线制造厂签订合作协议，神大钢铁公司的发展战略是( )。

A. 前向一体化战略　　B. 后向一体化战略

C. 多元化战略　　D. 密集型战略

[3] (2017年·单选题)神大钢铁公司为确保公司铁矿资源与煤炭的稳定供应，成功收购了甲铁矿石企业，同时与龙潭煤炭公司签订了长期购销协议，神大公司的发展

战略是(　)。

A. 前向一体化战略　　B. 后向一体化战略

C. 密集型战略　　D. 多元化战略

考点3 横向一体化战略(★★，客观题和主观题)

【考点母题——万变不离其宗】横向一体化战略

(1)简述横向一体化战略概念、目的和适用情形。	
概念	指企业向产业价值链相同阶段方向扩张的战略。
主要目的	实现规模经济以获取竞争优势。
适用情形	(2)横向一体化战略适用情形包括(　)。 A. 企业所在产业竞争较为激烈 B. 企业所在产业的规模经济较为显著 C. 企业的横向一体化符合反垄断法律法规，能够在局部地区获得一定的垄断地位 D. 企业所在产业的增长潜力较大 E. 企业具备横向一体化所需的资金、人力资源

【考点子题——举一反三，真枪实练】

[4] (2009年·单选题)甲律师事务所系经司法部门批准成立的我国最早的合伙制律师事务所。今年该所与国内的另一律师事务所进行了合并。甲律师事务所的合并战略属于(　)。

A. 集中化战略　　B. 市场渗透战略

C. 纵向一体化战略　　D. 横向一体化战略

考点4 密集型战略(★★★，掌握，客观题和主观题)

【考点题源】密集型战略(安索夫的"产品——市场战略组合"矩阵)

		产品	
		现有产品	新产品
市场	现有市场	**市场渗透：** 在单一市场，依靠单一产品，目的在于大幅度增加市场占有率。	**产品开发：** 在现有市场上推出新产品；延长产品生命周期。
	新市场	**市场开发：** 将现有产品推销到新地区或其他细分市场；在现有实力、技能和能力基础上发展，改变销售和广告方法。	**多元化：** 以新技术或市场而言的相关多元化；与现有产品或市场无关的非相关多元化。

【提示】上面矩阵中第四种情形——多元化，是新产品和新市场结合的结果，这一战略方向应该从密集型战略类型中分离出来，作为发展战略的另一种基本类型。

【考点母题——万变不离其宗】密集型战略——市场渗透（现有产品和现有市场）

概念	强调发展单一产品，试图通过更强的营销手段来获得更大的市场占有率。
基础	增加现有产品或服务的市场份额，或增加正在现有市场中经营的业务。
目标	通过各种方法来增加产品的使用频率。
主要方法及其适用性	•扩大市场份额，适合于整体正在成长的市场； •开发小众市场，适合于规模较小的企业； •保持市场份额，适合于当市场发生衰退时。
适用情形	①当整个市场正在增长时，那些想要增加市场份额的企业能够以较快的速度达到目标；相反，向停滞或衰退的市场渗透可能会难得多。 ②如果一家企业决定将利益局限在现有产品或市场领域，即使在整个市场衰退时也不允许销售额下降，那么企业就必须采取市场渗透战略。 ③如果其他企业由于各种原因离开了市场，那么采用市场渗透战略比较容易成功。 ④企业拥有强大的市场地位，并且能够利用经验和能力来获得强有力的独特竞争优势，那么实施市场渗透战略是比较容易的。 ⑤当市场渗透战略对应的风险较低、高级管理者参与度较高，且在需要的投资较少的时候，市场渗透战略也会比较适用。

图 3-2　市场渗透

【考点母题——万变不离其宗】密集型战略——市场开发（现有产品和新市场）

概念	指将现有产品或服务打入新市场的战略。
主要方向	包括开辟其他区域市场和细分市场。

续表

采用该战略的原因	• 企业发现现有产品生产过程的性质导致其难以转而生产全新的产品，因此他们希望能开发其他市场。 • 市场开发往往与产品改进结合在一起。 • 现有市场或细分市场已经饱和，企业只能去寻找新的市场。
适用情形	①存在未开发或未饱和的市场； ②可得到新的、可靠的、经济的和高质量的销售渠道； ③企业在现有经营领域十分成功； ④企业拥有扩大经营所需的资金和人力资源； ⑤企业存在过剩的生产能力； ⑥企业的主业属于正在迅速全球化的产业。

【提示】市场开发战略的例子：一家源于美国加利福尼亚州的主题公园为实现规模经济，利用同样的卡通主题和模式，数十年间，在多个地方如东京、巴黎等地开设主题公园，成为旅游热点。为继续打入新市场，又决定在中国的上海市再建一家主题公园。

【考点母题——万变不离其宗】密集型战略——产品开发（新产品和现有市场）

含义	在原有市场上，通过技术改进与开发研制新产品。
好处	(1)可以延长产品的生命周期，提高产品的差异化程度，满足市场新的需求，从而改善企业的竞争地位。 (2)有利于企业利用现有产品的声誉和商标，吸引用户购买新产品。 (3)企业对现有市场较为了解，产品开发的针对性较强，因而较易取得成功。
适用	拥有特定细分市场、综合性不强的产品或服务范围窄小的企业可能会采用这一战略。
要求	通常要求企业对产品进行强有力的研究与开发。这可能是由产品的本质或市场的需求决定的。例如，在技术较复杂的市场中，产品生命周期较短（如计算机），迫使企业必须采取产品开发战略；消费者对供应商会实施潜在的压力，要求企业在正常经营范围内提供丰富多样的产品或服务，这也会促使企业去开发新的产品。
采用该战略的原因	①充分利用企业对市场的了解； ②保持相对于竞争对手的领先地位； ③从现有产品组合的不足中寻求新的机会； ④使企业能继续在现有市场中保持稳固的地位。
适用情形	①企业产品具有较高的市场信誉度和顾客满意度； ②企业所在产业属于适宜创新的高速发展的高新技术产业； ③企业所在产业正处于高速增长阶段； ④企业具有较强的研究和开发能力； ⑤主要竞争对手以近似价格提供更高质量的产品。

【提示】新产品开发能有效帮助企业发展。这是因为在大多数情况下，营销成功来源于对市场进行预测而不是仅仅对消费者的变化做出反应。真正的企业家会促使变化发生，创造需求。当然，产品开发不仅是对全新产品的开发，还包括对现有产品进行较小的改变(比如将含糖饮料改为无糖饮料)和升级等。

【考点子题——举一反三，真枪实练】

[5] (2019 年 · 多选题)京川餐饮公司近期实行了新的经营方式，顾客既可以按照公司提供的菜谱点餐，也可以自带菜谱和食材请公司的厨师加工烹饪，还可以在支付一定学习费用后在厨师指导下自己操作，从而在享受美食的同时提高厨艺。这些新的经营方式使该公司的顾客数量和营业收入均增长 20%以上。从密集型战略角度看，京川餐饮公司的上述做法属于(　)。

A. 市场渗透战略　　B. 市场开发战略

C. 一体化战略　　D. 产品开发战略

[6] (2017 年 · 单选题)甲公司是一家知名淮扬菜餐厅，在全国有 100 多家门店，为了在行业中始终保持领先，公司内设立研究所，紧跟市场需求变化，定期开发特色菜上市，赢得消费者好评。甲公司采取的发展战略类型是(　)。

A. 多元化战略　　B. 市场开发战略

C. 市场渗透战略　　D. 产品开发战略

[7] (2016 年 · 多选题)下列选项中，属于企业采用市场渗透战略的是(　)。

A. 某酒店收购一旅行社，进入新的业务市场

B. 某银行与某航空公司实行联合发行方式，使用该银行信用卡可累计航空里程积分

C. 甲公司通过与国外经销商合作的方式将生产出来的智能手机销往拉美国家

D. 某超市为了提高牙膏的销售，采用美化包装、买赠的促销方式

[8] (经典例题 · 简答题)W 钢铁集团公司位于 C 国中原地区，2016 年集团亏损额高达 114.14 亿元，营业收入自 2010 年以来也已经腰斩，过去五年 W 公司已经在持续裁员。背后的原因主要在于 W 公司产品结构较为单一，主要产品以粗钢为主，产量位居全球第十一位。体量虽然很大，但从运输半径来讲，远不如沿海地区有竞争力。W 钢铁集团公司对客户需求的变化缺乏敏感性，导致公司结构性产能过剩。

近年来，C 国钢铁企业所使用的铁矿石 80%依靠进口，而全球铁矿石供应基本来自于所谓的“四大矿”，即淡水河谷(Vale)、力拓(RioTinto)、必和必拓(BHP)和福蒂斯丘(FMG)。由于四大矿的铁矿石产量高、品位好、成本低，在供应端形成了寡头垄断的局面，在铁矿石定价中逐步获得了压倒性的优势地位，导致 W 钢铁集团公司原料供应受制于人。

从未来发展来看，我国钢铁深加工产业持续快速发展，包括建筑、机械、汽车、家电、石油、造船等。钢铁市场的需求依旧十分旺盛，但这些深加工产业客户面临的选择越来越多，对用料的要求也越来越高。

目前钢铁产业链中的上游原料的销售利润率可以达到15%，而下游产品的销售利润率可以达到7%～10%。W公司在以往的经营过程中，与上下游企业业务联系密切，因而可以在现有人才和技术不需要做大的投入和调整的前提下，实现纵向一体化的整合。

W钢铁公司纵向一体化战略的实施正在从以下两个方面展开：

(1)完成参股Z石油西北管道联合有限责任公司合计80亿元的出资，持有其12.8%的股权；收购J集装箱厂；参股D造船厂；与N齿轮厂签订合作协议。

(2)2016年W钢铁公司收购非洲矿业有限公司("非洲矿业")唐克里里铁矿项目75%的股权。唐克里里铁矿属世界级铁矿石资产，储量巨大，为非洲第二大铁矿，也是全球规模最大的赤铁矿和磁铁矿之一。完成此次收购，可以确保W公司铁矿资源的长期稳定供应；2017年再度出资8亿美元海外收购莫桑比克煤矿40%股权，充分利用开发莫桑比克的巨大焦煤资源，以保证其基本生产需求。

要求：

(1)简要分析W钢铁集团公司纵向一体化战略的实施方向。

(2)简要分析W钢铁集团公司实施纵向一体化战略的动因(或优势)。

(3)简要分析W钢铁集团公司实施纵向一体化战略的适用条件。

考点5 多元化战略(★★★，掌握，客观题和主观题)

【考点母题——万变不离其宗】多元化战略的原因

概念	多元化战略指企业进入与现有产品和市场不同的领域。 "在任何经营环境中，没有一家企业可以认为自身能够不受产品过时和需求枯竭的影响"——安索夫。
采用多元化战略的原因	当现有产品或市场不存在期望的增长空间(比如，受到地理条件限制、市场规模或竞争太过激烈的限制)时，企业通常会考虑多元化战略。具体而言，有三大原因： ①在现有产品或市场中持续经营并不能达到目标。 ②企业由于以前在现有产品或市场中成功经营而保留下来的资金超过了其在现有产品或市场中的财务扩张所需要的资金。 ③与在现有产品或市场中的扩张相比，多元化战略意味着更高的利润。

【考点母题——万变不离其宗】多元化战略的类型

战略类型	相关多元化战略(同心多元化)	非相关多元化战略(离心多元化)
战略描述	企业以现有业务或市场为基础进入相关产业或市场。 有利于企业获得融合优势，即两种业务或两个市场同时经营的盈利能力大于各自经营时的盈利能力之和(范围经济)。 相关性可以从多个方面体现：产品、生产技术、管理技能、营销渠道、营销技能、用户等。 风险比非相关多元化稍低一些.。	企业进入与当前产业和市场均不相关的领域。 主要目标是从财务上考虑平衡现金流或者获取新的利润增长点，规避产业或市场的发展风险。
适用条件	企业在产业或市场内具有较强的竞争优势，而该产业或市场的成长性或吸引力逐渐下降。	企业当前产业或市场缺乏吸引力，而企业也不具备较强的能力和技能转向相关产品或市场。

【考点母题——万变不离其宗】多元化战略的优点和风险(重点)

多元化优点	(1)分散风险，当现有产品及市场失败时，新产品或新市场可能为企业提供保护。 (2)能更容易地从资本市场获得融资。 (3)当企业在原产业无法增长时找到新的增长点。 (4)利用未被充分利用的资源。 (5)运用盈余资金。 (6)获得资金或其他财务利益，例如累计税项亏损。 (7)运用企业在某个产业或某个市场中的形象和声誉来进入另一个产业或市场，而在另一个产业或市场中要取得成功，企业形象和声誉是至关重要的。
多元化风险	(1)来自原有经营产业的风险。 (2)市场整体风险。 (3)产业进入风险。 (4)产业退出风险。 (5)内部经营整合风险。

【考查方式】

1. 简要分析 XX 公司采取的是何种类型的总体战略。
2. 简述发展战略的类型，并分析 XX 公司属于哪种细分类型。
3. 简要分析 XX 公司实施一体化战略的具体类型、内涵及优缺点。
4. 简要分析 XX 公司实施密集型战略的具体类型及原因。
5. 简要分析 XX 公司实施多元化战略的类型、动机(优点)与风险。
6. 简要分析 XX 公司实施改革前后的总体战略类型。

【考点子题——举一反三，真枪实练】

[9]（2018年·综合题节选）

2010年4月，由6名工程师、2名设计师组成的联合团队创建的科通科技公司正式成立。公司成立之初，公司CEO与股东们有了一个想法，要做一款设计好、品质好、价格便宜的智能手机。

……

2014年，CEO开始意识到“智能硬件”和“万物互联(Internet of Things，IoT)”可能是比智能手机更大的发展机遇。于是，科通公司开启了科通生态链计划，运用科通公司已经积累的大量资金，准备在5年内投资100家创业公司，在这些公司复制科通模式。

科通公司抽出20名工程师，让他们从产品的角度看待拟投资的创业公司，通过与创业公司团队的沟通，了解这家公司的未来走向。科通生态链团队不仅做投资，而且是一个孵化器，从ID、外观、结构、硬件、软件、云服务、供应链、采购、品牌等诸多方面给予创业公司全方位的支持。

这些创业公司有一大半是科通生态链团队从零开始孵化的。但是，科通公司并没有控股任何一家科通生态链公司，所有的公司都是独立的。这样有利于在统一的价值观和目标下，生态链企业各自发挥技术创新优势，同时降低科通公司整体内部协调成本，规避经营风险。

科通生态链的投资主要围绕以下5大方向：(1)手机周边，如手机的耳机、移动电源、蓝牙音箱；(2)智能可穿戴设备，如科通手环、智能手表；(3)传统家电的智能化，如净水器、净化器；(4)极客酷玩类产品，如平衡车、3D打印机；(5)生活方式类，如科通插线板。

2016年，科通生态链宣布使用全新的麦家品牌，除了手机、电视、路由器等继续使用科通品牌，科通生态链的其他产品都将成为“麦家”成员。2016年，科通生态链企业的总营业收入超过了150亿元。至2018年5月，科通已经投资了90多家生态链企业，涉足上百个行业。在移动电源、空气净化器、可穿戴设备、平衡车等许多新兴产品领域，麦家的多个产品已做到全球数量第一。科通生态链公司也出现多个独角兽(指那些估值达10亿美元以上的初创企业)。

由于科通品牌给人们高性价比的印象已经根深蒂固，因而不少人认为科通生态链企业的产品无法赢利。但实际上，科通生态链企业已经有多家实现盈利。这是因为科通公司利用其规模经济带来的全球资源优势帮助这些生态链企业提高效率。科通公司运用其全球供应链优势能够让生态链上的小公司瞬间拥有几百亿供应链提供的能力。

科通公司还建成了全球最大消费类 IoT 平台，连接超过 1 亿台智能设备。通过这种独特的战略联盟模式，科通公司投资和带动了更多志同道合的创业者，围绕手机业务构建起手机配件、智能、生活消费产品三层产品矩阵；科通公司也从一家手机公司过渡到一个涵盖众多消费电子产品、软硬件和内容全覆盖的互联网企业。2018 年 4 月，科通公司成功上市。

要求：简要分析科通生态链所采用的发展战略的类型及其优点、途径及该途径的动因。

考点 6 稳定战略（★，客观题和主观题）

【考点母题——万变不离其宗】稳定战略

含义	又称为维持战略，是指限于经营环境和内部条件，企业在战略期所期望达到的经营状况基本保持在战略起点的范围和水平上的战略。
适用情况	适用于对战略期环境的预测变化不大，而企业在前期经营相当成功的企业
优点	①可充分利用原有生产经营领域中的各种资源，风险比较小。 ②避免开发新产品和新市场所必需的巨大资金投入和开发风险。 ③避免资源重新配置和组合的成本。 ④防止由于发展过快、过急造成的失衡状态。
风险	①一旦企业外部环境发生较大变动，企业战略目标、外部环境和企业实力(内部环境)三者之间就会失去平衡，将使企业陷入困境。 ②易使企业减弱风险意识，甚至会形成惧怕风险、回避风险的企业文化，降低企业风险敏感性和适应性。

考点 7 收缩战略（★★，客观题和主观题）

【定义】也称撤退战略，是指企业从目前的经营领域和基础上收缩，在一定时期内缩小原有经营范围和规模的一种战略。

【考点母题——万变不离其宗】收缩战略的原因

收缩战略的主要原因有(　)。	
A. 主动原因	满足企业战略重组的需要。
B. 被动原因	外部环境原因。由于多种原因，如整体经济形势、产业周期、技术变化、政策变化、社会价值观或时尚变化、市场饱和、竞争行为等，导致企业赖以生存的外部环境出现危机。 内部环境原因。由于企业内部经营机制不顺、决策失误、管理不善等原因，企业或企业某项业务经营陷入困境，失去竞争优势，因为不得不采用收缩战略。

【考点母题——万变不离其宗】收缩战略的方式

方式	具体做法	内容
紧缩与集中战略	往往集中于短期效益，主要涉及采取补救措施制止利润下滑。具体做法：	
	①机制变革	调整管理层领导机构；重新制定新的政策和管理控制系统等。
	②财政和财务战略	严格控制现金流量；债务重组；债转股等。
	③削减成本战略	削减人工成本、材料成本、管理费用以及资产(内部放弃或改租、售后回租)等；缩小分部和职能部门的规模。
转向战略	更多地涉及企业的经营方向或经营策略的改变。	
	具体做法	**①重新定位或调整现有的产品和服务； ②调整营销策略。**
放弃战略	放弃战略涉及企业(或子公司)产权的变更，与前面两种战略对相比，是比较彻底的撤退方式。	
	特许经营	①指企业将其拥有的名称、商标、企业标志、专有技术、管理经验等经营资源特许给被特许企业使用，收取一次性付清的特许经营费用。 ②被特许企业按照合同严格遵守相关规定，在统一的经营模式下开展经营活动。
	分包	企业作为分包方，通过招标方式让其他企业即承包方生产、经营本企业的某些产品或业务，并要求承包方按约定的时间、价格、数量向分包方提供产品或服务。这样，分包方在合同期限内将不宜自己从事的产品生产或业务转移给承包方，但仍保留原有的权利。
	卖断	指母公司将其所属业务单位卖给另一家企业，从而与该业务单位断绝一切关系，实现产权的彻底转移。
	管理层杠杆收购	指企业管理层将收购目标即本企业的资产作为债务抵押进行融资，买断本企业股权，从而达到控制、重组企业获得产权收益的目的。
	拆产为股/分拆	指母公司通过将其在子公司中所拥有的股份，按比例分配给母公司的股东，以多元持股的形式形成子公司的所有权，使子公司成为战略性的法人实体。这样，就在法律上和组织上将子公司的经营从母公司中分拆出去，新设立的分拆公司如果公开发行新股并上市称为分拆上市。

表 3-1　　放弃战略的类型

类型	所有权的终止	相对频繁性	新的所有权形式
特许经营	全部，有限期	经常	子公司或独立机构
分包	全部，但仍保留贸易关系	经常	子公司

续表

类型	所有权的终止	相对频繁性	新的所有权形式
卖断	全部，往往是永久性的	小规模卖断经常发生，属一系列行动中的一部分；大规模卖断往往是危机的表现	子公司
管理层杠杆收购	全部，永久性，母公司可能拥有股权	小规模—经常性，大规模—英国和美国常用	独立机构
拆产为股/分拆	分离而不是终止所有权，可能带来所有权的稀释，通常是永久性的	小规模—经常性，尤其是高科技企业经常发生，由管理层购入股权	准独立机构

【考点母题——万变不离其宗】收缩战略的困难

<table>
<tr><td>对企业或业务状况的判断</td><td colspan="2">收缩战略效果如何，取决于对公司或业务状况判断的准确程度。而这是一项难度很大的工作。
汤普森提出的清单对于增强判断企业或其业务状况的能力会有一定的帮助：(简单阅读即可)
①企业产品所处的生命周期以及今后盈利情况和发展趋势。
②企业或者产品的当前市场状况，以及重新获取竞争优势的机会。
③腾下来的资源应如何运用。
④寻找一个愿出合理价格的买主。
⑤放弃一部分获利的业务或者一些经营活动，投资在其他可能获利较大的业务是否值得？
⑥关于成本问题。关闭合算吗？退出的障碍是否较大？
⑦准备放弃的那部分业务在整个公司中所起作用和协同优势。
⑧用其他产品和服务来满足现有顾客需求的机会。
⑨企业降低分散经营的程度所带来的有形和无形的效益。
⑩寻找合适的买主。买主购入后是否会对余下业务构成竞争威胁？</td></tr>
<tr><td rowspan="5">退出障碍</td><td>固定资产的专用性程度</td><td>当资产涉及具体业务或地点的专用性程度较高时，其转移及转换成本就较高，故难以退出现有产业。</td></tr>
<tr><td>退出成本</td><td>包括劳工协议、重新安置的成本、备件维修成本等。</td></tr>
<tr><td>内部战略联系</td><td>这是指企业内部某经营单位与其他业务单位在市场形象、市场营销能力、利用金融市场及设施共享等方面的内部相互联系。这些联系使公司认为保留该业务单位具有战略重要性。</td></tr>
<tr><td>感情障碍</td><td>企业在制定退出战略时，会引发一些管理人员和职工的抵触情绪，因为企业的退出往往使这些人员的利益受损。</td></tr>
<tr><td>政府与社会约束</td><td>政府考虑到失业问题和对地区经济的影响，有时会出面反对或劝阻企业退出的决策。</td></tr>
</table>

【考点子题——举一反三，真枪实练】

[10] (2021 年·单选题)泰瑞公司原是一家提供管理咨询服务的企业。2020 年以来该公司采用收缩战略以应对利润下滑局面，调整了管理层领导班子，采用了更具有激励作用的薪酬制度。泰瑞公司采用的收缩战略的方式是(　)。

A. 机制变革　　B. 财政和财务战略

C. 削减成本战略　　D. 拆产为股

[11] (2019 年·多选题)近年来大数据和云计算的快速发展，使主营传统数据库业务的甲公司受到极大冲击，经营业绩大幅下滑。2019 年年初，甲公司裁员 1800 人，并重组开发团队和相关资源，大力开拓和发展云计算业务，以改善公司的经营状况。甲公司采用的总体战略类型有(　)。

A. 转向战略　　B. 稳定战略

C. 市场开发战略　　D. 紧缩与集中战略

[12] (2017 年·单选题)竹岭公司是我国知名的白酒生产企业，随着我国公务消费改革的日益推进，白酒市场需求发生了重大变化，该公司积极应对这一变化，对旗下白酒品牌重新进行了定位，并按照“系列酒薄利多销”的策略，快速实现了从满足公务消费需求向满足商务消费和大众消费需求的转型，该公司采取的总体战略类型是(　)。

A. 多元化战略　　B. 产品开发战略

C. 放弃战略　　D. 转向战略

[13] (2018 年·综合题节选)

2010 年 4 月，由 6 名工程师、2 名设计师组成的联合团队创建的科通科技公司正式成立。公司成立之初，公司 CEO 与股东们有了一个想法，要做一款设计好、品质好、价格便宜的智能手机。

……

然而，在 2015 年，迅猛增长的科通遇到了前所未有的危机。一方面，销量越来越大就意味着要与数百个零部件供应商建立良好高效的合作协同关系，不能有丝毫闪失。而科通的供货不足、发货缓慢被指为“饥饿营销”，开始颇受质疑，另一方面，竞争对手越来越多、越来越强大。H 公司推出的互联网手机品牌 R 手机成为科通手机强劲的对手。O 公司和 V 公司也借助强大的线下渠道开始崛起。芯片供应商 G 公司的一脚急刹车成为导火线。在经历了 5 年的超高速增长后，2015 年下半年，科通公司放缓了飞速前进的脚步。由于市场日趋饱和，整个智能手机行业的增速下滑，虽然科通手机 2015 年 7 000 万部的销量依然是国内出货量最高的手机，但 CEO 在年初喊出 8 000 万部销量的目标没能实现。

科通手机销量下滑的趋势并没有止住。2016 年，科通手机首次跌出全球出货量前五；在国内市场，科通手机也从第一跌到了第五，季度出货量跌幅一度超过 40%，全年出货量暴跌 36%。而这一年，以线下渠道为主的 O 公司和 V 公司成为手机行业的新星，其手机出货量不仅增幅超过 100%，而且双双超过科通公司进入全球前五、国内前三。

因为增速放缓，一直被顶礼膜拜的科通模式在这一年开始遭遇前所未有的质疑。科通公司似乎自己也乱了节奏，在渠道、品牌和产品等方面都出现了不少问题。

科通公司认识到过于迅猛的发展背后还有很多基础没有夯实，亟待主动减速、积极补课。2016 年，科通公司内部开始进行架构和模式多维调整。

(1) CEO 亲自负责科通手机供应链管理。前供应链负责人转任首席科学家，负责手机前沿技术研究。这意味着科通公司从组织架构上加大对供应链的管理力度。

(2) 开启“新零售”战略。所谓新零售就是指通过线上线下互动融合的运营方式，将电商的经验和优势发挥到实体零售中。让消费者既能享用线下看得见摸得着的良好体验，又能获取电商一样的低价格。截至 2018 年 3 月 10 日，全国范围内已有 330 个实体店科通之家，覆盖 186 座城市。

(3) 早年一直坚持口碑营销从未请过代言人的科通公司在 2016 年开始改变策略，先后邀请几位明星作为代言人，赢得不少新老客户。

2017 年科通公司开始重新恢复高速增长。2017 年第二季度，科通手机的出货量环比增长 70%，达 2 316 万部，开创了科通手机季度出货量的新纪录。2017 年第四季度，在其他全球前五名的智能手机厂商出货量全部负增长的情况下，科通手机出货量增长 96.9%。

要求：简要分析科通公司 2016 年所采用的收缩战略（撤退战略）的主要方式。

二、发展战略的主要途径

考点 8　外部发展（并购）（★★★，客观题与和观题）

外部发展是指企业通过取得外部经营资源谋求发展的战略。外部发展的狭义内涵是并购，包括收购与合并。其中，收购指一个企业（收购者）购买和吸纳了另一个企业（被收购者）的股权而控股该企业；合并指两个或两个以上的企业之间的重新组合。

【考点母题——万变不离其宗】并购战略——并购的类型

<table>
<tr><td rowspan="7">按并购双方所处的产业分类</td><td colspan="3">(1)按并购双方所处的产业分类，并购战略的类型有(　)。</td></tr>
<tr><td rowspan="3">A. 横向并购</td><td>定义</td><td>指并购方与被并购方处于同一产业。</td></tr>
<tr><td>优点</td><td>可消除重复设施，提供系列产品或服务，实现优势互补，扩大市场份额。</td></tr>
<tr><td>举例</td><td>一家外资饮料企业，收购中国一家大型饮料企业。</td></tr>
<tr><td rowspan="2">B. 纵向并购</td><td>定义</td><td>指在经营对象上有密切联系，但处于不同产销阶段的企业之间的并购。</td></tr>
<tr><td>分类</td><td>按照产品实体流动的方向，可分为：
●前向并购：指沿着产品实体流动方向所发生的并购。例如，产品原料生产企业并购加工企业或销售商或最终客户，或加工企业并购销售企业等。
●后向并购：指沿着产品实体流动的反向所发生的并购。例如，加工企业并购原料供应商，或销售企业并购原料供应企业或加工企业等。</td></tr>
<tr><td>C. 多元化并购</td><td colspan="2">指处于不同产业、在经营上也无密切联系的企业之间的并购。例如，一家生产家用电器的企业收购一家旅行社。</td></tr>
<tr><td rowspan="3">按被并购方的态度分类</td><td colspan="3">(2)按被并购方的态度分类，并购战略的类型有(　)。</td></tr>
<tr><td>A. 友善并购</td><td colspan="2">指并购方与被并购方通过友好协商确定并购条件，在双方意见基本一致的情况下实现产权转让的一类并购。</td></tr>
<tr><td>B. 敌意并购</td><td colspan="2">又叫恶意并购，通常是指当友好协商遭到拒绝后，并购方不顾被并购方的意愿采取强制手段，强行收购对方企业的一类并购。</td></tr>
<tr><td rowspan="3">按并购方的身份分类</td><td colspan="3">(3)按并购方的身份分类，并购战略的类型有(　)。</td></tr>
<tr><td>A. 产业资本并购</td><td colspan="2">一般由非金融企业进行。目的是分享目标企业的产业利润。</td></tr>
<tr><td>B. 金融资本并购</td><td colspan="2">一般由投资银行或非银行金融机构(如金融投资企业、私募基金、风险投资基金等)进行。
其一般不以谋求产业利润为首要目的，而是靠购入然后售出企业的所有权来获得投资。因此，它具有较大的风险性。</td></tr>
<tr><td rowspan="3">按收购资金来源分类</td><td colspan="3">(4)按收购资金来源分类，并购战略的类型有(　)。</td></tr>
<tr><td>A. 杠杆收购</td><td colspan="2">收购方在实施企业收购时，如果其主体资金来源是对外负债，即是在银行贷款或金融市场借贷的支持下完成的。是一种风险很高的企业并购方式。</td></tr>
<tr><td>B. 非杠杆收购</td><td colspan="2">收购方的主体资金来源是自有资金。</td></tr>
</table>

【考点母题——万变不离其宗】并购战略——并购的动机

简述企业**并购的动机**。
(1)避开进入壁垒，迅速进入，争取市场机会，规避各种风险。 **(2)获得协同效应。** 【提示】用系统理论剖析协同效果，可以分为三个层次： 第一，并购后的两个企业的“作用力”的时空排列得到有序化和优化，从而使企业获得“聚焦效应”。(统一调配) 第二，并购后的企业内部不同“作用力”发生转移、扩散、互补，从而，改变了公司的整体功能状况。(优势互补与共享) 第三，并购后两个企业内的“作用力”发生耦合、反馈、互激振荡，改变了作用力的性质和力量。(互相促进、再创新) **(3)克服企业负外部性，减少竞争，增强对市场的控制力。**

【考点母题——万变不离其宗】并购战略—并购失败的原因

简述**并购失败的原因**。	
(1)决策不当	一是并购前，没有认真地分析成本和效益，过于草率地并购，结果无法对被并购企业进行合理的管理； 二是高估并购对象所在产业的吸引力和自己的管理能力，高估并购带来的潜在经济效益，结果惨遭失败。
(2)并购后不能很好地进行整合	企业完成并购后面临着战略、组织、制度、业务和文化等多方面整合。其中，企业文化的整合是最基本、最核心，最困难的工作。
(3)支付过高的并购费用	①价值评估是并购中较量的焦点； ②高代价并购会增加企业的财务负担，使企业从并购的一开始就面临效益的挑战。
(4)跨国并购的政治风险	防范东道国的政治风险可以考虑以下几条具体措施： ①加强对东道国的政治风险的评估，完善动态监测和预警系统； ②采取灵活的国际投资策略，构筑风险控制的坚实基础； ③实行企业当地化策略，减少与东道国之间的矛盾和摩擦。

【考查方式】

简要分析 XX 公司进行并购的动机、类型与风险(失败的原因)。

【考点子题——举一反三，真枪实练】

［14］(2020 年 · 单选题)佳美公司是一家全国性家电零售连锁企业，在国内一、二线城市拥有近百家大型连锁商城，是国内外众多家电品牌厂家在中国的最大销售商。2019 年，该公司并购了国内另一家著名的家电零售连锁企业恒兴公司，销售网络扩展到全国三分之二以上的城市和部分乡镇，市场占有率提高了 20%，进一步巩固了其行业领先地位。佳美公司实施上述并购的动机是(　　)。

A. 避开进入壁垒，迅速进入，争取市场机会

B. 克服企业负外部性，增强对市场的控制力

C. 避免经营风险

D. 实现资源互补

[15] (2019年·多选题)经过多次磋商签订协议后，汽车制造商甲公司凭借自有资金2亿元和发行债券融资5亿元，实现了对汽车零部件商乙公司的收购。从并购的类型来看，上述收购属于( )。

A. 前向收购　　B. 杠杆收购　　C. 友善收购　　D. 金融资本收购

[16] (2018年·多选题)从事能源工程建设的百川公司在并购M国一家已上市的同类企业后发现，后者因承建的项目未达到M国政府规定的环保标准而面临巨额赔偿的风险，股价一落千丈；上市企业的核心技术人员因对百川公司的管理措施不满而辞职。百川公司为挽救被并购企业的危局做出各种努力，均以失败告终。下列各项中，属于百川公司上述并购失败原因的有( )。

A. 并购后不能很好地进行企业整合　　B. 决策不当

C. 跨国并购面临政治风险　　D. 支付过高的并购费用

[17] (2014年·单选题)如果并购方不以谋求产业利润为首要目的，而是靠购入然后售出企业的所有权来获得投资利润，按并购方的身份分类，则该并购属于( )。

A. 产业资本并购　　B. 杠杆并购

C. 金融资本并购　　D. 非杠杆并购

[18] (2019年·简答题)日升公司于1995年成立，1996年在国内设立生产基地，建设了五个制造厂房。日升公司最初主要从事OEM代工业务，为M国的客户FC公司贴牌生产家具配套及小巧家具组件。之后，公司业务扩展至餐厅及卧房家具，成为国内首家生产卧房家具的企业。1998年，日升公司单月出货量从100个货柜大幅提升至300个货柜，制造能力远远超过昔日家具业的龙头老大。

1999年以前，日升公司的家具几乎全部外销，只做OEM代工业务而没有自己的品牌。公司在低附加值的经营中认识到打造自身品牌的重要性。1999年3月，日升公司在M国组建公司并创立公司品牌“LC”，主要从事中低端家具的生产和销售。然而，日升公司在M国自创品牌的成效并不显著。于是，公司先后实施四次跨国并购，获取了欧美知名企业的品牌、渠道、研发设计及制造能力等战略性资产，实现了从OEM向原始设计制造商OBM的升级。

2001年，日升公司斥资完成对原委托方FC公司的收购，直接进入M国中高档家具市场。

2005年日升公司成功上市。上市后，公司市值从2004年的1.37亿美元跃升

至2005年的3.69亿美元，增长2.69倍。

在强大的资金和产能支持下，日升公司于2006年至2008年又先后收购国际三大品牌家具制造商。四次跨国收购使日升公司的产品组合由单一的中低端木制家具拓展为包含中低端、高端、顶级木制家具，以及沙发、酒店家具的组合；销售市场由M国扩展到欧洲。2000年和2008年，在国内设立研发中心的基础上，日升公司又分别在M国和欧洲设立了研发中心。

2007年以来，全球经济环境发生了很大变化。出于对国内市场潜力的判断，日升公司适时调整经营策略，决定在巩固海外市场的同时，进军国内市场。多年的国际化经历使日升公司在生产、设计、销售方面储备、积累了大量人才和经验。2008年日升公司在国内展会上全面亮相，展出专门针对国内市场开发的三大品牌"日升家居"、"日升家园"、"日升屋"。2009年9月在国内建成了日升国际风尚馆。

日升公司在原有多个知名品牌的基础上，运用特许经营品牌、针对细分客户设立新品牌等策略，进一步巩固日升公司的OBM业务。2010年，开展酒店家具业务，并在J国和N国设立生产基地。2009年、2012年，先后推出特许品牌"PDH和"PDK"。2011年，推出青年家具品牌"SM"；2012年，M国日升推出特许品牌"H"。2013年，推出特许品牌"B"。2014年，推出婴儿家具品牌"SB"。日升公司的OBM业务约占总业务的90%。目前，日升公司在国内18个城市23家门店销售产品。国际市场仍然是日升公司的主要市场。

要求：简要分析日升公司"从OEM向OBM升级"所采用的发展途径。

考点9 内部发展（新建）（★★，掌握，客观题和主观题）

【考点母题——万变不离其宗】内部发展（新建）

定义	内部发展，也称内生增长，是企业在不并购其他企业的情况下，利用自身的规模、利润、活动等内部资源来实现扩张。其狭义内涵是新建。
企业采取内部发展的动因（或优点、好处）	（1）企业采取内部发展的动因有（　）。
	A. 开发新产品的过程使企业能深刻地了解市场及产品 B. 不存在合适的并购对象 C. 保持统一的管理风格和企业文化 D. 为管理者提供职业发展机会 E. 代价较低，因为获得资产时无须为商誉支付额外的金额 F. 并购通常会产生隐藏的或无法预测的损失，而内部发展不太可能产生这种情况

续表

企业采取内部发展的动因（或优点、好处）	G. 这可能是唯一合理的、实现真正技术创新的方法 H. 可以有计划地进行，容易从企业资源获得财务支持，并且成本可以按时间分摊 I. 风险较低 J. 内部发展的成本增速较慢
内部发展的缺点	(2)内部发展存在的缺点有（ ）。
	A. 与购买市场中现有的企业相比，在市场上增加了竞争者，这可能会激化某一市场内的竞争 B. 企业不能接触到其他企业的知识及系统，这可能更具风险 C. 从一开始就缺乏规模经济或经验曲线效应 D. 当市场发展得非常快时，内部发展会显得过于缓慢 E. 进入新市场可能要面对非常高的障碍
内部发展战略的应用条件	(3)内部发展战略的应用条件包括（ ）。
	A. 产业处于不均衡状况，结构性障碍还没有完全建立起来 B. 产业内现有企业的行为性障碍容易被制约 C. 企业有能力克服结构性与行为性障碍，或者企业克服障碍的代价小于企业进入后的收益
	(4)企业克服进入障碍能力的主要表现有（ ）。
	A. 企业现有业务的资产、技能、分销渠道同新的经营领域有较强的相关性(协同) B. 企业进入新领域后，有独特的能力影响其行业结构，使之为自己服务 C. 企业进入新领域后，有利于发展企业现有的经营内容

【考查方式】

简要分析XX公司采取内部发展战略的动因、应用条件。

【考点子题——举一反三，真枪实练】

[19]（经典例题·单选题）下列选项中，属于企业内部发展方式的是（ ）。

A. 某公司每年均在研发方面投入大量资金研发新产品，业务发展迅速

B. 某企业收购了另外一家竞争对手

C. 某企业联合几家企业组建合资公司

D. 某企业通过并购其他企业进入上游原材料加工行业以获得发展

考点10 企业战略联盟（★★★，掌握，客观题和主观题）

定义：战略联盟是指两个或两个以上经营实体之间为了达到某种战略目的而建立的一种合作关系。

【考点母题——万变不离其宗】企业战略联盟基本特征

(1)企业战略联盟的基本特征有(　)。	
A. 从经济组织形式来看，战略联盟是介于企业与市场之间的一种"中间组织"	①根据交易费用理论，企业组织的存在是对市场交易费用的节约，企业和市场是两种可以相互替代的资源配置组织； ②战略联盟内的交易，既是非企业的(交易的组织不完全依赖于某一企业的治理结构)，也是非市场的(交易的进行并不完全依赖于市场价格机制)。战略联盟的形成模糊了企业和市场间的具体界限。
B. 从企业关系来看，组建战略联盟的企业各方是在资源共享、优势相长、相互信任、相互独立的基础上，通过事先达成协议而结成的一种平等的合作伙伴关系	联盟企业之间的协作关系主要表现为：
	①相互往来的平等性：联盟成员均为独立法人实体，相互之间的往来不是由行政层级关系所决定，而是遵循自愿互利原则，为彼此的优势互补和合作利益所驱动；各成员企业始终拥有自己独立的决策权，而不受其他成员企业的决策所左右。 ②合作关系的长期性：联盟关系不是企业间的一次性交易关系，而是想到一稳定的长期合作关系；企业参与联盟的目标在于希望通过持续合作增强自身竞争优势，以实现长远收益最大化，而非短期利益。 ③整体利益的互补性：联盟关系是一种成员间利益互补关系(非市场交易关系或辅助关系)，通过相互之间的扬长避短，可有效降低交易成本；每个成员企业按其在联盟中的地位和所做贡献获得相应收益，这种收益仅靠企业一己之力难以获得。 ④组织形式的开放性：企业联盟往往是松散的协作关系，通常以共同占领市场、合作开发技术等为基本目标，利来则聚、利去则散；企业战略联盟本身是动态的、开放的体系，是一种松散的公司间一体化组织形式。
C. 从企业行为来看，联盟是一种战略性的合作行为	①联盟是着眼于优化企业未来竞争环境的长远谋划，并非应急反应。 ②联盟行为注重从战略的高度改善联盟共有的经营环境和经营条件。企业借助联盟可以实现技术上的优势互补，加快技术创新速度并降低相关风险。

【考点母题——万变不离其宗】企业战略联盟形成的动因

企业**战略联盟形成的动因**有(　)。		
A. 促进技术创新	**B. 避免经营风险**	**C. 避免或减少竞争**
D. 实现资源互补	**E. 开拓新的市场**	**F. 降低协调成本**

【考点子题——举一反三，真枪实练】

[20] (2018 年·多选题) 甲客运公司与乙旅行社于 2016 年开启深度战略合作，联合推出"车票+地接"打包旅游产品。其中，甲客运公司提供用于打包产品的"低价票"，乙旅行社则提供比以往更为丰富、优质的旅游目的地和地接服务。该产品的推出明显提升了合作双方的竞争力。本案例中，甲客运公司与乙旅行社进行战略合作的动因有(　)。

A. 保持统一的管理风格和企业文化　　　　B. 防范信任危机
C. 开拓新的市场　　　　D. 实现资源互补

【考点母题——万变不离其宗】企业战略联盟主要类型

<table>
<tr><td rowspan="4">(1)从股权参与和契约联结的方式角度来看，有两类、三种。</td><td colspan="3">企业战略联盟主要类型有(　)。</td></tr>
<tr><td rowspan="2">A. 股权式联盟</td><td colspan="2">①合资企业。这是战略联盟最常见的一种类型，是指将各自不同的资产组合在一起进行生产、共担风险、共享收益。与一般的合资企业相比，它更多地体现了联盟企业之间的战略意图，并非限于寻求较高的投资回报率。</td></tr>
<tr><td colspan="2">②相互持股投资。这是联盟成员之间通过交换彼此的股份而建立的一种长期相互合作的关系。与合资企业不同，它不需要合并彼此的设备和人员；与合并或兼并也不同，这种投资性的联盟仅持有对方少量的股份，联盟企业之间仍保持着相对独立性，而且股权持有往往是双向的。</td></tr>
<tr><td>B. 契约式联盟</td><td>③功能性协议</td><td>这是一种契约式的战略联盟，指企业之间决定在某些具体的领域进行合作。最常见的形式包括：
技术交流协议——联盟成员间相互交流技术资料，通过知识的学习以增强竞争实力。
合作研究开发协议——分享现成的科研成果，共同使用科研设施和生产能力，共同开发新产品。
生产营销协议——共同生产和销售某一产品。成员之间仍然保持着各自的独立性，甚至在协议规定的领域之外相互竞争。
产业协调协议——建立全面协作与分工的产业联盟体系，多见于高科技产业中。</td></tr>
<tr><td rowspan="14">(2)根据战略联盟在企业经营不同阶段的合作内容进行分类。</td><td colspan="2">阶段</td><td>联盟内容</td></tr>
<tr><td colspan="2" rowspan="6">研究开发阶段的战略联盟</td><td>1. 许可证协议</td></tr>
<tr><td>2. 交换许可证合同</td></tr>
<tr><td>3. 技术交换</td></tr>
<tr><td>4. 技术人员交流计划</td></tr>
<tr><td>5. 共同研究开发</td></tr>
<tr><td>6. 以获得技术为目的的投资</td></tr>
<tr><td colspan="2" rowspan="4">生产制造阶段的战略联盟</td><td>7. OEM(委托定制)供给</td></tr>
<tr><td>8. 辅助制造合同</td></tr>
<tr><td>9. 零部件标准协定</td></tr>
<tr><td>10. 产品的组装及检验协定</td></tr>
<tr><td colspan="2">销售阶段的战略联盟</td><td>11. 销售代理协定</td></tr>
<tr><td colspan="2" rowspan="2">全面性的战略联盟</td><td>12. 产品规格的调整</td></tr>
<tr><td>13. 联合分担风险</td></tr>
</table>

【考点题源】股权式联盟与契约式联盟的主要区别

比较内容	契约式战略联盟 （无资产联系）	股权式战略联盟 （有资产联系）
强调重点	相关企业的协调与默契，更具有战略联盟的本质特征	有股权进行限制，不太强调协调与默契
灵活性	有更大的优越性	相对较差
自主权	有更大的优越性	相对较差
经济效益	有更大的优越性	相对较差
控制能力	控制能力较差，松散的组织缺乏稳定性和长远利益，联盟内成员之间的沟通不充分，组织效率低下等	相对较强
合作双方信任感和稳定性	相对较差	有利于扩大企业的资金实力，并通过部分"拥有"对方的形式，增强双方的信任感和责任感，因而更有利于长久合作

图 3-3　股权式联盟与契约式联盟的主要区别图示

【考点母题——万变不离其宗】企业战略联盟的管控

<table>
<tr><td colspan="2">战略联盟中企业之间的关系比较松散，如果管控不到位，可能会导致并购战略和新建战略的缺点在联盟中表现出来。因此，怎样订立联盟以及管控联盟，是战略联盟能否实现预期目标的关键。</td></tr>
<tr><td colspan="2">（1）企业之间战略联盟管控的方式有（　）。</td></tr>
<tr><td rowspan="3">A. 订立协议</td><td>战略联盟通过契约或协议关系生成时，联盟各方能否遵守所签署的契约或协议主要靠企业的监督管理，发生纠纷时往往不会选择执行成本较高的法院判决或第三方仲裁，而是联盟间自行商议解决。订立协议时需要明确一些基本内容。</td></tr>
<tr><td>（2）企业之间建立战略联盟订立协议时，需要明确的基本内容有（　）。</td></tr>
<tr><td>A. 严格界定联盟的目标　　B. 周密设计联盟结构
C. 准确评估投入的资产　　D. 规定违约责任和解散条款</td></tr>
</table>

续表

B. **建立合作信任的联盟关系**	联盟企业之间必须相互信任，并且以双方利益最大化为导向，而不是以自身利益最大化为导向，联盟关系将因信任而更加稳固。
	(3)联盟企业之间相互信任的作用有(　)。
	A. 信任可以降低联盟伙伴之间的监督成本，大大提升联盟成功的可能性，是影响和控制联盟伙伴行为的最有效手段 B. 信任可以成为企业有价值的、稀缺的、难以模仿以及难以替代的战略资源 C. 只有联盟企业之间相互信任，才能在联盟合作期间获取共同的竞争优势，在一定程度上克服正式协议中不能控制的所有细节缺陷 【说明】跨国战略联盟中的互相信任更加难得，联盟企业之间在政策、文化、法律和制度环境各方面的差异都可能造成合作中的不信任，从而使联盟陷入困境。

【考查方式】

1. 简述企业战略联盟的主要类型。
2. 简要分析XX公司结成战略联盟的动因。

【考点子题——举一反三，真枪实练】

[21] (2020年·多选题)为共同推进国内某市5G生态产业集群的发展，鹏霄电信公司与东序软件公司达成战略合作协议，前者作为基础网络和电信服务供应商，提供基础通信流量入口、运营平台建设保障；后者作为技术供应商，负责与该市智慧园区工业互联网“5G+光网双千兆”标杆园区，云计算应用等领域的场景落地。下列各项中，属于上述两个公司结成的战略联盟的特点的有(　)。

A. 双方在经营上具有较强的灵活性和自主权

B. 联盟内成员之间的沟通不充分

C. 组织效率较高

D. 双方具有较好的信任感和责任感

[22] (2019年·多选题)国内零售企业海川公司与生营大数据业务的出云公司签订战略合作协议，商定由海川公司免费向出云公司开放相关数据收集平台，出云公司无偿为海川公司提供数据分析及应用方案。下列各项中，属于上述两个公司所采用的战略联盟特点的有(　)。

A. 有利于扩大企业的资金实力　　B. 具有较好的灵活性

C. 有利于企业长久合作　　D. 更具有战略联盟的本质特征

[23] (2015年·单选题)与契约式战略联盟相比，股权式战略联盟(　)。

A. 更具有战略联盟的本质特征

B. 更强调相关企业的协调与默契

C. 有利于扩大企业的资金实力及长久合作

D. 在经营的灵活性、自主权等方面具有更大的优越性

[24] (2019年·简答题)2004年1月，以B2C为主要经营模式的综合性网络零售商喜旺公司注册成立。此时在电商领域，无论是用户规模或是平台数量，早期进入者云里公司已占尽先机。为了突破云里公司一家独大的状况，喜旺公司采取一系列战略举措，实现对产业链上下游的整合和控制，打造自身的竞争优势。

(1)自建物流体系。喜旺公司早期与大多数电商一样，采用第三方物流配送商品。随着商品年销售量的不断增加，第三方物流配送能力不足、每天数千单货物积压问题日益显著，严重影响服务质量和客户满意度。喜旺公司决定自建物流体系，并于2007年投资2 000万元建立东速快递公司，专门为喜旺商城提供物流服务，服务范围覆盖200多座城市。东速快递公司的成立，大大提高了喜旺商城全国配送商品的速度，为喜旺商城的用户带来良好的体验。此后，喜旺公司不断完善物流配送体系，将大量资金用于物流队伍、运输车队、仓储体系建设。到2011年，喜旺公司在全国各地建立7个一级物流中心和20多个二级物流中心，以及118个大型仓库。

(2)进一步整合物流配送资源和能力。2014年3月，喜旺公司并购迅风物流；2014年10月，喜旺公司与国有邮政公司达成战略合作；2016年5月，喜旺公司并购“快快”，实现“两小时极速达”的个性化增值服务。喜旺公司这一系列举措，使得其下游配送的效率取得质的飞跃。

(3)运用多种方式整合与完善商品采购与供给端。为了确保上游供给商品的质量与可靠性，2014年4月，喜旺公司与国内最大海洋牧场微岛公司达成合作协议；2014年6月，喜旺公司投资智能体重体脂秤P产品；2015年5月，喜旺公司投资7 000万美元建立生鲜电商果园；2015年8月，喜旺公司与国信医药公司合作，使用户在喜旺平台可购买处方药品；2015年8月，喜旺公司出资43亿元战略入股永芒超市，取得10%股权。永芒超市是国内超市中最好的生鲜品供应商，拥有业内最低的生鲜品采购成本。永芒超市的门店超过350家，但还不能覆盖全国。线上线下两大零售巨头原本是竞争对手，达成合作后，在永芒超市门店尚未覆盖的区域，喜旺公司可以与永芒超市共同提供O2O服务(online线上网店和offline线下消费)，因此双方还有较大的潜在合作空间。

要求：

(1)简要分析喜旺公司所实施的发展战略类型及其实施该战略的动因(或优势)；

(2)简要分析喜旺公司实施发展战略所采用的途径；

(3)简要分析喜旺公司与永芒超市合作的动因。

本节各知识点复习建议

【总体战略类型】重要知识点，各种题型均会出现。建议全面掌握。

【发展战略主要途径】属于重要知识点。

并购战略的类型、并购的动机与失败的原因，选择题和主观题均可能涉及。

内部发展战略以主观题为主。

战略联盟是比较重要的内容，要引起足够重视。基本特征以选择题为主，形成的动因选择题与主观题均可能涉及，战略联盟的主要类型要能够准确区别。

第二节　业务单位战略

业务单位战略，也叫竞争战略，涉及各业务单位的主管以及辅助人员。这些经理人员的主要任务是将公司战略所包括的企业目标、发展方向和措施具体化，形成本业务单位具体的竞争与经营战略。

波特在《竞争战略》一书中把竞争战略描述为：采取进攻性或防守性行动，在产业中建立起进退有据的地位，成功对付五种竞争力，从而为公司赢得超常的投资收益。

一、基本竞争战略

波特总结了三种具有内部一致性的基本竞争战略，即成本领先战略（cost leadership strategy）、差异化战略（differentiation strategy）和集中化战略（focus strategy），三者之间的关系如下图 3-4 所示：

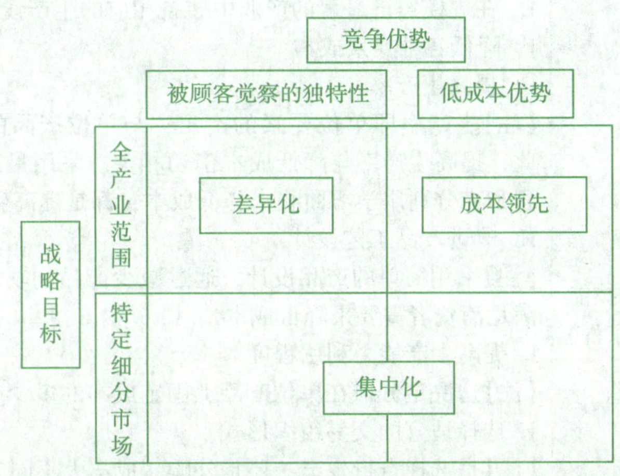

图 3-4　三种基本战略

不难发现，这三种基本竞争战略中，成本领先和差异化是基本战略的基础，它们是一对“对偶”的战略，而集中化不过就是将这两种战略运用在一个特定的细分市场而已。

考点11 成本领先战略（★★★，掌握，客观题和主观题）

【考点母题——万变不离其宗】成本领先战略

<table>
<tr><td>含义</td><td colspan="2">企业通过在内部加强成本控制，在研究开发、生产、销售、服务和广告等领域把成本降到最低限度，成为产业中的成本领先者的战略。
【说明】成本领先应体现为产品相对于竞争对手而言的低价格。但是，这里的成本领先应该是一种“可持续成本领先”的概念，即通过其低成本地位来获得持久的竞争优势，而不是仅仅获得短期成本优势或仅仅是削减成本。
【案例】格兰仕</td></tr>
<tr><td rowspan="2">优势</td><td colspan="2">（1）在消除和缓解产业中的五种竞争力方面，成本领先战略具有的优势有（　）。</td></tr>
<tr><td colspan="2">A. 形成进入障碍　　B. 增强讨价还价能力
C. 降低替代品的威胁　　D. 保持领先的竞争地位</td></tr>
<tr><td rowspan="3">实施条件
（4+7共11条）</td><td colspan="2">（2）成本领先战略的实施条件有（　）。</td></tr>
<tr><td>市场情况
（外部条件）</td><td>A. 产品具有较高的价格弹性，市场中存在大量的价格敏感用户
B. 产业中所有企业的产品都是标准化产品，产品难以实现差异化
C. 购买者不太关注品牌，大多数购买者以同样的方式使用产品
D. 价格竞争是市场竞争的主要手段，消费者的转换成本较低</td></tr>
<tr><td>资源和技能
（内部条件）</td><td>E. 在规模经济显著的产业中装备相应的生产设施来实现规模经济
F. 降低各种要素成本
G. 提高生产率
【注】生产率即单位要素的产出，与单位产品的成本互为倒数。因此，提高生产率与降低成本密切相关。采用最新的技术、工艺或流程和充分利用学习曲线来降低成本，都是提高生产率必要的手段。
H. 改进产品工艺设计
【注】采用简单的产品设计，通过减少产品的功能，但同时又能充分满足消费者需要来降低成本。
I. 提高生产能力利用程度
【注】这决定分摊在单位产品上固定成本的多少。
J. 选择适宜的交易组织形式
【注】是选择自行生产，还是外购，成本大不同。
K. 重点集聚
【注】企业集中相关资源用于某一经营领域，如用于某一客群、某一特定市场、某一类型产品、某一特定技术等，可能比分散使用资源获得更高的效率。</td></tr>
<tr><td rowspan="2">风险</td><td colspan="2">（3）企业采取成本领先战略可能面临的风险有（　）。</td></tr>
<tr><td colspan="2">A. 技术的变化可能使过去用于降低成本的投资（如扩大规模、工艺革新等）与积累的经验一笔勾销
B. 产业的新进入者或追随者通过模仿或者以更高技术水平设施的投资能力，达到同样的甚至更低的产品成本
C. 市场需求从注重价格转向注重产品的品牌形象，使得企业原有的优势变为劣势</td></tr>
</table>

第3章

【考查方式】

简要分析 XX 公司实施成本领先战略的优势、实施条件与风险。

考点 12 差异化战略（★★★，掌握，客观题和主观题）

【考点母题——万变不离其宗】差异化战略

<table>
<tr><td>含义</td><td colspan="2">指企业向顾客提供的产品和服务在产业范围内独具特色，而且这种特色可以给产品带来额外的加价，如果一个企业的产品或服务的溢出价格超过因其独特性所增加的成本，那么，拥有这种差异化的企业将获得竞争优势。
【案例】轻生活：第一盒卖给男人的卫生巾，产品差异化、包装差异化。</td></tr>
<tr><td rowspan="4">优势</td><td colspan="2">（1）在消除和缓解产业中的五种竞争力方面，差异化战略具有的优势有（ ）。</td></tr>
<tr><td colspan="2">A. 形成进入障碍　B. 降低顾客价格敏感程度
C. 增强讨价还价能力　D. 抵御替代品威胁
【注】差异化战略通过提高产品的性能来提高产品的性能-价格比，这有助于低于替代品的威胁。</td></tr>
<tr><td colspan="2">（2）差异化战略的实施条件有（ ）。</td></tr>
<tr><td>市场情况（外部条件）</td><td>A. 产品能够充分地实现差异化，且为顾客所认可
B. 顾客的需求是多样化的
C. 企业所在产业技术变革较快，创新成为竞争的焦点</td></tr>
<tr><td>实施条件（3+4 共 7 条）</td><td>资源和技能（内部条件）</td><td>D. 具有强大的研发能力和产品设计能力
E. 具有很强的市场营销能力
F. 有能够确保激励员工创造性的激励体制、管理体制和良好的创新性文化
G. 具有从总体上提高某项经营业务的质量、树立产品形象、保持先进技术和建立完善分销渠道的能力</td></tr>
<tr><td rowspan="2">风险</td><td colspan="2">（3）企业采取差异化战略可能面临的风险有（ ）。</td></tr>
<tr><td colspan="2">A. 企业形成产品差别化的成本过高
B. 市场需求发生变化
C. 竞争对手的模仿和进攻使已建立的差异缩小甚至转向</td></tr>
</table>

考点 13 集中化战略（★★★，掌握，客观题和主观题）

【考点母题——万变不离其宗】集中化战略

含义	针对某一特定购买群体、产品细分市场或区域市场，采用成本领先或产品差异化来获取竞争优势的战略。一般是中小企业采用的战略，具体可分为两类：集中成本领先战略和集中差异化战略。 【案例】海澜之家（购买群体）；当当、京东（产品细分市场）；各地啤酒企业（区域市场）；达达英语（综合）。

续表

<table>
<tr><td>优势</td><td colspan="2">①由于集中化战略是企业在一个特定的目标市场上实施成本领先战略或差异化战略，所以成本领先和差异化战略抵御产业五种竞争力的优势也都能在集中化战略中体现出来。
②此外，由于集中化战略避开了在大范围内与竞争对手的直接竞争，所以，对于一些力量还不足以与实力雄厚的大公司抗衡的中小企业来说，集中化战略的实施可以增强它们相对的竞争优势。
③即使对于大企业来说，采用集中化战略也能够避免与竞争对手正面冲突，使企业处于一个竞争的缓冲地带。</td></tr>
<tr><td rowspan="2">实施条件</td><td colspan="2">(1)集中化战略的实施条件有(　)。</td></tr>
<tr><td colspan="2">A. 购买者群体之间在需求上存在着差异
B. 目标市场在市场容量、成长速度、获利能力、竞争强度等方面具有相对的吸引力
C. 在目标市场上，没有其他竞争对手采用类似的战略
D. 企业资源和能力有限，难以在整个产业实现成本领先或差异化，只能选定个别细分市场</td></tr>
<tr><td rowspan="2">风险</td><td colspan="2">(2)企业在实施集中化战略时，可能会面临的风险有(　)。</td></tr>
<tr><td>A. 狭小的目标市场导致的风险
C. 竞争对手的进入与竞争</td><td>B. 购买者群体之间需求差异变小</td></tr>
</table>

【考点子题——举一反三，真枪实练】

[25] (2018年·单选题)经营电子商城业务的甲公司通过数据挖掘了解消费者的购买经历，对产品的评价，产品浏览和搜索行为，从而在掌握消费者真实需求的基础上有的放矢地向消费者推荐商品。据统计，该公司网站推荐的食品类、服装类和家电类商品的销售转化率分别高达52%、55%和60%。在本案例中，甲公司运用信息技术实施了(　)。

A. 差异化战略　　B. 市场开发战略

C. 多元化战略　　D. 集中化战略

[26] (2017年·单选题)甲是一家餐饮外卖公司，该公司运用大数据挖掘新技术，对某软件园区的客户订餐行为进行了深入调查并分析结果，针对该区域的客户制定和实施了一套促销方案，取得了良好效果，甲实施的竞争战略是(　)。

A. 差异化战略　　B. 蓝海战略

C. 集中化战略　　D. 成本领先战略

[27] (2015年·简答题)C国太乐厨具有限公司(简称“太乐公司”)创办于1996年。近20年来，太乐公司运用成本领先战略，迅速提高市场占有率，在国内外享有较高的知名度。

太乐公司集中全部资源，重点发展厨具小家电产品。公司利用与发达国家企业OEM合作方式获得的设备，进行大批量生产，从而获得规模经济优势。在此基础上，公司多次主动大幅度降低产品价格，以致连生产劣质产品的企业都无利可图，在市场上既淘汰了高成本和劣质企业，又令新进入者望而却步。

太乐公司实行24小时轮班制，设备的利用率很高，因而其劳动生产率与国外同类企业基本持平。

同时，由于国内劳动力成本低，公司产品成本中的人工成本大大低于国外家电业的平均水平。

对于一些成本高且太乐公司自身有生产能力的上游资源，如集成电路等，公司通过多种形式自行配套生产。这样，一方面可以大幅度降低成本，确保质量，降低经营风险，另一方面还可以获得核心元器件的生产和研发技术。而对于一些成本高、自身还不具备生产能力的上游资源，公司由于在其他各环节上成本低于竞争对手，也能够消化这些高成本投入物的价格。

近几年来，C国厨具小家电的销售数量每年递增30%左右，吸引了众多国内外大型家电企业加入。

这些企业放弃了原有在大家电市场走的高端产品路线，以中低端的价格进入市场。这些企业认为，在厨具小家电市场，企业销售的都是标准化的产品，消费者大多对价格比较敏感，价格竞争仍然是市场竞争的主要手段。

要求：

(1)简要分析太乐公司在C国厨具小家电市场采用成本领先战略的优势。

(2)从市场情况和企业资源能力两个方面，简要分析太乐公司在C国厨具小家电市场实施成本领先战略的条件。

考点 14　基本战略的综合分析——“战略钟”（★★★，客观题与主观题）

1. 克利夫·鲍曼提出的“战略钟”模型是对波特基本竞争战略的补充和综合。

2.“战略钟”模型将产品价格作为横轴，将顾客对产品认可的价值作为纵轴，然后将企业可能的竞争战略选择在这一平面上用 8 种途径表现出来，如图 3-5 所示：

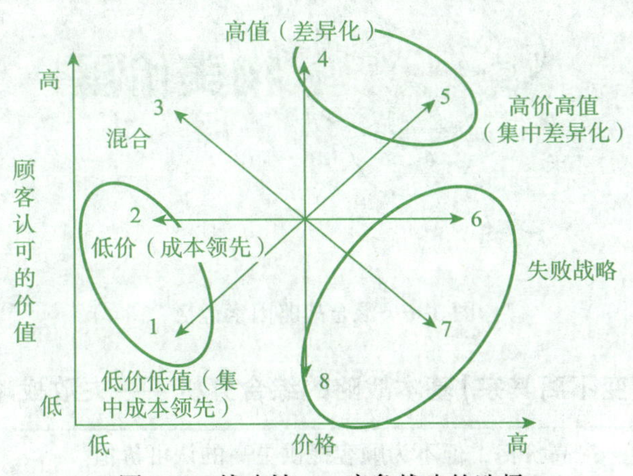

图 3-5　战略钟——竞争战略的选择

【考点母题——万变不离其宗】基本战略的综合分析——成本领先战略

途径1	低价低值战略	①企业关注对价格非常敏感的细分市场。在该细分市场中，虽然消费者认识到产品(或服务)的质量很低，但他们买不起或不愿买。 ②是一种有生命力的战略，尤其面对收入水平较低的消费者群体的企业，适合采用该战略。 ③可以看成是一种集中成本领先战略。
途径2	低价战略	企业寻求成本领先战略时常用的典型途径，即在降低价格的同时，努力保持产品(或服务)的质量不变。

【考点母题——万变不离其宗】基本战略的综合分析——差异化战略

途径4	高值战略	以相同或略高于竞争者的价格向顾客提供高于竞争对手的顾客认可价值。
途径5	高值高价战略	①以特别高的价格为顾客提供更高的认可价值。 ②这种战略在面对高收入消费者群体时很有效果。 ③可以看成是一种集中差异化战略。

【考点母题——万变不离其宗】基本战略的综合分析——混合战略

途径3	在为顾客提供更高的认可价值的同时，获得成本优势。(物美价廉)	
同时获得两种优势的因素	规模经济	提供高质量产品的公司会增加市场份额，这又会因为规模经济而降低平均成本。因此取得高质量和低成本的定位。
	经验曲线	生产高质量产品的经验累积降低成本的速度比生产低质量产品的快(经验曲线效应)。
	TQM	注重提高生产效率可以在高质量产品生产过程中降低成本。

图3-6 混合战略因素记忆

【考点母题——万变不离其宗】基本战略的综合分析——失败战略

途径6	坐地起价	提高价格，但不为顾客提供更高的认可价值。

续表

途径 7	质次价高	①降低产品或服务的顾客认可价值，同时却在提高相应的价格。 ②除非企业处于垄断地位，否则不可能维持这样的战略。
途径 8	变相涨价	保持价格不变的同时降低顾客认可的价值，在一定期间内具有一定隐蔽性，但终将会败露。

【考点子题——举一反三，真枪实练】

[28] (2021 年 · 单选题) 北星咖啡馆通过精选原料，简化流程，提高服务。让消费者以同类产品中最低的价格享受到顶级的品质。根据“战略钟”的理论，北星咖啡馆的战略是(　)。

A. 低价战略　　B. 混合战略　　C. 高值战略　　D. 集中差异化战略

[29] (2019 年 · 多选题) 从事苹果种植与销售的秋实公司于 2017 年率先采取了一种新的经营方式，在种植区内增设了园林景观、运动场、游戏场等，到秋收季节，顾客可前来付费进行休闲娱乐等活动，同时能以市场最低的价格采摘和购买苹果。顾客采摘和购买的苹果达到一定数量，可免费参加休闲娱乐活动。这一经营方式受到市场的热捧。秋实公司采用的上述战略属于(　)。

A. 成本领先战略　　B. 差异化战略
C. 混合战略　　D. 集中化战略

[30] (2015 年 · 多选题) 下列各项关于“战略钟”中几种竞争战略的表述中，正确的有(　)。

A. 成本领先战略包括集中成本领先战略
B. 低价低值战略是一种很有生命力的战略
C. 混合战略包括可能导致企业失败的战略
D. 差异化战略包括高值战略和高价高值战略

二、中小企业竞争战略

考点 15　零散产业中的竞争战略（★★★，掌握，客观题和主观题）

【考点母题——万变不离其宗】零散产业中的竞争战略

产业特征	在零散型产业中，产业集中度很低，没有任何企业占有显著的市场份额，也没有任何一个企业能对整个产业的发展产生重大的影响。一般情况下，零散产业由很多中小型企业构成。零散产业存在于经济活动的许多领域中，比如一些传统服务业——快餐、洗衣、照相等。

续表

<table>
<tr><td rowspan="5">造成产业零散的原因</td><td colspan="3">(1)产业零散的原因主要来源于产业本身的基础经济特性，具体有(　)。</td></tr>
<tr><td colspan="3">A. 进入障碍低或存在退出障碍</td></tr>
<tr><td>B. 市场需求多样导致高度产品差异化</td><td colspan="2">①顾客需求是零散的，顾客不愿意接受标准化产品，也愿意为这种要求付出代价。这在大众消费中很常见，比如消费者对餐馆、洗衣店、理发店、女性时装等提供的产品和服务，都有各自不同的要求。
②消费者消费地点的零散。如快餐、超市、农贸市场等。</td></tr>
<tr><td colspan="3">C. 不存在规模经济或难以达到经济规模</td></tr>
<tr><td colspan="3">【注】其他的因素也可能导致产业零散，如政府政策和地方法规对某些产业集中的限制，以及一个新产业中还没有企业掌握足够的技能和能力以占据重要的市场份额等因素。</td></tr>
<tr><td rowspan="9">零散产业的战略选择</td><td colspan="3">(2)从三种基本竞争战略的角度出发，零散产业的战略选择包括(　)。</td></tr>
<tr><td rowspan="4">A. 克服零散——获得成本优势</td><td colspan="2">(3)零散产业中，克服零散的途径有(　)。</td></tr>
<tr><td>A. 连锁经营或特许经营</td><td>针对由顾客消费地点或消费口味不同而造成的生产规模的不经济性，克服零散的最好办法就是连锁经营和特许经营。
这与许多制造业通过集中生产获得规模经济的方式完全不同，比如一些便民超市、快餐店、理发店、美容厅等零售业和服务业，通过连锁经营或特许经营，可以使这些服务点仍然分散在居民生活区中间，但是可以建立起区域性的供货配送中心，克服高运输成本，减少库存，快速响应顾客的需求，并分享共同的管理经验。从而使企业获得规模经济带来的成本优势，在零售业这样的零散产业中反而诞生了像沃尔玛、家乐福这样的巨头企业。</td></tr>
<tr><td>B. 技术创新以创造规模经济</td><td>如果技术变化可以带来规模经济，那么产业的集中就可能发生。</td></tr>
<tr><td>C. 尽早发现产业趋势</td><td>如果产业零散的原因是由于产业目前处于开发期或成长期，那么随着产业的演变可能会发生集中。</td></tr>
<tr><td>B. 增加附加价值——提高产品差异化程度</td><td colspan="2">许多零散产业的产品或服务是一般性的产品，所以就产品或服务本身来说提高差异化程度潜力已经不大。
在这种情况下，一种有效的战略是增加商品的附加值。</td></tr>
<tr><td rowspan="2">C. 专门化——目标集聚</td><td colspan="2">(4)零散产业中，可供考虑的专门化战略有(　)。</td></tr>
<tr><td colspan="2">A. 产品类型或产品细分的专门化
B. 顾客类型专门化
C. 地理区域专门化</td></tr>
</table>

续表

谨防潜在的战略陷阱	(5)零散产业独特的环境结构造成了一些特殊的战略陷阱。在零散产业中进行战略选择时要注意的问题有(　)。
	A. **避免寻求支配地位**——有雄心，不要有野心 B. **保持严格的战略约束力**——有恒心，不当朝三暮四郎 C. **避免过分集权化**——活力，反应快速敏捷 D. **了解竞争者的战略目标与管理费用**——知己知彼 E. **避免对新产品做出过度反应**——慎重开发新产品

考点 16　新兴产业中的竞争战略（★★★，掌握，客观题和主观题）

【考点母题——万变不离其宗】新兴产业中的竞争战略

新兴产业及其形成原因	新兴产业是新形成的或重新形成的产业(比如我国的典当行)。 其形成的原因包括技术创新(比如电信、计算机、家用电器等产业)、消费者新需求的出现(比如搬家公司、送餐公司、礼仪公司等)或其他经济和社会变化将某个产品或服务提高到一种潜在可行的商业机会的水平。 从战略制定角度看，新兴产业的基本特征是没有游戏规则。缺乏游戏规则既是风险又是机会的来源。
新兴产业内部结构的共同特征【产品生命周期的导入期】	(1)新兴产业在内部结构上彼此差异很大，但是仍有一些共同的结构特征，具体包括(　)。
	A. **技术的不确定性** B. **战略的不确定性** C. **成本的迅速变化** D. **萌芽企业和另立门户** E. **首次购买者**
新兴产业的发展障碍【对照五力模型记忆】	新兴产业在不同程度上面临着产业发展的障碍。从产业的五种竞争力角度分析，这些障碍主要表现在新兴产业的供应者、购买者与被替代品三个方面，其根源仍旧在于产业本身的结构特征。
	(2)新兴产业中常见的发展障碍有(　)。
	A. **原材料、零部件、资金与其他供给的不足** B. **顾客的困惑与等待观望——影响销售** C. **被替代产品的反应——带来降低成本的压力** D. **专有技术选择、获取与应用的困难** E. **缺少承担风险的胆略与能力** 【注】尽管新兴产业的特征可能成为产业发展的障碍与风险的来源，但这也同样会成为发展机遇的来源。而这更多地从五种竞争力中的另外两方面——进入障碍以及产业内现有企业的竞争表现出来。相对于成熟产业，新兴产业的进入成本与竞争代价都会小得多。

续表

<table>
<tr><td rowspan="7">新兴产业的战略选择</td><td colspan="2">(3)新兴产业中，发展的风险与机遇并存，并且都来自于产业本身的不确定性。所以，在新兴产业的战略制定过程中必须处理好这一不确定性，具体要做到(　)。</td></tr>
<tr><td>A. 塑造产业结构</td><td>企业努力建立产业的游戏规则。</td></tr>
<tr><td>B. 正确对待产业发展的外在性</td><td>产业整体利益与企业个体利益的协调。</td></tr>
<tr><td colspan="2">C. 注意产业机会与障碍的转变，在产业发展变化中占据主动地位</td></tr>
<tr><td rowspan="3">D. 选择适当的进入时机与领域</td><td>(4)选择适当的进入时机在新兴产业中尤为重要。早期进入涉及高风险，但可以在关键市场取得“局内人的位置”，获得市场支配地位，下列适合早期进入的情形有(　)。
A. 企业的形象和声望对顾客至关重要，企业可因作先驱者而提高声望
B. 产业中的学习曲线很重要，经验很难模仿，并且不会因持续的技术更新换代而过时，早期进入企业可以较早地开始这一学习过程
C. 顾客忠诚非常重要，那些首先对顾客销售产品或服务的企业将获得较高的收益
D. 早期与原材料供应、分销渠道建立的合作关系对产业发展至关重要</td></tr>
<tr><td>(5)早期进入是非常危险的情形有(　)。</td></tr>
<tr><td>A. 早期竞争的细分市场与产业发展成熟后的情况不同，早期进入的企业建立了竞争基础后，面临过高的转换成本
B. 为了塑造产业结构，需付出开辟市场的高昂代价，其中包括顾客教育、法规批准、技术开拓等，而开辟市场的利益无法为企业专有
C. 技术变化使早期投资过时，并使晚期进入的企业因拥有最新产品和工艺而获益</td></tr>
</table>

【考查方式】

1. 简要分析零散产业造成零散的原因及战略选择。
2. 简要分析零散产业进行战略选择要注意的问题。
3. 简要分析新兴产业早期进入障碍及发展障碍。
4. 简要分析新兴产业的战略选择。

【考点子题——举一反三，真枪实练】

[31] (2021年·多选题) 国豪旅行社专注于为老年人提供旅游服务。近年来，该社除通过增加门店扩大实地旅游业务外，还借助互联网在业内率先增加“坐地游天下”的线上服务项目，实现线上与线下互动，有效扩大了顾客群体。从零散产业

的战略选择角度看，该旅行社战略选择的类型有(　)。

A. 克服零散—获得成本优势　　B. 增加附加价值—提高产品差异化程度

C. 技术创新以创造规模经济　　D. 专门化—目标集聚

[32] (2021 年 · 单选题) 伊峰公司是一家从事光学仪器研发和制造的企业。该公司拟投资进入尚处于产业导入期的新型显示技术产业。从新兴产业战略选择角度看，下列各项中，属于该公司近期进入新型显示技术产业需具备的条件是(　)。

A. 新型显示技术的变化比较迅速

B. 为了塑造新型显示技术产业结构，需付出开辟市场较高的代价

C. 顾客忠诚的重要性在早期不显著

D. 企业的形象与声望对顾客至关重要

[33] (2020 年 · 单选题) 经营健身房的永强公司率先采用新技术，在其拥有的所有分店统一推出智能健身设备。使用该设备，健身者可以比以往节省 50% 的时间达到同样的健身效果，因此该设备受到健身者的好评。但由于购置、使用、维护智能健身设备耗资很大，而需求和使用率有限，永强公司入不敷出，经营陷入困境。从零散产业角度看，下列各项中，属于永强公司进行战略选择未能避免的战略陷阱是(　)。

A. 寻求支配地位　　B. 过分集权化

C. 对新产品做出过度反应　　D. 不能保持严格的战略约束力

[34] (2019 年 · 多选题) 快餐业由很多中小餐饮企业组成，其中没有任何一个企业占有显著的市场份额或对整个产业的发展产生重大影响。造成快餐业上述状况的原因有(　)。

A. 快餐业的经营成本变化迅速　　B. 快餐业进入障碍低

C. 快餐业难以达到规模经济　　D. 快餐市场需求多样导致高度产品差异化

[35] (2018 年 · 单选题) 经营中式快餐的力元公司于 2015 年宣布其战略目标是建成门店覆盖全国的“快餐帝国”。由于扩张过快、缺乏相关资源保障、各地流行菜系经营者的激烈竞争以及不同消费者口味难以调和的矛盾，该战略目标未能实现，公司经营也陷入危机。从零散产业角度看，下列各项中，属于力元公司进行战略选择未能避免的战略陷阱是(　)。

A. 寻求支配地位

B. 不能保持严格的战略约束力

C. 过分集权化

D. 不了解竞争者的战略目标和管理费用

[36] (2019年·简答题)2008年，传统汽车生产企业旭辉公司决定研发、生产国内第一款新能源汽车。此举在同行眼中无异于一种“逆风而上”的冒险行为。

首先，对传统汽车企业而言，研发新能源汽车是一个全新的挑战。能源汽车的驱动原理与传统燃油汽车有着本质性的区别。技术的不确定性以及业务创新对技术和人才储备的要求都是对企业严峻的考验。

其次，新能源汽车的运营模式、行业规范和服务体系等方面无法仿照传统燃油汽车，存在诸多不确定性。

第三，新能源汽车供应链处于初建期，企业原材料、零部件及其他供给不足；分销渠道、充电设备、维修保养、保险业务等服务很不完善。

第四，传统汽车企业与消费者的困惑与等待观望。2014年下半年政府推出一系列扶持新能源汽车产业的政策，而此前传统汽车企业大多采取深耕传统燃油汽车的策略以及降低被新能源汽车替代的风险。

消费者普遍认为新能源汽车技术尚不成熟。服务设施尚不完善，价格过高且伴随规模经济与经验曲线的形成肯定会大幅度降价，第二代和第三代产品将迅速取代现有产品，因而采取等待观望态度，在这种情况下，企业市场营销的中心活动只能是选择顾客对象并诱导初始购买行为。

旭辉公司以一往无前的勇气和高瞻远瞩的眼力，坚守十年时间，实现了对新能源汽车领域核心技术的掌控与完整的产业链布局，也迎来新能源汽车销量在国内外的全面爆发。到目前为止，旭辉公司是全球唯一一家同时掌握新能源汽车电池、电机、电控及充电配套设施、整车制造等核心技术以及拥有成熟市场推广经验的企业。旭辉公司物美价廉的新能源汽车已遍布全球六大洲的50个国家和地区。

要求：

(1)简要分析作为新兴产业，新能源汽车行业内部结构的特征。

(2)简要分析作为新兴产业，新能源汽车行业的发展障碍。

三、蓝海战略

考点 17 蓝海战略的内涵（★★★，掌握，客观题和主观题）

何为"红海"？——"红海"就是充满血腥竞争的已知市场空间。

何为"蓝海"？——"蓝海"就是尚未开发的新的市场空间。

蓝海的开拓者并不将竞争作为自己的标杆，而是遵循另一套完全不同的战略逻辑，即"价值创新"。这是蓝海战略的基石。之所以称为价值创新，原因在于它并非着眼于竞争，而是力图使客户和企业的价值都出现飞跃，由此开辟一个全新的、非竞争性的市场空间。

【考点题源】红海和蓝海战略比较

红海战略	蓝海战略
在已经存在的市场内竞争	拓展非竞争性市场空间
参与竞争	规避竞争
争夺现有需求	创造并攫取新需求
遵循价值与成本互替定律	打破价值与成本互替定律
根据差异化或低成本的战略选择，把企业行为整合为一个体系	同时追求差异化和低成本，把企业行为整合为一个体系

【考点题源】蓝海战略制定的六项原则

战略制定原则	各原则降低的风险因素
重建市场边界	↓搜寻的风险
注重全局而非数字	↓规划的风险
超越现有需求	↓规模的风险
遵循合理的战略顺序	↓商业模式风险
战略执行原则	各原则降低的风险因素
克服关键组织障碍	↓组织的风险
将战略执行建成战略的一部分	↓管理的风险

【原则一】重建市场边界的基本法则（↓搜寻的风险）

从硬碰硬的竞争到开创蓝海，使用六条路径重建市场边界。

【考点题源】重建市场边界的基本法则——从肉搏式竞争到蓝海战略

路径框架	肉搏式竞争	开创蓝海战略
产业	专注产业内竞争者	**审视他择产业**
战略群体	专注于战略群体内部的竞争地位	**跨越产业内不同的战略群体**
买方群体	专注于更好地为买方群体服务	**重新界定产业的买方群体**
产品或服务范围	专注于在产业边界内将产品或服务的价值最大化	**放眼互补性产品或服务**
功能——情感导向	专注于产业既定功能——情感导向下性价比的改善	**重设产业的功能与情感导向**
时间	专注于适应外部发生的潮流	**跨越时间参与塑造外部潮流**

【考点母题——万变不离其宗】重建市场边界的基本法则——六条路径重建市场边界

1. **路径一：审视他择产业**	他择品的概念要比替代品更广。 替代品：形式不同但功能或者核心效用相同的产品或服务，例如：报纸与电视。 他择品：包括了功能和形式都不同而，目的却相同的产品或服务，例如：电影院和酒吧。 【红海思维】人云亦云为产业定界，并一心成为其中最优。 【蓝海观点】一家企业不仅与自身产业对手竞争，而且与他择产品或服务的产业对手竞争。 【提示】教材例子：美国N航空公司通过审视他择产业，重建市场边界并开创蓝海
2. **路径二：跨越战略群组**	【红海思维】受制于广为接受的战略群体概念，并努力在群体中技压群雄。 【蓝海观点】突破狭窄视野，搞清楚什么因素决定顾客选择。 【提示】教材例子：Q健身俱乐部
3. **路径三：重新界定产业的买方群体**	挑战产业有关目标买方群体的常识成规，就可以引领我们发现新的蓝海！ 【红海思维】只关注单一买方，不关注最终用户 【蓝海观点】买方是由购买者、使用者和施加影响者共同组成的买方链条。即：(买方链条)·购买者·使用者·影响者 【教材例子】丹麦N医药公司(诺和诺德公司，一家胰岛素厂商)将目标客户从影响者(医生)转为使用者。
4. **路径四：放眼互补性产品或服务**	【红海思维】以雷同方式为产品或服务的范围定界。如：向顾客提供汽车。 【蓝海观点】在互补产品或服务背后常常隐藏着巨大的价值。简单方法是分析顾客在使用产品之前、之中、之后都有哪些需要。如：购买汽车，还需要互补品(汽车的维护)。
5. **路径五：重设客户的功能性或情感性诉求**	【红海思维】接受现有产业固化的功能情感导向 【蓝海观点】一些产业主要通过价格和功能来竞争，关注的是给客户带来的效用，客户的诉求是功能性的；另一些产业主要以客户感觉为竞争手段，客户的诉求是情感性的。 当企业关注和挑战产业中已经存在的功能或情感诉求时，常常会发现新的市场机会！ 【教材例子1】日本K美发店把情感型产业转换成高度功能型产业 【教材例子2】墨西哥A水泥公司将产业由功能主导型转变为情感主导型

续表

6. **路径六：跨越时间**	【红海思维】制定战略只关注现阶段的竞争威胁。如：美容院、汽车保养等等。 【蓝海观点】从商业角度洞悉技术与政策潮流如何改变顾客获取的价值，如何影响商业模式。 随着时间的推移，很多产业都会受到外部趋势变化的影响，例如互联网迅速崛起和全球环保运动的兴起。如果企业能够正确预测到这些趋势，就可能会找到蓝海市场机会。 【提示】O2O（美容、汽车保养与网络的结合）

【原则二】注重全局而非数字（↓规划的风险）

蓝海战略注重全局，而不是沉浸在数字和术语中，这样才能超越小不改进价值的境界，在减少规划风险的同时，实现价值创新。

【原则三】超越现有需求（↓规模的风险）

蓝海战略强调通过审视"非顾客"之间强大的共同点来统合需求，而不是把目光集中在顾客之间的差别上，以此能够最大限度地拓宽创建中的蓝海和启动新的需求，并能够最大限度地降低规模的风险。

【原则四】遵循合理的战略顺序（↓商业模式风险）

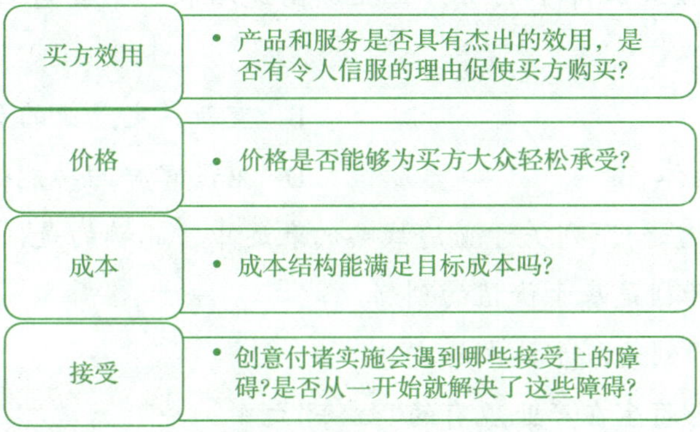

买方效用	• 产品和服务是否具有杰出的效用，是否有令人信服的理由促使买方购买?
价格	• 价格是否能够为买方大众轻松承受?
成本	• 成本结构能满足目标成本吗?
接受	• 创意付诸实施会遇到哪些接受上的障碍?是否从一开始就解决了这些障碍?

【原则五】克服关键组织障碍（↓组织的风险）

1. 认知障碍（沉迷于现状的组织）；
2. 资源障碍（有限的资源）；
3. 动力障碍（缺乏有干劲的员工）；
4. 组织政治障碍（来自强大既得利益者的反对）。

【原则六】将战略执行建成战略的一部分（↓管理的风险）

企业应把战略的执行结合到战略制定的过程中，从而鼓舞人们行动起来，去执行蓝海战略，并使这种积极性根植到企业组织中并长久保持下去。

【理论总结】
1. 蓝海战略代表着战略管理领域的范式性的转变，即从给出结构下的定位选择向改变市场结构本身转变。
2. 由于蓝海的开创是基于价值的创新而不是技术的突破，是基于对现有市场现实的重新排序和构建，而不是对未来市场的猜想和预测，企业就能够以系统的、可复制的方式去寻求它。
3. 蓝海既可以出现在现有产业疆域之外，也可以萌生在产业现有的红海之中。
4. 蓝海战略绝非局限于业务单位战略(竞争战略)的范畴，它着重于企业产业和市场边界的重建，因而更多地涉及公司层战略的范畴。

【考查方式】

1. 依据红海战略和蓝海战略的关键性差异，简要分析XX公司体现蓝海战略的特征。

2. 依据蓝海战略重建市场边界的基本法则，简要分析XX公司如何开创了新的发展空间。

【考点子题——举一反三，真枪实练】

[37] (2016年·单选题)甲公司是一家区别于传统火锅店方式的火锅餐饮企业，在给顾客提供餐饮服务的同时，还免费给顾客提供擦鞋、美甲、擦拭眼镜等服务。甲公司的经营模式取得了成功，营业额高速增长。甲公司实施蓝海战略的路径是( )。

A. 跨越时间　　B. 重新界定产业的买方群体

C. 跨越战略群体　　D. 重设客户的功能性或情感性诉求

[38] (2015年·单选题)下列关于蓝海战略的表述中，正确的是( )。

A. “蓝海”的开创是基于价值的创新

B. “蓝海”的开创是基于技术的突破

C. “蓝海”不会萌生在产业现有的“红海”之中

D. 企业不能以系统的、可复制的方式去寻求蓝海

[39] (2017年·简答题)学朗书吧位于某大学城内，其主要顾客是学生和教师，该书吧主人在创建该书吧前进行了市场调查，调查结果显示：该大学城现有书店两家，书店内空间较小，书籍各类较少，以各种考试辅导用书为主。由于商品严重同质化，两家书店的竞争异常激烈，该大学城还有若干饮品店，它们只外卖各种冷饮和奶茶，没有给顾客留出休憩的位置。学朗书吧的创建者决定把书店和饮品店具有的两类互补性功能结合起来，建立一个集读书、休闲、生活服务为一体的综合性服务书吧。

现有一些书吧往往注重营造高雅的环境，通过豪华装修来吸引顾客，比如在书架旁放置高大的古董瓷瓶、在墙壁上挂上油画等。但这并不是大学城附近

的消费者关注的重点，却会产生高昂的成本。学朗书吧抛弃这些流行的理念和作法，只在墙壁上描绘一些山水画提高意境，舍去了昂贵的摆设，大大降低了成本，进而降低了饮品和图书的售价，提升了竞争力。

随着电子商务的普及，饮品的网上销售日益火爆，许多网站均提供网售平台。学朗书店与时俱进，也提供网上点单送货上门。另外，现在大学中自习室紧张，抢位现象严重，学朗书吧计划打造自习位出租系列，并且提供午餐，为学生们提供理想的学习和休息场所。

学朗书吧以创新的理念和定位，进入竞争激烈的文化和生活服务领域，开创了新的生存与发展空间。

要求：

(1)依据红海战略和蓝海战略的关键性差异，简要分析学朗书吧的经营怎样体现了蓝海战略。

(2)依据蓝海战略重建市场边界的基本原则(开创蓝海战略的路径)，简要分析学朗书吧如何在竞争激烈的文化和生活服务领域，开创了新的生存与发展空间。

本节各知识点复习建议

【基本竞争战略】重要知识点，各种题型均会出现，建议全面掌握。

成本领先战略、差异化战略的优势、实施条件、风险是主观题高频考点。

集中化战略的实施条件、风险也是主观题高频考点。

“战略钟”重点掌握混合战略。

【中小企业竞争战略】重要知识点，各种题型均会出现，建议全面掌握。

零散产业和新兴产业是近年考试高频考点。

【蓝海战略】重要知识点，各种题型均会出现，建议全面掌握。

蓝海战略已经连续考察多年，仍旧要予以重视。

第三节 职能战略

职能战略，又叫职能层战略，主要涉及企业内各职能部门，如营销、财务、生产、研发、人力资源、信息技术等，确保更好地配置企业内部资源，为各级战略服务，提高组织效率。

22版教材对职能战略做了较大幅度的增、删、改，特别是生产运营战略、采购战略，另外财务战略具有一定的难度，也是近些年客观题常考的，学员们在备考过程中应引起重视。

一、市场营销战略(Marketing)

考点18 市场营销战略(★★★，掌握，客观题和主观题)

市场营销战略的核心是STP营销，即市场细分(market segmenting)、目标市场选择(market targeting)、市场定位(market positioning)。企业在目标市场上的经营特色和竞争地位，是通过市场营销组合的特点体现的。

(一)市场细分

企业根据整体市场上用户的差异性，以影响用户需要和欲望的某些因素为依据，将一个整体市场划分为两个或两个以上的用户群体，每一个需求特点相类似的用户群体就构成了一个细分市场(或子市场)

【考点母题——万变不离其宗】市场细分

消费者市场细分的依据	(1)消费者市场细分的变量有(　　)。	
	A. **地理细分**	按照消费者所在的地理位置以及其他地理变量(包括城市农村、地形气候、交通运输等)来细分消费者市场。
	B. **人口细分**	按照人口变量(包括年龄、性别、收入、职业、教育水平、家庭规模、家庭生命周期阶段、宗教、种族、国籍等)来细分消费者市场。
	C. **心理细分**	按照消费者的生活方式、个性等心理变量来细分消费者市场。
	D. **行为细分**	按照消费者购买或使用某种产品的时机、消费者所追求的利益、使用者情况、消费者对某种产品的使用率、消费者对品牌(或商店)的忠诚程度、消费者待购阶段和消费者对产品的态度等行为变量来细分消费者市场。

续表

产业市场细分的依据	细分产业市场的变量有一些与细分消费者市场的变量相同，如追求利益、使用者情况、使用程度、对品牌的信赖程度、购买准备阶段、使用者对产品的态度等，但产业市场也有自己特殊的细分变量。	
	(2)产业市场采用最多的细分变量有（ ）。	
	A. **用户的行业类别**	企业对不同的最终用户要相应地运用不同的市场营销组合，以投其所好，促进销售。
	B. **用户规模**	不同规模的用户，其购买力、购买批次、频率、购买行为和方式都可能不同，要求供应商提供的服务水平也可能不同。
	C. **用户的地理位置**	产业布局、自然环境、资源等是重要的细分变量。按用户地理位置细分市场，有助于企业将目标市场选择在用户集中的地区，可以节省推销费用和运输成本。
	D. **购买行为因素**	包括用户追求的利益、使用频率、品牌忠诚度、使用者地位、购买方式等。

（二）目标市场选择

市场细分是选择目标市场的基础。市场细分之后，企业由于受到内外部条件的制约，可根据产品的特性、自身的资源和能力，在众多的细分市场中，选择一个或者几个有利于发挥企业优势、能够达到最佳或者满意的经济效益的细分市场作为目标市场。

企业可采用的目标市场选择策略有三种，分别适用于不同的环境，各有其优点和缺陷。

【考点母题——万变不离其宗】目标市场选择

无差异营销策略	含义	即企业把整个市场作为自己的目标市场，只考虑市场需求的共性，而不考虑其差异，运用一种产品、一种价格、一种推销方法，尽可能吸引更多的消费者。
	优点	(1)无差异营销策略的优点有（ ）。 A. 品种单一，适合大批量生产和销售，发挥规模经济的优势 B. 可以降低生产、存货和运输的成本，缩减广告、推销、市场调研和市场细分的费用，进而以低成本在市场上赢得竞争优势
	缺点	应变能力差，一旦市场需求发生变化，难以及时调整企业的生产和市场营销策略，特别是在产品生命周期进入成熟阶段后，竞争手段过于单一，因而风险较大。
差异性营销策略	含义	企业决定同时为几个子市场服务，设计不同的产品，并在渠道、促销和定价方面都加以相应的改变，以适应各个子市场的需要。
	优点	(2)差异性营销策略的优点有（ ）。 A. 面向广阔的市场，满足不同消费者的需要，有利于扩大销售量，增强竞争力 B. 企业适应性强，富有回旋余地，不依赖一个市场一种产品

续表

<table>
<tr><td rowspan="2">**差异性营销策略**</td><td rowspan="2">缺点</td><td>(3)差异性营销策略存在的主要缺点有(　)。</td></tr>
<tr><td>A. 由于小批量多品种生产，要求企业具有较高的经营管理水平
B. 由于品种、价格、销售渠道、广告、推销手段的多样化，使生产成本、研发成本、存货成本、销售费用、市场调研费用相应增加，有可能降低经济效益</td></tr>
<tr><td rowspan="4">**集中化营销策略**</td><td>含义</td><td>指企业由于受到资源等条件的限制，以一个或少数几个性质相似的子市场作为目标市场，试图在较少的子市场上占领较大市场份额。</td></tr>
<tr><td>优点</td><td>企业得以集中运用有限的资源，实行专业化的生产和销售，节省营销费用，提高产品和企业知名度。</td></tr>
<tr><td rowspan="2">缺点</td><td>(4)集中化营销策略的缺点有(　)。</td></tr>
<tr><td>A. 对单一和窄小的目标市场依赖性太大，一旦目标市场情况发生突然变化，企业周旋余地小，风险大
B. 当强有力的竞争者打入目标市场时，企业就会受到严重影响</td></tr>
<tr><td colspan="3">(5)上述三种目标表市场选择策略各有利弊，企业做选择时除了考虑目标市场应具备的一些条件外，还需要考虑的因素有(　)。</td></tr>
<tr><td colspan="2">A. 市场相似性</td><td>若消费者的需求、爱好、购买行为大致相近，对产品供应和销售要求的差别不大，也即市场需求类似程度很高时，宜采用无差异营销策略；反之则采取差异性营销策略或集中化营销策略。</td></tr>
<tr><td colspan="2">B. 产品的同质性</td><td>同质性产品如火柴、核桃、普通水泥、标准件等，比较适合采用无差异营销策略；而一些差异性较大的产品如家具、服装、食品、家用电器、汽车等宜采用差异性营销策略或集中化营销策略。</td></tr>
<tr><td colspan="2">C. 企业实力</td><td>如果企业在生产、技术、资源、销售等方面的实力很强，有能力覆盖所有的市场，则可采用无差异营销策略，或差异性营销策略；若实力有限，则宜采用集中化营销策略较为有效。</td></tr>
<tr><td colspan="2">D. 产品生命周期阶段</td><td>通常，产品在引入期，采用无差异营销策略能取得很好的效果；而当产品进入成长期和成熟期后，则宜采用差异性营销策略，以建立有别于竞争对手的特色，或开拓新的市场，刺激新需求，延长产品生命周期。</td></tr>
<tr><td colspan="2">E. 竞争者的策略</td><td>假如竞争者实行无差异竞争策略，则应采取差异性营销策略与之抗衡；如果竞争者已采取差异性竞争策略，企业可以考虑在进一步细分的基础上，采取差异性营销策略或集中化营销策略。</td></tr>
<tr><td colspan="2">【例】市场细分的例子——化妆品企业</td><td>●性别：男、女。
●年龄：<18；18—30；30-45；45<。
●职业：白领、蓝领。
●心理：追求时尚；中庸；保守。
按以上细分，可以划分为48(=2×4×2×3)个子市场，假设剔除掉不具有可行的子市场后，还剩余36个子市场(比如年龄小于18岁又是白领又追求时尚的男士市场几乎不可能存在)。
选择以上三种战略时需要考虑五个方面的因素：企业资源、产品同质性、市场同质性、产品所处的生命周期阶段、竞争对手的目标市场涵盖战略。</td></tr>
</table>

（三）市场定位

市场定位就是使本企业产品具有一定特色，适应目标市场一定的需求和偏好，塑造产品在目标消费者心目中的独特形象和合适位置。

【考点母题——万变不离其宗】市场定位

<table>
<tr><td>市场重新定位</td><td colspan="3">企业确定目标市场后，对产品进行第一次市场定位，也称初次定位。一般新产品投入市场均属初次定位。随着市场情况的变化，产品尚需创新定位，即对产品进行二次或再次定位。
在以下情况企业需要对产品进行重新定位：
①当本企业产品定位附近出现了强大竞争者，导致本企业产品的销售量及市场占有率下降；
②顾客的消费观念、偏好发生变化，由喜爱本企业产品转向竞争者产品；
③当本企业产品在目标市场已逐步走向产品生命周期的衰退期。
在重新定位前企业应慎重考虑和评价企业改进产品特色和转移到另一种定位时所需付出的代价是否小于在此新市场上的销售收入，以保证产品重新定位后仍有利润。</td></tr>
<tr><td rowspan="9">三种产品市场定位策略</td><td colspan="3">(1)不论是产品的初次定位还是重新定位，企业可采取的产品市场定位策略有(　)。</td></tr>
<tr><td>A. 抢占或填补市场空位策略</td><td colspan="2">即将企业产品定位在目标市场的空白处，生产销售目标市场上尚没有的某种特色产品，避开与目标市场上竞争者的直接对抗，以增强企业的相对竞争优势，获取更好的经济效益。</td></tr>
<tr><td rowspan="6">B. 与竞争者并存和对峙的市场定位策略</td><td>定义</td><td>将本企业的产品位置确定在目标市场上现有竞争者的产品旁，相互并存并对峙着。</td></tr>
<tr><td rowspan="2">前提</td><td>(2)采用与竞争者并存和对峙的市场定位策略的前提有(　)。</td></tr>
<tr><td>A. 该市场还有很大的未被满足的需求，足以吸纳新进入的产品
B. 企业推出的产品要有自己的特色，能与竞争产品媲美</td></tr>
<tr><td rowspan="2">好处</td><td>(3)采用与竞争者并存和对峙的市场定位策略的好处有(　)。</td></tr>
<tr><td>A. 企业可仿制竞争者的产品，向市场销售自己品牌的产品
B. 由于竞争者已开发这种产品，本企业可节省大量研究开发费用
C. 由于竞争者已为产品进行了推广宣传，本企业能够节省推广费用，且可减少不适销的风险</td></tr>
<tr><td colspan="2" style="display:none"></td></tr>
<tr><td>C. 取代竞争者的市场定位策略</td><td colspan="2">即将竞争者赶出原有位置，并取而代之。企业要实施这种定位策略，必须比竞争对手有明显的优势，提供比竞争者更加优越和有特色的产品，还要做好大量的推广宣传工作，提高本企业的形象和知名度，冲淡顾客对竞争者产品的印象和好感。</td></tr>
</table>

（四）设计市场营销组合

市场营销组合指企业为追求预期的营销目标，综合运用企业可以控制的各种要素，并对之进行最佳组合的过程。在营销战略的指导下，企业需要设计出由产品、价格、分销、促销这四个在企业控制之下的因素所组成的营销组合，简称4P组合。

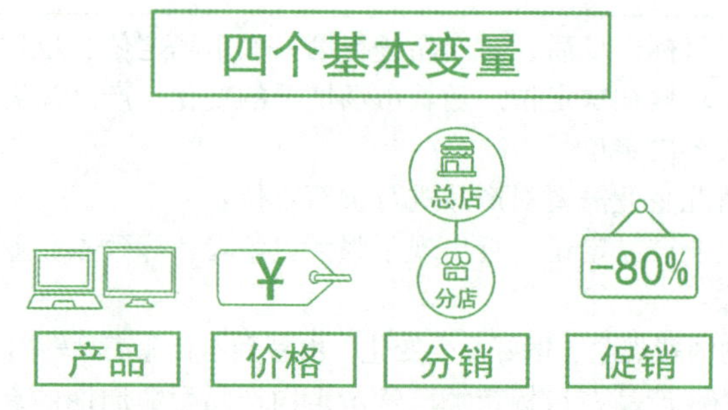

图3-7 设计市场营销组合组合的四个基本变量图示

1. 产品策略

具体包括产品组合策略、品牌与商标策略和产品开发策略。

【考点母题——万变不离其宗】产品策略——产品组合策略

<table>
<tr><td>含义</td><td colspan="3">产品组合是指某一企业所生产或销售的全部产品大类、产品项目的组合。
产品大类(又称产品线)是指产品类别中具有密切关系的一组产品。
产品项目是指某一产品大类内由价格、功能及其他属性来区别的具体产品。</td></tr>
<tr><td rowspan="4">①产品组合的宽度、长度、深度和关联性</td><td colspan="3">宽度指一个企业有多少产品大类。【注】增加宽度，可以发挥企业的特长，使企业尤其是大企业的资源、技术得到充分利用，提高经济效益。</td></tr>
<tr><td colspan="3">长度指一个企业的产品组合中所包含的产品项目的总数。</td></tr>
<tr><td colspan="3">深度指产品大类中每种产品有多少花色、品种、规格。【注】增加长度和深度，可以迎合广大消费者的不同需要和爱好，以招徕、吸引更多顾客。</td></tr>
<tr><td colspan="3">关联性指一个企业的各个产品大类在最终使用、生产条件、分销渠道等方面的密切相关程度。【注】增加关联性，可以合理配置和有效利用企业资源，并提高企业在某一地区、行业的声誉。</td></tr>
<tr><td rowspan="5">②产品组合策略类型</td><td colspan="3">(1)企业在调整和优化产品组合时，依据情况的不同，可选择的策略有(　)。</td></tr>
<tr><td>A. 扩大产品组合</td><td colspan="2">包括拓展产品组合的宽度、长度和加强产品组合的深度。</td></tr>
<tr><td>B. 缩减产品组合</td><td colspan="2">做法与扩大产品组合相反。</td></tr>
<tr><td rowspan="2">C. 产品延伸</td><td>定义</td><td>指全部或部分地改变公司原有产品的市场定位。</td></tr>
<tr><td colspan="2">(2)产品延伸策略的具体做法有(　)。</td></tr>
</table>

续表

②产品组合策略类型	C. **产品延伸**	A. 向下延伸	指企业原来生产高档产品，后来决定增加低档产品
		B. 向上延伸	指企业原来生产低档产品，后来决定增加高档产品
		C. 双向延伸	即原定位于中档产品市场的企业掌握了市场优势以后，决定向产品大类的上下两个方向延伸，一方面增加高档产品，另一方面增加低档产品，扩大市场阵地

【考点母题——万变不离其宗】产品策略——品牌和商标策略

企业可以采用的品牌和商标策略有（ ）。	
A. **单一的品牌名称**	企业对所有产品都使用同一商标。其优点是，可以将一种产品具备的特征传递给另一种产品，从而简化了新产品上市的过程。
B. **每个产品都有不同的品牌名称**	如果企业生产的产品在市场中的定位不同，或者市场被高度细分，则企业通常对每种产品都采用不同的商标或品牌名称。
C. **自有品牌**	许多零售商销售自有品牌的商品，以使客户建立对该零售商而不是对产品生产商的忠诚度。

【考点母题——万变不离其宗】产品策略——产品开发策略（主观题冷门点，和密集型战略结合起来考）

产品开发的原因	(1)产品开发的原因有（ ）。
	A. 企业具有较高的市场份额和较强的品牌实力，并在市场中具有独特的竞争优势 B. 市场中有潜在增长力 C. 客户需求的不断变化需要新产品。持续的产品更新是防止产品被淘汰的唯一途径 D. 需要进行技术开发或采用技术开发 E. 企业需要对市场的竞争创新做出反应
产品开发的投资风险	(2)产品开发战略具有极大的投资风险，使得产品开发越来越困难的原因有（ ）。
	A. 在某些产业中，缺乏新产品构思 B. 不断变小的细分市场使得市场容量降低 C. 产品开发涉及复杂的研发过程，失败的概率很高 D. 企业通常需要进行许多产品构思来开发好产品，因而费用高昂 E. 即便产品开发获得成功，但是由于被竞争者“模仿”并加以创新和改良，因而新产品的生命周期可能较短
	(3)为了使产品开发失败的概率最小化，要对新产品构思进行筛选。筛选的流程包括业务分析、开发、测试上市、商品化。其旨在回答的问题有（ ）。

续表

产品开发的投资风险	A. 该产品是否符合企业目标、企业战略、资源和能力 B. 潜在客户是否喜欢这一产品，如果喜欢，他们是否能购买该产品 C. 该产品在市场上能否获利 D. 在技术和商业上，该产品是否能够证明投资的合理性 E. 市场测试是否符合与其要求，客户、经销商和竞争者的反应如何

2. 价格策略

对定价影响最大的是成本、市场或者消费者需求、竞争三个方面的因素。其中，成本是价格的下限，顾客对产品价值的感知是上限，而竞争企业的产品或服务则提供了参照。

【考点母题——万变不离其宗】价格策略——基本的定价方法

基本的定价方法有（ ）。	
A. **成本导向定价法**	最为简便，也是企业最常用的。具体的做法又可分为四种：成本加成定价、收支平衡定价法、目标利润定价法和变动成本定价法。
B. **需求导向定价法**	是按市场需求的强弱情况制定不同的价格。市场需求量大，定价就高，需求量小，定价就低。 ●高定价策略，一般适用于以下情况：竞争者产品未上市；愿付高价购买的人数相当多；即使高价格诱使竞争者进入市场的风险也不大。 ●低定价策略，一般适用于以下情况：市场对价格呈现高度敏感，降低价格，需求量将大幅提高；低价可拒退已有或潜在竞争者；单位市场成本与销售成本能够因大量生产和销售而降低。
C. **竞争价格定价法**	是以市场上相互竞争的同类产品为价格的基本尺度，并随竞争变化调整价格水平。主要做法有通行价格定价和密封投标定价。

【考点母题——万变不离其宗】价格策略——主要定价策略

企业主要的定价策略有（ ）。	
A. **心理定价策略**	是为适应消费者的购买心理所采用的定价策略，主要有： ●尾数定价是依据消费者感觉零数价格比整数价格便宜的消费心理而采取的一种定价策略； ●整数定价是将商品价格定位一个整数； ●声望定价是利用企业和产品的声誉，对产品给予高定价的策略； ●招徕定价是利用消费者求廉的心理，将少数几种商品价格暂时降至最低，借此吸引和招徕顾客购买的一种策略。
B. **产品组合定价策略**	包括： ●系列产品定价，即将系列商品根据规格、外观等的不同给予不同的价格； ●副产品定价是对在生产主要产品的过程中同时产出的产品给予低于主要产品的定价；

续表

B. **产品组合定价策略**	●关联产品大多为互补产品，一些既生产主要产品又生产关联产品的企业，将主要产品的价格定得偏低，而将关联产品定高价，靠关联产品赚钱； ●捆绑定价是将几种相关产品组合起来，以低于整体价格的价格销售，有助于促进消费者购买那些他们本来可能不会购买的产品。
C. **折扣与折让策略**	即在原定价格的基础上减收一定比例的货款，具体有：现金折扣、数量折扣、交易折扣、季节性折扣和推广折扣等。
D. **地理差价策略**	是根据买卖双方地理位置的差异，考虑买卖双方分担运输、装卸、仓储、保险等费用的一种价格策略，包括产地价、目的地交货价、统一交货价、分区运送价和津贴运费定价等。

【考点母题——万变不离其宗】价格策略——新产品定价策略

新产品引入阶段的定价最具挑战性。此时对消费者的认知价值难以确定，又无竞争者价格作参考，尤其是全新产品和革新型产品。

新产品定价可供选择的策略有（　）。	
A. **渗透定价法**	是指在新产品投放市场时确定一个非常低的价格，以便抢占销售渠道和消费者群体，从而使竞争者较难进入市场。这是一种通过牺牲短期利润来换取长期利润的策略。
B. **撇脂定价法**	是指在新产品上市之初确定较高的价格，并随着生产能力的提高逐渐降低价格。这一方法旨在产品生命周期的最初阶段获取较高的单位利润。
C. **满意定价策略**	即介于以上两种定价策略之间的适中定价策略。这一方法意图同时达到产品价格既能被顾客接受、企业又有一定利润的目的。

【说明】无论企业采用何种定价策略，重要的是企业应懂得价格与其他营销组合要素之间具有很强的相互作用。定价必须考虑到相对竞争对手而言产品的质量和促销费用。

3. 分销策略

【考点母题——万变不离其宗】分销策略——含义与分销渠道

<table>
<tr><td>含义</td><td colspan="3">即确定产品到达客户手上的最佳方式。分销策略要克服地点、时间、产品数量和所有权上的差异，解决如何分销产品以及如何确定实体店的位置等问题。</td></tr>
<tr><td rowspan="5">分销渠道类型</td><td>直接分销</td><td colspan="2">即产品不经过中间商，直接从生产商到消费者手中</td></tr>
<tr><td rowspan="4">间接分销</td><td>定义</td><td>即经过了中间商(批发商、零售商等等)的分销系统。
采用中间商，有利于生产商集中资源扩大核心业务，而不必在分销渠道上投入大量的资金，从而获得较高的投资回报率。</td></tr>
<tr><td colspan="2">企业确定中间商数量可供选择的分销策略有（　）。</td></tr>
<tr><td>A. 独家分销</td><td>即生产企业在某个地区仅通过一家中间商推销其产品</td></tr>
<tr><td>B. 密集分销</td><td>即生产商以尽可能多的中间商销售其产品或服务</td></tr>
</table>

续表

分销渠道类型	间接分销	C. **选择性分销**	即生产企业在某一地区仅通过几个精心挑选的、最适合的中间商推销产品

【考点母题——万变不离其宗】分销策略——三种分销策略比较

分销策略	优势	劣势	适用范围
独家分销	对中间商的服务水平和提供的产品保持控制。中间商能获得企业给定的产品的优惠价格	需企业与经销商之间更紧密的合作。因缺乏竞争，消费者的满意度可能会受到影响；经销商对生产商的反控制力度较强	适用于技术含量较高，需要售后服务的专门产品的分销，如机械产品、耐用消费品、特殊产品等
选择性分销	比密集分销能取得经销商更大的支持，同时又比独家分销能给消费者购物带来更大的方便	分销商的竞争较独家分销时激烈	适宜消费品中的选购品和特殊品
密集分销	市场覆盖率高、便利消费者	价格竞争激烈，导致市场混乱，有时会破坏厂家的营销意图；渠道的管理成本很高	比较适宜日用消费品的分销。多数家具、家用电器品牌采用此种策略

【说明】在互联网开放的网络环境下，分销渠道又分为线上和线下两种类型。线上渠道指网络上的渠道，通过网上商城或其他网络方法传播产品、服务等；线下渠道指通过面对面或其他非网络方法交易或者传播产品和服务等。

4. 促销策略

【考点母题——万变不离其宗】促销策略

促销目的	赢得潜在客户的注意；激发客户的购买渴望和购买行为。 【注】企业将其产品或服务的特性传达给预期客户的方式被称为促销组合。	
促销组合的构成要素	(1)构成促销组合的要素有( )。	
	A. **广告促销**	在媒体投放广告，使潜在客户对企业的产品和服务产生良好印象。广告促销要仔细考虑广告的地点、时间、频率和形式。
	B. **营业推广**	采用非媒体促销手段，为鼓励客户购买产品或服务而设计。例如，试用品、折扣、礼品等
	C. **公关宣传**	通常是指宣传企业形象，为企业及其产品建立良好的公众形象。
	D. **人员推销**	企业的销售代表直接与预期客户进行接触，销售代表能够完整地解释产品的细节，针对客户提出的问题进行解答，还可以演示产品的用途。

续表

促销组合策略	(2)企业可以选择的促销组合策略有(　)。	
	A. **推式策略**	将产品经过营销渠道“推”向最终消费者。制造商的市场活动(主要是人员推销和交易推广)大多面向渠道成员展开，激励他们购买产品并向最终消费者销售。
	B. **拉式策略**	依靠制造商直接开展的市场活动(主要是广告和消费者推广)指向最终消费者，激励他们购买产品。如果拉式策略奏效，消费者将向渠道成员索取产品，渠道成员转而向制造商索取产品。
	C. **推拉结合策略**	企业将推式策略和拉式策略配合起来使用，在向中间商进行大力促销的同时，通过广告刺激市场需求。

【考查方式】

1. 运用消费者市场的细分变量，简要分析 XX 公司产品的定位。

2. 从确定目标市场/设计营销组合的角度，简要分析 XX 公司的营销策略。

3. 简要分析 XX 公司实施的市场营销组合策略。

4. 依据市场营销组合四个要素，简要分析 XX 公司如何运用市场营销来实现战略转型。

5. 简要分析 XX 公司产品策略/促销策略/分销策略/价格策略。

【考点子题——举一反三，真枪实练】

[40] (2022 年 · 单选题 · 考生回忆版) 某滑雪公司规定：如果同时购买滑雪杆、滑雪板会比单独购买优惠，上述措施体现的定价策略是(　)。

A. 捆绑定价　　B. 关联产品定价　　C. 推广折扣　　D. 交易折扣

[41] (2020 年 · 单选题) 云澜公司是一家面向全球的家具和室内饰品生产商。该公司根据不同国家和地区的消费者是崇尚传统还是追求时尚来为他们设计，生产具有不同风格和质地的产品。云澜公司对消费者市场的细分属于(　)。

A. 地理细分　　B. 心理细分　　C. 行为细分　　D. 人口细分

[42] (2020 年 · 多选题) 主营体育用品生产和销售的云济公司开发出一款智能家用跑步机，为了使该产品迅速占领市场，公司销售人员在主要销售商场举办促销活动，宣传该产品能够根据使用者的年龄、身高、体重、脉搏频率等生理指标，自动显示使用者应选择的最佳步速和运动时间，同时宣布前 20 名购买者可获得产品免费保修期从 3 年延长到 6 年的优惠。云济公司采用的促销组合策略要素有(　)。

A. 广告促销　　B. 公关宣传　　C. 人员推销　　D. 营业推广

[43] (2018年·多选题)乐融旅行社定期开展会员俱乐部活动。活动期间，该社向参加活动的会员提供免费茶点、风景摄影及旅游知识讲座、旅游新项目推介等，建立了良好的公众形象。在上述活动中，乐融旅行社采用的促销组合要素有(　)。

A. 广告促销　B. 营业推广　C. 公关宣传　D. 人员推销

[44] (2019年·单选题)嘉利啤酒公司通过数据分析发现，其产品的89%是被50%的顾客(重度饮用啤酒者)消费掉的，另外50%顾客(轻度饮用啤酒者)的消费量只占总消费量的11%。该公司据此推出了吸引重度饮用啤酒者而放弃轻度饮用啤酒者的促销策略。该公司进行市场细分的依据是(　)。

A. 地理细分　B. 人口细分　C. 行为细分　D. 心理细分

[45] (2013年·简答题)为缓解中小企业融资难的问题，2007年银监会提出大力发展新型农村金融机构—村镇银行，提高对县域、乡村的金融服务水平；出台法规放宽村镇银行的准入条件，并给予一定的税收优惠，以促进农村金融业的发展。

在此背景下，2011年3月甲省君盛村镇银行成立。君盛村镇银行的主要客户为甲省小微企业和农户。成立之初，君盛银行面临不少困难：第一，君盛经营以存贷款业务为主，中间业务很少。当地人均收入低、诚信度不高、保险和信贷担保发展滞后等因素制约了君盛业务的发展。第二，村镇银行作为新生事物，品牌认可度、社会公信度和信誉度都还不高。

第三，适合村镇银行特点的业务终端机和ATM机等设备供应严重不足，村镇银行的支付清算系统因为技术原因不能纳入同城支付结算系统、征信系统。第四，国有银行享受的一些优惠政策没有给予村镇银行。

为了在农村金融市场上谋求发展，君盛银行采取了一系列措施。首先，根据业务和风险特征，针对小型企业、微型企业、农户个人三类不同客户设计了不同特点的贷款产品，利率明显比民间借贷低，抵押品制度灵活，认可将其他银行禁止抵押的集体土地、机器等作为抵押品，而且按抵押品的全部价值发放贷款(其他银行按6折抵押品价值发放贷款)，降低了客户的贷款成本。

其次，君盛银行加大媒体宣传力度，客户代表经常深入一线，上门服务，发展新客户和维系老客户。此外，为了解决服务网点少的问题，君盛在甲省很多县陆续增设分支机构，并同国有银行的县支行加强业务来往，共享渠道和客户资源，扩大小微企业贷款和农户贷款。

要求：简要分析君盛银行实施的市场营销组合。

二、研究与开发战略

研究与开发(以下简称“研发”)被定义为组织层面的企业创新。研发战略并不能独立于企业的其他部分单独进行。企业研发的任务包括：改进复杂技术、使流程与当地的原材料及市场相适应、根据特殊标准和规范改进产品。产品开发、市场渗透或市场差异化等战略的实施需要成功地开发新产品，或者极大地改良老产品。

考点 19　研究与开发战略（★★★，掌握，客观题和主观题）

类型	(1)研发的类型有(　)。	
	A. **产品研究——新产品开发**	新产品开发是竞争优势的主要来源，是实施差异化战略的企业战略保障体系中的关键环节。但新产品上市也可能花费大量资金，必须谨慎控制新产品的开发过程，进行项目筛选是非常必要的。
	B. **流程研究**	流程研究关注于生产产品或提供服务的流程，旨在建立有效的流程来节约资金和时间，从而提高生产率；同时，对于提高质量管理也至关重要。
研发的动力来源	(2)研发的动力来源有(　)。	
	A. **需求拉动**	即市场的新需求拉动创新以满足需求。此时，研发部门与市场营销部门的协调非常重要。
	B. **技术推动**	即创新来自发明的应用。
研发的战略作用	(3)研发的战略作用表现在(　)。	
	A. **基本竞争战略**	产品创新是产品差异化的来源；流程创新使企业能够采用成本领先或差异化战略。
	B. **价值链**	研发被纳入价值链的支持性活动。通过提供低成本的产品或改良的差异化产品可以强化价值链。
	C. **安索夫矩阵**	研发支持四个战略象限：可以通过产品求精来实现市场渗透战略和市场开发战略；而产品开发和产品多元化需要更显著的产品创新。
	D. **产品生命周期**	产品研发会加速现有产品的衰退，因而需要研发来为企业提供替代产品。
研发定位	(4)企业研发战略的定位有(　)。	
	A. **成为向市场推出新技术产品的企业**	
	B. **成为成功产品的创新模仿者**	先驱企业→跟随企业 这种方法的启动风险和成本最小，但要求企业拥有优秀的研发人员和优秀的营销部门。
	C. **成为成功产品的低成本生产者**	即通过生产与先驱企业开发的产品相类似、但价格相对低廉的产品来成为低成本生产者。此时，价格以及规模营销成为主要销售战略。要求企业对工厂和设备进行不断投资。

续表

<table>
<tr><td>研发定位</td><td>D. 成为成功产品低成本生产者的模仿者（22 教材新增）</td><td>对低成本生产者的模仿要求企业加大对设备与工艺流程的投资，但由于有低成本生产带头企业的示范效应，模仿者能够以较低的投入获得更高的产出。</td></tr>
<tr><td rowspan="2">研发政策</td><td colspan="2">(5)研发战略与企业目标紧密相关，而制定得当的研发政策是这一过程的关键环节。研发政策一般考虑的问题有(　)。</td></tr>
<tr><td colspan="2">A. 强化产品或流程改良
B. 强化应用型研究的基础
C. 成为研发领导者或跟随者
D. 开发智能化技术或手动流程
E. 对研发投入高额、适中或低额资金
F. 在企业内部进行研发或者将研发外包
G. 利用大学或私营企业的研究力量</td></tr>
<tr><td rowspan="2">鼓励创新性构思的政策</td><td colspan="2">(6)研发战略特别要求管理层制定鼓励创新性构思的政策，具体包括(　)。</td></tr>
<tr><td colspan="2">A. 必须给予创新财务支持，可以通过为研发和市场研究投入资金以及为新构思投入风险资金来实现
B. 必须使员工有机会在一个能够产生创新构思的环境中工作，这需要适当的管理风格和组织结构
C. 管理层积极地鼓励员工和客户提出新构思
D. 组建开发小组并建立相关管理机构
E. 在适当情况下，企业的招聘政策应集中于招聘具有创新技能的员工；应对员工进行培训并使其知识、技能与时俱进
F. 由专门的管理者负责从环境中或从企业的内部沟通中获取与创新构思有关的信息
G. 战略计划应有助于创新目标的达成；对成功实现目标的员工应给予奖励</td></tr>
</table>

【考点子题——举一反三，真枪实练】

[46]（经典例题·简答题）1992 年，以家电研发、生产和销售为主业的信达公司确立了“技术立企”的发展战略。公司董事长程静强调：“那些只引进不研发、落伍了再引进的企业，没有追求，必死无疑”。信达公司拒绝参与彩电行业价格战，每年将销售收入的 5%投入研发。公司实行奖金与开发成果挂钩的制度，将技术开发人员工资涨到一线工人的 3 倍。几十年来，在信达公司彩电业务的发展过程中，经历了四个关键的转折点。

(1)2005 年研发成功“中国芯”，中国首块拥有自主知识产权并产业化的数字视频处理芯片在信达公司诞生，彻底打破了国外芯片的垄断地位。2013 年国内首款网络多媒体电视 SOC 主芯片研制成功并实现量产。2015 年发布 VP 画质引擎芯片，使信达公司正式比肩国际行业巨头，成为中国拥有自主高端画质芯片的企业。

(2)建成中国电视行业第一条液晶模组线，彻底扭转中国液晶模组几乎全部依赖外国企业的状况，率先完成平板电视上有产业链的突破。

(3)UL 电视与激光电视并行。其中，“L 显示技术”是信达公司十年来对电视行业上游垄断发起的第 3 次突围战。凭借历时 7 年研发的激光电视提前锁定主动权，在全球大屏幕电视市场赢得了一席之地。

要求：简要分析信达公司的研发定位。

三、生产运营战略（OperationManagement）

生产运营战略与企业内流程的设计、实施和控制相关，它主导着将投入（材料、人工、其他资源、信息和客户）转化为产出（产品和服务）的整个过程。

企业有三种传统核心职能：

生产运营：生产运营职能负责通过为客户生产产品和提供服务来满足客户的订单和要求；

市场营销：负责识别客户的需求、与潜在客户进行沟通使其购买企业的产品；

研究与开发：负责改良产品（服务）或改良流程，从而提高企业的盈利能力。

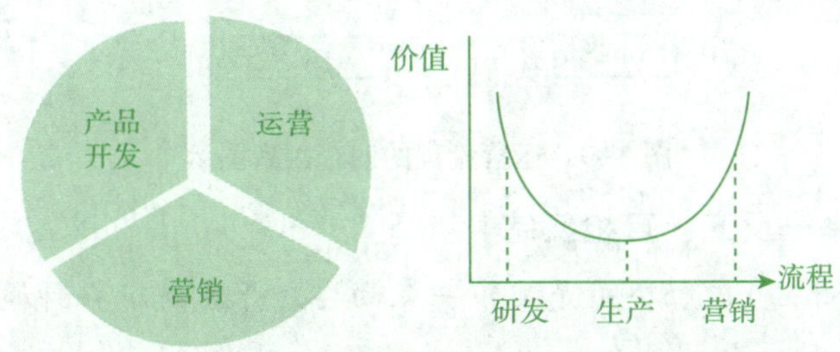

图 3-8　三种职能创造价值能力图

考点 20　生产运营战略（★★★，掌握，客观题和主观题）

（一）生产运营战略所涉及的主要因素和阶段

【考点母题——万变不离其宗】生产运营战略所涉及的主要因素

<table>
<tr><td colspan="3">（1）从生产运营战略的横向考察，所有生产运营流程都涉及转化过程。但转化过程在一些方面或因素上有所不同，具体有（　）。</td></tr>
<tr><td rowspan="4">生产运营战略的四个因素</td><td>A. 批量</td><td>大规模生产——成本低（可以实现专业化分工）
小规模生产——成本高（无法实现专业化分工）</td></tr>
<tr><td>B. 种类</td><td>多品种——成本高（足够的灵活性并能满足个别客户的需求）
少品种——成本低（标准化生产）</td></tr>
<tr><td>C. 需求变动</td><td>需求波动——产能利用率低——成本高
需求稳定——产能利用率较高——成本低</td></tr>
<tr><td>D. 可见性</td><td>指生产运营流程为客户所见的程度。
可见性高（服务型行业）——员工技巧要求高——成本高
可见性低（生产型行业）——员工技巧要求低——成本低</td></tr>
</table>

续表

(2)从生产运营战略的纵向考察，生产运营战略包括的主要阶段有(　)。	
生产运营战略的主要阶段	A. 确定生产运营目标 B. 将业务战略或营销战略转化为生产运营战略，即确定工作得以具体完成的方式 C. 通过与竞争者的绩效相比较来评估企业当前的运营绩效 D. 以缺口分析为基础来制定战略 E. 执行战略，并通过对环境变化做出反应来不断检查、改善和改良战略

运营流程的四个因素

图 3-9　运营流程的四个因素图示

【考点子题——举一反三，真枪实练】

[47] (2020年·多选题)欣馨公司是某市一家向公众开放的花卉种植和销售企业，平时采用自动化设备培植、出售当地居民喜爱的兰花、绿萝等花卉；每逢节日前夕，便向市场推出富有节庆意义的花卉；同时接受并满足顾客观看公司业务流程后所提出的个性化定制要求。该公司的生产运营战略所涉及的主要因素有(　)。

A. 批量　　B. 可见性　　C. 种类　　D. 需求变动

[48] (2019年·单选题)智达公司是一家计算机制造企业。为了减少库存，公司对生产过程实施订单管理。生产部门依据销售部门提供的客户订购的产品数量安排当期生产。智达公司的生产运营战略所涉及的主要因素是(　)。

A. 种类　　B. 批量　　C. 需求变动　　D. 可见性

(二)生产运营战略的内容

【考点母题——万变不离其宗】生产运营战略的内容(22年教材新增)

(1)企业生产运营战略包括的内容有(　)。		
A. 产品(服务)的选择	(2)企业选择向市场提供的产品或服务时，考虑的因素有(　)。	
	A. 市场条件	主要分析拟选择产品(服务)行业所处的生命周期阶段，市场供需的总体状况及发展趋势、企业开拓市场资源的能力、企业在目标市场的地位和竞争能力预期等。

续表

<table>
<tr><td rowspan="3">A. 产品(服务)的选择</td><td>B. 企业内部的生产运营条件</td><td>主要分析企业的技术、设备水平，新产品的技术工艺可行性、所需原材料和外购件的供应状况。</td></tr>
<tr><td>C. 财务条件</td><td>主要分析产品开发和生产所需的投资、预期收益和风险程度等财务衡量指标，此外还要结合产品所处的生命周期来判断产品对企业的贡献前景。</td></tr>
<tr><td>D. 企业各部门工作目标的差异性</td><td>由于企业内部各部门的职能划分不同，在共同的企业总体战略目标之下，各部门工作目标的差异性也是客观存在的，这种差异必然会与高产品选择产生影响，增加工作难度。</td></tr>
<tr><td>B. 自制或外购选择</td><td colspan="2">企业自制战略有两种选择：
●完全自制，即建造完备的制造厂，购置相应的生产设备，进行组织生产所必需的人员招聘与配备，产品生产的各个环节都在本厂完成；
●装配阶段自制，即“外购+自制”战略，部分零件外购，企业建造一个总装配厂，进行产品组装。
企业如果选择外购战略：就需要成立一个经销公司，为消费者提供相应的服务。
一般而言，对于产品工艺复杂、零部件繁多的生产企业，那些非关键、不涉及核心技术的零部件，如果外购价格合理，市场供应稳定，企业会考虑外购或以外包的方式来实现供应。</td></tr>
<tr><td rowspan="4">C. 生产与运营方式选择</td><td colspan="2">(3)企业在做出自制还是外购的选择后，就要从战略的高度对企业的生产方式做出选择，可供企业选择的生产与运营方式有(　)。</td></tr>
<tr><td>A. 大批量、低成本</td><td>这种战略适用于需求量大、差异性小的产品或服务的提供。在这样一个特定市场上，企业采用低成本和大批量生产与运营方式，就能够提供竞争优势，特别是在居民消费水平普遍不高的经济发展阶段的国家或地区。
20 世纪初的福特汽车公司首创流水线工厂，沃尔玛公司的低成本，大规模生产方式的选择，都是这一战略执行的典型代表。</td></tr>
<tr><td>B. 多品种、小批量</td><td>对于消费者的需求多样化、个性化的产品或服务，就不宜采用大批量生产方式，而更适合采用小批量的顾客定制方式。
这种方式最早出现于 20 世纪 80 年代初，它兼有大批量生产与单件小批量生产运营方式的一种中间状态。许多著名企业，如丰田、惠普等公司，都采用这种生产与运营方式。</td></tr>
<tr><td colspan="2">【说明】除了上述两种较为传统的典型生产运营方式外，可供企业选择的先进生产方式还有计算机集成制造、大规模定制等。</td></tr>
<tr><td rowspan="3">D. 供应链与配送网络选择</td><td colspan="2">(4)可供企业选择的供应链的类型有(　)。</td></tr>
<tr><td>A. 高效供应链</td><td>适用于品种少、产量高、可预见的市场环境；追求降低“实物成本”，即物流在各阶段发生的成本，如生产成本、运输成本；对于共性需求产品，如工业上的紧固件、轴承、生活上的方便面、饮料等，应该采用高效供应链。</td></tr>
<tr><td>B. 敏捷供应链</td><td>适用于品种多、产量低、难以预见的环境；追求降低“市场协调成本”，即供需不协调造成的成本，涉及过量成的积压成本和市场不足造成的机会成本；
【说明】单纯追求降低实物成本或单纯追求降低协调成本都是片面的，应该同时考虑这两种成本。若产品高效率、低成本地生产并发</td></tr>
</table>

续表

<table>
<tr><td rowspan="9">D. 供应链与配送网络选择</td><td>B. 敏捷供应链</td><td>运到销售点，实物成本很低，但由于货不对路，长期销售不出去，则实物成本上的节约完全被产品积压成本所抵消。
对于个性化需求产品，如工业上的专用设备、生活上的太阳镜等，对于个性化需求产品应该采用敏捷供应链。</td></tr>
<tr><td colspan="2">(5)按照产品库存的位置和交付方式的不同，可供企业选择的配送网络模式有(　)。</td></tr>
<tr><td>A. 制造商存货加直送</td><td>能够将库存集中在制造商那里，以较低的库存水平提供高水平的产品可获性。对高价值、低需求量、需求不可预测的商品，直送模式的效益最大但是直送模式下运输成本较高，响应顾客需求的时间较长。</td></tr>
<tr><td>B. 制造商存货、直送加在途并货</td><td>与纯粹的直送模式不同之处是，将来自不同地的订单组合起来，使顾客只需接收一次交付。</td></tr>
<tr><td>C. 分销商存货加承运人交付</td><td>不是制造商存货，而是由分销商或零售商存放在中间仓库里，并使用包裹承运人将产品从中间仓库运送到最终顾客。</td></tr>
<tr><td>D. 分销商存货加到户交付</td><td>分销商或零售商将产品交付到顾客家而不通过承运人。</td></tr>
<tr><td>E. 制造商或分销商存货加顾客自提</td><td>存货存放在制造商或分销商的仓库，顾客通过在线或电话下订单，然后到指定的提货点领取他们的商品。</td></tr>
<tr><td>F. 零售商存货加顾客自提</td><td>它是最传统的方式，库存存放在零售店，顾客走进零售店购货，或者通过在线或电话下订单，然后到零售店提货。</td></tr>
<tr><td colspan="2">【说明】在设计适当的配送网络时，应考虑产品的特征以及网络需求。只有一些特定企业采用单一方式的配送网络，大多数企业都采用几种交付网络的组合。</td></tr>
</table>

图 3-10　生产与运营不同方式对比图示

（三）生产运营战略的竞争重点

【考点母题——万变不离其宗】生产运营战略的竞争重点

<table>
<tr><td colspan="2">(1)影响企业生产运营系统竞争力的因素有(　)。</td></tr>
<tr><td>A. 交货期
(Time)</td><td>交货期指比竞争对手更快捷地响应顾客的需求，体现在新产品的推出、交货期等方面。
对交货期的要求可表现在两个方面：
● 快速交货。指向市场快速提供企业产品的能力，这对于企业争取订单意义重大。</td></tr>
</table>

续表

A. **交货期** （Time）	• 按约交货。指按照合同的约定按时交货的能力。这对于顾客满意度有重要影响。影响交货能力的因素也很多，如采购与供应、制造柔性和工艺与设备管理等。
B. **质量** （Quality）	指产品的质量和可靠性，主要依靠顾客的满意度来体现。 这里的质量指的是全面的质量，既包括产品本身的质量，也包括生产过程的质量。此外，良好的物资采购与供应控制、包装运输、使用的便利性以及售后服务等对质量也有很大的影响。
C. **成本** （Cost）	包括生产成本、制造成本、流通成本和使用成本等。 降低成本对于提高企业产品的竞争能力、增强生产运作对市场应变能力和抵御风险能力具有十分重要的意义。 企业降低成本、提高效益的措施很多，如优化产品设计与流程设计、降低单位产品的材料及能源消耗、降低设备故障率、提高质量、缩短生产运作周期、提高产能利用率和减少库存等。
D. **制造柔性** （Flexibility）	指企业面临市场机遇时在组织和生产方面体现出来的快速而又低成本地适应市场需求，反映了企业生产运作系统对外部环境做出反应的能力。 随着市场需求的日益个性化、多元化趋势，多品种、小批量生产成为与此需求特征相匹配的方式，因此，增强制造柔性已成为企业形成竞争优势的主要因素。 关键柔性主要包括产品产量柔性、新产品开发及投产柔性和产品组合柔性等，由此又涉及生产运作系统的设备柔性、人员柔性和能力柔性等，甚至对供应商也会提出在这方面相应的要求。
【说明】对 TQCF 理解时需要注意的是，企业要想在 TQCF 四个竞争要素方面同时优于竞争对手而形成竞争优势是不太容易的。企业应从具体情况出发，集中主要资源形成自己的竞争优势。特别是当 TQCF 发生冲突时，就产生了多目标平衡问题，需要对此进行认真分析、动态协调。	

（四）生产流程计划与产能计划

【考点母题——万变不离其宗】产能计划：平衡生产能力与市场需求

产能计划的目标	企业产能与客户需求之间的差距会导致效率低下，产能计划的目标就是使这种差距最小化。 企业提高产能的方式有：引进新技术、设备和材料；增加员工或机器的数量；增加轮班的次数或增添其他生产设备。	
产能计划的类型	（1）产能计划的类型有（　）。	
	A. **领先策略** **（进攻型）**	根据对需求增长的预期增加产能；其目标是将客户从企业的竞争者手中吸引过来。其潜在劣势在于其通常会产生过量的产能，生产能力不能被充分利用而导致企业成本上升。
	B. **滞后策略** **（保守型）**	仅当企业因需求增长而满负荷生产或超额生产后才增加产能；它能降低生产能力过剩的风险，也可能导致潜在客户的流失。
	C. **匹配策略** **（稳健型）**	少量地增加产能来应对市场需求的变化。

续表

平衡产能与需求的方法	(2)平衡产能与需求的方法有( )。	
	A. **资源订单式生产**	订单→资源→生产 【提示】例如：建筑企业可能会收到承建新的道路桥梁的大订单。该建筑企业将仅在签订了合同之后才开始采购必需的资源。
	B. **订单生产式生产**	资源→订单→生产 【提示】企业会配备适当的劳动力和设备，但企业会在实际收到订单之后才开始生产产品或提供服务。
	C. **库存生产式生产**	资源→生产→订单 【提示】这种情况在制造型企业非常常见。

【考点子题——举一反三，真枪实练】

[49] (2016年·单选题)瑞华公司是一家啤酒生产企业，恰逢奥运会即将到来，公司预计销售会有较大增长，因而采取加大生产。这是一种( )。

A. 订单生产式　B. 库存生产式　C. 准时生产式　D. 资源订单式

四、采购战略

考点21 采购战略（★★★，掌握，客观题和主观题）

采购是指企业在一定条件下从供应市场获取产品或服务作为企业资源，以保证生产及经营活动正常开展的一项经营活动。采购对企业产品或服务的成本和质量具有重大影响，所有企业都设有采购部门。

采购战略则为企业的采购组织提供具有指导性、全局性、长期性的纲领和规划。采购战略具体包括货源策略、交易策略、采购模式三个方面。

（一）货源策略

【考点母题——万变不离其宗】货源策略(掌握原文为主)

策略	优点	缺点
少数或单一货源策略	(1)少数或单一货源策略的优点有( )。	(2)少数或单一货源策略存在的缺点有( )。
	A. 使企业与供应商建立较为稳固的关系 B. 有利于企业信息的保密 C. 使企业增加进货的数量，从而产生规模经济并使企业享受价格优惠 D. 随着与供应商的关系的加深，企业可能获得高质量的供应品	A. 若无其他供应商，则单一供应商的议价能力就会增强 B. 采购方容易受到供应中断的风险

续表

<table>
<tr><th>策略</th><th>优点</th><th>缺点</th></tr>
<tr><td rowspan="2">多货源少批量策略</td><td>(3)多货源少批量货源策略的优点有(　)。</td><td>(4)多货源少批量货源策略存在的缺点有(　)。</td></tr>
<tr><td>A. 企业可以与较多的供应商建立和保持联系，以保证稳定的供应
B. 有利于与多个供应商合作从而获得更多的知识和技术
C. 供应商之间的竞争使企业的议价能力增强</td><td>A. 企业与供应商的联系不够稳固，相互信任程度较低
B. 不利于产生规模经济，企业不能享受大批量购买的价格优惠
C. 不利于企业获得质量和性能不断提高改进的供应品</td></tr>
<tr><td>平衡货源策略</td><td colspan="2">即在以上两种货源策略之间寻求一个比较均衡的点，使企业既能获得集中于少数货源的好处，又充分利用多货源的优点。</td></tr>
<tr><td colspan="3">(5)决定企业采取何种货源策略的因素有(　)。</td></tr>
<tr><td colspan="3">A. 市场上供应商的数量
B. 供应商的规模实力、经营状况、信誉、产品或服务价格、交易条件等
C. 企业对供应品的价格、质量、数量、交货期、相关服务等的要求或态度
D. 企业与供应商的议价能力对比</td></tr>
</table>

(二) 交易策略

【考点母题——万变不离其宗】交易策略(22 年教材新增)

<table>
<tr><td colspan="3">(1)根据企业所需采购的产品、服务的性质和供应商的特点两个维度划分，交易策略的类型有(　)。</td></tr>
<tr><td rowspan="3">A. 市场交易策略</td><td>定义</td><td>即企业通过与供应商签订买卖合同在市场上取得所需供应品的策略。</td></tr>
<tr><td rowspan="2">适用条件</td><td>(2)市场交易策略的适用条件有(　)。</td></tr>
<tr><td>A. 供应品的技术含量较低或生产技术相对成熟
B. 供应品在企业产品的生产和销售中不具有重要性
C. 企业不需要供应商提供售后服务
D. 供应商所处的市场较为成熟
E. 供应商数量较多　　F. 竞争比较激烈
【说明】因此，企业无须与供应商建立长期、稳定的合作关系，只要通过市场竞价方式就能及时获得质量合格、价格低廉的供应品。</td></tr>
<tr><td rowspan="3">B. 短期合作策略</td><td>定义</td><td>即企业为了应对一定的市场需求对供应商采取短期合作的策略，市场需求满足或消失后，合作就宣告结束。</td></tr>
<tr><td rowspan="2">适用条件</td><td>(3)采用短期合作策略的条件有(　)。</td></tr>
<tr><td>A. 企业的产品往往面临急剧变化的市场机会和变化很灵活的客户需求
B. 供应品的供给具有较高的适应性
C. 有的供应品有较高的技术含量，对企业产品的设计、生产、销售都有重要影响</td></tr>
</table>

续表

<table>
<tr><td rowspan="3">C. 功能性联盟策略</td><td>定义</td><td>即企业与供应商通过订立协议结成联盟的策略。</td></tr>
<tr><td rowspan="2">适用条件</td><td>(4)功能性联盟策略的适用条件有(　)。</td></tr>
<tr><td>A. 供应品在企业产品的生产经营中起着重要作用
B. 企业对供应品的需求量比较大
C. 供应品的生产技术成熟，可替代性较高
D. 供应商拥有较强的生产能力和实现规模经济的能力
【说明】企业通过采用这种策略与供应商建立比较长期、稳定的合作关系，有助于规避、减少双方的生产经营风险，同时使供应商的生产产生规模效益，降低供应品的价格，相应地使企业本身的采购成本降低。</td></tr>
<tr><td>D. 创新性联盟策略</td><td colspan="2">即企业为了产品、业务的创新并取得长期竞争优势而与供应商结成联盟的策略。企业采用这种策略时，往往从某种新产品概念的提出就开始与供应商合作，其产品的设计、试制、改进、定型、生产与供应商的产品和技术创新基本上同步进行、相互契合。为了创新的最终成功和取得双赢的效果，双方需要进行紧密和持久的合作，包括双方发展战略的相互配合以及资金、人员等重要资源的协调使用，必要时双方还可以建立共同基金、合资企业或进行股权式合作。</td></tr>
<tr><td colspan="3">【说明】上述四类交易策略中，从管理的侧重点来看，企业采用市场交易策略和功能性联盟策略侧重于降低采购成本的考虑，采用短期合作策略和创新性联盟策略则侧重于创新的考虑；从与供应商的关系中所追求的目标来看，企业采用市场交易策略和短期合作策略重视的是短期利益，而采用功能性联盟策略和创新性联盟策略追求的是长期利益。</td></tr>
</table>

（三）采购模式

【考点母题——万变不离其宗】采购模式(22年教材新增)

<table>
<tr><td colspan="3">(1)企业采购模式有(　)。</td></tr>
<tr><td rowspan="3">A. 传统采购模式</td><td>定义</td><td>指企业采购部门在每个月末或者每个季末，根据库存情况制定下个月或下个季度的采购计划，经主管经理或企业负责人审批后，向供应商发出采购信息，供应商接收后向企业报价，再经过双方谈判、协商，最终签订交易合同。必要时企业通招标方式确定供应商和交易价格。</td></tr>
<tr><td rowspan="2">特点</td><td>(2)传统采购模式的特点有(　)。</td></tr>
<tr><td>A. 企业与供应商之间的信息沟通不够充分、有效，甚至双方有时为了各自在淡中占据有利地位，有意隐瞒一些信息
B. 企业和供应商之间只是简单的供需关系，缺少其他方面的合作
C. 以补充库存为目的，缺少对生产需求及市场变化的考虑，因而经常造成库存积压或供不应求，影响企业生产经营正常进行
D. 管理简单、粗放，采购成本居高不下</td></tr>
</table>

续表

<table>
<tr><td rowspan="3">B. **MRP 采购模式**</td><td>定义</td><td>指企业以生产为导向，根据生产计划中的产品数量、结构和库存情况，计算推导出需要购买的各种原材料、零部件的数量以及进货时间，据此编制采购计划，按照采购计划向供应商发出订单。</td></tr>
<tr><td rowspan="2">特点</td><td>(3) MRP 采购模式的特点有(　)。</td></tr>
<tr><td>A. 生产计划和采购计划十分精细，从产品到原材料、零部件，从需求数量到需求时间，从生产进度到进货顺序，都无一遗漏地做出明确规定
B. 采购计划的计算、编制非常复杂，尤其在产品种类繁多、产品结构复杂的情况下，对各种所需原材料和零部件及其进货时间的计算量是十分巨大的，因而需要借助计算机技术进行</td></tr>
<tr><td rowspan="3">C. **JIT (Just In Time) 采购模式**</td><td>定义</td><td>又称准时化采购，指企业根据自身生产需要对供应商下达订单，要求供应商把适当数量、适当质量的物品在适当的时间送达适当的地点。
采用这种采购模式，既能及时充分满足企业生产对物资的需求，又使企业库存量降到最小，甚至实现零库存，从而大大减少了相关采购、仓储费用，加快了企业资金周转。</td></tr>
<tr><td rowspan="2">特点</td><td>(4) JIT 采购模式的特点有(　)。</td></tr>
<tr><td>A. 供应商数量少甚至是单一供应商
B. 企业与供应商建立长期稳定的合作关系
C. 采购批量小，送货频率高
D. 企业与供应商都关心对方产品的改进和创新，并主动协调、配合，信息共享快速可靠</td></tr>
<tr><td rowspan="3">D. **VMI (Vendor Managed Inventor) 采购模式**</td><td>定义</td><td>指企业和供应商签订协议，规定由供应商管理企业库存，确定最佳库存量，制定并执行库存补充措施，合理控制库存水平，同时双方不断监督协议执行情况，适时修订协议内容，使库存管理得到持续改进。</td></tr>
<tr><td rowspan="2">特点</td><td>(5) VMI 采购模式的特点有(　)。</td></tr>
<tr><td>A. 企业与供应商建立了长期稳定的深层次合作关系
B. 打破了以往各自为政的采购和库存管理模式，供应商通过共享企业实时生产消耗、库存变化、消耗趋势等方面的信息，及时制定并实施正确有效的补货策略，不仅以最低的成本满足了企业对各类物品的需要，而且尽最大可能地减少了自身由于独立预测企业需求的不确定性造成的各种浪费，极大地节约了供货成本
C. 企业与供应商之间按照利益共享、风险共担的原则，协商确定对相关管理费用和意外损失的分担比例以及对库存改善带来的新增利润的分成比例，从而为双方的合作奠定了坚实的基础</td></tr>
<tr><td rowspan="3">E. **数字化采购模式**</td><td>定义</td><td>指通过人工智能、物联网、云端协同等技术，实现对采购全流程的智慧管理，在选择和管理供应商、采购需求和费用分析、决策审批、订单生成、进货物流、对账结算、开票付款等各个环节都实现自动化、可视化、标准化和可控化，并通过实时监测和定期评估使之不断优化。</td></tr>
<tr><td rowspan="2">特点</td><td>(6) 数字化采购模式的特点有(　)。</td></tr>
<tr><td>A. 企业和供应商以数字化平台为基础建立了自动识别、彼此认知、直接交易、高度契合的新型合作关系</td></tr>
</table>

续表

E. **数字化采购模式**	特点	B. 自动化技术淘汰了以往大量的人工操作，创新、优化了采购流程甚至企业全部业务流程 C. 采购管理的科学性、便捷性、精细性、准确性空前提高，“降本增效”极为显著，适应新技术发展趋势，推广前景十分广阔

【考点子题——举一反三，真枪实练】

[50]（2020年·单选题修改）灵川公司是一家汽车制造商，原先只从一家公司购买其所需的轴承，后来改为分别从5家公司购买。下列各项中，属于灵川公司增加轴承供应商的目的的是（ ）。

A. 容易设计出有效的质量保证计划　　B. 利用供应商之间的竞争对供应商压价

C. 与轴承供应商建立更稳定的关系　　D. 产生规模经济

[51]（2017年·多选题修改）甲公司是一家电动摩托车制造商，长期从一家电机公司购买发动机，下列各项中，属于甲公司货源策略优点的是（ ）。

A. 便于信息的保密

B. 能产生规模经济

C. 随着与供应商关系的加强，更可能获得价格上的优惠

D. 能与供应商建立较为稳固的关系

五、人力资源战略

考点22 人力资源战略（★★，掌握，客观题）

（一）人力资源规划

【考点母题——万变不离其宗】人力资源规划

人力资源规划的内容	企业人力资源规划包括人力资源总体规划和人力资源业务计划两个层次： • 人力资源总体规划 • 人力资源业务规划
人力资源规划的步骤	(1) 人力资源规划的步骤包括（ ）。
	A. 调查、收集和整理涉及企业战略决策和经营环境的各种信息 B. 根据企业或部门实际确定人力资源的期限、范围和性质，建立人力资源信息系统，为相关预测工作准备精确而详实的资料 C. 在分析人力资源供给和需求影响因素的基础上，采用以定量为主、结合定性分析的各种科学预测方法对企业未来人力资源供求进行预测 D. 制定人力资源供求平衡的总计划和各项业务计划

续表

人力资源供需平衡策略	人力资源规划的最终目的是实现企业人力资源供给和需求的平衡。因此在预测出人力资源的供给和需求之后，就要对这两者进行比较，并根据比较的结果采取相应的措施： (1)针对供给和需求总量平衡但结构不匹配的情况应当采取的措施： ①进行人员内部的重新配置，包括晋升、调动、降职等，来弥补那些空缺的职位，满足这部分的人力资源需求； ②对现有人员进行有针对性的专门培训，使他们能够从事空缺职位的工作； ③进行人员的置换，清理企业不需要的人员，补充企业需要的人员，以调整人员的结构。 (2)针对供给大于需求情况应当采取的措施： ①扩大经营规模，或者开拓新的增长点，以增加对人力资源的需求； ②永久性地裁员或者辞退员工，但会给社会带来不安定需求因素，往往会受到政府的限制； ③鼓励员工提前退休，给那些接近退休年龄的员工以优惠的政策，让他们提前离开企业； ④冻结招聘，就是停止从外部招聘人员，通过自然减员来减少供给； ⑤缩短员工的工作时间、实行工作分享或者降低员工的工资等方式也可以减少供给； ⑥对富余的员工进行培训，这相当于进行人员的储备，为未来的发展做好准备。 (3)针对供给小于需求情况应当采取的措施： ①从外部雇用人员，包括返聘退休人员； ②采取多种方法提高现有员工的工作效率，如改进生产技术、增加工资、进行技能培训、调整工作方式等；
人力资源供需平衡策略	③延长工作时间，让员工加班加点； ④降低员工的离职率，减少员工的流失，同时进行内部的调配，增加内部的流动来提高某些职位的供给； ⑤将企业的某些业务进行外包，减少对人力资源的需求。 【说明】企业在制定平衡供需的措施时，应当从实际出发，综合运用这些方法，使人力资源的供给和需求在数量或规模、质量以及结构上都达到平衡。

(二)人力资源获取

【考点母题——万变不离其宗】人力资源获取——招募的渠道和方法

企业的招募渠道有(　　)。	
A. 内部招募的来源与方法	内部招募的来源有三个： • 下级职位上的人员，主要通过晋升的方式来填补空缺职位； • 同级职位上的人员，主要通过工作调换或工作轮换填补空缺职位的方式； • 上级职位上的人员，主要通过降职的方式来填补空缺职位。 内部招募的方法主要有两种： • 工作公告法； • 档案记录法。

续表

B. 外部招募的来源与方法	外部招募的来源主要有：学校、竞争者和其他公司、失业者、老年群体、退伍军人和自由职业者等。 外部招募的方法主要有：广告招募、外出招募、借助职业中介结构招募和推荐招募等。

两种招募渠道的优势与劣势分析

招募渠道	优势	劣势
内部招募	有利于提高员工的士气和发展期望； 对组织工作的程序、企业文化、领导方式等比较熟悉，能够迅速地展开工作； 对企业目标有认同感，辞职可能性小，有利于个人和企业的长期发展； 风险小，对员工的工作绩效、能力和人品有基本了解，可靠性较高； 节约时间和成本	容易引起同事间的过度竞争，产生内耗； 竞争失利者感到心理不平衡，难以安抚，容易降低士气； 新上任备是“老人”，难以建立起领导声望；容易出现近亲繁殖问题，思想观念因循守旧，思考范围狭窄，缺乏创新和活力
外部招募	为企业注入新鲜“血液”，能够给企业带来活力； 避免企业内部相互竞争所造成的紧张氛围； 给企业内部人员以压力，激发他们的工作动力；选择的范围比较广，可以招聘到优秀的人才	对内部人员是一个打击，感到晋升无望，会影响工作热情； 外部人员对企业情况不了解，需要较长的时间来适应； 对外部人员不是很了解，不容易作出客观的评价，可靠性比较差； 外部人员不一定认同企业的价值观和企业文化，会给企业稳定造成影响

【考点母题——万变不离其宗】人力资源获取——甄选与录用

定义	员工甄选指通过运用一定的工具和手段来对已经招募到的求职者进行鉴别和考察，区分他们的人格特点与知识技能水平，预测他们的未来工作绩效，从而最终挑选出企业所需要的、恰当的职位空缺填补者。
工具	常见的员工甄选工具有(　)。
	A. 面试　B. 评价中心　C. 心理测试 D. 工作样本　E. 知识测试

【考点题源】人力资源获取——与企业竞争战略匹配的人力资源获取策略

高效的招募、甄选与录用人才是企业获得持续竞争优势的关键。人力资源的获取与企业竞争战略密切相关。

表 3-2　　与三种基本竞争战略相匹配的人力资源获取策略比较

人力资源获取策略	成本领先	差异化	集中化
员工来源	外部	内部	两者兼顾
晋升阶梯	狭窄、不宜转换	广泛、灵活	狭窄、不宜转换
甄选决策	人力资源部	业务部门	结合两者
甄选方法	简历和面试为主	多重方法	心理测试
甄选标准	强调技能	强调与文化契合	结合两者
社会化过程	正式的雇佣和社会化过程	非正式的雇佣和社会化过程	结合两者

（三）人力资源培训与开发

【考点题源】人力资源培训与开发

培训与开发流程	(1)培训需求分析。培训需求分析既是确定培训目标、设计培训规划的前提，也是进行培训评估的基础，因而成为培训活动的首要环节。首先，明确培训需求分析的层次，包括组织分析、人员分析和任务分析。其次，选择培训需求的分析方法。培训需求分析的主要方法有观察法、关键人员谈话法、问卷法。此外，还包括分级讨论法、测试法、文献调查法、记录报告法、自我评价法、工作样本法等。 (2)培训计划设计。培训计划包括：①培训目标，如提高员工自我意识、更新知识，提高技能，使员工增加对组织的认同感和责任感，提高工作效率等；②培训的内容和培训对象；③培训讲师；④培训地点和设施；⑤培训的方式方法和费用。 (3)培训实施。培训实施可供选择的方法：①在岗培训方法，包括学徒培训、导师制、工作实践体验等；②脱产培训方法，包括授课法、讨论法、案例分析法、角色扮演法、移动学习、拓展训练、行动学习法等。 (4)培训效果评估。按照唐纳德·帕特里克(DonaldKirkpatrick)的四层次评估模型，将评估的标准分为四个层次： 第一层次为反应层，指受训人员对培训的印象，是否对培训满意。 第二层次为学习层，指受训人员对培训内容的掌握程度，他们在接受培训以后知识和技能的掌握是否有所提高以及有多大程度的提高，这更多的是停留在认知层面上。 第三层次为行为层，指受训人员在接受培训以后工作行为的变化，也可以看作对学习成果的运用，在工作中是否改进了以前的行为，是否运用了培训的内容。 第四层次为结果层，指受训人员或者企业的绩效的改善，经过培训，员工和企业的绩效是否得到了改善和提高。

续表

培训与开发类型	按照不同的标准，可以将培训与开发划分成不同的类型。 (1)按照培训对象的不同，可以将培训与开发划分成新员工培训和在职员工培训两大类。按照员工所处的层次不同，在职员工培训又可以进一步划分为基层员工培训、中层员工培训和高层员工培训三类。 (2)按照培训形式的不同，可以将培训与开发划分为在岗培训和脱产培训两大类。 (3)按照培训性质的不同，可以将培训与开发划分为传授性培训和改变性培训两大类，前者指那些使员工掌握自己本来所不具备的内容的培训，例如员工本来不知道如何操作机床，通过培训使他能够进行操作；后者指那些改变员工本来已具备的知识的培训，例如员工知道如何操作机床，但是操作方法有误，通过培训使他掌握正确的操作方法。 (4)按照培训内容的不同，可以将培训与开发划分为知识性培训、技能性培训和态度性培训三大类。
与竞争战略相匹配的人力资源开发与培训	当企业采取成本领先战略时，通常强调个人能力，因此强调范围有限的知识和技巧，实施个人的在职培训，企业往往通过自己设立企业大学或者定期培训来提升员工的知识和能力。 采用差异化战略的企业则强调公司与其他企业的不同之处，因此要求具有广泛的知识、技巧和创造性，采用这种策略的公司往往传递外部新颖信息、购买所需技能或者利用外部培训机构对团队进行培训。 采用集中化战略的企业，对专门领域的知识需求更迫切，一般强调应用范围适中的知识和技巧。这种知识和技巧成为专有知识，不易转换和共享。企业可能利用在职培训或者外部培训，自己培养技能或者购买技能。

（四）人力资源绩效评估

【考点母题——万变不离其宗】人力资源绩效评估——绩效计划

定义	绩效计划是整个绩效管理系统的起点，指在绩效周期开始时，由上级和员工一起就员工绩效考核期内的绩效目标、绩效过程和手段等进行讨论并达成一致。
包含的内容	(1)绩效计划包括的内容有(　)。
	A. 员工在考核周期内的绩效目标体系(包括绩效目标、指标和标准)、绩效考核周期 B. 为实现最终目标，员工在绩效考核周期内应从事的工作和采取的措施 C. 对绩效监控、绩效考核和绩效反馈阶段工作的规划和指导

续表

<table>
<tr><td rowspan="4">绩效计划工具</td><td colspan="2">(2)在实践中，企业普遍使用的绩效计划工具有(　)。</td></tr>
<tr><td>A. 关键绩效指标法(KPI)</td><td>关键绩效指标是用于评估和管理被评估者绩效的可量化的或可行为化的标准体系，是对组织战略目标有增值作用的指标，它将个体绩效与组织战略目标紧密连接起来。确定关键绩效指标一般遵循下面的过程：
①建立评价指标体系。
首先，明确企业的战略目标，找出企业的业务重点，并确定这些关键业务领域的关键业绩指标，从而建立企业级关键业绩指标。
其次，各部门依据企业级关键业绩指标建立部门级关键业绩指标。
最后，把部门级关键业绩指标进一步分解为更细的、直接用于员工考核的关键业绩指标。
②设定评价标准。评价指标体系的建立解决的是从哪些方面对工作进行评价，即评价“什么”的问题；而设定评价标准解决的是在各个指标上分别应该达到什么样的水平，即要求被评价者做得“怎样”、完成“多少”的问题。
③审核关键绩效指标。对关键绩效指标进行审核的目的主要是确认这些关键绩效指标能否全面、客观地反映评价对象的工作绩效以及是否适合于评价操作。
运用关键绩效指标法对绩效进行管理，可以保证对组织有贡献的行为受到关注和鼓励。</td></tr>
<tr><td>B. 目标管理法</td><td>目标管理法不仅是一种评估体系和过程，而且是一种管理实践哲学，是一种管理者和下属一起进行计划、组织、控制、交流和讨论的方法。通过参与设置目标或者主管安排任务，下属在履行工作过程中被提供给一种追随进程和一个努力目标。
通常，目标管理程序遵循如下的系统化步骤：
①主管和下属开会明确下属的关键任务和设置有限数目的目标；
②参与者设置现实的、挑战性的、明确的和可以理解的目标；
③在征询下属意见之后，主管建立评价目标完成程度的标准；
④审核中间过程的日期被一致通过和加以实施；
⑤主管和下属按要求对原有目标进行一些修改；
⑥主管做出目标完成状况的最终评估，并且召开小组会议和下属一起就结果进行商议和鼓励。</td></tr>
<tr><td>C. 平衡计分卡(BSC)</td><td>参见第四章第三节。</td></tr>
</table>

【考点母题——万变不离其宗】人力资源绩效评估——绩效监控

含义	绩效监控是指在整个绩效期间内，通过上级与员工之间持续的沟通来预防或解决员工实现绩效时可能发生的各种问题的过程。

续表

沟通方式	管理人员与员工之间沟通的方式有（ ）。	
	A. 正式沟通	比如：书面报告（如工作日志、周报、月报、季报、年报等）、会议、正式面谈等。
	B. 非正式沟通	比如：走动式管理、开放式办公室、休息时间的沟通、非正式会议等。

【说明】与正式的沟通相比，非正式的沟通更容易让员工开放地表达自己的想法，沟通的氛围也更加宽松。

【考点母题——万变不离其宗】人力资源绩效评估——绩效考核

含义	绩效考核是指确定一定的考核主体，借助一定的考核方法，对员工的工作绩效做出评价。
绩效考核包括的工作有（ ）。	
A. 考核对象的确定	考核对象一般包括组织、部门和员工三个层面。
B. 考核内容的确定	考核内容由工作能力、工作态度和工作业绩组成。
C. 考核主体的确定	考核主体一般包括五类成员：上级、同事、下级、员工本人和客户。
D. 考核方法的选择	三类方法：比较法、量表法和描述法。

【考点母题——万变不离其宗】人力资源绩效评估——绩效反馈

含义	绩效反馈是指绩效周期结束时在上级和员工之间进行绩效考核面谈，由上级将考核结果告知员工，指出员工在工作中存在的不足并和员工一起制订绩效改进的计划。
内容	绩效反馈具体包括的内容有（ ）。
	A. 就绩效考核的结果与员工进行面对面的沟通，指出员工在绩效考核期间存在的问题 B. 制订出绩效改进的计划 C. 为了保证绩效的改进，对绩效改进计划的执行效果进行跟踪 D. 根据绩效考核的结果对员工进行相应的奖惩

【考点母题——万变不离其宗】人力资源绩效评估——与企业基本竞争战略相匹配的绩效管理

成本领先战略	实施成本领先战略的企业，主张通过较低成本击败对手或者成为行业领先，绩效评估强调结果导向，以控制成本为目的，评估范围狭窄，评估的信息来源单一，上级作为考核的主要考官。

续表

差异化战略	差异化战略强调生产与众不同的产品，关注创新和新颖性，评估内容涉及行为和结果两种指标。评估范围宽广，评估信息丰富，主要用于员工的发展和素质提升。
集中化战略	相比于成本领先和差异化战略，采用集中化战略的企业，绩效管理目的、内容、范围及其结果应用等倾向于二者的结合。

（五）人力资源薪酬激励

【考点母题——万变不离其宗】人力资源薪酬激励

薪酬的组成及公平性原则	(1)在企业中，员工薪酬的组成部分有（　）。	
	A. 基本薪酬	指根据员工所承担的工作或者所具备的技能而支付给他们的较为稳定的经济收入。
	B. 可变薪酬	指根据员工、部门或团队、组织自身的绩效而支付给他们的具有变动性质的经济收入。
	C. 间接薪酬	指给员工提供的各种福利。
	(2)有效的薪酬管理必须坚持公平性原则，公平性的含义有（　）。	
	A. 外部公平性	在不同企业中，类似职位或者员工的薪酬应当基本相同。
	B. 内部公平性	在同一企业中，不同职位或者员工的薪酬应当与各自对企业贡献成正比。
	C. 个体公平性	在同一企业中，相同或类似职位上的员工，薪酬应当与其能力、贡献成正比。
薪酬水平策略	薪酬水平	指企业内部各职位、各部门以及组织整体平均薪酬的高低状况，反映了企业所支付薪酬的外部竞争性和薪酬成本。
	(3)在确定薪酬水平时，企业可以选择的策略有（　）。	
	A. 领先型策略	薪酬水平高于市场平均水平的策略。
	B. 匹配型策略	薪酬水平与市场平均水平保持一致。
	C. 拖后型策略	薪酬水平要明显低于市场平均水平。
	D. 混合型策略	即针对企业内部的不同职位采用不同的策略（例如，对关键职位采用领先型策略，对辅助性职位采用匹配型策略）。
薪酬构成策略	薪酬构成指在员工和组织总体的薪酬中，不同类型薪酬的组合方式。 对于企业而言，基本薪酬、可变薪酬与间接薪酬三种薪酬的作用不完全相同： • 基本薪酬：在吸引、保留人员方面效果比较显著，在激励人员方面效果一般； • 可变薪酬：在吸引、激励人员方面效果比较显著，在保留人员方面效果中等； • 间接薪酬：在保留人员效果方面比较显著，在吸引、激励人员方面效果一般。 企业在薪酬管理过程中，应该考虑这三种薪酬在员工总薪酬中所占的比例。	

续表

<table>
<tr><td rowspan="6">企业竞争战略与薪酬策略</td><td colspan="4">表 3-3 与企业基本竞争战略相匹配的薪酬策略</td></tr>
<tr><td></td><td>成本领先战略</td><td>差异化战略</td><td>集中化战略</td></tr>
<tr><td>公平性原则</td><td>强调对外公平</td><td>强调对内公平</td><td>强调对内公平</td></tr>
<tr><td>工资基础</td><td>岗位或年资</td><td>能力或绩效</td><td>能力与绩效的结合</td></tr>
<tr><td>薪酬形式</td><td>固定薪酬（基本薪酬）</td><td>较多使用浮动薪酬（可变薪酬）</td><td>将固定薪酬和浮动薪酬一起使用</td></tr>
<tr><td>决策过程</td><td>强调集权，通过高层做出决策</td><td>授权中层或子公司进行决策</td><td>有效地将授权与分权统一，针对市场和公司能力采用不同的方式</td></tr>
</table>

【考点子题——举一反三，真枪实练】

[52]（2022年·单选题·考生回忆版）特瑞公司是一家生产易拉罐的企业。该公司近期通过采用一项新技术，大幅降低了生产成本，使其产品售价达到行业最低水平。目前特瑞公司因业务发展需要招聘新员工。从人力资源获取策略看，该公司甄选新员工的方法应是（ ）。

A. 多重方法　　B. 简历和面试为主

C. 心理测试　　D. 面试和心理测试

[53]（2021年·单选题）太奇公司是一家生产饮料的外资企业，该公司薪酬结构由基本工资、津贴和福利构成，其薪酬水平是国内饮料行业公司的3倍。太奇公司采用的薪酬水平策略是（ ）。

A. 混合型策略　　B. 滞后型策略

C. 匹配型策略　　D. 领先型策路

[54]（2014年·简答题）2005年之前金宝集团着重于公用事业，主要围绕城市燃气来推动企业发展。从2005年开始金宝集团专注于清洁能源的开发和利用，依托技术创新和商业模式创新，形成从能源开发、能源转化、能源物流到能源分销的上中下游纵向一体化的产业链条，为客户提供多种清洁能源组合的整体解决方案。金宝集团“清洁能源生产与应用”的宗旨日益清晰。

随着集团清洁能源战略目标的日益清晰，金宝集团于2006年初进行了重大调整。

一是调整组织结构，将金宝集团的原有3大产业集团调整为能源分销、能源装备、能源化工、生物化工等产业板块，总部下设的支持保障机构也做了相应的变更。

二是人力资源政策调整，实施以科技牵引集团发展清洁能源的战略升级。金宝集团启动科技人才梯队建设，努力实现拥有科研人员、工程设计人员、技术管理人员、项目管理人员、技术工人五类人才和领军人物、核心人才、骨干人才三级智力网络的优秀科技人才梯队。

三是在科技人才激励体系、运行机制方面，金宝集团依据价值共创与价值共享的人本思想建立科技人才激励机制。金宝集团的激励政策致力于激发员工创新能力，重实绩、重贡献、重成果，向优秀科技创新人才和关键技术岗位倾斜，实行“智慧参与分配”和“技术参与股利分配”政策。技术与资本、劳动、管理一起，作为集团价值分配要素，以引导技术人员创造性地工作，全力攻克技术难关。建立以项目为基本单元，以项目成果为导向的激励机制，使激励和项目运作有机地结合起来。

要求：简要分析金宝集团还可采取哪些人力资源战略措施。

六、财务战略

考点 23　财务战略（★★★，掌握，客观题和主观题）

财务战略：是主要涉及财务性质的战略，属于财务管理的范畴。它主要考虑资金的使用和管理的战略问题，并以此与其他性质的战略相区别；主要考虑财务领域全局、长期发展方向问题，以此与传统财务管理相区别。

1. 财务战略的出现，使企业战略分为两类：

- 财务战略：主要强调必须适合企业所处发展阶段并符合利益相关者的期望。
- 非财务战略：也叫经营战略，主要强调与外部环境和企业自身能力相适应。

2. 财务管理：为企业战略提供资金支持，是为提高企业经营活动的价值而进行的管理。财务管理的方式是决定企业战略能否成功的关键。

3. 财务战略分为筹资战略和资金管理战略

狭义的财务战略仅指筹资战略，包括资本结构决策、筹资来源决策和股利分配决策等。资金管理涉及的实物资产的购置和使用，是由经营战略而非财务职能而指导的。

资金管理的战略主要考虑如何建立和维持有利于创造价值的资金管理体系。

（一）财务战略的确立（了解）

财务战略的确立是指在追求企业财务目标的过程中，高层财务管理人员对筹资来源、资本结构、股利分配等方面做出决定以满足企业发展需要的过程。

【考点母题——万变不离其宗】融资渠道与方式

<table>
<tr><td colspan="4">(1)企业融资的方式有(　)。</td></tr>
<tr><th colspan="2">融资方式</th><th>优点</th><th>缺点</th></tr>
<tr><td colspan="2">A. 内部融资</td><td>管理层在做此融资时不需要听取任何企业外部组织或个人的意见，从而可以节省融资成本。</td><td>●企业一些重大事件，比如并购，仅仅依靠内部融资是远远不够的，还需要其他资金来源
●股东看到企业的留存利润会预期下一期或将来的红利，这就要求企业有足够盈利能力，而对于那些陷入财务危机的企业来说，资金压力是很大的</td></tr>
<tr><td colspan="2">B. 股权融资</td><td>当企业需要的资金量较大时(比如并购)，股权融资就占很大优势，因为它不像债权融资那也需要定期还本付息，而仅仅需要在企业盈利时向股东支付股利。</td><td>股份容易被恶意收购从而引起控制权的变更；另外股权融资方式的成本比较高。</td></tr>
<tr><td rowspan="2">C. 债权融资</td><td>贷款</td><td>与股权融资方式相比，融资成本较低、融资的速度也较快，并且方式也较为隐蔽。</td><td>当企业陷入财务危机或者企业的战略不具有竞争优势时，还款的压力会增加企业的经营风险。</td></tr>
<tr><td>租赁</td><td>●企业不需要为购买设备、工具进行融资，因为融资的成本是比较高的；
●租赁很有可能使企业享有更多的税收优惠(租金有抵税的作用)；
●租赁可以增加企业的资本回报率，因为它减少了总资本。</td><td>企业使用租赁资产的权利是有限的，因为资产的所有权不属于企业。</td></tr>
<tr><td colspan="2">D. 资产销售融资</td><td>简单易行，并且不用稀释股东权益。</td><td>●这种融资方式比较激进，一旦操作了就无回旋余地；
●如果销售的时机选择得不准，销售的价值就会低于资产本身的价值。</td></tr>
<tr><td colspan="4">(2)限制企业融资能力的主要方面有(　)。</td></tr>
<tr><td colspan="2">A. 企业进行债务融资面临的困境</td><td colspan="2">举债后企业红利支付水平的波动比没有举债时更大。举债越多，红利支付水平波动越大。因此，即便在企业加速发展时期，企业也会有限地举债。总的来说，企业会权衡债权融资的利弊，从而做出最优的融资决策。</td></tr>
</table>

续表

B. 企业进行股利支付面临的困境	企业常选择平稳增长的股利支付政策，这样会增强股东对企业的信心，从而起到稳定股价的作用。但是，较稳定的股利政策也有其不足之处，因为如果股利支付是稳定的，那么利润的波动就完全反应在留存利润上，不稳定的留存利润不利于企业做出精准的战略决策。于是，企业需要权衡利弊做出最优的股利支付决策。

【考点母题——万变不离其宗】融资成本

股权融资成本	①用资本资产定价模型（CAPM）估计权益资本成本：企业权益资本成本等于无风险资本成本加上企业的风险溢价，因而企业的资本成本可以计算为无风险利得与企业风险溢价之和，即 $r_S=r_f+\beta\times(r_m-r_f)$。 ②用无风险利率估计权益资本成本：使用这种方法时，企业首先要得到无风险债券的利率值，然后企业再综合考虑自身企业的风险，并在此利率值的基础上加上几个百分点，最后按照这个利率值计算企业的权益资本成本。
债务融资成本	③长期债务资本成本：长期债务资本成本相对权益资本的计算较为直接，等于各种长期债务资本成本的加权平均数扣除税收效应。
加权平均资本成本	④加权平均资本成本（WACC）：权益资本成本与长期债务资本成本的加权平均。WACC＝[长期债务成本×长期债务总额/总资本＋权益资本成本×权益总额]/总资本。

【考点母题——万变不离其宗】最优资本结构

资本结构	资本结构是权益资本与债务资本的比例。分析资本成本的最终目的就是为企业做出最优的资本结构决策提供帮助。
最优资本结构	即加权平均资本成本最低，企业价值最大。 •代理成本对于企业的实际融资决策也有影响； •债务的使用对企业的影响会随着时间发生变化。在企业高速发展时间，可能更倾向于大量举债。 •大多数经理倾向于内部融资而不是外部融资。在实务中，这意味着在高盈利时间，管理层会倾向于通过留存盈余而不是借款来融资；而在盈余比较低的时期，管理层倾向于借债而不是发行新股进行融资。 •决定资本结构的其他考虑因素还包括：企业的举债能力、管理层对企业的控制能力、企业的资产结构、增长率、盈利能力以及有关的税务成本。 •还有一些比较难以量化的因素，包括：企业未来战略的经营风险、企业对风险的态度、企业所处行业的风险、竞争对手的资本成本与资本结构（竞争对手可能有更低的融资成本以及对风险不同的态度）、影响利率的潜在因素。

【考点母题——万变不离其宗】股利分配政策

<table>
<tr><td rowspan="10">决定股利分配的因素</td><td colspan="2">盈余分配和留存政策是财务战略的重要组成部分。
留存盈余是企业一项重要的融资来源，财务经理应考虑保留盈余和发放股利的比例。
企业发放的股利可能被投资者看作是一种信号，大幅股利波动可能降低投资者信心。</td></tr>
<tr><td colspan="2">(1)影响留存盈余和发放股利的决策的因素有( )。</td></tr>
<tr><td>A. 留存供未来使用的利润的需要</td><td>这直接关系到企业的资产或未来业务的扩张程度。</td></tr>
<tr><td>B. 分配利润的法定要求</td><td>这是指基于经济利润的分配可能反过来影响资本的分配，股利的发放也将限制留存的盈余。</td></tr>
<tr><td colspan="2">C. 债务契约中的股利约束</td></tr>
<tr><td>D. 企业的财务杠杆</td><td>企业如果需要额外的融资，应当在权益融资和债务融资之间进行平衡。</td></tr>
<tr><td>E. 企业的流动性水平</td><td>因为支付现金会导致流动性资产的枯竭，相应地，未来的现金流需要根据支付股利的需要进行计划。</td></tr>
<tr><td colspan="2">F. 即将偿还债务的需要</td></tr>
<tr><td>G. 股利对股东和整体金融市场的信号作用</td><td>股东经常把企业发放的股利看作是未来成功的信号，稳定、持续的股利会被看作是一个积极的信号，所有者和投资者通常会把亏损期间的股利支付看作是暂时亏损的信号。企业平衡各个期间的股利，很可能是因为财务经理认为股利支付在资本市场中的信号作用。</td></tr>
<tr><td colspan="2"></td></tr>
<tr><td rowspan="5">实务中的股利政策</td><td colspan="2">(2)一般而言，实务中的股利政策有( )。</td></tr>
<tr><td>A. 固定股利政策</td><td>即每年支付固定的或者稳定增长的股利。将为投资者提供可预测的现金流量。</td></tr>
<tr><td>B. 固定股利支付率政策</td><td>股利支付率等于企业发放的每股现金股利除以企业的每股盈余。支付固定比例的股利支付率，能保持盈余、再投资率、股利现金流之间的稳定关系，但是投资者无法预测现金流，也无法表明管理层的意图或期望，并且如果盈余下降或者出现亏损，这种方法就会出现问题。</td></tr>
<tr><td>C. 零股利政策</td><td>即将企业所有的剩余盈余都投资回本企业中。在企业的成长阶段通常会使用这种股利政策，并将其反映在股价的增长中。</td></tr>
<tr><td>D. 剩余股利政策</td><td>即只有在没有现金净流量为正的项目的时候，才会支付股利。常见于那些处于成长阶段，不能轻松获得其他融资来源的企业中。</td></tr>
</table>

（二）财务战略的选择（重点）

1. 基于产品生命周期的财务战略选择

(1)产品生命周期不同阶段的财务战略

【此部分知识点属于考试概率较高的内容，一般以选择题为主。应重在理解，紧密结合教材原文。同时，教材所列举的例子一定要看，会举一反三。】

企业在产品生命周期不同发展阶段的经营特征如表 3-4 所示：

表 3-4　　企业在产品生命周期不同发展阶段的经营特征

	项目	产品生命周期阶段			
		导入期	成长期	成熟期	衰退期
风险搭配情况	经营风险	非常高	高	中等	低
	财务风险	非常低	低	中等	高
财务战略	资本结构	权益融资	主要是权益融资	权益+债务融资	权益+债务融资
	资金来源	风险资本	权益投资增加	保留盈余+债务	债务
	股利(现金流)	不分配(负)	分配率很低(低)	分配率高(高)	全部分配(减少)
常见指标	价格/盈余倍数(市盈率)	非常高	高	中	低
	股价	迅速增长	增长并波动	稳定	下降并波动

【考点母题——万变不离其宗】产品生命周期不同阶段的财务战略选择

(结合案例)简答：企业在产品生命周期不同阶段的财务战略选择。	
导入期	•企业经营风险最高(新产品是否有销路，是否被既定客户接受…)； •这意味着财务风险可能较低； •因此权益融资最合适； •对于股权资本筹资，从事导入期产品的企业通常利润微薄，收益很低，甚至有可能出现亏损，因此风险投资者在其中起很大作用； •从股利分配战略看，对于该阶段的企业而言，其收益较低且波动性较大，融资渠道不畅，留存收益是很多企业唯一的资金来源，企业处于稳健考虑需要进行大量积累，因此适宜采取不分配或者少分配利润的股利分配政策。
成长期	•一旦新产品或服务成功进入市场，销售数量就开始快速增长，这不仅代表了产品整体业务风险的降低，而且表明需要调整企业的战略； •企业的风险尽管比导入期有所降低，但仍然很高； •因此要控制资金来源的财务风险，需要继续使用权益融资； •然而，最初的风险投资家渴望实现资本收益从而能启动新的商业投资，这意味着需要识别新的权益投资者来替代原有的风险投资者并提供高速增长阶段所需的资金； •最具吸引力的资金来源通常来自公开发行的股票。

续表

成熟期	•产品进入成熟期后，产业销售额很大且相对稳定，利润也比较合理，企业风险再次降低；此时企业的战略重点转移到提高效率、保持市场份额上来； •从筹资策略看，在成熟期，企业经营风险进一步降低，使得企业可以承担中等财务风险；同时，企业开始出现大量正现金净流量，这些变化使得开始使用负债而不仅仅使用权益筹资。这一时期的企业可以采取相对激进的筹资战略，即可采用相对较高的负债率，以有效利用财务杠杆； •从股利分配战略看，成熟期的企业具备较强的股利支付能力，此时股东也希望获得较高的投资回报，因此企业可以采取稳健的高股利分红政策，提高股利支付率，且以现金股利方式为主。
衰退期	•产品进入衰退期，经营活动和投资活动都产生巨额现金流入，而融资活动的净现金流出也达到了历史高位，企业面临的风险比先前的成熟阶段更低，重要的风险是在该产业中企业还能生存多久； •从筹资战略看，衰退期企业仍可保持较高的负债率，而不必调整其激进型资本结构； •从股利分配战略看，仍可采取现金高股利支付的股利分配战略。

(2)财务风险与经营风险的搭配

经营风险的大小由特定的经营战略决定，财务风险的大小由资本结构决定，它们共同决定了企业的总风险。经营风险与财务风险的结合方式，从逻辑上可以划分为以下四种类型：

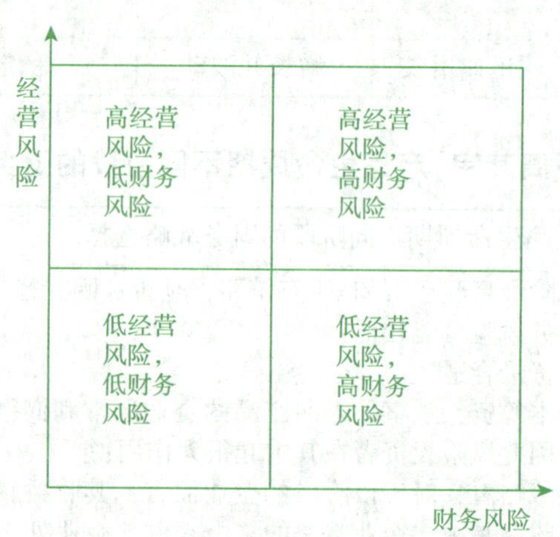

图 3-11 经营风险与财务风险的搭配

【考点母题——万变不离其宗】财务风险与经营风险的搭配

企业经营风险和财务风险的组合方式的类型有（ ）。	
A. 高经营风险与高财务风险搭配	这种搭配具有很高的总体风险。符合风险投资者的要求，不符合债权人的要求。因此，这种搭配因找不到债权人而无法实现。

续表

B. 高经营风险与低财务风险搭配	这种搭配具有中等程度的总体风险。这种搭配是一种可以同时符合股东和债权人期望的现实搭配。 需要注意的是，权益筹资对于投资人来说，风险大，而对于企业来说风险小；债务筹资对于债权人来说风险小，而对于企业来说风险大。
C. 低经营风险与高财务风险搭配	这种搭配具有中等的总体风险。 这种搭配是一种可以同时符合股东和债权人期望的现实搭配。
D. 低经营风险与低财务风险搭配	这种搭配具有很低的总体风险。 对债权人是一个理想的资本结构，但不符合权益投资人的期望，因此不是现实的搭配。
【总结】经营风险与财务风险**反向搭配**是制定资本结构的一项战略性原则。产品或企业的不同发展阶段有不同的经营风险，企业应采用不同的财务战略。	

【考点子题——举一反三，真枪实练】

[55] (2022 年·单选题·考生回忆版)近年来，射频识别设备逐渐进入人们的生活和越来越多的产业。随着市场的扩大，竞争者涌入，企业都以取得最大市场份额为战略目标。各个企业的产品在技术和性能上有较大差异。为了在竞争中胜出，企业之间开始争夺人才和资源。下列各项中，适合目前射频识别设备生产企业在资本结构上的经营特征的是(　)。

A. 权益融资　　　　B. 主要是债务融资

C. 权益+债务融资　　　　D. 主要是权益融资

[56] (2020 年·单选题)近年来，人们不断增加的对健康水源的需求催生了越来越多的滤水壶生产企业。目前这些企业提供的产品性能/质量大体相同，彼此之间为争夺客户展开挑衅型的价格竞争；行业规模达到前所未有的水平；任何一个企业扩大市场份额都十分困难，下列各项中，属于目前上述企业所具有的经营特征的是(　)。

A. 经营风险非常高　　　　B. 价格盈余倍数非常高

C. 具有中等的股利分配率　　　　D. 资金来源于保留盈余+债务

[57] (2019 年·多选题)甲公司是一家煤炭企业集团。近年来，煤炭产品的客户对性价比的要求很高；各煤炭企业的产品差别很小，价格差异缩小且处于很低水平，产品毛利很低，只有大规模生产并有自己销售渠道的企业才具有竞争力；大量中小煤炭企业陆续退出市场。在该产业发展的现阶段，甲公司具备的财务特征有(　)。

A. 经营风险低　　　　B. 财务风险高

C. 股价稳定 D. 资金来源于保留盈余和债务

[58] (2019年·单选题)甲燃气公司负责某市的民用天然气供给业务。近年来该市的民用天然气需求量比较稳定，甲燃气公司主要通过向银行贷款取得更新设备所需的资金。该公司财务风险与经营风险的搭配属于( )。

A. 高经营风险与高财务风险 B. 高经营风险与低财务风险

C. 低经营风险与高财务风险 D. 低经营风险与低财务风险

[59] (2018年·多选题)甲公司是一家互联网叫车平台公司，目前经营处于培育客户的阶段。该公司通过支付大量的营销费用来培养客户通过互联网叫车的习惯。下列各项中，属于甲公司现阶段经营特征的有( )。

A. 经营风险非常高而财务风险非常低

B. 具有中等的股利分配率

C. 价格盈余倍数非常高

D. 主要资金来源是风险资本

[60] (2012年·单选题)某创业三年的净水器生产企业，大股东以其拥有的国内先进的渗透膜技术以及部分现金投入企业进行生产经营，近两年销售额年均增幅在25%以上。为了获得拓展污水处理工程业务所需的资金，并将长期借款置换为权益资本，企业刚完成向机构投资者募集资金。根据财务风险与经营风险搭配理论，该企业属于( )。

A. 高经营风险与高财务风险 B. 低经营风险与高财务风险

C. 高经营风险与低财务风险 D. 低经营风险与低财务风险

2. 基于创造价值或增长率的财务战略选择

创造价值是财务管理的目标，也是财务战略管理的目标。鉴于财务战略是影响企业价值可持续增长的重要动因，对于日益追求价值可持续增长的企业来说，构建可持续增长的价值创造财务模型是财政战略管理的关键。

(1)影响价值创造的主要因素

【考点母题——万变不离其宗】企业的市场增加值及其影响因素

企业的市场增加值	企业市场增加值(MVA)是计量企业价值创造的有效指标，即某一时点，企业资本(包括所有者权益和债务)的市场价值与占用资本账面价值之间的差额。这个差额是由企业活动创造的，是用市场价值衡量的企业价值增加额。 企业市场增加额=企业资本市场价值-企业占用资本 市场增加值=(投资资本回报率-资本成本)×投资资本/(资本成本-增长率) 【注】严格来说，企业的市场价值最大化并不意味着创造价值。

续表

市场增加值的影响因素	影响企业市场增加值的因素有(　)。	
	A. 投资资本回报率	反映企业的盈利能力，由投资活动和运营活动决定。投资资本回报率在公式的分子，提高盈利能力有助于增加市场增加值。
	B. 资本成本	反映权益投资人和债权人的期望报酬率，由股东和债权人的期望以及资本结构决定。资本成本增加会减少市场增加值。
	C. 增长率	用预期增长率计量，由外部环境和企业的竞争能力决定。增长率是分母的减项，提高增长率对市场增加值的影响，要看分子是正值还是负值。增长率的高低虽然不能决定企业是否创造价值，但却可以决定企业是否需要筹资，而这是制定财务战略的重要依据。

【考点母题——万变不离其宗】销售增长率、筹资需求与价值创造

(1)简答：在资产周转率、销售净利率、资本结构、股利支付率不变，并且不增发和回购股份的情况下，出现现金短缺、现金剩余、现金平衡现象时，销售增长率、筹资需求和价值创造三者的关系。

增长类型	表现形式	资金需求	策略	
高速增长	销售增长率超过可持续增长率	现金短缺	概念	指在当前的经营效率和财务政策下产生的现金不足以支持销售增长，需要通过提高经营效率、改变财务政策或增发股份来平衡现金流动。
			分类	(2)从财务的战略目标考虑，对不同类型的现金短缺应采取的策略有(　)。
				A. 对于创造价值的现金短缺，应当设法筹资以支持高增长，创造更多的市场增加值
				B. 对于减损价值的现金短缺，应当提高可持续增长率以减少价值减损
缓慢增长	销售增长率低于可持续增长率	现金剩余	概念	指在当前的经营效率和财务政策下产生的现金，超过了支持销售增长的需要，剩余的现金需要投资于可以创造价值的项目(包括扩大现有业务的规模或开发新的项目)，或者还给股东。
			分类	(3)从财务的战略目标考虑，对不同类型的现金剩余应采取的策略有(　)。
				A. 对于创造价值的现金剩余，应当用这些现金提高股东价值增长率，创造更多的价值
				B. 对于减损价值的现金剩余，应当把钱还给股东，避免更多的价值减损
均衡增长	销售增长率等于可持续增长率	现金平衡	指在当前的经营效率和财务政策下产生的现金，与销售增长的需要可以保持平衡。这是一种理论上的状态，现实中不平衡是绝对的。	

续表

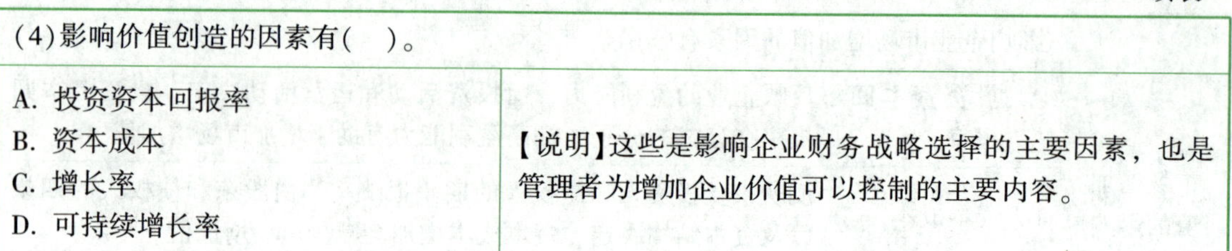

(4)影响价值创造的因素有( )。	
A. 投资资本回报率 B. 资本成本 C. 增长率 D. 可持续增长率	【说明】这些是影响企业财务战略选择的主要因素，也是管理者为增加企业价值可以控制的主要内容。

(2)价值创造和增长率矩阵

我们可以通过财务战略矩阵，把价值创造或价值减损(投资资本回报率-资本成本)和现金余缺(销售增长率-可持续增长率)联系起来(如图3-12所示)。

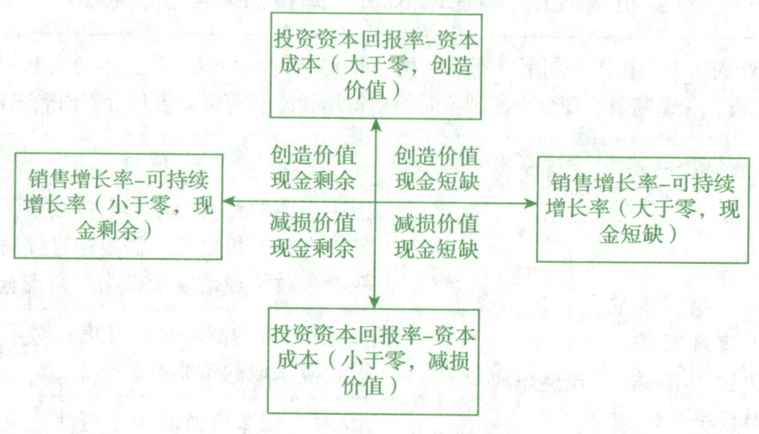

图3-12 财务战略矩阵

财务战略矩阵假设一个企业有一个或多个业务单位。

纵坐标：是一个业务单位的投资资本回报率与其资本成本的差额，实际上就是经济增加值(EVA)，该指标用来评价公司的价值增长状态。如果EVA大于零，说明企业的税后净经营利润大于资金成本，该业务单位为股东创造价值；如果EVA小于零，说明企业的税后净经营利润不能弥补其资金成本，该业务单位减损股东价值。

横坐标：表示销售增长率减去可持续增长率的差值，用以衡量企业资源耗费的状况。如果上述差值大于零，说明企业销售带来的现金流量不能维持其自身发展，现金短缺；反之，表示企业销售带来的现金流量可以满足自身发展需要，企业有现金剩余。

【说明】可持续增长率：指不增发新股，并且保持目前经营效率和财务政策条件下，公司销售可以实现的最高增长率。该矩阵也可作为评价和制定战略的分析工具。

【考点母题——万变不离其宗】价值创造和增长率矩阵（财务战略矩阵）（此部分为重点内容）

<table>
<tr><td colspan="4">(1)财务战略矩阵中，对处于不同象限的业务单位（或企业），应当分别选择的战略有（　）。</td></tr>
<tr><td rowspan="9">增值型现金短缺（第一象限）</td><td>特征</td><td colspan="2">（投资资本回报率-资本成本）大于 0；（销售增长率-可持续增长率）大于 0。该象限的业务往往处于成长期，一方面该业务能够带来企业价值增值，另一方面其产生的现金流量不足以支持业务增长，会遇到现金短缺的问题。这种情况下，业务增长越快，现金短缺越是严重。</td></tr>
<tr><td>图示</td><td colspan="2"> 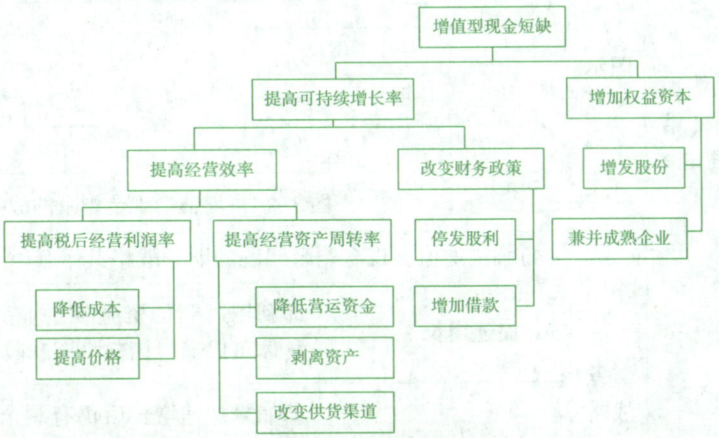增值型现金短缺
提高可持续增长率
增加权益资本
提高经营效率
改变财务政策
增发股份
提高税后经营利润率
提高经营资产周转率
停发股利
兼并成熟企业
降低成本
提高价格
降低营运资金
剥离资产
改变供货渠道
增加借款
图 3-13　增值型现金短缺的战略选择</td></tr>
<tr><td rowspan="7">财务战略</td><td colspan="2">实务中，首先应判明这种高增长是暂时性的还是长期性的：
• 如果高速增长是暂时的，则应通过借款来筹集所需资金，等到销售增长率下降后，企业会有多余现金归还借款；
• 如果高速增长是长期的，则不能通过短期周转借款来解决，此时有两种战略性措施来解决资金短缺问题：
①提高可持续增长率，使之向销售增长率靠拢；
②增加权益资本，提供增长所需的资金。</td></tr>
<tr><td colspan="2">(2)解决长期性高速增长的资金短缺问题时，提高可持续增长率的具体方法有（　）。</td></tr>
<tr><td>A. 提高经营效率</td><td>这是应对现金短缺的首选战略。</td></tr>
<tr><td>B. 改变财务政策</td><td>比如，停止支付股利、增加借款的比例等。</td></tr>
<tr><td colspan="2">(3)解决长期性高速增长的资金短缺问题时，如果可持续增长率的提高仍不能奏效，就需要增加权益资本，具体的方法有（　）。</td></tr>
<tr><td>A. 增发股份</td><td>其必要的前提是所筹资金要有更高的回报率，否则不能增加股东的财富；缺点是分散了控制权，而且会稀释每股收益。</td></tr>
<tr><td>B. 兼并“现金牛”企业</td><td>即兼并那些增长缓慢、有多余现金的业务。</td></tr>
</table>

续表

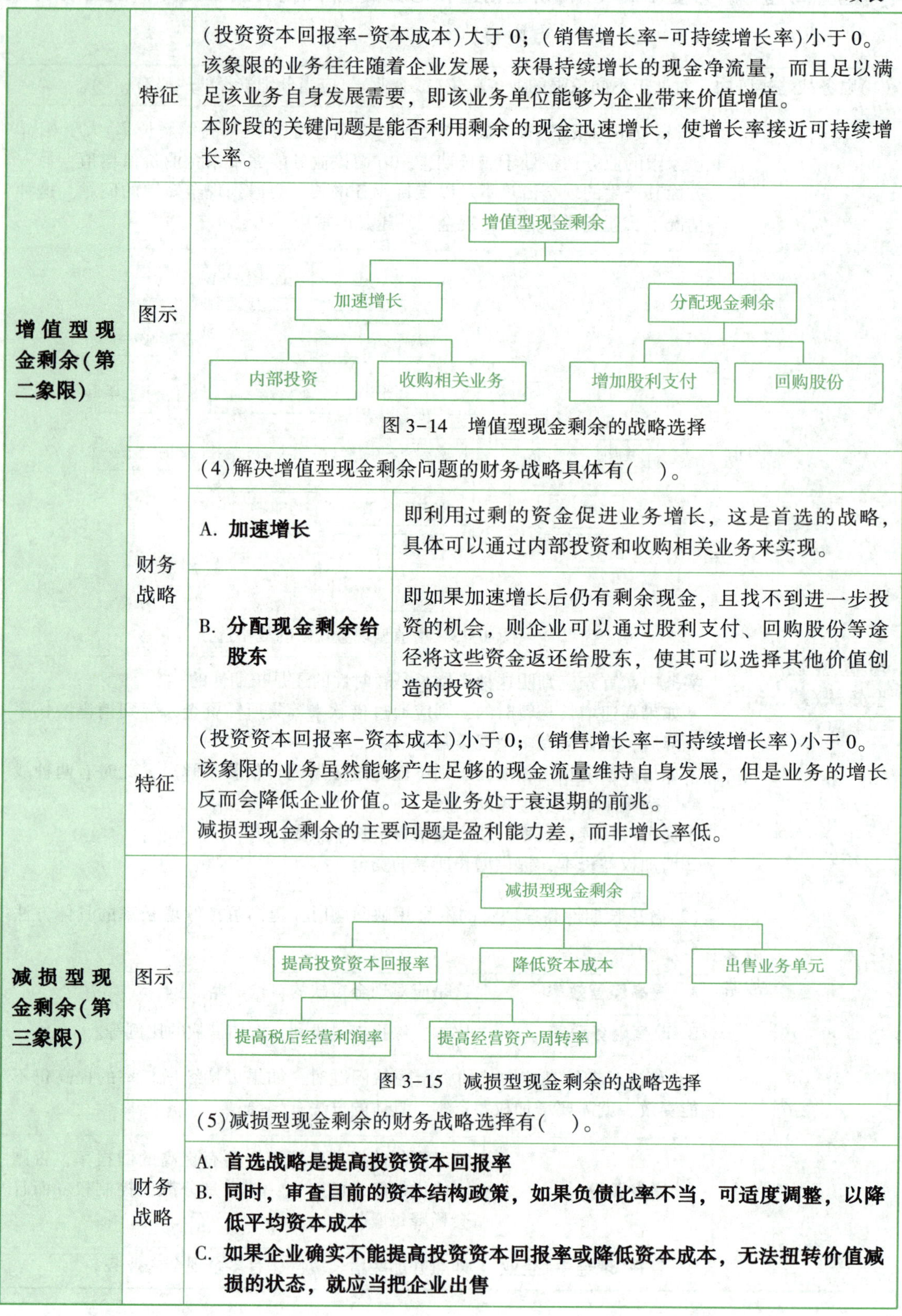

增值型现金剩余(第二象限)	特征	(投资资本回报率-资本成本)大于0；(销售增长率-可持续增长率)小于0。 该象限的业务往往随着企业发展，获得持续增长的现金净流量，而且足以满足该业务自身发展需要，即该业务单位能够为企业带来价值增值。 本阶段的关键问题是能否利用剩余的现金迅速增长，使增长率接近可持续增长率。
	图示	增值型现金剩余 加速增长 分配现金剩余 内部投资 收购相关业务 增加股利支付 回购股份 图3-14 增值型现金剩余的战略选择
	财务战略	(4)解决增值型现金剩余问题的财务战略具体有(　)。 A. **加速增长**：即利用过剩的资金促进业务增长，这是首选的战略，具体可以通过内部投资和收购相关业务来实现。 B. **分配现金剩余给股东**：即如果加速增长后仍有剩余现金，且找不到进一步投资的机会，则企业可以通过股利支付、回购股份等途径将这些资金返还给股东，使其可以选择其他价值创造的投资。
减损型现金剩余(第三象限)	特征	(投资资本回报率-资本成本)小于0；(销售增长率-可持续增长率)小于0。 该象限的业务虽然能够产生足够的现金流量维持自身发展，但是业务的增长反而会降低企业价值。这是业务处于衰退期的前兆。 减损型现金剩余的主要问题是盈利能力差，而非增长率低。
	图示	减损型现金剩余 提高投资资本回报率 降低资本成本 出售业务单元 提高税后经营利润率 提高经营资产周转率 图3-15 减损型现金剩余的战略选择
	财务战略	(5)减损型现金剩余的财务战略选择有(　)。 A. **首选战略是提高投资资本回报率** B. **同时，审查目前的资本结构政策，如果负债比率不当，可适度调整，以降低平均资本成本** C. **如果企业确实不能提高投资资本回报率或降低资本成本，无法扭转价值减损的状态，就应当把企业出售**

续表

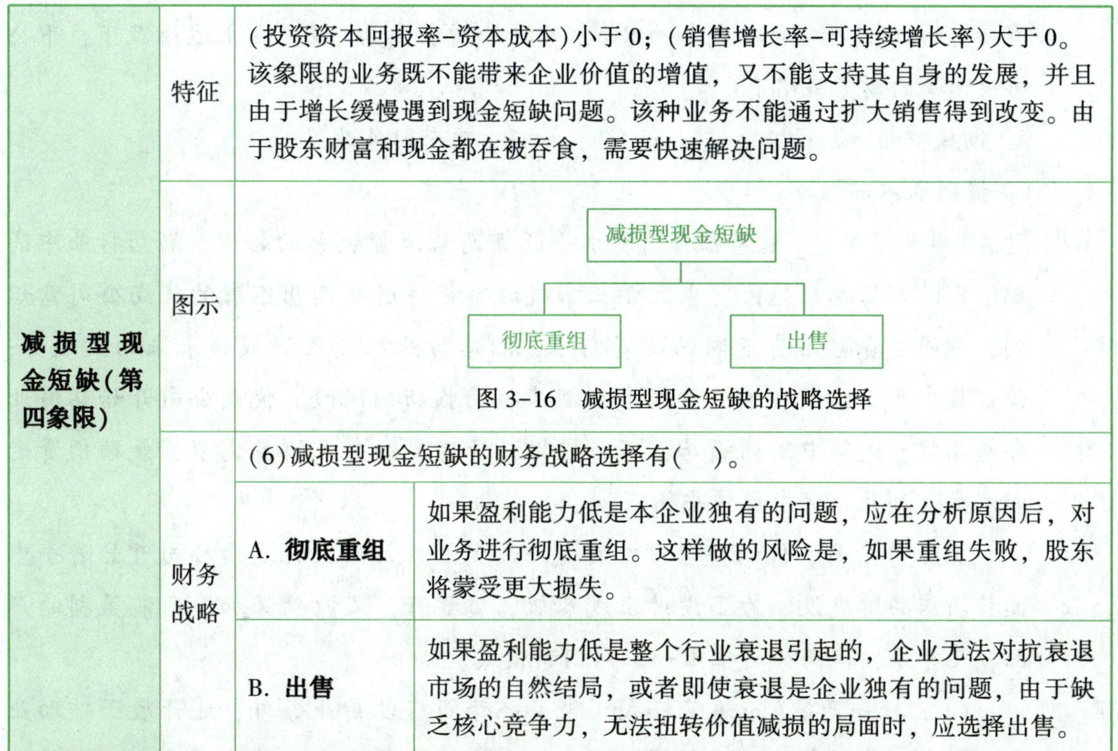

减损型现金短缺(第四象限)	特征	(投资资本回报率-资本成本)小于 0；(销售增长率-可持续增长率)大于 0。该象限的业务既不能带来企业价值的增值，又不能支持其自身的发展，并且由于增长缓慢遇到现金短缺问题。该种业务不能通过扩大销售得到改变。由于股东财富和现金都在被吞食，需要快速解决问题。	
	图示	 图 3-16　减损型现金短缺的战略选择	
	财务战略	(6)减损型现金短缺的财务战略选择有(　)。	
		A. **彻底重组**	如果盈利能力低是本企业独有的问题，应在分析原因后，对业务进行彻底重组。这样做的风险是，如果重组失败，股东将蒙受更大损失。
		B. **出售**	如果盈利能力低是整个行业衰退引起的，企业无法对抗衰退市场的自然结局，或者即使衰退是企业独有的问题，由于缺乏核心竞争力，无法扭转价值减损的局面时，应选择出售。

【考点子题——举一反三，真枪实练】

[61] (2021 年 · 多选题)维力公司管理层根据该公司的经营业绩决定采用新的财务战略，该战略包括使用内部资金、实行前向一体化并购、增加股利支付和回购部分股东股份等。下列各项中，属于维力公司管理层采用新财务战略依据的有(　)。

A. 销售增长率为 9%，可持续增长率为 8%

B. 投资本回报率为 7%，资本成本为 10%

C. 投资资本回报率为 8%，资本成本为 6%

D. 销售增长率为 9%，可持续增长率为 10%

[62] (2010 年 · 多选题)下列关于企业财务战略矩阵分析的表述中，正确的有(　)。

A. 对增值型现金短缺业务单位，应首先选择提高可持续增长率

B. 对增值型现金剩余业务单位，应首先选择提高投资资本回报率

C. 对减损型现金剩余业务单位，应首先选择提高投资资本回报率

D. 对减损型现金短缺业务单位，应首先选择提高可持续增长率

[63](2019年·多选题)甲公司某年的投资回报率为5%，销售增长率为10%，经测算甲公司的加权平均资本成本为8%，可持续增长率为6%。在上述情况下，甲公司应选择的财务战略有( )。

A. 彻底重组　　B. 改变财务政策

C. 提高资本回报率　　D. 出售

[64](2019年·简答题)随着社会消费水平的提高与消费观念的转变，酒店行业中高端消费的市场越来越大。专注于三四线城市经济连锁酒店经营的优尚公司意识到，不同消费群体有不同的消费需求，酒店行业细分已经成为未来的大趋势；仅仅集中于三四线城市经营经济型酒店将面临新的风险。优尚公司开始拓展业务与品牌，进军中高档酒店，不断挖掘投资者及细分人群的需求，兼顾投资者和消费者利益，寻求最佳平衡点。

2015年7月，优尚公司对外发布三大新酒店品牌，标志着公司开始着手中高档酒店品牌建设。为了设计出成本低、质量好，又能确保加盟商能盈利的产品，几年来，优尚公司推出一系列创新模式。

(1)"投一产多"的运营模式。除了经营酒店住宿业务外，还开展了辅助业务，如在酒店大堂开设蛋糕店、面吧，在房间销售毛巾、浴巾等产品。运营一年后，酒店辅助业务的盈利远远超过住宿业务的盈利。"投一产多"运营模式比传统运营模式酒店多35%的收益。

(2)"住酒店可以不花钱"。与"投一产多"运营模式相配套，优尚公司为顾客构建了一个生活分享平台：大堂的沙发、灯具、各种装饰，以及客房的床垫、靠枕、床单、小摆件、毛巾、浴巾、洗浴用品、水杯、家具甚至壁纸，顾客只要是体验后喜欢的，都可以通过手机扫描二维码下单购买。顾客只要购买等同房价的物品，就可以免收房间费用。优尚公司这一举措的基本思路是，家居用品行业大约有50%的毛利，但生产厂家净利不超过5%，因为销售过程中会产生仓储、商场展示、扣点、物流等费用。如果家居用品生产厂家把酒店作为一个商场来展示和销售商品，就会节约所有铺货的费用，那么只需从50%的毛利中拿出一部分补贴酒店，就可以收到双赢的效果。

(3)打造互联网智能公寓。优尚公司将旗下的中档酒店蓝港公寓定位于互联网智能公寓，引领时代潮流。公司引入O2O(online线上到offline线下)模式和酒店式标准化管理，推广"住宿、社交、管家式生活服务"的酒店模式。智能酒店系统可以远程调控客房里的温度、灯光模式、音乐、空气温度与洁净度；移动设备可无线连接智能电视，实现双屏互动。智能化体验为投资者和消费者带来更多的惊喜和便利。

(4)与生产经营家电、金融、旅游、家居、智能门锁的五大行业巨头达成品牌合作。通过强强联合，增加信用住宿、无息贷款、投资扶持、微信开锁等功能，优尚公司的酒店生态更加开放，为酒店行业发展探索新的契机。

要求：

(1)依据市场营销战略目标市场选择理论，简要说明优尚公司在2015年前后目标市场选择类型的变化；

(2)依据蓝海战略重建市场边界的基本法则(开创蓝海战略的途径)，简要分析优尚公司在中高档酒店品牌建设中开创新的生存发展空间的路径。

本节各知识点复习建议

【市场营销战略】重要知识点，各种题型均会出现，建议全面掌握。

【研究与开发战略】重要知识点，主观题高频考点，建议全面掌握。

【生产运营战略】考试以客观题为主，偶尔在主观题出现。2022年生产运营战略变化较大，增加了生产运营战略的内容和竞争重点，这部分内容要尤为重视。

【采购战略】考试以客观题为主，2022年采购战略全面改写，要予以重视。

【人力资源战略】考试以客观题为主，尤其是和基本竞争战略相结合的人力资源相关战略。

【财务战略】重要知识点，考试以客观题为主，重点掌握基于产品声明周期的财务战略选择和财务战略矩阵。

第四节　国际化经营战略

本章前三节依次介绍了公司三个层次战略的具体内容，而国际化经营战略则是企业在国际市场上对上述三个层次战略的具体应用，并且国际化经营战略具有独特性。所以，本节专门对其加以阐述。

一、企业国际化经营动因

考点24 企业国际化经营动因（★★★，掌握，客观题和主观题）

【考点题源】发展中国家跨国公司对外投资的主要动机

动机 （背，理解内涵）	原文主要结论 （了解）
寻求市场	• **区位理论**——"良禽择木而栖"； • **联合国2006年《世界投资报告》**指出：发展中国家企业对外投资动机中，最重要的是寻求市场型的外国直接投资； • 国际市场的不完全性会导致各国之间的市场差异，即在生产要素价格、市场规模、市场资源供给等方面存在着不同的差异； • 市场需求方面的区位优势与竞争对手分布情况决定企业选择对外直接投资的国家和地区，去寻求更大的市场机会。
寻求效率	• 相对较先进(因而劳动力成本较高)的发展中国家跨国公司对外直接投资寻求效率的动机更为明显。 • 寻求效率的投资又往往是基于两个方面的驱动因素： ①投资国生产成本上涨，特别是劳动力成本。 ②发展中国家公司所面临的竞争压力正在推动它们向海外扩展。 • 以寻求效率为主要动机的投资一般集中在几个产业(诸如电气和电子产品及成衣和纺织品)，且大多面向发展中国家。
寻求资源	• 许多发展中大国快速增长使其所需的关键自然资源出现短缺，这些国家的政府鼓励企业跨国投资以获取对母国经济至关重要的原材料供给。
寻求现成资产	• **垄断优势理论(海默和金德尔伯格)**(掌握结论)：市场不完全导致了对外直接投资。 • **联合国2006年《世界投资报告》**：寻求现成资产型对外投资主要表现为发展中国家跨国公司向发达国家投资。主要动机是主动获取发达国家企业的垄断优势，即品牌、先进技术与管理经验等现成资产。

【考点子题——举一反三，真枪实练】

[65] (2018 年 · 多选题) 顺驰公司是国内一家汽车玻璃制造商。面对国内生产要素成本不断上涨和产品订单日趋减少，该公司把一部分资金和生产能力转移至生产综合成本相对较低的汽车产销大国 M 国。通过独立投资设厂和横向并购 M 国一家拥有国际知名品牌的企业，顺驰公司在 M 国不仅很快站稳脚跟，而且获得 M 国汽车制造商的大量订单，业务量大幅增长。在本案例中，顺驰公司向 M 国投资的动机有(　　)。

A. 寻求市场　　B. 寻求效率　　C. 寻求资源　　D. 寻求现成资产

二、国际化经营的主要方式

考点 25 企业国际化经营的主要方式 (★★，掌握，客观题)

(一) 出口贸易

商品与服务出口贸易是企业国际化经营相对比较简单、比较普遍的方式。企业国际化经营选择出口贸易方式要研究的问题有以下三个：

【考点母题——万变不离其宗】目标市场选择

目标市场选择涉及两个层面：一是目标市场的区域路径；二是在东道国细分市场的目标客户的定位。

<table>
<tr><td colspan="3">(1) 企业出口贸易中，目标市场选择涉及的层面有(　　)。</td></tr>
<tr><td rowspan="3">A. 目标市场的区域路径</td><td colspan="2">(2) 选择目标市场区域路径的方式有(　　)。</td></tr>
<tr><td>A. 传统方式(连续方式)</td><td>● 高新技术产品
①发达国家出口的国别路径是先到经济技术发展水平相类似的发达国家，然后再到发展中国家；
②发展中国家则是先到环境类似的发展中国家，最后再逐步走向发达国家。
● 发展中国家的农产品、矿产品等初级产品和劳动密集型的低端产品主要流向是发达国家。</td></tr>
<tr><td>B. 新型方式(不连续方式)</td><td>经济全球化背景下，许多产业中的全球分工体系已经形成，全球同步使用新产品。不论是发达国家还是发展中国家，该产业中的高新技术产品出口的国别路径是先到发达国家(特别是美国)，以占领世界最大市场，然后再走向发展中国家。</td></tr>
<tr><td>B. 选择目标客户</td><td colspan="2">其基础是市场细分。各国之间的细分市场通常在数量、大小和特点上存在差别。</td></tr>
</table>

【考点母题——万变不离其宗】选择分销渠道与出口营销

连接某国生产者与他国消费者的分销渠道具有的特征有（ ）。
A. 一般说来，国际分销渠道比国内分销渠道更复杂，涉及更多的中间环节 B. 国际分销渠道的成本通常比国内分销渠道的成本高 C. 出口商有时必须通过与国内市场不同的分销渠道向海外市场进行销售 D. 国际分销渠道通常为公司提供海外市场信息，包括产品在市场上的销售情况及其原因

【考点母题——万变不离其宗】出口市场上的定价（此部分内容掌握四种定价方法）

针对海外市场的定价策略一般有（ ）。
A. 定价偏高，以期获得大于国内市场的收益 B. 制定使海外市场与国内市场收益水平接近的价格 C. 在短期内定价较低，即使收益偏低甚至亏损也在所不惜 D. 只要在抵消变动成本之后还能增加利润，就按能把超过国内市场需求量的产品销售出去的价格定价

（二）对外直接投资

【考点母题——万变不离其宗】对外直接投资

<table>
<tr><th>含义</th><th>优点</th><th>缺点</th></tr>
<tr><td rowspan="2">即企业将管理、技术、营销、资金等资源以自己控制企业的形式转移到目标国家（地区），以便能够在目标市场上更充分地发挥竞争优势。</td><td>（1）同出口方式相比，对外直接投资具备的优点有（ ）。</td><td rowspan="2">对外直接投资需要大量的资金、管理和其他资源的投入，这就意味着风险更大，灵活性差。</td></tr>
<tr><td>A. 缩短了生产和销售的距离，减少了运输成本
B. 可利用当地廉价的劳动力、原材料、能源等生产要素，降低制造成本
C. 能随时获得当地市场的信息和产品的信息反馈，从而可根据市场的需求来调整生产
D. 使企业跨越东道国政府的各种贸易和非贸易壁垒，有时直接投资还能享受东道国提供的某种优惠</td></tr>
<tr><td colspan="3">（2）对外直接投资的形式有（ ）。</td></tr>
<tr><td>A. 全资子公司
【说明】即由母公司拥有子公司全部股权和经营权</td><td>①管理者可以完全控制子公司在目标市场上的日常经营活动，并确保有价值的技术、工艺和其他一些无形资产都留在子公司。
②可以避免合资经营各方在利益、目标等方面的冲突问题，从而使国外子公司的经营战略与企业的总体战略融为一体。</td><td>①这种方式可能得耗费大量资金，公司必须在内部集资或在金融市场上融资以获得资金。
②由于没有东道国企业的合作与参与，全资子公司难以得到当地的政策与各种经营资源的支持，规避政治风险的能力也明显小于合资经营企业。</td></tr>
</table>

续表

<table>
<tr><td rowspan="2">B. 合资经营
【说明】协议共同投资的各方各按一定比例的股份出资，共同组成一家具有法人地位，在经济上独立核算，在业务上独立经营的企业</td><td>①一方面可以减少国际化经营的资本投入；
②另一方面有利于弥补跨国经营经验不足的缺陷，有利于吸引和利用东道国合资方的资源，如东道国合资方在当地市场的信誉、融资与销售渠道、同当地银行和政府官员的公私关系以及他们具有的生产、技术、管理和营销技能等。</td><td>由于合资企业由多方参与投资，因而协调成本可能过大。
协调问题又主要表现在以下几个方面：
①合资各方目标的差异。
②合资各方的文化差异。
（国家、民族文化和企业文化）</td></tr>
<tr><td colspan="2"><table><tr><td>新市场</td><td>将现有产品打入国外市场</td><td>经营一种新业务</td></tr><tr><td>现有市场</td><td>加强现有业务</td><td>将国外产品
投入国内市场</td></tr><tr><td></td><td>现有产品</td><td>新产品</td></tr></table>图 3-17　形成国际合资企业的动机</td></tr>
</table>

（三）非股权形式（★，了解，客观题）

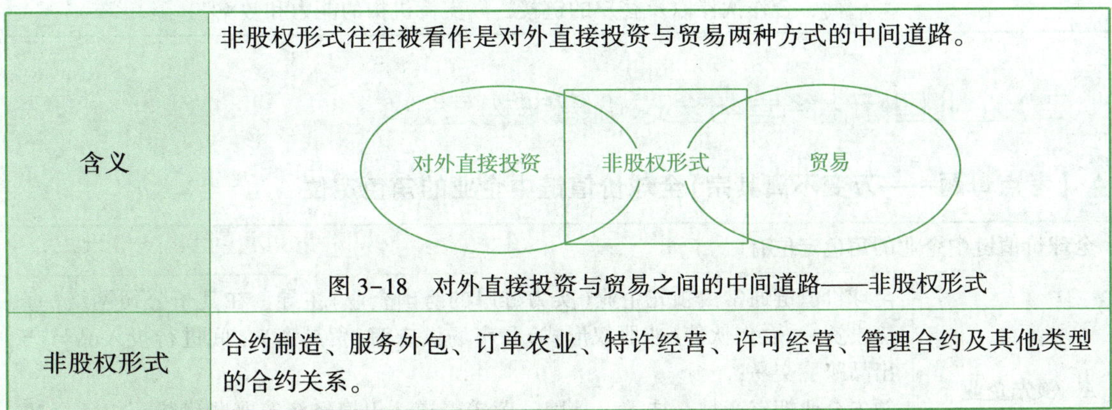

含义	非股权形式往往被看作是对外直接投资与贸易两种方式的中间道路。 图 3-18　对外直接投资与贸易之间的中间道路——非股权形式
非股权形式	合约制造、服务外包、订单农业、特许经营、许可经营、管理合约及其他类型的合约关系。

三、全球价值链中的企业国际化经营（22 年教材新增）

考点 26　全球价值链中的企业国际化经营（★★★，掌握，客观题和主观题）

（一）全球价值链的理论与概念

全球价值链的理论起源于波特在《竞争优势》一书中所提出的“价值链”概念。经济学家们延展了波特价值链的概念建立了全球价值链理论，并从多个不同角度进行了研究。

【考点母题——万变不离其宗】全球价值链的理论与概念

全球价值链理论具体包括(　)。	
A. 产品内国际分工	【定义】特定产品不同的生产环节在地理空间上分散到不同国家(地区)，不同国家(地区)进行专业化生产，形成跨国家(地区)生产的一种生产组织方式。 【特点】 ①产品生产环节分解为多个过程； ②生产环节在两个或两个以上国家(地区)进行； ③至少一国(地区)使用了进口产品生产并出口使用了该进口产品的产品。
B. 全球生产网络	•是20世纪80年代以来用以描述跨国企业运用对外直接投资、国际贸易、非股权安排等方式参与产品内国际分工，彼此之间形成的一种相互影响、相互促进的关联关系。 •基本构成单位是跨国企业的价值链，不同跨国企业价值链之间的相互作用形成了全球生产网络，因而全球生产网络具有明显的地理分散特征。
C. 全球价值链	指在全球范围内为实现商品或服务价值而连接生产、销售、回收处理等过程的全球性跨国企业网络组织，涉及从原料采集和运输、半成品和成品的生产和分销，直至最终消费和回收处理的过程。它包括所有参与者和生产销售等活动的组织及其价值利润分配，并且通过自动化的业务流程和供应商、合作伙伴以及客户的链接，以支持机构的能力和效率”。

(二)企业国际化经营与全球价值链构建

【考点母题——万变不离其宗】全球价值链中企业的角色定位

全球价值链中企业的角色定位有(　)。	
A. **领先企业**	全球价值链通常由领先企业(实力雄厚的跨国企业)主导，在其子公司网络(直接投资)、合作伙伴(非股权形式)和市场供应商(贸易商)之间进行投入品与产出品跨境交易； 领先企业拥有产品、技术、品牌、营销渠道、规模经济等垄断优势，担负全球价值链的战略制定、组织领导以及管理工作，在全球生产网络中拥有绝对的控制力和影响力，获取其在全球价值链中最有利的地位和最大的价值增值。
B. **一级供应商**	供应商由于缺乏技术、品牌等关键资源的优势，通常在生产网络中处于从属地位。而具有不同能力的供应商则处于不同的层级。技术能力较强、具有较高成本优势的一级供应商能够起到在领先企业和本地供应商之间的桥梁作用。
C. **其他层级供应商**	以微弱比较优势参与全球价值链的企业通常处在二级、三级或更低级别供应商的位置。这些企业与一级供应商相联系，承接价值网络中非关键环节的非核心生产活动。
D. **合同制造商**	合同制造商存在于全球生产网络中，它们能够为领先企业提供除关键环节设计和营销以外的配套服务。合同制造商通常具备一定的技术能力，能够承接领先企业对技术有一定要求的产品的生产，也可以独立完成产品部分结构的生产。

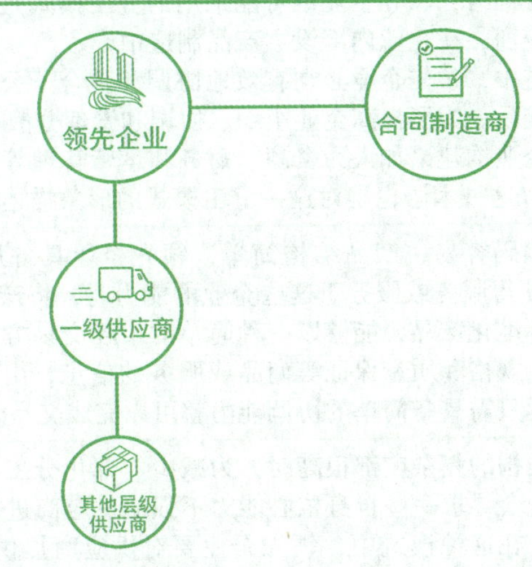

图 3-19 全球价值链中企业的角色定位图示

【考点子题——举一反三，真枪实练】

[66] (2022 年·单选题·考生回忆版) 安平公司是一家实施国际化经营的风电设备制造企业，具有较强的技术能力和较大的成本优势。该公司为在全球风电设备价值链中具有产品、技术、品牌等垄断优势的跨国公司提供塔筒、机舱罩等零部件的生产、组装、物流等业务的外围管理工作。下列各项中，符合安平公司在全球风电设备价值链中的角色定位是(　　)。

A. 领先企业　　　　B. 其他层级供应商

C. 合同制造商　　　D. 一级供应商

【考点母题——万变不离其宗】全球价值链的分工模式

全球价值链分工可以通过企业国际化经营的三种基本方式来实现：

一是通过领先企业进行海外直接投资将部分生产环节转移到海外子公司或分支机构，海外子公司或分支机构与国内剩余的生产环节共同构成全球价值链分工形态；

二是领先企业通过正常的国际贸易市场机制获取其生产环节所需的商品和服务；

三是领先企业通过非股权方式与分布在不同国家(地区)的供应商进行合作。非股权方式具有多种类型，采用的协调机制也不尽相同，相关研究归纳出领先企业与非股权供应商之间存在三种分工模式——俘获型、模块型和关联型。综合前面两种类型，全球价值链的分工模式可以分为五种类型。

全球价值链中企业的分工模式有（ ）。	
A. 科层型价值链	当产品的生产规格不易编码（即不易归纳整理）、产品结构非常复杂、又缺乏具有较强竞争力的供应商时，领先企业最可能采用的分工模式是通过对外直接投资并购或新建适宜的供应商，在企业内部设立产品制造中心。 在科层型价值链中，领先企业必须有效地协调和整合子公司和分支机构各种复杂的生产活动及其交易。为了提高企业组织、协调和管理分散在全球各生产环节的运营，往往要求领先企业构建诸如人力资源、财务和运营管理等"总部功能"来管理它们的业务。"科层型"这一术语也是对这一分工模式的形象描述。
B. 市场型价值链	如果产品规格编码容易、产品结构简单、领先企业具备从完全独立的分散在各国（地区）的企业获得服务或服务于这些企业的能力时，将产生市场型分工模式。这种分工模式适合标准化产品，能够以一种简单的市场交易方式在采购方与供给方之间交换诸如价格、规格和质量保证等商品或服务的信息。由于信息交换的复杂度相对较低，领先企业只需具备简单的协调能力就可以完成交易。
C. 俘获型价值链	当产品规格和结构的复杂度都很高时，为减少内部化分工模式难以避免的交易复杂程度，领先企业会寻求一些自身核心能力不强的供应商进行"锁定"，因而产生了俘获型分工模式。在这种模式中，领先企业要对供应商提供清晰的、已成文的指示，并在必要时提供技术支持。供应商也需要在领先企业明确的调控下，才能生产出满足复杂规格需求的产品。在这种分工模式中，供应商向其他类型价值链或其他领先企业转换的成本很高从而选择停留在已有价值链中，即被"俘获"。
D. 模块型价值链	模块型分工模式产生于对复杂产品的规格进行编码的能力不断提升的过程中。当产品结构具有模块型特征，可以通过减少零部件之间的差异性而实现对零部件、产品、过程等规格的标准化，从而降低信息编码的难度，供应商也因此具有提供"一揽子"生产服务和模块型产品的供应能力。被编码的知识之间的联系为买方提供了类似于正常市场交易所具有的速度、灵活性和低成本投入的优势。但与正常市场交易不同的是，由于编码的存在，企业之间的信息流动性远远高于正常市场交易。模块式分工模式可实现全球价值链协调成本最小化、选择和更换供应商便利化。该管理模式广泛应用于电子产业。非常有实力的一级供应商、合同制造商的联合和产品规格的标准化意味着领先企业能够获得定制产品，而不必与供应商发生复杂的交易。
E. 关联型价值链	如果产品规格难以编码，交易复杂且供应商的能力较强时，将产生关联型分工模式。由于买卖双方必须要对那些难以编码的知识进行传递，且竞争力较强的供应商可以为领先企业提供具有竞争力的辅助性功能，从而两者之间可能基于声誉、社会团体、家族、民族关系等因素产生相互依赖，双方对违约的惩罚机制也易于奏效。复杂而难以描述的信息交换常通过高频率的当面交流或高度明确的调控来实现，这使得关联双方向其他类型价值链或其他企业转换的成本也很高。

全球价值链的分工模式

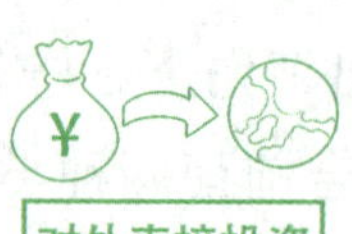

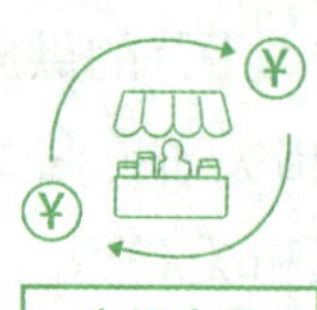

图 3-20 全球价值链的分工模式图示

表 3-5　全球价值链五种分工模式的主要特点及对供应商的主要影响

<table>
<tr><th colspan="2">分工模式</th><th>领先企业与供应商关系主要特点</th><th>对供应商的主要影响</th></tr>
<tr><td colspan="2">对外直接投资</td><td>产品规格或加工规格方面的信息专有或不易于整理和传播；
适用于具有高知识产权、高质量风险以及高品牌价位的产品；
交易复杂，领先企业需要进行全面的风险管理；
领先企业协调性高</td><td>供应商是被垂立整合的，受到全面的管理控制；
能够快捷地获得领先企业的现成资产；
技术扩展和知识转移通过内部商业联系</td></tr>
<tr><td colspan="2">市场交易</td><td>产品规格的相关信息易于传播；
适用于商品以及商品化的产品；
交易简单，价格机制发挥主导作用；
领先企业协调性低。</td><td>交易伙伴间没有正式合作；
客户转换成本低；
受到市场力量的影响；
学习方式仅限于贸易渠道。</td></tr>
<tr><td rowspan="3">非股权形式</td><td>俘获型</td><td>产品信息或加工规格不容易整理和传播；
领先企业有效控制生产，交易相对简单.；
领先企业协调性较高；
在汽车产业供应商的分级结构较常见</td><td>相对较小的供应商受到领先企业的高度监管和控制；对领先企业依赖度较俏；
知识转移侧重于提高效率与部分产品改进的知识共享</td></tr>
<tr><td>模块型</td><td>产品结构具有模块型特征，从而降低信息编码的难度；
领先企业选择和更换供应商便利，交易相对简单；
领先企业协调性较低；
在电子产业的供应商关系较常见</td><td>企业间联系范围广、信息流动依较高；
对领先企业的依赖度较低，供应商往往参与多个价值链</td></tr>
<tr><td>关联型</td><td>产品信息或加工规格不容易整理和传播；
团队合作；
复杂的交易通过高频率的当而交流或高度明确的调控来实现；
领先企业协调性中等</td><td>合作伙伴间相互依存度较高；
合作伙伴间的交易与交流频繁；
供应商更容易生产差异化产品；
知识学习和转移的程度相对较高；
由于领先企业转换成本较高，需求更加稳定</td></tr>
</table>

（三）全球价值链与发展中国家企业升级

【考点母题——万变不离其宗】全球价值链与发展中国家企业升级

<table>
<tr><td>定义</td><td>即发展中国家企业参与全球价值链，能够提高生产效率，并进入或扩展至全球价值链的高附加值阶段这种现象。</td></tr>
<tr><td colspan="2">(1)企业升级从易到难的类型有(　)。</td></tr>
<tr><td>A. 工艺升级</td><td>即通过对生产技术的改进和生产组织管理效率的提升而实现的升级。</td></tr>
<tr><td>B. 产品升级</td><td>即通过改进产品设计(甚至开发突破性的产品)提高产品的竞争力而实现的升级。</td></tr>
<tr><td>C. 功能升级</td><td>即通过占领价值链更高附加值的环节而实现升级。</td></tr>
</table>

续表

D. **价值链升级**	即通过进入技术壁垒或资本壁垒更高的价值链或获取价值链中更高的地位，以提升盈利能力和竞争力而实现的升级。
(2)从参与领先企业主导的全球价值链分工模式角度看，不同的分工模式对于四种企业升级类型的影响有(　)。	
A. 在科层型价值链中，跟随企业由于能够快捷地通过内部技术扩展和知识转移获得领先企业的现成资产，其工艺升级和产品升级很快能够发生 B. 在俘获型价值链中，被“俘获”的企业能够通过旨在提高效率与部分产品改进的知识共享实现工艺升级和产品升级 C. 在关联型价值链中，领先企业选择可以与自身建立长期供应关系的供应商。在这种相对稳定的分工关系中，跟随企业的工艺升级和产品升级可以在领先企业的协助下在短时间内完成。但由于供应商只需具备领先企业所需的特定环节的生产能力，领先企业对于供应商的功能升级和价值链升级的行为没有支持的动力，甚至会因为影响到自身的利益而加以控制与干预 D. 模块型供应商需要通过自主研发构建与领先企业的供求关系，因此，早期难以获得领先企业的现成资产，工艺升级与产品升级较为缓慢 E. 与模块型供应商相类似，市场型供应商需要通过自主研发实现工艺升级和产品升级，早期难以获得领先企业的现成资产，在一个充分竞争的市场环境下，工艺升级与产品升级较为缓慢。但是市场型供应商一旦形成了与领先企业的供给关系后，也能够将领先企业的技术外溢与自身的自主核心能力相结合，实现功能升级和价值链升级	

四、国际化经营的战略类型

考点27 国际化经营的战略类型（★★★，掌握，客观题和主观题）

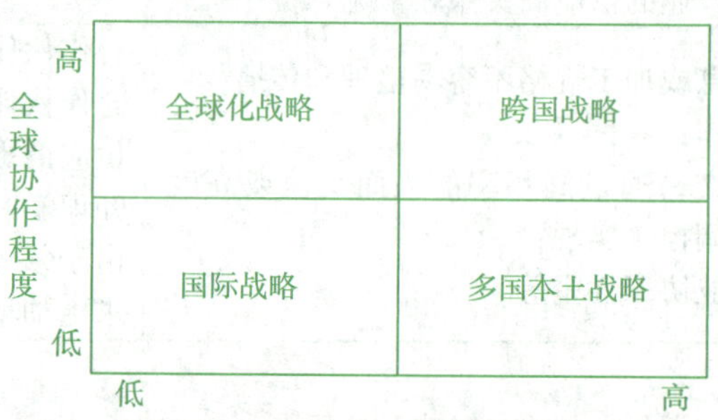

图3-21　国际化的战略类型

【考点母题——万变不离其宗】国际战略【直线职能式】

含义	企业将其具有价值的产品与技能转移到国外的市场，以创造价值。产品开发的职能留在母国，而在东道国建立制造和营销职能，总部一般严格地控制产品与市场战略的决策权。
做法归纳	(1)产品生产一般在国内，出口到其他国家。 (2)有时也会在其他国家生产，生产什么，由总部决定，当地没有决策权。 (3)重心还在国内，试探性走出国门。

续表

主要特征	适应性较差；经营成本高。
适应情况	企业的特殊竞争力如果在国外市场上拥有竞争优势，而且在该市场上降低成本的压力较小时。

【考点母题——万变不离其宗】多国本土化战略【事业部制】

含义	根据不同国家的不同市场，提供更能满足当地市场需要的产品和服务。 将自己国家所开发出的产品和技能转移到国外市场，而在重要的国家市场上从事生产经营活动。 成本结构较高，无法获得经验曲线效益和区位效益。
做法归纳	(1)产品在当地生产和当地销售，当地具有决策权。 (2)在世界不同国家，开创小而全的公司来适应。不同国家的特殊需求。不同国家生产销售的产品不一样。
主要特征	适应性较好、经营成本高、高度分权；组织松散、产品的核心不变； 产品过于本土化(差异化战略)、反应敏捷(管得最松)。
适应情况	在当地市场强烈要求根据当地需求提供产品和服务，并降低成本时。

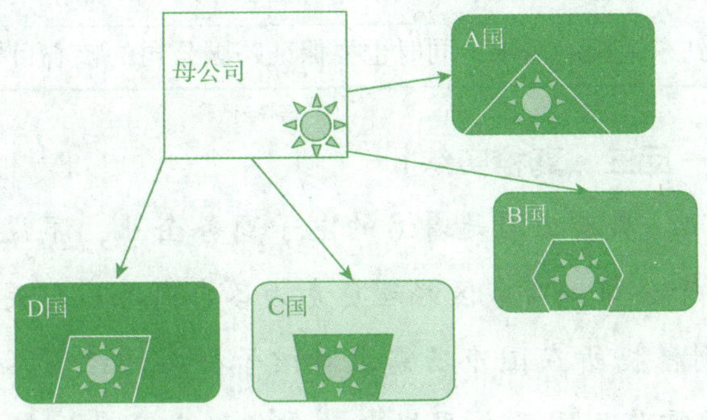

图 3-22　多国本土化

【考点母题——万变不离其宗】全球化战略

含义	在国际战略的基础上加上规模经济与经验曲线。 向全世界的市场推销标准化的产品和服务，并在较有利的国家集中地进行生产经营活动，由此形成经验曲线和规模经济效益，以获得高额利润。 企业采用该战略的目的是实施成本领先战略，通过提供标准化产品来促使不同国家的习俗和偏好趋同。
做法归纳	(1)生产什么，由总部统一决定，产品生产的不同环节配置在不同国家。 (2)不同国家生产销售的产品一样。
主要特征	适应性较差、经营成本低、高度集权； 全球布局、产品标准化、实施成本领先战略、反应迟钝、管理困难。
适应情况	在成本压力大而当地特殊要求小的情况下。

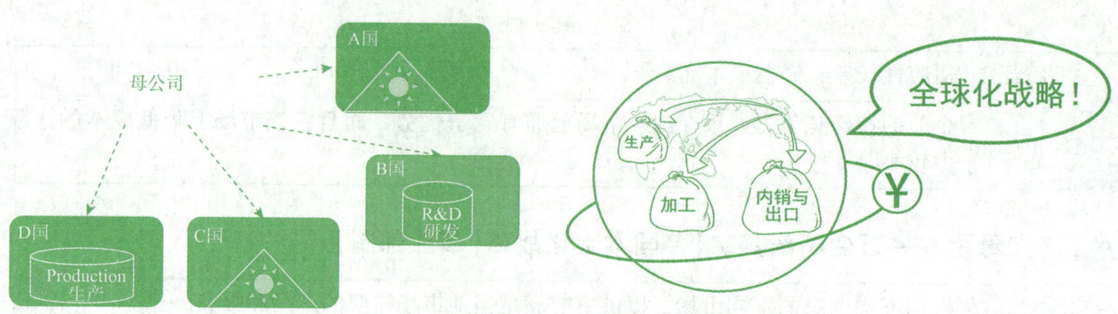

图 3-23 全球化战略图示

【考点母题——万变不离其宗】跨国战略【兼备所有的优点】

含义	形成以经验为基础的成本效益和区位效益，转移企业的核心竞争力，同时注意当地市场的需要。 为了避免外部市场的竞争压力，母公司与子公司、子公司与子公司的关系是双向的。母公司与子公司、子公司与子公司的关系是双向(平等)的；不仅母公司向子公司提供产品与技术，子公司也可以向母公司提供产品与技术。
做法归纳	综合了多国本土化战略和全球化战略的做法(理想化而非现实)。
主要特征	适应性较好、经营成本低、中央领导、全球布局、产品本土、反应敏捷。
适应情况	充分考虑到东道国的需求，同时也要保证跨国公司的核心目标和技能的实现。

【考点子题——举一反三，真枪实练】

[67] (2020 年 · 单选题) 贝恩公司是着名的电子商务企业，下设 5 大商务区和分布在 100 多个国家的子公司。商务区经理负责为各自商务区制定国际化经营战略，各国子公司经理则根据所在国市场需求对该子公司的经营活动行使经营权和管理权。商务区经理需要各国子公司经理的合作，当商务区经理和子公司经理的意见或决策发生冲突时，可提交总公司裁决。贝恩公司采用的国际化经营的战略类型是(　)。

A. 国际战略　　B. 全球化战略
C. 跨国战略　　D. 多国本土化战略

[68] (2018 年 · 单选题) 多邦公司是一家驼羊毛制品生产和销售企业，产品销往多个国家和地区。为了确保产品质优价廉，该公司在最适合驼羊生长的 L 国建立统一的驼羊养殖场，并在加工条件最好的 N 国设厂生产驼羊毛制品。多邦公司国际化经营的战略类型是(　)。

A. 国际战略　　B. 多国本土化战略
C. 全球化战略　　D. 跨国战略

[69] (2017 年 · 单选题) P 是一家经营日化用品的跨国公司，其母公司在 U 国，在其

他国家设立20余个子公司，在该公司经营中，母公司将产品的研发技术和新产品提供给子公司，子公司也会把当地畅销的产品提供给母公司和其他子公司，P的国际化经营战略类型为(　)。

A. 国际战略　　B. 跨国战略

C. 全球化战略　　D. 多国本土化战略

[70] (经典例题·多选题) 全球协作程度较高的国际化经营战略包括(　)。

A. 国际战略　　B. 多国本土化战略

C. 全球化战略　　D. 跨国战略

五、新兴市场的企业战略

考点28 本土企业的战略选择(★★★，客观题和主观题)

新兴市场是指一些市场发展潜力巨大的发展中国家。

【考点题源】本土企业的战略选择

"防御者"的战略：利用本土优势进行防御	具体做法可以考虑： (1)把目光集中于喜欢本国产品的客户，而不考虑那些崇尚国际品牌的客户。 (2)频繁地调整产品和服务，以适应客户特别的甚至是独一无二的需求。 (3)加强分销网络的建设和管理，缓解国外竞争对手的竞争压力。 在面临跨国竞争对手的挑战时应当注意： (1)不要试图赢得所有顾客。 (2)不要一味模仿跨国竞争对手的战略。
"扩张者"战略：向海外延伸本土优势	在某种情况下，本土企业可以不仅仅局限于保住现有市场，它们可以通过合理运用可移植的优势资源，并以其在本地市场的成功为平台，向其他市场扩张。 慎重并有选择地将海外扩张战略用于企业的核心资源，不仅可以增加企业收入，还能促进规模经济，同时也能获得颇有价值的国际化经营的经验。 在向海外延伸本土优势时应当注意寻找在消费者偏好、地缘关系、分销渠道或政府管制方面与本国市场相类似的市场，来最有效地利用自己的资源。
"躲闪者"战略：避开跨国公司的冲击	在全球化压力很大的产业中，"躲闪者"不能仅仅指望公司的本土资源，还必须重新考虑自身的商业模式。在这种情况下，如果这些企业的资源仅仅在本土才有价值，企业最好的选择可能是以下几个： (1)与跨国公司建立合资、合作企业。 (2)将企业出售给跨国竞争对手。 (3)重新定义自己的核心业务，避开与跨国竞争对手的直接竞争。 (4)根据自身的本土优势专注于细分市场，将业务重心转向价值链中的某些环节。 (5)生产与跨国竞争对手产品互补的产品或者将其改造为适合本国人口味的产品。

续表

“抗衡者”战略：在全球范围内对抗	主要做法有： (1)不要拘泥于成本上竞争，而应该比照行业中的领先公司来衡量自己的实力。 (2)找到一个定位明确又易于防守的市场。 (3)在一个全球化的产业中找到一个合适的突破口。 (4)学习从发达国家获取资源，以克服自身技能不足和资本的匮乏。

图 3-24 “抗衡者”的战略：在全球范围内对抗图示

【考点子题——举一反三，真枪实练】

[71] (2020 年・单选题)金力公司是国内一家风力发电设备制造企业。2015 年，金力公司取得世界最大的风力发电机组制造商麦尔公司的叶轮生产外包项目，并从对方引进一整条先进生产线，成为麦麦尔公司唯一的叶轮供应商。之后，金力公司通过引进麦尔公司的先进技术，不断提高产品性能和生产效率，并把引进的新技术移植到核心业务齿轮增速器的生产中，成为欧美多家相关企业的齿轮增速器供应商。作为新兴市场国家本土企业，金力公司采用的战略类型是(　)。

A. 防御者战略　　B. 抗衡者战略

C. 扩张者战略　　D. 躲闪者战略

[72] (2019 年・单选题)面对国外著名医药公司在中国市场上不断扩张，多年从事药品研发、生产和销售的康达公司为了自身的长期发展，把药品的生产和销售业务转让给其他公司，同时与国外某医药公司合作专注于新药品的研发业务。从本士企业战略选择的角度看，康达公司扮演的角色可称为(　)。

A. 防御者　　B. 扩张者　　C. 抗衡者　　D. 躲闪者

[73] (2018 年・单选题)面对国外品牌牙膏不断涌入国内市场的不利局面，健华牙膏厂独创了完全用中草药提取物制造、具有生津健齿功效的牙膏，并通过强化销售网络的建设和管理，赢得了越来越多国内消费者的好评。作为新兴市场的本土企业，健华牙膏厂采用的战略属于(　)。

A. “防御者”战略　　B. “扩张者”战略

C. “躲闪者”战略　　　　　　　　　　D. “抗衡者”战略

[74] (2017年·简答题)

2000年以来，随着国内经济的快速发展、居民生活水平的提高以及人口老龄化的加剧，国内市场对医药产品的需求快速增长，世界著名医药跨国公司纷纷进入国内市场。

神农医药公司是国内一家生产和经销药品及医疗器械的企业，由于缺乏拥有自主知识产权的药品，多年来以生产仿制药为主；其生产的医疗器械科技含量较低，难以满足用户对高科技医疗器械的需要，国内高科技医疗器械市场基本被进口产品占领。

神农医药公司的管理层通过对其进行的深入分析认识到，与国外跨国公司相比，自己在规模及利润两个方面存在着巨大差距，在研发经费的投入方面差距更大。如2012年，神农公司投入的研发费用占营业收入的比重2. 3%，而国外一家同类企业Y公司投入的研发费用占营业收入的比重高达19%。此外，神农公司还存在着专业化程度和品牌认知度较低等问题。上述种种差距，使神农公司不仅在国内市场上面临国外跨国公司的巨大挑战，而且进入国际市场步履维艰。

2013年初，神农公司管理层制定并实施了新的发展战略。新战略的核心是设立若干个中小型医药高科技分公司，每个分公司相对独立经营，有的专攻国外跨国关注的盲区(如罕见病、特殊需求)，在产品上逐渐形成自己的特色；有的通过承接国外跨国公司医药研发外包业务，将业务重点转向价值链的研发环节，还有的着力于将自身具有相对优势的本土医药产品拓展至周边欠发达国家和地区。几年来，神农公司在国内市场与跨国公司的较量中，注重向跨国公司学习，合理整合和运用国内外优势资源，克服自身技能和资本匮乏的缺陷，以期发展为实力强大的大型跨国企业。在国内外市场上与国外跨国医药公司展开真正的较量。

要求：

(1)依据“进入障碍”中几种主要“结构性障碍”，简要分析神农公司进入国际市场举步维艰的主要原因。

(2)依据新兴市场本土企业战略选择理论，简要分析神农公司面对跨国公司的大规模进入和挑战所做出的战略选择。

本节各知识点复习建议

【企业国际化经营动因】企业国际化经营的动因属于考试概率较高的知识点，建议掌握。

【国际化经营的主要方式】考试以客观题为主，重点注意历年真题考察的知识点。

【全球价值链中的企业国际化经营】2022 年新增，重要知识点，各种题型均会出现，建议全面掌握。

【国际化经营的战略类型】重要知识点，考试以客观题为主，偶尔在主观题出现。要求熟练掌握四种类型的主要特征。

【新兴市场的企业战略】有一定的考试概率，客观题和主观题均可涉及，建议掌握。

【本章考点子题答案及解析】

1. 【答案：AB】前向一体化战略是指获得分销商或零售商的所有权或加强对他们的控制权的战略，AB 是特种钢材公司的下游，而 CD 是它的上游，前向一体化战略主要是对下游的并购，所以本题应该选择 AB。
2. 【答案：A】前向一体化战略通过控制销售过程和渠道，有利于企业控制和掌握市场，增强对消费者需求变化的敏感性，提高企业产品的市场适应性和竞争力。远航造船厂、国兴造船厂、天州钢帘线制造厂都是神大钢铁公司的下游企业，所以其发展战略是前向一体化战略。
3. 【答案：B】本题考核“总体战略”的知识点。后向一体化战略是指获得供应商的所有权或加强对其的控制权。后向一体化有利于企业有效控制关键原材料等投入的成本、质量及供应可靠性，确保企业生产经营活动稳步进行。后向一体化战略在汽车、钢铁等产业采用得较多。本题中，神大公司收购铁矿石供应企业，属于控制供应商所有权，因此属于后向一体化战略。
4. 【答案：D】横向一体化战略是指企业向产业价值链相同阶段方向扩张的战略。
5. 【答案：ABD】“顾客既可以按照公司提供的菜谱点餐，也可以自带菜谱和食材请公司的厨师加工烹饪，还可以在支付一定学习费用后在厨师指导下自己操作”属于产品开发、市场开发战略；选项 AB 正确；“这些新的经营方式使该公司的顾客数量和营业收入均增长 20% 人上”属于市场渗透战略，选项 D 正确。
6. 【答案：D】产品开发战略是在原有市场上，通过技术改进与开发研制新产品。这种战略可以延长产品的寿命周期，提高产品的差异化程度，满足市场新的需求，从而改善企业的竞争地位。甲公司定期推出新菜，面对的还是现有的消费群体，目的是为了在行业中始终保持领先，所以是产品开发战略。
7. 【答案：BD】本题考核“市场渗透战略”的知识点。选项 A 属于多元化战略，选项 B 属于市场渗透战略，选项 C 属于市场开发战略，选项 D 属于市场渗透战略。
8. 【答案与解析】(1) W 钢铁集团公司纵向一体化战略的实施正在从以下两个方面展开：
   ①前向整合。完成参股 Z 石油西北管道联合有限责任公司合计 80 亿元的出资，持有其 12.8%的

股权；收购 J 集装箱厂；参股 D 造船厂；与 N 齿轮厂签订合作协议。

②后向整合。W 钢铁集团公司收购非洲矿业有限公司（“非洲矿业”）唐克里里铁矿项目 75%的股权。完成此次收购，可以确保 W 公司铁矿资源的长期稳定供应；2017 年再度出资 8 亿美元海外收购莫桑比克煤矿 40%股权，以保证其基本生产需求。

（2）W 钢铁集团公司实施纵向一体化战略的动因（或优势）如下：

①前向一体化战略通过控制销售过程和渠道，有利于企业控制和掌握市场，增强对消费者需求变化的敏感性，提高企业产品的市场，适应性和竞争力。“深加工产业客户面临的选择越来越多，对用料的要求也越来越高。W 钢铁集团公司对客户需求的变化缺乏敏感性，导致公司结构性产能过剩”。

②后向一体化有利于企业有效控制关键原材料等投入的成本、质量及供应可靠性，确保企业生产经营活动稳步进行。“……导致 W 钢铁集团公司原料供应受制于人”；“完成此次收购，可以确保 W 公司铁矿资源的长期稳定供应”；“充分利用开发莫桑比克的巨大焦煤资源，以保证其基本生产需求”。

（3）W 钢铁集团公司实施纵向一体化战略的适用条件如下：

前向一体化战略的主要适用条件包括：

①企业现有销售商的销售成本较高或者可靠性较差而难以满足企业的销售需要，“深加工产业客户面临的选择越来越多，对用料的要求也越来越高”；

②企业所在产业的增长潜力较大，“钢铁市场的需求依旧十分旺盛”

③企业具备前向一体化所需的资金、人力资源等，“W 钢铁集团公司在以往的经营过程中，与上下游企业业务联系密切，因而可以在现有人才和技术不需要做大的投入和调整的前提下，实现纵向一体化的整合”；

④销售环节的利润率较高，“下游产品的销售利润率可以达到 7%～10%（W 钢铁集团公司 2016 年集团亏损额高达 114.14 亿元，营业收入自 2010 年以来也已经腰斩）”。

后向一体化战略主要适用条件包括：

①企业现有的供应商供应成本较高或者可靠性较差而难以满足企业对原材料、零件等的需求，“导致 W 钢铁集团公司原料供应受制于人”；

②供应商数量较少而需求方竞争者众多，“由于四大矿的铁矿石产量高、品位好、成本低，在供应端形成了寡头垄断的局面，在铁矿石定价中逐步获得了压倒性的优势地位”

③企业所在产业的增长潜力较大，“钢铁市场的需求依旧十分旺盛”；

④企业具备后向一体化所需的资金、人力资源等，“W 钢铁集团公司在以往的经营过程中，与上下游企业业务联系密切，因而可以在现有人才和技术不需要做大的投入和调整的前提下，实现纵向一体化的整合”；

⑤供应环节的利润率较高，“上游原料的销售利润率可以达到 15%（W 钢铁集团公司 2016 年集团亏损额高达 114.14 亿元，营业收入自 2010 年以来也已经腰斩）”；

⑥企业产品价格的稳定对企业而言十分关键，后向一体化有利于控制原材料成本，从而确保产品价格的稳定，“在供应端形成了寡头垄断的局面，在铁矿石定价中逐步获得了压倒性的优势地位，导致 W 钢铁集团公司原料供应受制于人”。

9. 【答案与解析】科通生态链所采用的发展战略的类型属于相关多元化（同心多元化）。“科通生态链的投资主要围绕以下 5 大方向：手机周边，如手机的耳机、移动电源、蓝牙音箱；智能可穿戴设备，如科通手环、智能手表；传统白电的智能化，如净水器、净化器；极客酷玩类产品，如平衡车、3D 打印机；生活方式类，如科通插线板”；“围绕手机业务构建起手机配件、智能、生活消费产品三层产品矩阵”。

科通公司采用这一战略的优点：

(1)有利于企业利用原有产业的产品知识、制造能力、营销渠道、营销技能等优势来获取融合优势，即两种业务或两个市场同时经营的盈利能力大于各自经营时的盈利能力之和。“科通生态链团队从 ID、外观、结构、硬件、软件、云服务、供应链、采购、品牌等诸多方面给予创业公司全方位的支持”；“麦家的多个产品已经做到了全球数量第一，科通生态链公司也出现多个独角兽(指那些估值达到 10 亿美元以上的初创企业)”；“科通公司也从一家手机公司过渡到一个涵盖众多消费电子产品、软硬件和内容全覆盖的互联网企业”。

(2)利用未被充分利用的资源。“科通公司抽出 20 名工程师，让他们从产品的角度看待拟投资的创业公司，通过与创业公司团队的沟通，了解这家公司的未来走向”。

(3)运用盈余资金。“运用科通公司已经积累的大量资金”。

(4)运用企业在某个产业或某个市场中的形象和声誉来进入另一个产业或市场，而在另一个产业或市场中要取得成功，企业形象和声誉是至关重要的。“科通生态链团队从 ID、外观、……、品牌等诸多方面给予创业公司全方位的支持”。

科通生态链所采用的实施发展战略的途径是战略联盟。“科通生态链团队不仅做投资，而且是一个孵化器，……，但是，科通公司并没有控股任何一家科通生态链公司，所有的公司都是独立的”；“通过这种独特的战略联盟模式，科通投资、带动了更多志同道合的创业者，围绕手机业务构建起手机配件、智能、生活消费产品三层产品矩阵”。

科通公司采用这种方式的动因：

(1)促进技术创新。“生态链企业各自发挥技术创新优势”；“许多新兴产品领域，麦家的多个产品已经做到了全球数量第一，科通生态链公司也出现多个独角兽”。

(2)避免经营风险。“同时……规避经营风险”。

(3)实现资源互补。“从 ID、外观、结构、硬件、软件、云服务、供应链、采购、品牌等诸多方面给予创业公司全方位的支持”；“科通公司利用其规模经济所带来的全球资源优势帮助这些生态链企业提高效率，科通公司运用其全球供应链优势能够让生态链上的小公司瞬间拥有几百亿的供应链能力”。

(4)开拓新的市场。“科通已经投资了 90 多家生态链企业，涉足上百个行业”。

(5)降低协调成本。“同时降低科通公司整体的内部协调成本”。

10.【答案：A】调整了管理层领导班子属于机制变革，因此本题应该选择 A。

11.【答案：AD】“甲公司裁员 1800 人”属于紧缩与集中战略中的削减成本战略；“并重组开发团队和相关资源，大力开拓和发展云计算业务”属于转向战略中的重新定位和调整现有的产品和服务。选项 A、D 正确。

12.【答案：D】转向战略更多地涉及企业经营方向或经营策略的改变，包括重新定位或调整现有的产品和服务以及调整营销策略。本题中，该公司对旗下白酒品牌重新进行了定位，并按照“系列酒薄利多销”的策略实现了转型，因此可以判定为是转向战略。

13.【答案与解析】科通公司 2016 年所采用的收缩战略(撤退战略)的主要方式有：

(1)紧缩与集中战略中的机制变革，主要做法是调整管理层领导班子。“刘毅亲自负责科通手机供应链管理。前供应链负责人转任首席科学家，负责手机前沿技术研究。这意味着科通公司从组织架构上加大对供应链的管理力度”。

(2)转向战略中的调整营销策略，在价格、广告、渠道等环节推出新的举措。“开启‘新零售’战略，……通过线上线下互动融合的运营方式，将电商的经验和优势发挥到实体零售中。让消费者既能享用线下看得见摸得着的良好体验，又能获取电商一样的低价格”；“早年一直坚持口碑营销从未请过代言人的科通公司在 2016 年开始改变策略，先后请来几位明星作为代言人，赢得了不少新老客户”。

14.【答案：B】“销售网络扩展到全国三分之二以上的城市和部分乡镇，市场占有率提高了 20%，进一步巩固了其行业领先地位”表明佳美公司进行并购的动机是克服企业负外部性，增强对市场的控制力，选项 B 正确。

15.【答案：BC】本题中“经过多次磋商签订协议后”，可知是友善收购；“汽车制造商甲公司凭借自有资金 2 亿元和发行债券融资 5 亿元”可知是杠杆收购，“实现了对汽车零部件商乙公司的收购”可知是后向收购，选项 B 错误；“经过多次磋商签订协议后”说明是友善并购，选项 C 正确；汽车制造商，属于产业资本并购，选项 D 错误。

16.【答案：AB】“百川公司在并购 M 国一家已上市的同类企业后发现，后者因承建的项目未达到 M 国政府规定的环保标准而面临巨额赔偿的风险”表明百川公司上述并购失败的原因属于决策不当；“上市企业的核心技术人员因对百川公司的管理措施不满而辞职。百川公司为挽救被并购企业的危局做出各种努力，均以失败告终”表明川公司上述并购失败的原因属于并购后不能很好地进行企业整合。

17.【答案：C】金融资本并购，一般由投资银行或非银行金融机构(如金融投资企业、私募基金、风险投资基金等)进行。金融资本一般并不以谋求产业利润为首要目的，而是靠购入然后售出企业的所有权来获得投资利润。

18.【答案与解析】日升公司涉及的有内部发展(新建)以及外部发展(并购)。

①内部发展(新建)。“1999 年 3 月，日升公司在 M 国组建公司并创立公司品牌“LC”，主要从事中低端家具的生产和销售”。“2000 年和 2008 年，在国内设立研发中心的基础上，日升公司又分别在 M 国和欧洲设立了研发中心”。“2008 年日升公司在国内展会，上全面亮相，展出专门针对国内市场开发的三大品牌“日升家居”、“日升家园”、“日升屋”。2009 年 9 月在国内建成了日升国际风尚馆”。“2010 年，开展酒店家具业务，并在 J 国和 N 国设立生产基地。2009 年、2012 年，先后推出特许品牌“PDH 和“PDK”。2011 年，推出青年家具品牌“SM”。2012 年，M 国日升推出特许品牌“H”；2013 年，推出特许品牌“B”。2014 年，推出婴儿家具品牌“SB”。

②外部发展(并购)。“公司先后实施四次跨国并购，获取了欧美知名企业的品牌、渠道、研发设计及制造能力等战略性资产”。2001 年，日升公司斥资完成对原委托方 FC 公司的收购，直接进入 M 国中高档家具市场”“在强大的资金和产能支持下，日升公司于 2006 年至 2008 年又先后收购国际三大品牌家具制造商”。

19.【答案：A】内部发展，也称内生增长，是指企业在不并购其他企业的情况下利用自身的规模、利润、活动等内部资源来实现扩张。选项 A 属于此种类型。选项 B 属于并购的方式，C 属于企业战略联盟，选项 D 属于纵向一体化。

20.【答案：CD】企业战略联盟形成的动因：(1)促进技术创新——分担投入；(2)避免经营风险——信息沟通；(3)避免或减少竞争——竞合，避免过度竞争；(4)实现资源互补；(5)开拓新的市场——

产品增加，市场扩张；(6)降低协调成本——不用整合(相对于并购)。根据本题，选项 CD 正确。

21.【答案：AB】……达成战略合作协议，……表明两个公司结成的战略联盟是功能性协议，属于契约式战略联盟。选项 A、B 属于契约式战略联盟的特点，选项 C、D 属于股权式战略联盟的特点。

22.【答案：BD】“国内零售企业海川公司与主营大数据业务的出云公司签订战略合作协议”说明该合作形式为契约式战略联盟。选项 B、D 正确。选项 A、C 属于股权式战略联盟的特点。

23.【答案：C】相对于股权式战略联盟而言，契约式战略联盟由于更强调相关企业的协调与默契，从而更具有战略联盟的本质特征。所以选项 A、B 错误。契约式战略联盟在经营的灵活性、自主权和经济效益等方面比股权式战略联盟具有更大的优越性。所以，选项 D 错误。而股权式战略联盟有利于扩大企业的资金实力，并通过部分“拥有”对方的形式，增强双方的信任感和责任感，因而更有利于长久合作。不足之处是灵活性差。所以，选项 C 正确。

24.【答案与解析】(1)喜旺公司所实施的发展战略类型属于纵向一体化战略，包括前向一体化战略和后向一体化战略。

①前向一体化。“自建物流体系”“进一步整合物流配送资源和能力”。其动因(或优势)是有利于企业控制和掌握市场，增强对消费者需求变化的敏感性，提高企业产品的市场适应性和竞争力。“随着商品年销售量的不断增加，第三方物流配送能力不足、每天数千单货物积压问题日益显著，严重影响服务质量和客户满意度。喜旺公司决定自建物流体系”“喜旺公司这一系列举措，使得其下游配送的效率取得质的飞跃”。

②后向一体化。“运用多种方式整合与完善商品采购与供给端”。其动因(或优势)是有利于企业有效控制关键原材料等投入的成本、质量及供应可靠性，确保企业生产经营活动稳步进行。“为了确保上游供给商品的质量与可靠性”“喜旺公司与国信医药公司合作，使用户在喜旺平台可购买处方药品”“永芒超市是国内超市中最好的生鲜品供应商，拥有业内最低的生鲜品采购成本”。

(2)喜旺公司实施发展战略所采用的途径：

①外部发展(并购)。“2014 年 3 月，喜旺公司并购迅风物流”“2016 年 5 月，喜旺公司并购‘快快’”。

②内部发展(新建)。“自建物流体系……2007 年投资 2 000 万元建立东速快递公司，专门为喜旺商城提供物流服务……喜旺公司不断完善物流配送体系，将大量资金用于物流队伍、运输车队、仓储体系建设。到 2011 年，喜旺公司在全国各地建立 7 个一级物流中心和 20 多个二级物流中心，以及 118 个大型仓库”“2014 年 6 月，喜旺公司投资智能体重体脂秤 P 产品；2015 年 5 月，喜旺公司投资 7 000 万美元建立生鲜电商果园”。

③战略联盟。“2014 年 10 月，喜旺公司与国有邮政公司达成战略合作”“2014 年 4 月，喜旺公司与国内最大海洋牧场微岛公司达成合作协议”“2015 年 8 月，喜旺公司与国信医药公司合作”“2015 年 8 月，喜旺公司出资 43 亿元战略入股永芒超市，取得 10%股权”。

(3)①避免或减少竞争。“线上线下两大零售巨头原本是竞争对手，达成合作后……双方还有较大的潜在合作空间”。

②实现资源互补。“永芒超市是国内超市中最好的生鲜品供应商，拥有业内最低的生鲜品采购成本。永芒超市的门店超过 350 家，但还不能覆盖全国……达成合作后，在永芒超市门店尚未覆盖的区域，喜旺公司可以与永芒超市共同提供 O2O 服务(online 线上网店和 offline 线下消费)”。

③开拓新的市场。“喜旺公司可以与永芒超市共同提供 O2O 服务(online 线上网店和 offline 线下消费)(喜旺开拓线下市场，永芒超市开拓线上市场)”。

25. 【答案：D】经营电子商城业务的甲公司通过数据挖掘了解消费者的购买经历，对产品的评价，产品浏览和搜索行为，从而在掌握消费者真实需求的基础上有的放矢地向消费者推荐商品。体现的是信息技术与集中化战略：借助类似数据挖掘这样的信息技术，企业可以利用产品销售和客户数据分析消费者的购买模式和偏好，从而更好地发现目标客户、服务于目标市场，并针对性地开展营销和市场竞争活动，选项 D 正确。

26. 【答案：C】集中化战略是针对某一特定购买群体、产品细分市场或区域市场，采用成本领先或产品差异化来获取竞争优势的战略。本题中，该公司针对某软件园区的客户制定和实施促销方案，说明客户群体是特定区域中的，因此采用的是集中化战略，选项 C 正确。

27. 【答案与解析】(1)太乐公司在 C 国厨具小家电市场采用成本领先战略的优势：

①形成进入障碍。“太乐公司多次主动大幅度降低产品价格……令新进入者望而却步。”

②增强讨价还价能力。“而对于一些成本高、自身还不具备生产能力的上游资源，公司由于在其他各环节上成本低于竞争对手，也能够应付和消化这些高成本投入物的价格。”

③保持领先的竞争地位。“在市场上既淘汰了高成本和劣质企业”；“迅速提高市场占有率，在国内外享有较高的知名度”。

(2)太乐公司在 C 国厨具小家电市场实施成本领先战略的条件：

市场情况：

①产品具有较高的价格弹性，市场中存在大量的价格敏感用户；“消费者大多对价格比较敏感”。

②产业中所有企业的产品都是标准化的产品，产品难以实现差异化；“在厨具小家电市场，企业的产品都是标准化的产品”。

③价格竞争是市场竞争的主要手段；“价格竞争仍然是市场竞争的主要手段”。

资源和能力：

①在规模经济显著的产业中装备相应的生产设施来实现规模经济；“利用与发达国家企业 OEM 合作方式获得的设备，进行大批量生产，从而获得规模经济优势”。

②降低各种要素成本；“由于国内劳动力成本低，公司产品成本中的人工成本大大低于国外制造业的平均水平”；“对于一些成本高且太乐公司自身有生产能力的上游资源，公司通过多种形式自行配套生产，可以大幅度降低成本。

③提高生产率；“太乐公司实行 24 小时轮班制，设备的利用率很高，因而其劳动生产率与国外同类企业基本持平”。

④提高生产能力利用程度；“太乐公司实行 24 小时轮班制，设备的利用率很高。因而其劳动生产率与国外同类企业基本持平。”

⑤选择适宜的交易组织形式；“对于一些成本高且太乐公司自身有生产能力的上游资源，如集成电路等，公司通过多种形式自行配套生产，可以大幅度降低成本”。

⑥重点集聚；“太乐公司集中全部资源，重点发展厨具小家电产品”。

28. 【答案：B】让消费者以同类产品中最低的价格享受到顶级的品质。属于鲍曼“战略钟”指出的混合战略。

29. 【答案：C】战略钟混合战略：企业可以在为顾客提供更高的认可价值的同时，获得成本优势。本题中“率先采取了一种新的经营方式，在种植区内增设了园林景观、运动场、游戏场等，到秋收季节，顾客可前来付费进行休闲娱乐等活动”，可知为顾客提供更高认可价值；“同时能以市场最低的价格采摘和购买苹果”，可知获得成本优势，选择混合战略。

30. 【答案：ABD】鲍曼提出的“战略钟”指出，有效竞争战略分为三大类五种：成本领先战略包括低价低值战略（集中成本领先战略）和低价战略（成本领先战略）；差异化战略包括高值战略（差异化战略）和高值高价战略（集中差异化战略）；混合战略（成本领先/差异化战略）。

31. 【答案：ABD】“专注于为老年人提供旅游服务”体现了专门化—目标集聚，“增加门店扩大实地旅游业务”体现了克服零散—获得成本优势，“借助互联网在业内率先增加“坐地游天下”的线上服务项目”体现了增加附加价值—提高产品差异化程度，选项 ABD 正确。

32. 【答案：D】早期进入新型显示技术产业需具备的条件有：

1. 企业形象和声望对顾客至关重要，企业可以因为先驱者而发展和提高声望。
2. 产业中的学习曲线十分重要，早期进入可以提前进行学习。
3. 通过早期与原材料供应和分销渠道建立的合作关系对产业发展至关重要。
4. 顾客忠诚度较高。

选项 D 正确。

33. 【答案：C】本题中“永强公司率先采用新技术，在其拥有的所有分店统一推出智能健身设备……但由于购置、使用、维护智能健身设备耗资很大，而需求和使用率有限，永强公司入不敷出，经营陷入困境”表明永强公司对新产品做出的大量投资并不容易收回，导致永强公司经营陷入困境。可知永强公司进行战略选择未能避免的战略陷阱是对新产品做出过度反应。

34. 【答案：BCD】快餐产业属于零散产业。产业零散的原因主要来源于产业本身的基础经济特性：①进入障碍低或存在退出障碍；②市场需求多样导致高度产品差异化；③不存在规模经济或难以达到经济规模。所以选择 BCD 正确。

35. 【答案：A】零散产业的基本结构决定了寻求支配地位是无效的，除非可以从根本上出现变化。造成产业零散的原因通常会使企业在增加市场份额的同时面对低效率和失去产品差异性。特别地，企图对所有的人在所有方面占优势会导致竞争力量的脆弱性达到最大值。本题中“经营中式快餐的力元公司于 2015 年宣布其战略目标是建成门店覆盖全国的‘快餐帝国’。由于扩张过快、缺乏相关资源保障、各地流行菜系经营者的激烈竞争以及不同消费者口味难以调和的矛盾，该战略目标未能实现，公司经营也陷入危机”可知力元公司未能避免寻求支配地位的战略陷阱。

36. 【答案与解析】（1）①技术的不确定性。“技术的不确定性以及业务创新对技术和人才储备的要求都是对企业严峻的考验”。

②战略的不确定性。“新能源汽车的运营营模式、行业规范和服务体系等方面无法仿照传统燃油汽车，存在诸多不确定性”。

③成本的迅速变化。“服务设施尚不完善，价格过高且伴随规模经济与经验曲线的形成肯定会大幅度降价，第二代和第三代产品将迅速取代现有产品”

④萌芽企业和另立门户。“新能源汽车供应链处于初建期，企业原材料、零部件及其他供给不足；分销渠道、充电设备、维修保养、保险业务等服务很不完善”、“消费者普遍认为新能源汽车技术尚不成熟、服务设施尚不完善、价格过高，且伴随规模经济与经验曲线的形成肯定会大幅度降价”。

⑤首次购买者。“服务设施尚不完善，价格过高且伴随规模经济与经验曲线的形成肯定会大幅度降价，第二代和第三代产品将迅速取代现有产品，因而采取等待观望态度，在这种情况下，企业市场营销的中心活动只能是选择顾客对象并诱导初始购买行为”。

（2）①原材料、零部件、资金与其他供给的不足。“技术的不确定性以及业务创新对技术和人才储备的要求都是对企业严峻的考验。其次，新能源汽车的运营模式、行业规范和服务体系等方面无法仿照传统燃油汽车，存在诸多不确定性。第三，新能源汽车供应链处于初建期，企业原材料、零部件及其他供给不足，分销渠道、充电设备、维修保养、保险业务等服务很不完善”。

②顾客的困惑与等待观望。“消费者普遍认为新能源汽车技术尚不成熟。服务设施尚不完善，价格过高且伴随规模经济与经验曲线的形成肯定会大幅度降价，第二代和第三代产品将迅速取代现有产品，因而采取等待观望态度”。

③被替代产品的反应。“2014 年下半年政府推出一系列扶持新能源汽车产业的政策，而此前传统汽车企业大多采取深耕传统燃油汽车的策略以及降低被新能源汽车替代的风险”。

37. 【答案：D】本题考核“蓝海战略”的知识点。本题通过为顾客提供经营范围之外的其他服务，更好地满足消费者的需求，属于重设客户的功能性或情感性诉求。选项 D 正确。

38. 【答案：A】由于蓝海的开创是基于价值的创新而不是技术的突破，是基于对现有市场现实的重新排序和构建，而不是对未来市场的猜想和预测，所以企业就能够以系统的、可复制的方式去寻求它；“蓝海”既可以出现在现有产业领域之外，也可以萌生在产业现有的“红海”之中。

39. 【答案与解析】(1)体现了蓝海战略的如下特征：

①规避竞争，拓展非竞争性市场空间。“大学城现有的两家书店商品严重同质化，竞争异常激烈；若干饮品店只外卖各种冷饮和奶茶，没有给顾客留出休憩的位置。学朗书吧的创建者决定把书店和饮品店具有的两类互补性功能结合起来，建立一个集读书、休闲、生活服务为一体的综合性服务书吧”。

②创造并攫取新需求。“现在大学中自习室紧张，抢位现象严重，学朗书吧计划打造自习位出租系列，并且提供午餐，为学生们提供理想的学习和休息场所”。

③打破价值与成本互替定律，同时追求差异化和低成本，把企业行为整合为一个体系。“学朗书吧抛弃这些流行的理念和作法，只在墙壁上描绘一些山水画提高意境，舍去了昂贵的摆设，大大降低了成本，进而降低了饮品和图书的售价，提升了竞争力。学朗书店与时俱进，也提供网上点单、送货上门”。

(2)学朗书吧依据的蓝海战略重建市场边界的基本原则：

①审视他择产业或跨越产业内不同的战略群组。“大学城现有的两家书店商品严重同质化，竞争异常激烈；若干饮品店只外卖各种冷饮和奶茶，没有给顾客留出休憩的位置。学朗书吧的创建者决定把书店和饮品店具有的两类互补性功能结合起来，建立一个集读书、休闲、生活服务为一体的综合性服务书吧”。

②放眼互补性产品或服务。“学朗书吧的创建者决定把书店和饮品店具有的两类互补性功能结合起来，建立一个集读书、休闲、生活服务为一体的综合性服务书吧”。

③跨越时间参与塑造外部潮流。“随着电子商务的普及，饮品的网上销售日益火爆，许多网站均提供网售平台。学朗书店与时俱进，也提供网上点单、送货上门”。

④重设客户的功能性或情感性诉求。“学朗书吧计划打造自习位出租系列，并且提供午餐，为学生提供理想的学习和休息场所”。

40. 【答案：A】捆绑定价是指将几种相关产品组合起来。题干“同时购买滑雪、滑雪板，会比单独购买优惠”表明以低于整体价格的价格销售，有助于促进消费者购买那些他们本来可能不会购买的产品，选项 A 正确。

41. 【答案：B】在本题中云澜公司根据消费者是崇尚传统还是追求时尚来为他们设计，生产具有不同风格和质地的产品”属于心理细分，选项 B 正确。

42.【答案：CD】“公司销售人员在主要销售商场举办促销活动，宣传该产品能够根据使用者的年龄、身高、体重、脉搏频率等生理指标，自动显示使用者应选择的最佳步速和运动时间”属于人员推销；“前 20 名购买者可获得产品免费保修期从 3 年延长到 6 年的优惠”属于营业推广。

43.【答案：BCD】“向参加活动的会员提供免费茶点、风景摄影及旅游知识讲座”属于非媒体促销的手段，即营业推广，选项 B 正确。“建立了良好的公众形象”属于公关宣传，选项 C 正确。“旅游新项目推介”属于人员推销，选项 D 正确。

44.【答案：C】本题主要划分的依据为消费者对啤酒使用程度的划分，属于行为细分，选项 C 正确。

45.【答案与解析】君盛银行实施的市场营销组合有：

①产品策略。君盛银行根据业务和风险特征，把客户分为小型企业、微型企业、农户个人三大类，并根据客户不同的需求设计了不同特点的贷款产品，实现产品差异化。

②促销策略。君盛银行针对村镇银行作为新生事物认可度不高的特点，加大媒体宣传力度，达到广告促销的目标。同时君盛银行还采用人员推销的做法，银行的客户代表经常深入一线，上门服务，发展新客户和维系老客户。

③分销策略。为了解决服务网点少的问题，君盛在甲省很多县陆续增设分支机构，加大了分销渠道的建设，并与国有银行的县支行加强业务来往，共享渠道和客户资源。

④价格策略。君盛银行的利率明显比民间借贷低，同时君盛银行实施了灵活的抵押品制度，客户可以按抵押品的全部价值发放贷款，而其他银行按 6 折抵押品价值发放贷款。

46.【答案与解析】研发定位包括：成为向市场推出新技术产品的企业；成为成功产品的创新模仿者；成为成功产品的低成本生产者；成为成功产品低成本生产者的模仿者。

信达公司的研发定位包括成为向市场推出新技术产品的企业和成为成功产品的创新模仿者。①成为向市场推出新技术产品的企业。“凭借历时 7 年研发的激光电视提前锁定主动权，在全球大屏幕电视市场赢得了一席之地”②成为成功产品的创新模仿者。“2005 年研发成功‘中国芯’，中国首块拥有自主知识产权并产业化的数字视频处理芯片在信达公司诞生，彻底打破了国外芯片的垄断地位。2013 年国内首款网络多媒体电视 soc 主芯片研制成功并实现量产”。

47.【答案：ABCD】“平时采用自动化设备培植、出售当地居民喜爱的兰花、绿萝等花卉”体现了批量、种类；“每逢节日前夕，便向市场推出富有节庆意义的花卉”体现了种类、需求变动；“同时接受并满足顾客观看公司业务流程后所提出的个性化定制要求”体现了种类和可见性。

48.【答案：C】“生产部门依据销售部提供的客户订购的产品数量安排当期生产”属于需求变动，选项 C 正确。

49.【答案：B】本题考核“产能计划”的知识点。考核其中的平衡产能与需求的方法，库存生产式生产，许多企业在收到订单之前或在知道需求量之前就开始生产产品或提供服务。该公司在预计销售有较大增长时就采取加大生产，属于在收到订单之前或在知道需求量之前就开始生产产品或提供服务，即库存生产式生产。

50.【答案：B】灵川公司同时从 5 家公司进货，属于多货源少批量策略。选项 B 属于多货源少批量策略的优点之一。选项 A、C、D 为少数或单一货源策略的优点。

51.【答案：ABD】本题考核“采购战略—货源策略”的知识点。甲公司选用的是少数或单一货源策略。随着与供应商关系的加强，更可能获得高质量的货源。所以选项 C 错误。

52.【答案：B】“该公司近期通过采用一项新技术，大幅降低了生产成本，使其产品售价达到行业最低水平”表明特瑞公司采用的基本竞争战略是成本领先战略。因此，选项 B 正确。

53.【答案：D】该公司薪酬结构由基本工资、津贴和福利构成，其薪酬水平是国内饮料行业公司的 3 倍。属于领先型策略。

54.【答案与解析】金宝集团还可采取以下人力资源战略措施：

①精确识别出企业为实现短期、中期和长期的战略目标所需要的人才类型。

②通过培训、发展和教育来激发员工潜力。

③尽可能地提高任职早期表现出色的员工在员工总数中所占的比重。

④招聘足够的、有潜力成为出色工作者的年轻新就业者。

⑤确保采取一切可能的措施来防止竞争对手挖走企业的人才。

⑥招聘足够的、具备一定经验和成就的人才，并使其迅速适应新的企业文化。

55.【答案：D】“企业都以取得最大市场份额为战略目标。各个企业的产品在技术和性能上有较大差异。为了在竞争中胜出，企业之间开始争夺人才和资源。”表明该行业目前处于成长期，因此选项 D 正确。

56.【答案：D】“提供的产品性能/质量大体相同，彼此之间为争夺客户展开挑衅型的价格竞争；行业规模达到前所未有的水平；任何一个企业扩大市场份额都十分困难”表明该行业目前处于成熟期，选项 D 属于成熟期的特点，为本题的正确答案。

57.【答案：AB】“煤炭产品的客户对性价比的要求很高；各煤炭企业的产品差别很小，价格差异缩小且处于很低水平；产品毛利很低，只有大规模生产并有自己销售渠道的企业才具有竞争力；大量中小煤炭企业陆续退出市场”说明目前处于衰退期。选项 A、B 正确。选项 C、D 属于成熟期财务特征。

58.【答案：C】本题中“近年来该市的民用天然气需求量比较稳定”，可知是低经营风险，“甲燃气公司主要通过向银行贷款取得更新设备所需的资金”可知是高财务风险，选项 C 正确。

59.【答案：ACD】

项目		产品生命周期阶段			
		导入期	成长期	成熟期	衰退期
风险搭配情况	经营风险	非常高	高	中等	低
	财务风险	非常低	低	中等	高
财务战略	资本结构	权益融资	主要是权益融资	权益+债务融资	权益+债务融资
	资金来源	风险资本	权益投资增加	保留盈余+债务	债务
	股利（现金流）	不分配（负）	分配率很低（低）	分配率高（高）	全部分配（减少）
常见指标	价格/盈余倍数（市盈率）	非常高	高	中	低
	股价	迅速增长	增长并波动	稳定	下降并波动

60.【答案：C】因为该企业仅创业三年，虽销售额增长较快，但企业仍处在初创期，因此，经营风险较高，应选择较低财务风险的融资战略，故采用权益资本方式融资，向机构投资者募集资金，

避免大量使用负债。

61.【答案：CD】“该战略包括使用内部资金、实行前向一体化并购、增加股利支付和回购部分股东股份等。”由以上这句话可以判断出是增值性现金剩余，(投资资本回报率-资本成本)大于0，(销售增长率-可持续增长率)小于0。

62.【答案：AC】对于增值型现金短缺，首先应判明这种高速增长是暂时性的还是长期性的。如果高速增长是暂时的，企业应通过借款来筹集所需资金，等到销售增长率下降后企业会有多余现金归还借款。如果预计这种情况会持续较长时间，不能用短期周转借款来解决，则企业必须采取战略性措施解决资金短缺问题。长期性高速增长的资金问题有两种解决途径：一是提高可持续增长率，使之向销售增长率靠拢；二是增加权益资本，提供增长所需的资金。不管增长是暂时的还是长期性的，因为企业是处于现金短缺的情况，应该首先提高可持续增长率来缓解现金短缺的情况。所以选项A正确；减损型现金剩余该象限的业务虽然能够产生足够的现金流量维持自身发展，但是业务的增长反而会降低企业的价值。这是业务处于衰退期的前兆。减损型现金剩余的主要问题是盈利能力差，而不是增长率低，简单的加速增长很可能有害无益。首先应分析盈利能力差的原因，寻找提高投资资本回报率或降低资本成本的途径，使投资资本回报率超过资本成本。所以选项C正确。

63.【答案：AD】投资回报率小于加权平均资本成本，销售增长率大于可持续增长率，应选择减损型现金短缺战略，选项A、D正确。

64.【答案与解析】(1)优尚公司在2015年前目标市场选择类型属于集中化营销策略。指企业由于受到资源等条件的限制，以一个或少数几个性质相似的子市场作为目标市场，试图在较少的子市场上占领较大的市场份额。“专注于三四线城市经济连锁酒店经营”。

优尚公司在2015年后目标市场选择类型属于差异性营销策略。指企业选择两个或两个以上，直至所有的细分市场作为目标市场，并根据不同细分市场的需求特点，分别设计生产不同的产品，制定不同的营销组合策略，有针对性地满足不同细分市场顾客的需求。“仅仅集中于三四线城市经营经济型酒店将面临新的风险。优尚公司开始拓展业务与品牌，进军中高档酒店，不断挖掘投资者及细分人群的需求，兼顾投资者和消费者利益，寻求最佳平衡点”。

(2)①审视他择产业，跨越产业内不同的战略群组。“‘投一产多’的运营模式。除了经营酒店住宿业务外，还开展了辅助业务，如在酒店大堂开设蛋糕店、面吧，在房间销售毛巾、浴巾等产品”。

②重新界定产业的买方群体。“优尚公司为顾客构建了一个生活分享平台：大堂的沙发、灯具、各种装饰，以及客房的床垫、靠枕、床单、小摆件、毛巾、浴巾、洗浴用品、水杯、家具甚至壁纸，顾客只要是体验后喜欢的，都可以通过手机扫描二维码下单购买。顾客只要购买等同房价的物品，就可以免收房间费用(住客也是家居消费者)”。

③放眼互补性产品或服务。“除了经营酒店住宿业务外，还开展了辅助业务，如在酒店大堂开设蛋糕店、面吧，在房间销售毛巾、浴巾等产品”“优尚公司为顾客构建了一个生活分享平台：大堂的沙发、灯具、各种装饰，以及客房的床垫、靠枕、床单、小摆件、毛巾、浴巾、洗浴用品、水杯、家具甚至壁纸，顾客只要是体验后喜欢的，都可以通过手机扫描二维码下单购买”“与生

产经营家电、金融、旅游、家居、智能门锁的五大行业巨头达成品牌合作。通过强强联合，增加信用住宿、无息贷款、投资扶持、微信开锁等功能，优尚公司的酒店生态更加开放，为酒店行业发展探索新的契机”。

④跨越时间参与塑造外部潮流。“优尚公司将旗下的中档酒店蓝港公寓定位于互联网智能公寓，引领时代潮流”。

65.【答案：ABD】题干“该公司把一部分资金和生产能力转移至生产综合成本相对较低的汽车产销大国 M 国”体现了寻求效率；“而且获得 M 国汽车制造商的大量订单，业务量大幅增长”体现了寻求市场；“横向并购 M 国一家拥有国际知名品牌的企业”体现了寻求现成资产；所以选项 ABD 正确。

66.【答案：D】技术能力较强、具有较高成本优势的一级供应商能够起到在领先企业和本地供应商之间的桥梁作用，除了必须由领先企业承担的核心技术研发和营销渠道构建等功能外，能够承担诸如部件的生产、组装物流等外围管理工作。因此，选项 D 正确。

67.【答案：C】跨国战略是在全球激烈竞争的情况下，形成以经验为基础的成本效益和区位效益，转移企业的核心竞争力，同时注意当地市场的需要，其全球协作程度高，本土独立性和适应能力强。“各国子公司经理则根据所在国市场需求对该子公司的经营活动行使经营权和管理权。商务区经理需要各国子公司经理的合作，当商务区经理和子公司经理的意见或决策发生冲突时，可提交总公司裁决”属于跨国战略，选项 C 正确。

68.【答案：C】全球化战略是向全世界的市场推销标准化的产品和服务，并在较有利的国家集中进行生产经营活动，由此形成经验曲线和规模经济效益，以获得高额利润。本题中“产品销往多个国家和地区。为了确保产品质优价廉，该公司在最适合驼羊生长的 L 国建立统一的驼羊养殖场，并在加工条件最好的 N 国设厂生产驼羊毛制品”可知是全球化战略。

69.【答案：B】为了避免外部市场的竞争压力，跨国战略中母公司与子公司、子公司与子公司的关系是双向的，不仅母公司向子公司提供产品与技术，子公司也可以向母公司提供产品与技术，所以 P 公司的国际化经营战略类型为跨国战略。

70.【答案：CD】国际战略全球协作程度低，本土独立性和适应能力低。全球化战略全球协作程度高，本土独立性和适应能力低。多国本土化战略全球协作程度低，本土独立性和适应能力高。跨国战略全球协作程度高，本土独立性和适应能力高。

【提示】国际化经营战略是竞争战略的国际化应用。

国际战略	—
多国本土化战略	差异化战略
全球化战略	成本领先战略
跨国战略	混合战略(物美价廉)

71.【答案：B】如果全球化压力大，而企业优势资源可以转移到其他市场，企业有可能与发达国家跨国公司在全球范围内展开正面竞争。我们称这种情况下的本土企业为“抗衡者”。“金力公司通过引进麦尔公司的先进技术，不断提高产品性能和生产效率，并把引进的新技术移植到核心业务

齿轮增速器的生产中，成为欧美多家相关企业的齿轮增速器供应商”属于抗衡者战略中的“学习从发达国家获取资源，以克服自身技能不足和资本的匮乏”，故选项 B 正确。

72.【答案：D】“把药品的生产和销售业务转让给其他公司，同时与国外某医药公司合作专注于新药品的研发业务”体现了躲闪者。

73.【答案：A】防御者：如果企业面临的全球化压力较小，而其拥有的优势资源只适合于本国市场。本题中“面对国外品牌牙膏不断涌入国内市场的不利局面，健华牙膏厂独创了完全用中草药提取物制造、具有生津健齿功效的牙膏，并通过强化销售网络的建设和管理，赢得了越来越多国内消费者的好评”可知健华牙膏厂的优势资源只适合于本国市场。是“防御者”战略。

74.【答案与解析】(1)神农公司进入国际市场举步维艰的主要原因包括：

①规模经济方面。“与国外跨国公司相比，自己在规模及利润两个方面存在着巨大差距，在研发经费的投入方面差距更大。”说明神农公司缺乏规模经济优势。

②现有企业对关键资源的控制方面。“由于缺乏拥有自主知识产权的药品，多年来以生产仿制药为主；其生产的医疗器械科技含量较低，难以满足用户对高科技医疗器械的需要，国内高科技医疗器械市场基本被进口产品占领。”说明神农公司缺乏对关键资源控制。

③现有企业的市场优势方面。“此外，神农公司还存在着专业化程度和品牌认知度较低等问题”说明神农公司缺乏市场优势。

(2)神农公司面对跨国公司的大规模进入和挑战所做出的战略选择是“抗衡者”战略：在全球范围内对抗。

理由：世界著名医药跨国公司纷纷进入国内市场，产业的全球化程度是比较高的，企业自身的优势资源是可以向海外移植的。“新战略的核心是设立若干个中小型……真正的较量。”均体现了在全球范围内对抗，所以属于“抗衡者”战略。

第 4 章　战略实施

本章思维导图

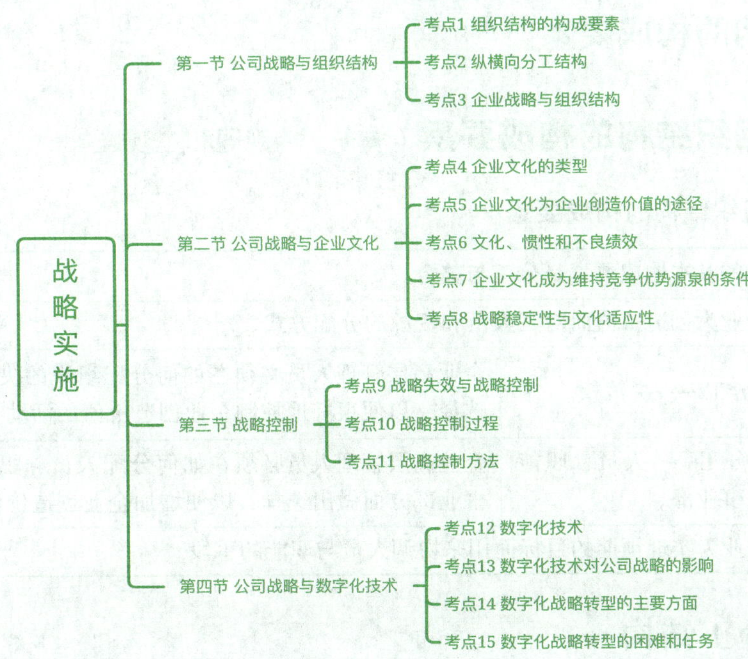

近5年题型题量分值

年份	2017	2018	2019	2020	2021	2022
单选题	2 题 2 分	4 题 4 分	3 题 3 分	4 题 4 分	7 题 7 分	2 题 2 分
多选题	–	1 题 1.5 分	2 题 3 分	3 题 4.5 分	2 题 3 分	1 题 1.5 分
简答题	–	–	–	2 题 4 分	1 题 3 分	1 题 5 分
综合题	–	–	–	–	1 题 2 分	3 题 12 分
合计	2 分	5.5 分	6 分	12.5 分	15 分	20.5 分

本章 2022 年教材变动较大：第一节“横向分工结构的基本类型”“企业发展阶段与结构”调整了部分表述；第三节战略控制进行重新编写，如新增 ESG 衡量指标；将原来第四节“战略管理中的权力与利益相关者”，调整至第一章；原第五节公司战略与数字化技术调整为第四节，并增加部分表述；调整部分案例。2023 年教材本章没有实质性变动。

本章历年考试分值在 10–15 分之间，可以涉及多种题型，主观题考点为横向分工结构基本类型、战略控制、战略失效、数字化战略转型等知识点，属于**重点章**。

第一节 公司战略与组织结构

一、组织结构的构成要素

考点1 组织结构的构成要素（★★，客观题和主观题）

【考点题源】组织结构的构成要素

<table>
<tr><td>定义</td><td colspan="2">组织结构的基本构成要素是分工与整合。</td></tr>
<tr><td rowspan="3">分工</td><td colspan="2">分工是企业为创造价值而对其人员和资源的分配方式。</td></tr>
<tr><td>(1)纵向分工——决策权。</td><td>企业高层管理人员必须在如何分配组织的决策权上做出选择，以便很好地控制企业创造价值的活动。</td></tr>
<tr><td>(2)横向分工——人员、职能部门以及事业部。</td><td>企业高层管理人员必须在如何分配人员、职能部门以及事业部方面做出选择，以便增加企业创造价值的能力。</td></tr>
<tr><td>整合</td><td colspan="2">整合是企业为实现预期的目标而用来协调人员与职能的手段。</td></tr>
</table>

二、纵横向分工结构

考点2 纵横向分工结构（★★★，掌握，客观题）

（一）纵向分工结构

【考点母题——万变不离其宗】纵向分工结构的基本类型

<table>
<tr><td colspan="3">(1)纵向分工结构的基本类型有(　)。</td></tr>
<tr><td rowspan="4">A. 高长型组织结构</td><td colspan="2">(2)下列各项中，属于高长型组织结构特征的有(　)。</td></tr>
<tr><td>特征</td><td>A. 管理层次多　　B. 控制幅度较窄</td></tr>
<tr><td>优点</td><td>C. 有利于企业内部的控制</td></tr>
<tr><td>缺点</td><td>D. 对市场变化的反应较慢</td></tr>
<tr><td rowspan="4">B. 扁平型组织结构</td><td colspan="2">(3)下列各项中，属于扁平型组织结构特征的有(　)。</td></tr>
<tr><td>特征</td><td>A. 管理层次较少　　B. 控制幅度较宽</td></tr>
<tr><td>优点</td><td>C. 可以及时地反映市场的变化，并作出相应的反应</td></tr>
<tr><td>缺点</td><td>D. 容易造成管理的失控</td></tr>
</table>

【考点题源】横向分工结构的基本协调机制

(1)**集权与分权**	参见【考点母题——万变不离其宗】集权与分权。
(2)中层管理人员人数	企业为了降低成本，使其结构效率化，应尽量减少管理层次。
(3)信息传递	企业内部管理层次越多，信息在传递的过程中就会发生不同程度的扭曲，不能完整地到达信息传递的目的地。这样，也会增加管理的费用。
(4)协调与激励	企业的管理层次过多时，会妨碍内部员工与职能部门间的沟通，增加管理费用。在激励方面，高长型组织中的管理人员在行使权力时，往往会受到各种限制，高层管理人员就需要花费大量的时间从事协调工作。在扁平型结构中，一般管理人员拥有较大的职权，并可对自己的职责负责，效益也可以清楚地看出，并有较好的报酬。因此，扁平型结构比高长型结构更能调动管理人员的积极性。

【考点母题——万变不离其宗】集权与分权

集权	含义	集权是指企业的高层管理人员拥有最重要的决策权力。
	特征	企业高层管理人员比较容易地控制与协调企业的生产经营活动，以达到企业预期的目标。一般拥有多级管理层，并将决策权分配给顶部管理层；其管理幅度比较窄，从而呈现出层级式结构。
	适用性	产品线数量有限且关系较为密切的企业。
	优点	(1)集权的优点有( )。
		A. 易于协调各职能间的决策 B. 易于对上下沟通的形式进行规范(比如利用管理账户) C. 能与企业的目标达成一致 D. 危急情况下能够做出快速决策 E. 有助于实现规模经济 F. 这种结构比较适用于由外部机构(比如专业的非营利性企业)实施密切监控的企业，因为所有的决策都能得以协调
	缺点	(2)集权的缺点有( )。
		A. 高级管理层可能不会重视个别部门的不同要求 B. 由于决策时需要通过集权职能的所有层级向上汇报，因此决策时间过长 C. 对级别较低的管理者而言，其职业发展空间有限
分权	含义	分权型结构一般包含更少的管理层次，并将决策权分配到较低的层级，从而具有较宽的管理幅度并呈现出扁平型结构。
	优点	(1)分权型结构的优点有( )。
		A. 减少了信息沟通的障碍，提高了企业反应能力 B. 能够为决策提供更多的信息并对员工产生激励效应 C. 将活动按照业务线和产品线进行分类，可以避免在多元化经营中使用职能型结构导致的复杂性

【说明】公司采用集权型组织还是分权型组织并不是简单依据其采取的组织结构的类型(例如，是事业部制结构还是职能部制结构)，决策度与责任的大小也与企业的文化密切相关。

【考点子题——举一反三，真枪实练】

[1]（2021年·多选题）建平公司专注于铁路、电力、矿产、石油、机场、港口等行业的工程总承包业务，拥有3 000多名员工，设有业务员、部门经理、总经理等3个管理层级，各层级被充分授权。下列各项中，属于该公司组织类型优点的有（　）。

A. 易于协调各职能间的决策

B. 危急情况下能够做出快速决策

C. 有利于减少信息沟通障碍，提高企业反应能力

D. 有利于调动管理人员的积极性

（二）横向分工结构（8种）

【考点母题——万变不离其宗】创业型组织结构

简述：创业型组织结构的基本含义、特点和适用情形。	
基本含义	企业的所有者或管理者对若干下属实施直接控制，并由其下属执行一系列工作任务。企业的战略计划（若有）由中心人员完成，该中心人员还负责所有重要的经营决策。
特点	弹性较小并缺乏专业分工，其成功主要依赖于该中心人员的个人能力。
适用情况	通常应用于小型企业。

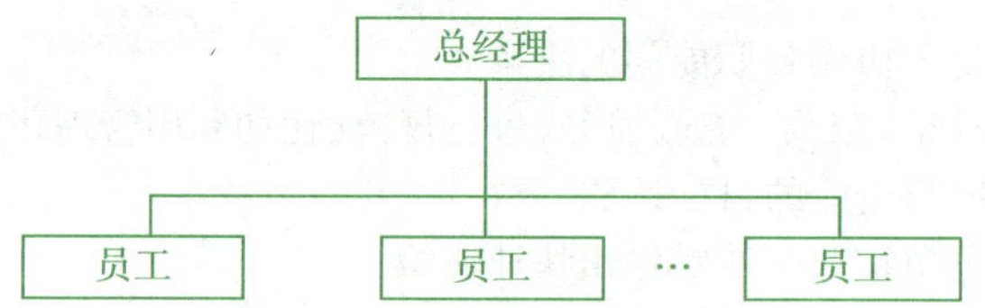

图4-1　创业型组织结构

【考点母题——万变不离其宗】职能制组织结构

简述：职能制组织结构的基本含义、优缺点和适用情形。	
基本含义	按职能进行专业化分工。因此总经理可以从日常业务中解脱出来，更加关注职能协调、企业环境和发展战略问题。
适用情况	单一业务企业。
优点	(1)能够通过集中单一部门内所有某一类型的活动来实现规模经济； (2)有利于培养职能专家； (3)由于任务为常规和重复性任务，因而工作效率得到提高； (4)董事会便于监控各个部门。
缺点	(1)由于对战略重要性的流程进行了过度细分，在协调不同职能时可能出现问题； (2)难以确定各项产品产生的盈亏； (3)导致职能间发生冲突、各自为政，而不是出于企业整体利益进行相互合作； (4)等级层次以及集权化的决策机制会放慢反应速度。

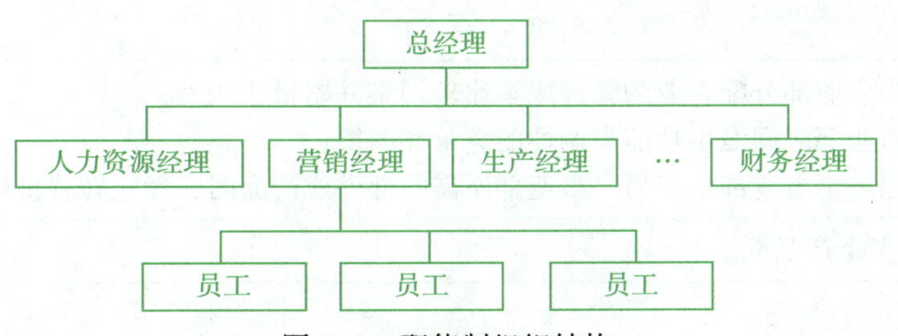

图 4-2　职能制组织结构

【考点母题——万变不离其宗】事业部制组织结构

<table>
<tr><td colspan="3">简述：事业部制组织结构的类型及各类型事业部制组织结构的基本含义、优缺点和适用情形。</td></tr>
<tr><td rowspan="4">①区域事业部制结构</td><td>基本含义</td><td>按照产品、服务、市场或地区定义出不同的事业部。
事业部的权力更大。企业总部负责计划、协调和安排资源。
事业部则承担运营和职能责任。</td></tr>
<tr><td>优点</td><td>(1)在企业与其客户的联系上，区域事业部制能实现更好更快的地区决策；
(2)与一切皆由总部来运作相比，建立地区工厂或办事处会削减成本费用；
(3)有利于海外经营企业应对各种环境变化。</td></tr>
<tr><td>缺点</td><td>(1)管理成本的重复；
(2)难以处理跨区域的大客户的事务。</td></tr>
<tr><td>适用</td><td>企业在不同的地理区域开展业务。</td></tr>
<tr><td rowspan="3">②产品/品牌事业部制结构(★★，客观题和主观题)</td><td>优点</td><td>(1)生产与销售不同产品的不同职能活动和工作可以通过事业部/产品经理来予以协调和配合；
(2)各个事业部都可以集中精力在其自身的区域；
(3)易于出售或关闭经营不善的事业部。</td></tr>
<tr><td>缺点</td><td>(1)各个事业部会为了争夺有限资源而产生摩擦；
(2)各个事业部之间会存在管理成本的重叠和浪费；
(3)若产品事业部数量较大，则难以协调；
(4)若产品事业部数量较大，事业部的高级管理层会缺乏整体观念。</td></tr>
<tr><td>适用</td><td>具有若干生产线的企业。</td></tr>
<tr><td colspan="2">③客户细分或市场细分事业部制结构</td><td>适用与销售部门和销售工作相关，批销企业、分包企业。</td></tr>
</table>

【考点母题——万变不离其宗】M 型企业组织结构(多部门结构)

<table>
<tr><td colspan="2">简述：M 型企业组织结构的优缺点和适用情形。</td></tr>
<tr><td>优点</td><td>(1)便于企业的持续成长。随着新产品线的创建或收购，这些新产品线可能被整合到现有的事业部中，或者作为新开发的事业部的基础；
(2)由于每一个事业部都有其自身的高层战略管理者，首席执行官就有更多的时间分析各个事业部的经营情况以及进行资源配置；
(3)职权被分派到总部下面的每个事业部，并在每个事业部内部进行再次分派；
(4)能够通过诸如资本回报率等方法对事业部的绩效进行财务评估和比较。</td></tr>
</table>

续表

缺点	(1)为事业部分配企业的管理成本比较困难并略带主观性； (2)事业部之间滋生功能失调性的竞争和摩擦； (3)当一个事业部生产另一事业部所需的部件或产品时，确定转移价格也会产生冲突。
适用情况	具有多个产品线。

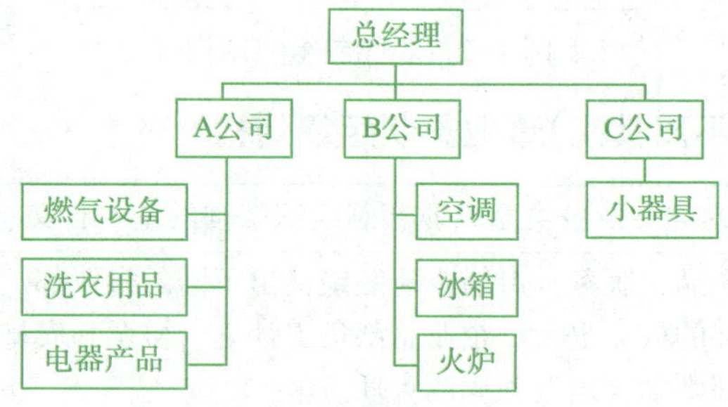

图 4-3 M 型组织结构

△【考点母题——万变不离其宗】战略业务单位组织结构(SBU)

简述：战略业务单位组织结构的含义和优缺点。	
含义	将这些事业部归类为战略业务单位。
优点	(1)降低了企业总部的控制跨度(管理幅度)； (2)由于不同的企业单元都向其上级领导报告其经营情况，因此控制幅度的降低也减轻了总部的信息过度情况； (3)这种结构使得具有类似使命的产品、市场或技术的事业部之间能够更好地协调； (4)由于几乎无须在事业部之间分摊成本，因此易于监控每个战略业务单位的绩效。
缺点	(1)由于采用这种结构多了一个垂直管理层，因此总部与事业部和产品层的关系变得更疏远； (2)战略业务单位经理为了取得更多的企业资源会引发竞争和摩擦，从而对企业的总体绩效产生不利影响。

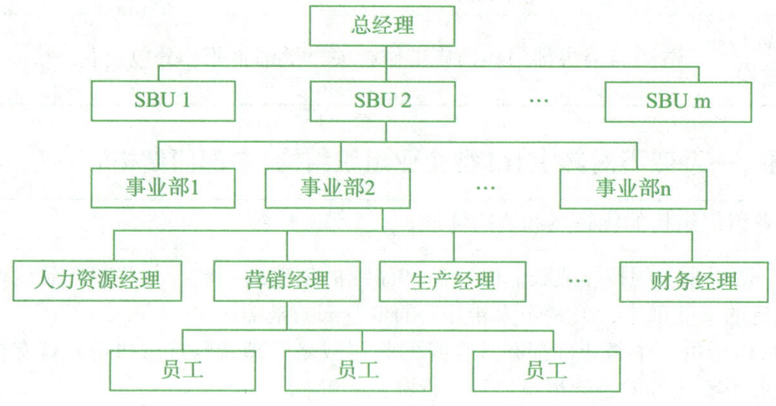

图 4-4 战略业务单位组织结构

【考点母题——万变不离其宗】矩阵制组织结构

简述：矩阵式组织结构的基本含义、优缺点和适用情形。	
基本含义	矩阵结构是一种具有两个或多个命令通道的结构，包含两条预算权力线以及两个绩效和奖励来源。
优点	①由于项目经理与项目的关系更紧密，因而能更直接地参与到与其产品相关的战略中来，从而激发其成功的动力； ②能更加有效地优先考虑关键项目，加强对产品和市场的关注，从而避免职能型结构对产品和市场的关注不足； ③与产品主管和区域主管之间的联系更加直接，从而能够做出更有质量的决策； ④实现了各个部门之间的协作以及各项技能和专门技术的相互交融； ⑤双重权力使得企业具有多重定位，这样职能专家就不会只关注自身的业务范围。
缺点	①可能导致权力划分不清晰(比如谁来负责预算)，并在职能工作和项目工作之间产生冲突； ②双重权力容易使管理者之间产生冲突。 如果采用混合型结构，非常重要的一点就是确保上级的权力不相互重叠，并清晰地划分权力范围。下属必须知道其工作的各个方面应对哪个上级负责； ③管理层可能难以接受混合型结构，并且管理者可能会觉得另一名管理者将争夺其权力，从而产生危机感； ④协调所有的产品和地区会增加时间成本和财务成本，从而导致制定决策的时间过长。
适用情况	非常复杂项目中的控制问题。

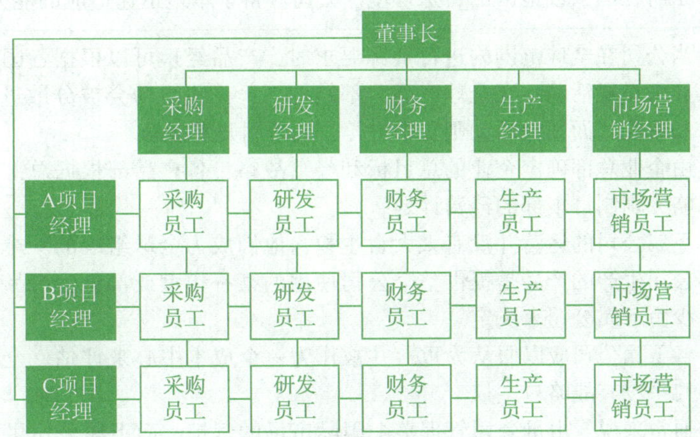

图 4-5 矩阵制组织结构

【考点母题——万变不离其宗】H 型结构(控股企业/控股集团组织结构)

简述：H 型结构的含义分类以及特点。	
基本含义	成立控股企业，其下属子企业具有独立的法人资格。

续表

类型	①纯粹控股公司：不直接从事某种实际的生产经营活动，其目的只是掌握子公司的股份，控制其股权； ②混合控股公司：除了利用控股权支配子公司的生产经营活动，还从事自身的生产经营。
主要特点	①其业务单元的自主性强； ②企业无须负担高额的中央管理费，因为母企业的职员数量很可能非常少； ③业务单元能够自负盈亏并从母企业取得较便宜的投资成本； ④在某些国家如果将这些企业看成一个整体，业务单元还能够获得一定的节税收益； ⑤控股企业可以将风险分散到多个企业中，但是有时也很容易撤销对个别企业的投资。
适用情况	业务领域涉及多个方面，甚至上升到全球化竞争层面。

【考点母题——万变不离其宗】国际化经营企业的组织结构

企业国际化经营的组织结构包括（ ）。	
A. 国际部结构（国际战略）	企业发挥全球协作程度低，产品对东道国市场的需求的适应能力也比较弱。企业多把产品开发的职能留在母国，而在东道国建立制造和营销职能。
B. 全球区域分部结构（多国本土化战略）	为较小的“国内”市场规模较少地生产了同样的产品。下属公司的生产成本通常比母公司高，因为它要以相对小的规模生产各种产品。 但在很多情况下，贸易壁垒把国际市场隔离开来，使下属公司仍能盈利地运转。 地区和国家分部经理有高度的自主权，可以改变本国的产品战略，使它能适应于所在国家或地区的特殊环境。公司获得了本地迅速适应的能力。
C. 全球产品分部结构（全球化战略）	当公司在全球范围内进行资源寻求时，产品经理可以根据各国成本和技术的差异来设置活动。在全球产品分部结构下，一些活动会被分散进行，如零件加工和装配，而其他活动则集中进行，如研制开发活动。 由企业总部确定企业的总目标和经营战略，各产品部根据总部的经营目标和战略分别制订本部的经营计划。 下属公司的运营并没有太大自主权，他们成为全球组织的一个组成部分，下属公司生产的产品是提供整个公司使用的某一模型或部件，产品的设计和说明很少由下属公司来决定。 各下属公司应以服从为重，并被作为一个成本中心来评估。全球性的下属公司几乎没有战略自主权。 通常来说，由母公司管理整个国际市场的营销，而下属公司可能会雇用自己市场的营销人员，这些营销人员一般对部门营销经理负责。
D. 跨国结构（跨国战略）	从全球性产品——地区混合结构思路出发，从下属公司的功能与权力角度，对组织结构作进一步优化。 产品分部和地区分部都由副总经理负责，企业总部从全球范围来协调各产品分部和地区分部的活动，以取得各种产品的最佳地区合作，管理各子公司的经营活动。 跨国结构的目的是力求同时最大限度地提高效率、地区适应能力和组织学习能力。

续表

D. 跨国结构（跨国战略）	适用于那些产品多样化程度很高、地区分散化程度也很大的跨国公司。尤其是那些销售、计划、财务、人事、研究与开发等职能难以全部下放到产品分部或地区分部，而这些职能又是对各分部以下的子公司之间的协调具有重要意义的企业。

全球程度	低（本土独立性和是用能力）	高（本土独立性和是用能力）
高	全球化战略 全球产品分部结构	跨国战略 跨国结构
低	国际战略 国际部结构	多国本土化战略 全球区域分布结构

图4-6　国际化经营战略类型及其相对应的组织结构

【考点子题——举一反三，真枪实练】

[2]（2021年·单选题）L公司是H国一家主营智能照明系统研发和制造的企业，在全球20多个国家设有分部。每个分部都凭借母公司先进的电磁调压及电子感应技术，独立设计、生产和销售各种智能灯具、光源等产品，以满足所在国的市场需求。L公司国际化经营组织结构的类型应是（　）。

A. 国际部结构　　B. 全球区域分部结构

C. 全球产品分部结构　　D. 跨国结构

[3]（2020年·单选题）升达公司是一家控股企业，下属多个分别主营石油化工、物渣、机械制造等业务的独立经营的子公司。升达公司不干预子公司的战略决策和业务活动，仅根据市场前景和子公司的经营状况做出对子公司增加或减少投资的决策。升达公司应采取的组织结构类型是（　）。

A. 事业部组织结构　　B. H型组织结构

C. 战略业务单位组织结构　　D. M型组织结构

[4]（2018年·单选题）甲玩具公司成立十年来，生产和经营规模逐步扩大，玩具产品的品种不断增加。为了提高工作效率并实现规模经济，该公司应采用的组织结构是（　）。

A. M型组织结构　　B. 事业部制组织结构

C. 创业型组织结构　　D. 职能制组织结构

[5]（2010年·简答题）乙公司是一家历史悠久的英国奶制品公司，业务遍布欧洲、亚洲和美洲，其规模在英国同行业排行第二。乙公司生产的主要产品包括婴儿奶粉、全脂成人奶粉、各类乳酪制品，并一直使用单一品牌在各地市场上销售。

乙公司在英国总部聘用了400余名营销人员，分别负责各地区的销售业务。

大多数营销人员的大部分时间均出差在外国，与当地大型超市及经销商洽谈业务。乙公司生产总部的厂房与农场均设于英国市郊，采用劳动密集型的生产及包装模式。乙公司各生产线的生产成本占公司总运营成本的30%，比同行业平均水平高约5%。

近年来，某些地区兴起以瘦为美的理念、崇尚多样化口味的饮料等，导致奶制品市场竞争激烈。由于乙公司未能对各个地区市场变化采取应对措施，导致其总体市场份额和利润率均下降10%以上，在成人奶粉细分市场的份额下降了20%。

经研究分析，最高管理层发现乙公司在战略制定、内部组织结构和经营管理等方面存在缺陷，急需进行调整。最高管理层决定在乙公司内推行全新的运营模式，并拟将总部直接管理各地区业务的业务管理模式调整为区域事业部制的组织结构。

要求：简要分析乙公司实施“区域事业部制”组织结构的好处，并提出乙公司应如何组织“区域事业部制”组织结构的建议。

【考点母题——万变不离其宗】横向分工结构的基本协调机制

企业横向分工结构中的基本协调机制包括（　）。		
机制名称	图示（图4-7）	含义
A. 相互适应、自行调整		是一种自我控制方式。组织成员直接通过非正式的、平等的沟通达到协调，相互之间不存在指挥与被指挥的关系，也没有来自外部的干预。 适合于最简单的组织结构。在十分复杂的组织里，由于人员构成复杂，工作事务事先不能全部规范化，因而也采用这种协调机制。
B. 直接指挥、直接控制		组织的所有活动都按照一个人的决策和指令行事。
C. 工作过程标准化		组织通过预先制定的工作标准，来协调生产经营活动。
D. 工作成果标准化		组织通过预先制定的工作成果标准，实现组织中各种活动的协调。
E. 技艺（知识）标准化		组织对其成员所应有的技艺、知识加以标准化。属于超前的间接协调机制。

续表

F. 共同价值观	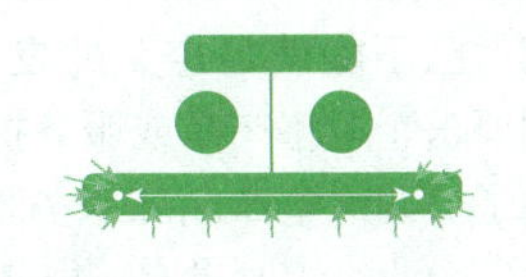	组织内全体成员要对组织的战略、目标、宗旨、方针有共同的认识和共同的价值观念，充分地了解组织的处境和自己的工作在全局中的地位和作用，互相信任、彼此团结，具有使命感，组织内的协调和控制达到高度完美的状态。

【考点子题——举一反三，真枪实练】

[6]（2019 年 · 单选题）生产智能家电产品的凯威公司适应外部环境的不断变化，及时调整内部资源和组织结构，发挥协同效果和整体优势，激发员工的创新精神和使命感，对社会需求作出灵活、快速的反应。该公司采取的组织协调机制是（　）。

A. 直接指挥，直接控制　　B. 工作过程标准化

C. 共同价值观　　D. 工作成果标准化

三、企业战略与组织结构

考点 3　企业战略与组织结构（★★★，掌握，客观题和主观题）

（一）组织结构与战略的关系

【考点题源】战略的前导性与结构的滞后性

（1）**战略前导性**	指企业战略的变化快于组织结构的变化。
（2）**结构滞后性**	指企业组织结构的变化常常慢于战略的变化速度。
造成这种现象的原因	①新、旧结构交替有一定的时间过程。 ②管理人员的抵制。

【考点母题——万变不离其宗】企业发展阶段与组织结构的关系

简述：企业在不同的发展阶段选择不同的组织结构及其原因。			
产业发展阶段	战略类型	**企业结构类型**	原因
产业发展初期（导入期）	市场渗透战略	**简单结构（创业型组织结构）**	在产业处于发展阶段、外部环境竞争不激烈的情况下，企业着重发展单一产品，试图通过更强的营销手段而获得更大的市场占有率。这时，企业只需采用简单的结构或形式。

续表

产业进一步发展	市场开发战略	**职能制结构**	随着产业进一步发展，在一个地区的生产或销售已不能满足企业的发展速度和需要时，则要求企业将产品或服务扩展到其他地区去。为了协调这些产品和服务形成标准化和专业化，企业组织要求有职能部门结构。
产业增长后期（成长期）	纵向一体化战略	**事业部制结构**	在产业增长阶段后期，竞争更加激烈，为了减少竞争的压力，企业需要拥有一部分原材料的生产能力，或拥有销售产品的渠道。在这种情况下，组织应运用事业部制结构。
产业成熟期	多元化经营战略	**战略业务单位结构、矩阵制结构、H 型结构**	在产业进入成熟期，企业为了避免投资或经营风险，开发与企业原有产品不相关的新产品系列。这时企业应根据规模和市场的具体情况，分别采用战略业务单位结构、矩阵制结构、H 型结构。

【考点母题——万变不离其宗】组织的战略类型（重点内容）

企业加强内部管理时，要不断选择适应环境的组织结构，可以考虑的组织结构类型包括（ ）。

类型名称	产品与市场	工程技术问题	行政管理	特点
A. **防御型战略组织**	追求一种稳定的环境。创造一个稳定的经营领域，占领一部分产品市场。常采用竞争性定价或高质量产品来阻止竞争对手进入自己的领域。	创造出一种具有高度成本效率的核心技术，提高技术效率是组织成功的关键。	采取“机械式”结构机制。由生产与成本控制专家形成的高层管理，注重成本和其他效率问题的集约式计划、广泛分工的职能机构、集中控制、正式沟通等。	适合于比较稳定的产业。但是，该产业也有潜在的风险，不可能对市场环境做重大的改变。
B. **开拓型战略组织**	追求一种更为动态的环境，将其能力表现在探索和发现新产品和市场的机会上	技术具有很大的灵活性。全部工程技术问题就是如何避免长期陷于单一的技术过程，常常通过开发机械化程度很低和例外性的多种技术和标准技术来解决这一问题。	行政管理具有很大的灵活性，采取“有机的”机制。包括由市场、研究开发方面的专家组成的高层管理，注重产出结果的粗放式计划、分散式控制以及横向和纵向的沟通。	在不断求变当中可以减少环境动荡的影响，但它要冒利润较低与资源分散的风险。缺乏效率性，很难获得最大利润。

续表

C. **分析型战略组织**	在寻求新的产品和市场机会的同时，保持传统的产品和市场。市场转变是通过模仿开拓型组织已开发成功的产品或市场完成的，同时，又保留防御型组织的特征，依靠一批相当稳定的产品和市场保证其收入的主要部分。	需要在保持技术的灵活性与稳定性之间进行平衡。	主要任务是如何区分组织结构的各个方面，以适应既稳定又变动的经营业务，使两种经营业务达到平衡。这个问题可以由分析型组织的矩阵结构解决。	稳定性与灵活性并存的状态，在一定程度上限制了组织的应变能力。如果分析型组织不能保持战略与结构关系的必要平衡，它最大的危险就是既无效能又无效率。
D. **反应型战略组织**	对其外部环境的反应上采取一种动荡不定的调整模式，缺少在变化的环境中随机应变的机制。往往会对环境变化和不确定性做出不适当的反应，随后又会执行不力，对以后的经营行动犹豫不决。结果，反应型组织永远处于不稳定的状态。 一个企业组织之所以成为反应型组织，主要有 3 个原因： (1)决策层没有明文表达企业战略； (2)管理层次中没有形成可适用于现有战略的组织结构； (3)只注重保持现有的战略与结构的关系，忽视了外部环境条件的变化。			

【考点子题——举一反三，真枪实练】

[7] (2020 年 · 单选题)圣元公司是一家智能家居用品制造商。该公司在技术开发和行政管理上具有很大的灵活性，由技术、营销等人员组成的项目组拥有产品开发的自主选择权。近年来该公司适应不断变化的市场需求，陆续开发出智能音箱、智能手环、智能电视、扫地机器人等产品。圣元公司组织结构的战略类型是(　　)。

A. 防御型战略组织　　B. 分析型战略组织

C. 反应型战略组织　　D. 开拓型战略组织

[8] (2018 年 · 单选题)甲公司的主营业务是生产、销售体育运动器材，从去年起，该公司在保留原有业务的同时寻找新的市场机会，开发出适合个人使用的运动健康补测仪并尝试性投放市场，该仪器可随时把使用者在运动中的有关生物指数显示并记录下来，从而帮助使用者了解自己健康状况并选择适当的运动方式，甲公司适宜采取组织战略类型是(　　)。

A. 开拓型战略组织　　B. 创新型战略组织

C. 反应型战略组织　　D. 分析型战略组织

[9] (2014 年 · 简答题)2005 年之前金宝集团着重于公用事业，主要围绕城市燃气来推动企业发展。从 2005 年开始金宝集团专注于清洁能源的开发和利用，依托技

术创新和商业模式创新，形成从能源开发、能源转化、能源物流到能源分销的上中下游纵向一体化的产业链条，为客户提供多种清洁能源组合的整体解决方案。金宝集团“清洁能源生产与应用”的宗旨日益清晰。

随着集团清洁能源战略目标的日益清晰，金宝集团于2006年初进行了重大调整。

一是调整组织结构，将金宝集团的原有3大产业集团调整为能源分销、能源装备、能源化工、生物化工等产业板块，总部下设的支持保障机构也做了相应的变更。

二是人力资源政策调整，实施以科技牵引集团发展清洁能源的战略升级。金宝集团启动科技人才梯队建设，努力实现拥有科研人员、工程设计人员、技术管理人员、项目管理人员、技术工人五类人才和领军人物、核心人才、骨干人才三级智力网络的优秀科技人才梯队。

三是在科技人才激励体系、运行机制方面，金宝集团依据价值共创与价值共享的人本思想建立科技人才激励机制。金宝集团的激励政策致力于激发员工创新能力，重实绩、重贡献、重成果，向优秀科技创新人才和关键技术岗位倾斜，实行“智慧参与分配”和“技术参与股利分配”政策。技术与资本、劳动、管理一起，作为集团价值分配要素，以引导技术人员创造性地工作，全力攻克技术难关。建立以项目为基本单元，以项目成果为导向的激励机制，使激励和项目运作有机地结合起来。

要求：简要分析钱德勒“组织结构服从战略”理论在金宝集团的战略变革中是如何应用的。

本节各知识点复习建议

组织结构的构成要素：以了解为主，考试概率较小，选择题。

纵向分工结构：了解，考试概率较小，选择题。

横向分工结构：重点内容，掌握，选择题、主观题均会出现。

其中，横向分工结构的基本类型考试题型比较丰富，选择题和主观题均会出现。横向分工结构的基本协调机制一般以选择题形式进行考核，题量不大。

企业战略与组织结构：考试概率一般，选择题，以教材原文复习为主。企业发展阶段与结构要注意可能会在主观题考核。

第二节　公司战略与企业文化

一、企业文化的概念（了解）

赫尔雷格尔等人	企业文化是企业成员共有的哲学、意识形态、价值观、信仰、假定、期望态度和道德规范。
其他	企业文化代表了企业内部的行为指针，它们不能由契约明确下来，但却制约和规范着企业的管理者和员工。

二、企业文化的类型

考点 4　企业文化的类型（★★★，掌握原文为主，客观题）

【考点母题——万变不离其宗】企业文化的类型

<table>
<tr><td colspan="3">(1)查尔斯·汉迪(Charles Handy)在 1976 年对企业文化的分类，企业文化的类型有(　)。</td></tr>
<tr><td rowspan="3">A. 权力导向型</td><td colspan="2">(2)下列关于权力导向型企业文化的表述中，正确的有(　)。</td></tr>
<tr><td>特点</td><td>A. 掌权人试图对下属保持绝对控制，企业组织结构往往是传统框架
B. 企业的决策可以很快地做出，但其质量在很大程度上取决于企业经理人员的能力
C. 企业的变革主要由企业中心权力来决定</td></tr>
<tr><td>适用</td><td>D. 通常存在于家族式企业和刚开创企业。</td></tr>
<tr><td rowspan="3">B. 角色导向型</td><td colspan="2">(3)下列关于角色导向型企业文化的表述中，正确的有(　)。</td></tr>
<tr><td>特点</td><td>A. 尽可能追求理性和秩序，十分重视合法性、忠诚和责任
B. 企业的权力仍在上层，十分强调等级和地位
C. 具有稳定性、持续性的优点，可能导致高效率，但是不太适合动荡的环境</td></tr>
<tr><td>适用</td><td>D. 最常见于国有企业和公务员机构</td></tr>
<tr><td rowspan="3">C. 任务导向型</td><td colspan="2">(4)下列关于任务导向型企业文化的表述中，正确的有(　)。</td></tr>
<tr><td>特点</td><td>A. 管理者关心的是不断成功地解决问题，采用的组织结构往往是矩阵式
B. 这类企业的主导思想是实现目标，强调速度和灵活性，专长是个人权力和职权的主要来源，并且决定一个人在给定情景中的相对权力
C. 具有很强的适应性，个人能高度控制自己份内的工作，但也会给企业带来很高的成本</td></tr>
<tr><td>适用</td><td>D. 常见于新兴产业中的企业，特别是一些高科技企业</td></tr>
</table>

续表

D. **人员导向型**	(5)下列关于人员导向型企业文化的表述中，正确的有(　)。	
	特点	A. 企业存在的目的主要是为其成员的需要服务 B. 员工通过示范和助人精神来互相影响，而不是采用正式的职权 C. 这类文化中的人员不易管理，企业能给他们施加的影响很小
	适用	D. 常见于俱乐部、协会、专业团体和小型咨询公司

图 4-8　企业文化的类型趣解

【考点子题——举一反三，真枪实练】

[10] (2021年·单选题)蓝星公司是一家大型信息设备制造企业，该公司依据对公司目标职能的贡献评价职能的活动，根据员工的专长，给他们安排相应的职位和职能，这体现的企业文化的(　)类型。

A. 任务导向型　　B. 人员导向型

C. 角色导向型　　D. 权利导向型

[11] (2020年·单选题)格朗公司是一家从事环境艺术的企业，该公司的业务以创意为核心，员工根据个人的爱好/专长和成长需要，自主选择从事建筑设计/室内装潢/城市雕塑和壁画制作等工作，公司则为员工的工作需要提供必要的服务，格朗公司的企业文化类型是(　)。

A. 权力导向型　　B. 任务导向型

C. 人员导向型　　D. 角色导向型

三、文化与绩效(★★，客观题和主观题)

考点5　企业文化为企业创造价值的途径

【考点母题——万变不离其宗】企业文化为企业创造价值的途径

企业文化为企业创造价值的途径有(　)。

续表

A. **文化简化了信息处理**	企业文化中共同的价值观、行为准则及相应的符号，可以使员工的活动集中于特定的有范围的安排之中。这可以减少决策制定的成本，并促进工作的专门化，也可以减少不确定性，提高企业的技术效率。
B. **文化补充了正式控制**	威廉姆奥奇："团体控制"→阐述文化对于官僚控制、市场控制的替代作用。 【官僚控制】组织的角色和任务具有很高的专业化水平、短期雇佣、个人责任和个人决策。 【市场控制】建立在市场价格基础上的控制。 【团体控制】通过组织准则和价值系统的控制，其特征是组织中角色和任务的专业化降低至很低的水平、长期雇佣、个人自我激励与负责和集体决策。
C. **文化促进合作并减少讨价还价成本**	企业文化通过"相互强化"的道德规范，会减轻企业内权力运用的危害效应，这就可能克服市场竞争中常见的个体理性与集体类型的冲突，从而促进合作。

考点 6　文化、惯性和不良绩效（★，主观题）

文化也可能损害企业的绩效； 当战略符合其环境的要求时，文化则支持企业的定位并使之更有效率； 当企业所面对的环境产生了变化，并显著地要求企业对此适应以求得生存时，文化对绩效的负面影响就变得重要起来。

考点 7　企业文化成为维持竞争优势源泉的条件（★★，客观题和主观题）

【考点母题——万变不离其宗】企业文化要成为维持企业竞争优势的源泉需具备的条件

企业文化要成为维持企业竞争优势的源泉，需要具备的条件包括（　）。	
A. **企业文化必须为企业创造价值**	参见【考点母题——万变不离其宗】企业文化为企业创造价值的途径。
B. **企业文化必须为该企业所特有**	如果一个企业的文化和市场上大多数企业的雷同，那么这种文化就只是该国家或者地区文化或者一系列行业规范的影响，而不可能导致该企业具备相对竞争优势。
C. **企业文化必须很难被模仿**	如果一个企业的文化很容易被模仿，那么一旦该企业成功的话，其他企业都会模仿它，这将使该企业很难保持其竞争优势。

四、战略稳定性与文化适应性

考点8 战略稳定性与文化适应性（★★★，客观题和主观题）

	战略稳定性	文化适应性
定义	反映企业在实施一个新的战略时，企业的结构、技能、共同价值、生产作业程序等各种组织要素所发生的变化程度。	反映企业所发生的变化与企业目前的文化相一致的程度。
二者的关系	参见下图（纵轴表示企业战略的稳定性状况，横轴表示文化的适应性情况）。	

各种组织要素的变化			
	多	以企业使命为基础 1	重新制定战略 4
	少	2 加强协同作用	3 根据文化进行管理
		大	小
		潜在的一致性	

图 4-9 战略稳定性与文化适应性

图 4-10 以企业使命为基础趣解

【考点母题——万变不离其宗】战略稳定性和文化适应性的关系

简述：从“组织要素的变化”和“潜在一致性”两个维度，分析战略稳定性与文化适应性之间的关系。		
类型	含义	工作焦点
（一）以企业使命为基础	战略变化大；文化一致性大	多是那些以往效益好的企业，可以根据自己的实力，寻找可以利用的重大机会，或者试图改变自己的主要产品和市场，以适应新的要求。企业处理战略与文化关系的重点有以下几项： ①企业在进行重大变革时，必须考虑与企业基本使命的关系； ②发挥企业现有人员在战略变革中的作用；

续表

(一)以企业使命为基础	战略变化大；文化一致性大	③在调整企业的奖励系统时，必须注意与企业组织目前的奖励行为保持一致； ④考虑进行与企业组织目前的文化相适应的变革，不要破坏企业已有的行为准则。
(二)加强协同作用	战略变化小；文化一致性大	发生在企业采用稳定战略(或维持不变战略)时。企业应考虑两个主要问题：①利用目前的有利条件，巩固和加强企业文化； ②利用文化相对稳定的这一时机，根据企业文化的需求，解决企业生产经营中的问题。
(三)根据文化进行管理	战略变化小；文化一致性小	需要研究这些变化是否可能给企业带来成功的机会。可以根据经营的需要，在不影响企业总体文化一致的前提下，对某种经营业务实行不同的文化管理。
(四)重新制定战略	战略变化大；文化一致性小	企业首先要考察是否有必要推行这个新战略。如果没有必要，企业则需要考虑重新制定战略。反之，在企业外部环境发生重大变化，企业考虑到自身长远利益，必须实施不能迎合企业现有的文化的重大变革时，企业则必须进行文化管理，使企业文化也做出相应重大的变化。为了处理这种重大的变革，企业需要从四个方面采取管理行动： ①企业的高层管理人员要痛下决心进行变革，并向全体员工讲明变革的意义； ②为了形成新的文化，企业要招聘或从内部提拔一批与新文化相符的人员； ③改变奖励结构，将奖励的重点放在具有新文化意识的事业部或个人的身上，促进企业文化的转变； ④设法让管理人员和员工明确新文化所需要的行为，形成一定的规范，保证新战略的顺利实施。

【考点子题——举一反三，真枪实练】

[12] (2022 年 · 单选题 · 考生回忆版)民天公司是一家经营连锁餐馆的企业。2020 年新冠疫情期间，民天公司秉承“为顾客提供贴心服务”的宗旨，启动了一项新战略，在保留堂食业务的同时，抽调部分员工按照订单要求，走入顾客的厨房，提供家庭餐饮服务，既满足了更多顾客的需求，又给企业带来更高的收益。根据战略稳定性与文化适应性矩阵的要求，该公司在实施上述新战略时应(　)。

A. 重新制定战略　　B. 加强协同作用

C. 以企业使命为基础　　D. 根据文化进行管理

[13] (2021 年 · 单选题)汉阳公司是国内一家经营多年的广告公司，在业内以鼓励员工个人对公司目标作出贡献闻名。近年来，国外著名广告公司的不断进入和本土竞争对手的成长给汉阳公司的业务增长带来越来越大的威胁，因此该公司管理层最近决定在维持现有组织架构的前提推出新的更为严格的员工薪酬与绩效挂钩制度以刺激业绩增长，该决定受到公司员工的拥护。汉阳公司在实施新的绩效考核制度时，应(　)。

A. 以企业使命为基础　　B. 加强协同作用
C. 根据文化进行管理　　D. 重新制定战略

[14]（2016年真题）甲公司是一家成功的家电企业，多年来致力于为消费者提供整套家电解决方案。随着互联网技术的兴起，公司于2004年制定并实施了进军智能家居领域的战略，通过建立“家庭网络标准产业联盟”，推出了一系列信息及多媒体共享智能家居产品。同时，公司组织结构进行了重大改革，管理制度也作了相应调整，并与企业多年形成文化保持了一致。根据战略稳定性与文化适应性矩阵要求。甲公司在实施上述新战略时，应当（　）。

A. 加强协同作用　　B. 以企业使命为基础
C. 根据文化进行管理　　D. 重新制定战略

本节各知识点复习建议

企业文化的类型：熟练掌握四种类型的名称，紧密结合教材原文，适当理解其含义，选择题。

文化与绩效：以教材原文为主，适当理解，选择题考核为主，其中企业文化为企业创造价值的途径要注意出现在主观题中。

战略稳定性与文化适应性。内容较多，但难度不大，建议以教材原文阅读为主，区别出四种情况。

第三节　战略控制

一、战略失效与战略控制的概念

战略失效与战略控制（★★★，掌握，客观题和主观题）

（一）战略失效

【考点母题——万变不离其宗】战略失效

简述：战略失效的含义、原因、分类。		
含义	指企业战略实施的结果偏离了预定的战略目标或战略管理的理想状态。	
原因	(1)企业内部缺乏沟通，企业战略未能成为全体员工的共同目标，企业成员之间缺乏协作共事的愿望； (2)战略实施过程中各种信息的传递和反馈受阻； (3)战略实施所需的资源条件与现实存在的资源条件之间出现较大缺口； (4)用人不当，主管人员、作业人员不称职或玩忽职守； (5)公司管理者决策错误，使战略目标本身存在严重缺陷或错误； (6)企业外部环境出现了较大变化，而现有战略一时难以适应等。	
分类	按照时间顺序，战略失效可以分为(　　)。	
	A. **早期失效**	在战略实施初期，一方面，由于新战略还没有被全体员工理解和接受，另一方面，战略实施者对新的环境、工作还不适应，就有可能导致较高的早期失效。**(没有做到 right first time)**
	B. **晚期失效**	当战略推进一段时间之后，之前对战略环境条件的预测与现实变化发展的情况之间的差距，随着时间的推移变得越来越大，战略所依赖的基础就显得越来越糟，从而造成战略失败。**(没有做到“与时俱进”)**
	C. **偶然失效**	在战略实施过程中，偶然会因为一些意想不到的因素导致战略失效。**(人的命，天注定)**

【考点子题——举一反三，真枪实练】

[15]（2021 年 · 单选题）诺力公司曾是一家著名的手机及相关设备制造企业，其生产的手机曾是世界第一品牌，占据将近一半的市场份额。2013 年该公司启动战略转型将业务聚焦于模拟机业务上，而越来越多的消费者更青睐不断改进的智能手机。后来在智能手机制造巨头的竞争挤压下，诺力公司的经营跌入谷底并一蹶不振，最终在手机市场上被淘汰出局。诺力公司实施战略转型失效的原因是(　　)。

A. 战略实施过程中各种信息的传递和反馈受阻

B. 战略实施所需要资源条件与现实存在资源条件间出现了较大缺口

C. 企业外部环境出现了较大变化，现有战略一时难以适应

D. 企业内部缺乏沟通，企业成员之间缺乏协作共事的愿望

（二）战略失效

	战略控制	预算控制
定 义（了解即可）	指企业在战略实施过程中，检测环境变化，检查业务进展，评估经营绩效，把检查和评估结果与既定的战略目标相比较，发现战略实施出现的偏差，分析产生偏差的原因，采取有效措施及时纠正偏差，使战略实施结果符合预期战略目标。	主要是在企业经营层面对预算费用的控制，是在一年或者更短的期间内，使用定量方法来确定实际费用是否超过了计划支出，并在预算期结束之后针对预算执行偏差及其成因，制定、采取正确的解决办法和对策。
差异	期间比较长，从几年到十几年以上	期间通常为一年以下
	定性方法和定量方法	定量方法
	重点是企业内部经营和外部环境	重点是企业内部经营
	不断纠正行为	通常在预算期结束之后采用纠正行为

二、战略控制过程

考点 10 战略控制过程（★★，客观题和主观题）

【考点母题——万变不离其宗】战略控制过程

战略控制过程包括的步骤有（　）。	
A. 设定战略控制的目标	依据企业战略目标，结合企业内部资源以及外部环境的重大变化，合理设定的企业战略控制标准或指标。
B. 选择战略控制的方法	从企业战略控制的实际需要出发，用来收集和处理企业经营的相关信息，对内部和外部环境进行监测，检查业务进展情况，衡量和评价企业整体及各个部门的长期和短期业绩，制定调整或纠正偏差措施的方式、工具和标准。 选择合理、有效的战略控制方法，是战略控制过程中十分重要的一步，直接影响甚至决定战略控制目标的实现与否。
C. 实施战略控制措施	企业决策者通过一定的组织、程序和机制，运用一种或多种战略控制方法，对企业整体以及各个经营领域的状况和业绩进行科学衡量和合理评价，将衡量和评价结果与企业的战略控制目标进行比较，找出它们之间的差距，结合企业内外环境的变化分析和识别差距产生的原因，制定和实施弥补差距对策或应对变化的措施。
D. 反馈战略控制效果	将实施战略控制措施的效果或结果及时反馈给企业决策者、部门经理和一般员工，以推动战略控制的持续改进和战略目标的实现。

三、战略控制方法

考点 11　战略控制方法（★★★，掌握，客观题和主观题）

（一）预算

【考点母题——万变不离其宗】预算

<table>
<tr><td colspan="5">简述：预算的概念、作用以及分类。</td></tr>
<tr><td>概念
（了解即可）</td><td colspan="4">预算就是财务计划，即围绕企业战略目标，对一定时期通常为一年内企业资金的取得和投放、各项收入和支出、经营成果及其分配等资金运动做出的具体安排。</td></tr>
<tr><td rowspan="2">作用</td><td colspan="4">科学规范的预算在战略控制中发挥多种作用，主要有（　）。</td></tr>
<tr><td colspan="4">A. 为企业的长期战略实施提供一个覆盖企业各层次、各方面、内容详细的短期财务目标，促进、引导企业战略目标的最终实现
B. 通过检查预算执行情况、查找预算与实际支出之间产生差距的原因，促使企业管理层、职能机构、业务部门，甚至每个经理或负责人及时发现战略实施中出现的问题和偏差，并采取必要的解决对策和纠正措施
C. 促进企业各级员工围绕任务完成情况、工作计划与设想等进行交流和沟通
D. 协调企业各个职能机构、业务部门的活动，确保它们向着共同目标一起努力
E. 根据兼顾必要性和可行性的原则合理分配资金，确保预算目标和战略目标的实现
F. 促进企业内部合理授权、提高效率
G. 为企业员工的绩效评估提供了一种有效手段
H. 激励员工提高业绩</td></tr>
<tr><td rowspan="2">类型</td><td></td><td>含义</td><td>优点</td><td>缺点</td></tr>
<tr><td>增量预算</td><td>指在以前期间的预算或者实际业绩的基础上，通过增加相应的内容编制新的预算。
假设条件：
①企业现有的业务活动是合理、必须的，不需要进行调整；
②企业现有的各项业务活动的开支水平是合理的，在预算期不予改变；
③以企业现有的业务活动和各项业务活动的开支水平，确定预算期各项活动的预算数额。</td><td>①预算编制工作量较少，相对容易操作。
②预算变动较小且循序渐进，为各个部门的经营活动提供了一个相对稳定的基础。
③有利于避免因资金分配规则改变而引起各部门之间产生冲突。
④比较容易对预算进行协调。</td><td>①没有考虑经营条件和经营情况的变化。
②容易使企业管理层和部门经理产生维持现状的保守观念，不利于企业创新。
③与部门和员工的业绩没有联系，没有提供降低成本的动力。
④鼓励各部门用光预算以保证下一年的预算不减少。
⑤随着业务活动及其开支水平的变化而失去合理性、可行性。</td></tr>
</table>

续表

类型		含义	优点	缺点
类型	**零基预算**	指在新的预算期，不受以往预算安排的影响，不考虑过去的预算项目和收支水平，以零为基点编制预算。 采用零基预算必须从实际出发，逐项审查新预算期内各项业务的内容及其开支标准，重新分析。	①有利于根据实际需要合理分配资金。 ②有利于调动各个部门和员工参与预算编制的积极性。 ③增强员工的成本效益意识。 ④鼓励企业管理层和部门经理根据环境变化进行创新。 ⑤增加预算的科学性和透明度，提高预算管理水平。	①预算编制比较复杂，工作量大，费用较高。 ②如果过度强调眼前预算项目的需要，容易导致追求短期利益而忽视长期利益。 ③预算规则和业务项目开支标准的改变可能引起部门之间的矛盾和冲突。

图 4-11　增量预算和零基预算趣解

【考点子题——举一反三，真枪实练】

[16] (2022年·单选题·考生回忆版)2020年底，主营办公用品业务的永豪公司预计随着新冠疫情的持续和居家办公人数的增加，对小型便捷打印机、复印机的需求量将会增长，因此根据以往同类项目的收支水平，将下一年的预算增加8%，以购置新的生产设备，将小型便捷打印机、复印机的产能提高12%。下列各项中，属于永豪公司采用的预算类型的优点的是(　)。

A. 预算编制工作量较少，相对容易操作

B. 有利于管理层及部门经理积极进取和企业创新

C. 与相关部门和员工的业绩联系起来，提供了降低成本的动力

D. 有利于根据实际需要合理分配资金

[17] (2018年·多选题)甲银行每年都依据实际业绩编制预算。2016年底甲银行在某地开设了一家分行，该分行2017年预算编制类型的优点有(　)。

A. 能够促进更为有效的资源分配　　B. 系统相对容易操作和理解
C. 容易实现协调预算　　D. 能够应对环境的变化

(二)企业业绩衡量

1. 财务衡量指标(主观题冷门点)

(1)盈利能力和回报率指标	毛利率=[(营业收入-销售成本)÷营业收入]×100% 净利润率=[(营业收入-销售成本-期间费用)÷营业收入]×100%
	已运用资本报酬率(ROCE)=息税前利润/当期平均已动用资本×100%
(2)股东投资指标	每股盈余=净利润/股票数量 每股股利=股利/股数 市净率=每股市价/每股净资产
	股息率=每股股利/每股市价×100%
	市盈率=每股市价/每股盈余×100%
(3)流动性指标	流动比率=流动资产/流动负债×100% 速动比率=(流动资产-存货)/流动负债×100% 存货周转期=存货×365/销售成本 应收账款周转期=应收账款借方余额×365/销售收入 应付账款周转期=应付账款贷方余额×365/购买成本
(4)综合负债和资金杠杆指标	负债率=有息负债/股东权益×100% 现金流量比率=经营现金净流量/(流动负债+非流动负债)×100%

【考点母题——万变不离其宗】使用比率来衡量、评价企业业绩

(1)使用比率来衡量、评价企业业绩的**主要原因**有(　)。

A. 通过比较不同时期的比率可以很容易地发现它们的变动
B. 相对于实物数量或货币的绝对数值，比率对企业业绩的衡量更为适合
C. 比率适合用作业绩目标
D. 比率提供了总结企业业绩和经营成果的工具、方法，并可在同类企业之间进行比较

(2)使用比率来衡量、评价企业业绩的**局限性**有(　)。

A. 信息获取存在困难
B. 信息的使用存在局限性
C. 比率在各个行业的理想标准不同
D. 比率有时不能准确反映真实情况
E. 比率有时体现的是被扭曲的结果
F. 可能鼓励短期行为
G. 忽略其他战略要素
H. 激励、控制的人员范围有限

2. 非财务衡量指标

表 4-1 非财务指标

评价的领域	业绩计量
服务	诉讼数量；客户等待时间
人力资源	员工周转率；旷工时间；每个员工的培训时间
市场营销	销售增长；市场份额；客户数量
生产	工艺、流程先进性；质量标准
研发	技术专利数量和等级；设计创新能力
物流	设备利用能力；服务水平
广告	属性等级；成本水平
管理信息	及时性；准确度

【考点母题——万变不离其宗】使用非财务指标衡量、评价企业业绩

(1)使用非财务指标衡量、评价企业业绩的**主要原因**有( )。

A. 能够反映和监控非财务方面的经营业绩
B. 通常比使用财务衡量指标提供企业业绩信息更为及时
C. 容易被非财务管理人员理解并使用
D. 有利于激励企业高管关注财务因素之外的因素甚至决定企业成败的战略因素
E. 一些衡量企业长期业绩的非财务指标有利于避免短期行为
F. 往往需要同时采用定性和定量分析、衡量，因此更能反映企业业绩的真实情况
G. 激励、控制的人员范围较广，覆盖了对财务结果无任何责任的人员

(2)使用非财务指标衡量、评价企业业绩的**局限性**有( )。

A. 不能使用统一的比率标准，因此不能容易地发现业绩变化或进行业绩比较
B. 指标通常产生于各个经营部门并被它们分别使用，不能作为所有部门的共同业绩目标即企业整体性业绩目标
C. 难以避免外部环境中某些因素的变化，造成不能客观、真实地衡量和反映企业业绩

【考点子题——举一反三，真枪实练】

[18] (2020 年 · 多选题) 甲公司采用流动比率、资产负债比率等财务指标进行绩效评价。下列各项中，属于甲公司上述做法的局限性的有( )。

A. 鼓励短期行为

B. 比率不可以用作目标

C. 难以进行项目比较

D. 忽视战略目标

3. ESG 衡量指标(**2022 年新增**)

【考点母题——万变不离其宗】ESG 衡量指标涉及的主要方面

定义	ESG 是环境(environmental)、社会(social)和治理(governance)的英文缩写，是一种关注企业环境、社会和治理等业绩的投资理念，是一种衡量企业业绩的非财务衡量指标或标准。
(1)ESG 企业业绩衡量指标或标准主要涉及的方面有(　)。	
A. **环境方面**	包括碳及温室气体排放、废物污染及管理政策、能源使用/消费、自然资源使用和管理政策、生物多样性、合规性、员工环境意识、绿色采购政策、节能减排措施、环境成本核算、绿色技术等。
B. **社会方面**	主要有性别及性别平衡政策、人权政策及违反情况、社团(或社区)健康安全、管理培训、劳动规范、产品责任、职业健康安全、产品质量、供应链责任管理、精准扶贫、公益慈善及其他等。
C. **治理方面**	主要涉及公司治理、贪污受贿政策、反不公平竞争、风险管理、税收透明、公平的劳动实践、道德行为准则、合规性、董事会独立性及多样性、组织结构、投资者关系等。
(2)树立、采用 ESG 理念及业绩衡量方法的意义有(　)。	
A. 有利于加强和改善企业的战略管理和风险管理 B. 有利于促进企业长期稳健经营和持续发展	

(三)平衡计分卡的企业业绩衡量

【考点母题——万变不离其宗】平衡计分卡的内涵

平衡计分法衡量业绩的角度有(　)。	
A. **财务角度**	显示企业战略及其实施对提高企业盈利能力和股东价值做出的贡献。常用的财务指标有营业收入、销售增长率、利润增长率、资产回报率、股东回报率、现金流量、经济增加值等。
B. **顾客角度**	衡量和反映企业在满足顾客需求、提高顾客价值方面的业绩。顾客指标的设定和选择取决于企业对目标市场的价值定位。常用的顾客指标有顾客满意度、顾客投诉率、投诉解决率、准时交货率、市场份额、客户保留率、新客户开发率、客户收益率等。
C. **内部流程角度**	内部流程指标用于衡量和确认企业在哪些业务流程上表现优异，需要加强或改进哪些业务流程才能保证战略落地。常用的内部流程指标有数字化信息系统覆盖率、计划准确率、设备利用率、订单准时交付率、采购成本和周期、项目进度及完成率、废物减排及利用率、安全事故率、接待客户的时间和次数、对客户诉求的反应时间以及员工建议采纳率和员工收入等。

续表

D. **创新与学习角度**	创新与学习指标衡量和体现企业在人力资源管理以及建设创新型、学习型组织和文化方面的业绩。常用的指标有研发费用占销售额的比例、新产品销售额占总销售额的比例、专利等级和数量、数字化技术采用率、员工流动率、员工培训费用及次数、员工满意度等。 创新与学习指标对驱动企业经营活动达到平衡计分卡其他三类指标的要求，使财务、客户、流程等方面得到持续改善并成为企业战略和企业长远成长的坚固支撑，起着重大作用。

【考点母题——万变不离其宗】平衡计分卡的特点

(1)与传统企业业绩衡量体系和方法相比，平衡计分法具有的特点有（ ）。
A. 用全面体现企业战略目标的四个方面的指标内容代替了单一的财务指标内容，为企业战略实施提供了强有力的支持 B. 平衡计分卡四个角度指标所包含的内容体现了五个方面的平衡。这些平衡有效避免了企业业绩衡量和考核中的片面性、表面性和间断性，使企业业绩衡量和考核科学化、系统化、长期化，成为企业战略控制可靠、有效的工具 C. 平衡计分卡四个指标的内容之间都紧密联系、相互支持、彼此加强 D. 每个企业的平衡计分卡都具有独特性
(2)平衡计分卡四个角度指标所包含的内容体现的平衡有（ ）。
A. 财务指标和非财务指标的平衡 B. 企业的长期目标(如创新与学习指标的内容)和短期目标(如财务指标的内容)的平衡 C. 结果性指标(如财务指标的内容)与动因性指标(如内部流程指标、创新与学习指标的内容)之间的平衡 D. 企业内部利益相关者(员工)与外部利益相关者（股东、客户)的平衡 E. 领先指标(即预期性指标)与滞后指标(即结果性指标)之间的平衡

【考点母题——万变不离其宗】平衡计分卡的作用

平衡计分卡的作用有（ ）。
A. 为企业战略管理提供强有力的支持　　B. 提高企业整体管理效率和效果 C. 促进部门合作，完善协调机制　　D. 完善激励机制，提高员工参与度 E. 促进企业立足实际、着眼未来，实现长期可持续发展

【考点子题——举一反三，真枪实练】

[19] (2019年·单选题修改)为高净值客户提供理财咨询服务的天元公司采用平衡计分卡衡量企业业绩，并把利润增长率作为一项重要考核指标。该指标属于平衡计分卡的（ ）。

A. 财务角度　　B. 顾客角度

C. 内部流程角度　　D. 创新与学习角度

[20]（2017 年·多选题修改）顺通公司是一家快递公司，2016 年，顺通公司使用平衡计分卡衡量公司业绩，并选取了订单准时交付率、准时交货率、员工满意度、预期利润等指标作为业绩衡量指标。上述指标涵盖的角度有（　）。

A. 创新与学习角度　　B. 顾客角度

C. 内部流程角度　　D. 财务角度

（四）统计分析与专题报告（了解）

【考点母题——万变不离其宗】统计分析与专题报告

<table>
<tr><td rowspan="2">统计分析报告</td><td>（1）统计分析报告的特点有（　）。</td></tr>
<tr><td>A. 统计分析报告是以统计数据为主体
B. 统计分析报告是以科学的指标体系和统计方法来进行分析研究说明
C. 统计分析报告具有独特的表达方式和结构特点
D. 逻辑严密、脉络清晰、层次分明</td></tr>
<tr><td rowspan="2">专题报告</td><td>（2）专题报告的作用有（　）。</td></tr>
<tr><td>A. 专题报告有助于企业对具体问题进行控制
B. 有助于企业管理人员开阔战略视野
C. 有助于企业内外的信息沟通</td></tr>
</table>

第四节 公司战略与数字化技术

一、数字化技术(★)

考点12 数字化技术(★，了解，客观题)

【考点母题——万变不离其宗】数字化技术的概念及其发展历程

概念(简单了解)	通过利用电子计算机软硬件、周边设备、协议、网络和通信技术，实现信息离散化表述、定量、感知、传递、存储、处理、控制、联网的集成技术。
数字化技术发展经历的阶段有(　)。	
A. **信息化**	定义：现代信息技术应用，特别是促成应用对象或领域(比如企业或社会)发生转变的过程。 基本功能：开发信息资源。 主要任务：通过测量记录、筛选加工、安全存储、互联传送，让人们随时获得必要的信息。 评价标准：主要是组织在战略决策和行动中能否便捷地得到准确、及时、足够的信息。
B. **数字化**	定义：利用数学量化、统计分析方法和数字数据技术以提高人们的认识能力和实践能力、提高产品或工作系统功效的过程或活动。 基本功能：信息形式的统一化、信息表达的准确化、信息利用的高效化。 主要任务：通过信息的量化、模数转换、统一贯通、建模解算、模拟仿真等实现信息的增值。 评价标准：主要是组织数字信息的应用范围和增值水平。
C. **智能化**	定义：在产品、工具和工作系统中协同应用人类智能和人工智能，以提高其功效的过程。 本质特征：智能的协同发展和应用。智能化是人类智能与工具智能协同发展，个人智能与组织智能及社会智能协同发展，不断提升科技、经济和社会活动功效的过程。

【考点母题——万变不离其宗】数字化技术应用领域

(1)数字化技术的应用领域包括(　)。		
A. **大数据**	(2)大数据具有的主要特点有(　)。	
	A. **大量性**	指大数据的数量巨大。
	B. **多样性**	指数据类型繁多，不仅包括传统的结构化数据，还包括半结构化数据和非结构化数据，且以半结构化和非结构化数据为主。

续表

A. **大数据**	C. **高速性**	指大数据处理时效性高。
	D. **价值性**	指大数据价值巨大，但价值密度低。如何通过强大的机器算法迅速高效地完成数据的价值“提纯”，成为大数据时代亟须解决的难题。
B. **人工智能**		
C. **移动互联网**	它继承了移动通信随时、随地、随身和互联网开放、分享、互动的优势。	
D. **云计算**		
E. **物联网**	物联网(Internet of Things，IoT)，即“万物相连的互联网”，是在互联网基础上延伸和扩展的网络。它能实现在任何时间、任何地点，人、机、物的互联互通。其核心和基础仍然是互联网，其终端延伸和扩展到了所有物品。	
F. **区块链**		

二、数字化技术对公司战略的影响

考点 13 数字化技术对公司战略的影响（★★★，掌握，客观题和主观题）

（一）数字化技术对组织结构的影响

【考点母题——万变不离其宗】数字化技术对组织结构的影响

(1)数字化技术对企业组织结构变革的影响表现在(　)。	
A. **组织结构向平台化转型**	数字经济时代，组织形态趋于柔性化、扁平化、网络化，并呈现“大平台小前端”的特征(让听得见炮声的人来做决策)。 未来的组织形态必须更敏捷地应对动态市场环境的变化，通过建立以流程驱动为基本特征的扁平化动态组织，围绕为用户创造价值，以跨部门的业务流程梳理与优化为切入点，从横向上逐步打通部门壁垒，彻底改造因部门分割而产生的流程中断、分散的状态。
B. **构建传统与数字的融合结构**	数字化技术构建传统与数字的融合结构是现阶段的核心变革举措： 一方面，融合结构中包含传统与新兴的两类人才、观念、技术、流程和传播渠道。在组织变革中，融合机构是实现传统中人才、观念、流程等要素向互联网路向转变的重要机制，这是其核心价值。 另一方面，如果从促进传统要素转型的角度而言，融合结构只是一种过渡性的结构，而非最终形式。

续表

C. **以新型组织结构为主要形式**	(2)团队结构和虚拟组织的优点有(　)。
	A. 不同专业技能的人员之间可以进行充分的协作与沟通 B. 扁平化的结构能够实现信息的保真和快速流通 C. 较快的决策权能够为团队快速回应环境变化提供条件 D. 充足的资源能够保障创新的成功率 E. 相对较低的试错成本，也适宜于对新领域和新项目的探索

(二)数字化技术对经营模式的影响

【考点母题——万变不离其宗】数字化技术对企业经营模式的影响

(1)数字化技术对企业经营模式的影响主要体现在(　)。	
A. **互联网思维的影响**	(2)关于互联网思维正确的说法有(　)。
	A. 它颠覆了我们对传统企业经营的固有认知，我们需要对传统企业的战略、业务、运营及管理等各个层面重新审视 B. 最为显著和重要的变化是信息技术的飞速发展使得传统的销售与传播环节变得不再重要 C. 依托数字技术，企业能以更好的产品和服务满足消费者的个性化需求，且价格更低、速度更快
B. **多元化经营的影响**	在数字化技术的助力下，随着“互联网+流通”的快速发展，实体零售企业加快线上线下O2O全渠道布局，通过线上线下融合对全渠道范围零售要素(店铺、产品、服务、渠道、技术、营业模式、业态)进行重新整合，从而推动实体零售业态多元化发展。 从营业模式上看，O2O模式下的实体零售，运用现代信息技术，打破了线下店铺传统经营模式的时空限制，促进跨界经营融合。
C. **消费者参与的影响**	数字化时代，为消费者参与企业商业模式创新提供了广泛的渠道。消费者的深度参与使得商业模式创新更加开放，更加科学，也更加有效。企业应借助数字网络平台形成与消费者的互动关系，并借助大数据技术了解主要客户对于现有产品和服务的改进建议，找到真实的市场需求，提供更高质量的产品和服务(白色家电只是白色的吗?)。

(三)数字化技术对产品和服务的影响

【考点母题——万变不离其宗】数字化技术对产品和服务的影响

数字化技术对产品和服务的影响表现在(　)。	
A. **个性化**	数字化时代，消费者的需求发生显著变化，个性化成为消费者需求的重要特征。而互联网技术使得万物互联成为可能，由此驱动企业的产品理念向定制化、个性化、多样化转型。

续表

B. **智能化**	在以数字化为标志的新时代，产品的一个重要特征就是智能化。
C. **连接性**	数字化环境下，产品的另一个重要特征是不断增强的连接性。通过智能产品之间的连接，将看似不相关的活动主体连接起来，能够创造出更多的商业机会。
D. **生态化**	在数字化转型的新时期，产品的生态属性更被消费者所关注。通过依靠科技促进低碳化发展，实现数字化赋能生态发展。

（四）数字化技术对业务流程的影响

【考点母题——万变不离其宗】数字化技术对企业业务流程的影响

数字化技术在企业业务流程重组中的作用有（　）。
A. 数字化信息系统是企业重组业务流程的核心 B. 在服务理念方面，应该从“人工”服务转为“智能”服务

三、数字化战略

考点 14　数字化战略转型的主要方面（★★★，掌握，客观题和主观题）

【考点母题——万变不离其宗】技术变革

简要论述企业数字化战略转型下的技术变革及其评价指标。		
解释	5G、工业互联网等新一代信息技术的发展，促使企业对基础条件如网络、通信设备和原有系统等进行重构与变革，为企业的创新行为提供技术资源的支撑，加速企业产品与服务的创新，探索新的市场机遇。	
具体内容和评价指标	A. 数字化基础设施建设	数字化基础设施建设是企业进行数字化转型的基石。选取主干网与互联网接口带宽、主干网网络覆盖率、数据安全措施应用率作为数字化基础设施的主要评价指标。
	B. 数字化研发	数字化研发是企业转型升级的主要动力，选取新产品产值率、R&D 投入强度、员工人均专利数作为评价企业数字化研发的主要指标。
	C. 数字化投入	数字化投入为推动企业数字化转型提供支持，选取数字化投入占比、数字化设备投入占比、数字化运维投入占比、数据安全投入占比作为数字化投入的评价指标。

【考点母题——万变不离其宗】组织变革

(1) 简要论述企业数字化战略转型下的组织变革及其评价指标。	
解释	消费需求日益个性化，迫使企业利用数字化技术变革组织结构，以增强对市场的反应速度。同时也需要员工之间加强直接沟通与信息获取，提高数字化技能与管理能力，进而拉动企业对数字化应用人才的需求。

续表

<table>
<tr><td rowspan="3">具体内容和评价指标</td><td colspan="2">(2)企业数字化战略转型下的组织变革包含的内容有(　)。</td></tr>
<tr><td>A. 组织架构</td><td>数字化转型为企业组织架构带来重要变革，选取数字化部门领导者地位、企业管理层级数量作为组织架构的评价指标</td></tr>
<tr><td>B. 数字化人才</td><td>数字化人才是推动企业数字化转型的关键要素之一。选取数字化人才比重、数字化技能员工覆盖率、初级数字化技能人才培训支出比作为数字化人才评价指标</td></tr>
</table>

【考点母题——万变不离其宗】管理变革

<table>
<tr><td colspan="3">(1)简要论述企业数字化战略转型下的管理变革及其评价指标。</td></tr>
<tr><td>解释</td><td colspan="2">企业通过数字化转型打通生产与管理全流程的数据链，促进业务流程变革、生产变革和财务变革，提高产品质量和生产效率。</td></tr>
<tr><td rowspan="8">具体内容和评价指标</td><td colspan="2">(2)企业数字化战略转型下的管理变革包含的内容有(　)。</td></tr>
<tr><td>A. 业务数字化管理</td><td>业务数字化管理是企业数字化转型的重点之一。
选取电子商务采购比率、数字化仓储物流设备占比、订单准时交付率、数据可视化率作为业务管理的评价指标。</td></tr>
<tr><td>B. 生产数字化管理</td><td>数字化生产是企业数字化转型的关键。
选取作业自动化编制及优化排程比例、与过程控制系统(PCS)或生产执行系统(MES)直接相连的数字化设备占比、数字化检测设备占比、在线设备管理与运维比例作为衡量企业数字化生产能力的指标。</td></tr>
<tr><td>C. 财务数字化管理</td><td>财务数字化管理为企业数字化转型提供保障。
选取ERP系统覆盖率、资金周转率、库存资金占有率作为反映企业财务数字化管理的指标。</td></tr>
<tr><td rowspan="4">D. 营销数字化管理</td><td>(3)数字经济时代，新兴技术的不断发展，为解决许多行业里传统营销模式存在的弊端和问题提供的有利契机有(　)。</td></tr>
<tr><td>A. 凭借多种数字化媒介，企业可以整合不同渠道为客户提供线上和线下全面的无缝式体验，打造全渠道营销的服务模式</td></tr>
<tr><td>B. 通过大数据技术对海量客户信息进行挖掘和利用，将结果数据转化为改进营销方式的切入点，有利于企业实现精准营销</td></tr>
<tr><td>C. 在数字化客户管理的基础上，通过大数据分析实现精准营销、内容营销、数字化的客户生命周期管理等</td></tr>
</table>

四、数字化战略转型的困难和任务

考点 15 数字化战略转型的困难和任务（★★，掌握，客观题和主观题）

【考点母题——万变不离其宗】公司数字化战略转型面临的困难

公司数字化战略转型过程中，面临的困难包括（　）。	
A. 网络安全与个人信息保护问题	①数据在云化以后，数据集中化程度不高，造成数据安全性得不到保障，数据非法访问风险加剧； ②传统的应用服务器是独立的，但上了云系统以后，应用服务器的安全边界越来越小，甚至还会出现很多漏洞，虚拟机和虚拟机保护机制不完善。 ③公司希望扩大数字应用范围，但安全匹配落后； ④公司希望运行速度更快，但授权会呈现静态变化，从而导致匹配难度加大。
B. 数据容量问题	①在传统的管理模式下，无论数据储备还是数据整合分析的工作量在企业经营管理中所占比重并不大，无须担心数据的储存问题，更不需要先进的储存设备。 ②但是公司数字化转型中，数据飞速剧增，传统的普通计算机已经无法容纳海量的数据。
C. “数据孤岛”问题	①开发时间与部门的差异，导致异构以及多个软硬件平台的信息系统同时运行，但这些系统数据相互独立、隔离，无法实现数据共享，由此产生了“数据孤岛”。 ②随着数字化进入全新的发展阶段，公司对外部信息包括产业链上下游企业信息的需求呈现不断上升的趋势，需要对这些数据资源进行整合，实现行业信息共享。
D. 核心数字技术问题	①公司数字化转型面临成本较高、核心数字技术供给不足等问题，也缺乏有能力承担集战略咨询、架构设计、数据运营等关键任务于一体，且能够实施“总包”的第三方服务商。 ②目前市场上的方案多是通用型解决方案，无法满足企业、行业的个性化、一体化需求。更为重要的是，对于很多中小企业而言，市场上的软件、大数据、云计算等各类业务服务商良莠不齐，缺乏行业标准，选择难度较大。
E. 技术伦理与道德问题	数字化道德应受到法律规定，数字技术和道德规范共同约束。

【考点母题——万变不离其宗】公司数字化战略转型的主要任务

企业在数字化战略的转型过程中主要任务包括（　）。	
A. 构建数字化组织设计，转变经营管理模式	①制定数字化转型战略。由企业领导层亲自负责，做好数字化转型的顶层设计。 ②建立数字化企业架构。建立实现业务自由扩展、应用高效支撑、服务灵活部署、数据融合应用的新一代企业架构。 ③推动数字化组织变革。
B. 加强核心技术攻关，夯实技术基础	①建立公司数字化技术管理体系，建立一个开放式的技术开发应用生态。 ②增加企业牵头的科研项目数量，并在技术专利方面有所突破。

续表

C. 打破“数据孤岛”，打造企业数字化生态体系	①围绕实现数据、技术、流程、组织四要素和有关活动的统筹协调、协同创新管理和动态优化，建立适宜的标准规范和治理机制，打破“数据孤岛”。 ②建立企业数字化生态体系和企业级数字生态服务平台，以开放共享的理念，连接各类相关主体，形成以企业价值创造为核心的全面开放、协同共生、共建共享的企业级数字化生态共同体。
D. 加快企业数字文化建设	①建立企业数字化转型的文化氛围，让数字化转型深入人心，成为企业的主流文化。 ②用数字化转型推动企业各个部门、各个小组、全体员工学习数字化转型相关内容，了解数字化转型给企业、部门、小组、个人带来的价值，形成自上而下、自下而上双向驱动的数字化转型文化。
E. 利用新兴技术，提升公司网络安全水平	①通常，公司会使用网络安全程序来控制谁可以查看和使用公司数据，员工需要 ID 和密码组合才能进入公司网络。 ②在云计算、虚拟化和移动计算技术的应用下，利用支持架构和技术控制来进行安全监控，提供可用于增强服务质量和性能指标的数据。
F. 重视数字伦理，提升数字素养	数字伦理是在数字技术和数字信息的开发，利用和管理等多方面应该遵循的要求和准则。 ①要重视数字伦理； ②要提高数字素养，合理有效利用数字技术并发挥数字技术的积极作用。

【考点子题——举一反三，真枪实练】

[21] (2021 年 · 单选题) 斯威公司是一家休闲服装生产企业。近期该公司与其他具有不同资源与优势的企业建立了以信息网络为基础的企业联盟体，通过网络来联系设计创意制作人员和资产设备共同开拓市场，共享技术与消息费用分担。从组织结构角度看，上述企业联盟体(　)。

A. 具有灵活性较差的局限性

B. 是组织扁平化在企业之间的形式

C. 是传统组织结构与新型组织结构的结合

D. 是以资金流管理为核心的组织形式

[22] (2021 年 · 单选题) 传统汽车制造企业华阳公司实施数字化战略转型，提高电子商务采购金额与总采购金额的比例以及 ERP 系统的覆盖率。根据上述情况，属于华阳公司数字化转型主要方面的是(　)。

A. 技术变革　　B. 组织变革

C. 管理变革　　D. 流程变革

【本章考点子题答案及解析】

1. 【答案：CD】“建平公司专注于铁路、电力、矿产、石油、机场、港口等行业的工程总承包业务，拥有 3 000 多名员工，设有业务员、部门经理、总经理等 3 个管理层级，各层级被充分授权”属于分权型组织结构，优点：①减少了信息沟通的障碍②提高了企业反应能力③能够为决策提供更多的信息，并对员工产生机理效应④降低企业内部的管理成本，AB 两项属于集权型组织的优点，选项 CD 正确。
2. 【答案：B】“每个分部都凭借母公司先进的电磁调压及电子感应技术，独立设计、生产和销售各种智能灯具、光源等产品，以满足所在国的市场需求”对应战略为多国本土化战略，对应组织结构的类型为全球区域分部结构。
3. 【答案：B】H 型组织结构的下属子企业具有独立的法人资格。该组织结构一般只是做一些宏观性的决断，因此不会对下属企业的自主经营进行干涉。“升达公司不干预子公司的战略决策和业务活动，仅根据市场前景和子公司的经营状况做出对子公司增加或减少投资的决策”属于 H 型组织结构，选项 B 正确。
4. 【答案：D】题干“提高工作效率并实现规模经济”属于职能制组织结构的优点，选项 D 正确。
5. 【答案与解析】乙公司实施区域事业部的主要好处是：
   ①在企业与其客户的联系上，区域事业部制能实现更好更快的地区决策；
   ②与一切皆由总部来运作相比，建立地区工厂或办事处会削减成本费用；
   ③有利于海外经营企业应对各种环境变化。
   针对该企业的实际经营状况，该公司可以设置亚洲、美洲、欧洲和英国四个事业部，分别负责亚洲、美洲、欧洲(英国之外的其他欧洲国家)和英国本土的相关事务。
6. 【答案：C】题干“及时调整内部资源和组织结构，发挥协同效果和整体优势，激发员工的创新精神和使命感，对社会需求作出灵活、快速的反应”体现了企业对内要及时调整，发挥创新精神、协同效果和整体优势；对外要灵活适应，快速行动。即共同价值观，选项 C 正确。
7. 【答案：D】开拓型战略组织追求一种更为动态的环境，将其能力表现在探索和发现新产品和市场的机会上。“该公司在技术开发和行政管理上具有很大的灵活性，……近年来该公司适应不断变化的市场需求，陆续开发出智能音箱、智能手环、智能电视、扫地机器人等产品”属于开拓型战略组织，选项 D 正确。
8. 【答案：D】该公司在保留原有业务的同时寻找新的市场机会，开发出适合个人使用的运动健康补测仪并尝试性投放市场，对应分析型战略组织：分析型组织在定义开创性问题时，综合了上述两种组织的特点，即在寻求新的产品和市场机会的同时，保持传统的产品和市场。
9. 【答案与解析】钱德勒的组织结构服从战略理论可以从以下两个方面展开：
   ①战略的前导性与结构的滞后性。这是指企业战略的变化快于组织结构的变化，企业组织结构的变化常常慢于战略的变化速度。企业应努力缩短结构反应滞后的时间，使结构配合战略的实施。
   ②企业发展阶段与结构。企业发展到一定阶段，其规模、产品和市场都发生了变化。这时，企业应采用合适的战略，并要求组织结构做出相应的反应。
   本案例中“从 2005 年开始金宝集团专注于清洁能源的开发和利用”，体现战略前导性；“随着集团清洁能源战略目标的日益清晰，金宝集团组织结构也在不断调整”，体现结构的滞后性；也体现

出当企业发展到一定阶段，企业会采用合适的战略，并要求组织结构做出相应的反应。

10. 【答案：A】在任务导向型文化中管理者关心的是不断地和成功地解决问题，对不同职能和活动的评估完全是依据它们对企业目标作出的贡献。企业强调的是速度和灵活性，专长是个人权力和职权的主要来源，并且决定一个人在给定情景中的相对权力。这类文化具有很强的适应性，个人能高度控制自己分内的工作，在十分动荡或经常变化的环境中会很成功。本题中蓝星公司依据对公司目标职能的贡献评价职能的活动并对员工的专长安排相应的职位和职能，员工只需要控制自身分内的工作并施展专长，故本题选择A。

11. 【答案：C】在人员导向型文化下的企业存在的目的主要是为其成员的需要服务，企业是其员工的下属，企业的生存也依赖于员工。“员工根据个人的爱好/专长和成长需要，自主选择从事建筑设计/室内装潢/城市雕塑和壁画制作等工作，公司则为员工的工作需要提供必要的服务”属于人员导向型，选项C正确。

12. 【答案：B】“民天公司秉承‘为顾客提供贴心服务’的宗旨……又给企业带来更高的收益”表明与企业目前文化的潜在一致性大；“在保留堂食业务的同时”表明各种组织要素的变化少。因此，该公司在实施上述新战略时应加强协同作用，选项B正确。

13. 【答案：B】企业实施一个新的战略时，组织要素发生的变化不大，又多与企业目前的文化相一致时，战略稳定性与文化适应性表现为：加强协同作用。“该公司管理层最近决定在维持现有组织架构的前提下推出新的更为严格的员工薪酬与绩效挂钩制度，以刺激业绩增长，该决定受到公司员工的拥护。”表明组织要素的变化少，文化的潜在一致性大。因此，选项B正确。

14. 【答案：B】本题考核“战略稳定性与文化适应性”的知识点。案例表明该公司对战略进行了较大调整，但与企业多年形成的文化保持了一致，所以属于以企业使命为基础(企业实施一个新的战略时，重要的组织要素会发生很大变化。这些变化大多与企业目前的文化有潜在的一致性)，选项B正确。

15. 【答案：C】导致战略失效的原因如下：(1)企业内部缺乏沟通，企业战略未能成为全体员工的共同行动目标，企业成员之间缺乏协作共事的愿望；(2)战略实施过程中各种信息的传递和反馈受阻；(3)战略实施所需的资源条件与现实存在的资源条件之间出现较大缺口；(4)用人不当，主管人员、作业人员不称职或玩忽职守；(5)公司管理者决策错误，使战略目标本身存在严重缺陷或错误；(6)企业外部环境出现了较大变化，而现有战略一时难以适应等。本题诺力公司实施战略转型失效的原因为企业外部环境出现了较大变化，现有战略一时难以适应，选项C正确。

16. 【答案：A】“根据以往同类项目的收支水平，将下一年的预算增加8%”表明永豪公司采用的预算类型是增量预算。因此，选项A正确。选项B、C、D属于零基预算的优点。

17. 【答案：AD】零基预算。这种预算方法是指在每一个新的期间必须重新判断所有的费用。由于分行是2016年底新开设的，所以该分行的2017年预算编制类型是零基预算。所以，选项AD正确。选项BC属于增量预算的优点。

18. 【答案：AD】“流动比率、资产负债比率等财务指标”说明使用比率来进行绩效评价。比率评价的局限性：①信息获取存在困难；②信息的使用存在局限性；③比率在各个行业的理想标准不同；④比率有时不能准确反映真实情况；⑤比率有时体现的是被扭曲的结果；⑥可能鼓励短期行为；⑦忽略其他战略要素；⑧激励、控制的人员范围有限；选项A、D属于使用比率进行绩效评价的局限性，选项B、C涉及的是使用比率原因的错误表述。

19. 【答案：A】利润增长率属于平衡计分卡中的财务角度，选项A正确。

20.【答案：ABCD】订单准时交付率体现了内部流程角度；准时交货率体现了顾客角度；员工满意度体现了创新与学习角度；预期利润体现了财务角度。

21.【答案：B】近期该公司与其他具有不同资源与优势的企业建立了以信息网络为基础的企业联盟体，通过网络来联系设计创意制作人员和资产设备共同开拓市场，以上组织是虚拟组织，文中显示，虚拟组织是组织扁平化在企业之间的形式。

22.【答案：C】题干“提高电子商务采购金额与总采购金额的比例”属于管理变革中的业务数字化管理；“ERP 系统的覆盖率”属于管理变革中的财务数字化管理，因此，选项 C 正确。

扫码畅听增值课

第 5 章　公司治理

本章思维导图

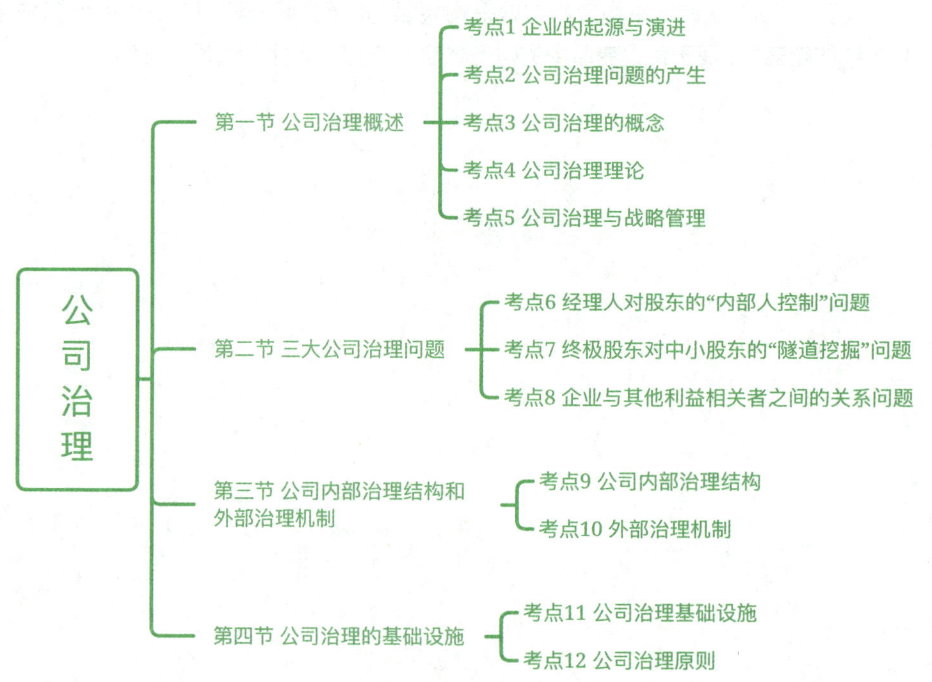

近5年题型题量分值

年份	2017	2018	2019	2020	2021	2022
单选题	–	–	1 题 1 分	1 题 1 分	–	–
多选题	1 题 1.5 分	–	–	–	2 题 3 分	–
简答题	–	1 题 4 分	–	–	1 题 3 分	1 题 7 分
综合题	–	–	–	–	–	–
合计	1.5 分	4 分	1 分	1 分	6 分	7 分

本章属于**次重点章**，历年考试中出题量较少，分值也较低，掌握高频考点。"公司内部治理结构的不同模式"、"公司治理与战略管理"、"国有企业各级党委（党组）"是 2022 年新增内容，需要重视。2023 年教材本章没有实质性变动。

本章主要阐述公司治理的概念、理论，三大公司治理问题，内部治理结构和外部治理机制，公司治理基础设施等内容。理论性较强，但整体学习难度不大，只要准确背记重点内容的框架就能得到相应的分数。

第一节　公司治理概述

一、企业的起源与演进

考点 1　企业的起源与演进（★，了解原文为主，客观题）

【考点母题——万变不离其宗】业主制企业

基本特征	（1）业主制企业的基本特征有（　）。	
	A. 不具有法人资格　B. 承担无限责任	
优点	（2）业主制企业的优点包括（　）。	
	A. 企业内部组织形式简单、经营管理的制约因素少，经营管理灵活，法律登记手续简单，容易创立和解散	
	B. 企业的资产所有权、控制权、经营权、收益权均归业主所有，业主享有完全自主权	注：便于发挥业主个人的能动性、生产力及创造力。
	C. 业主自负盈亏，对企业负债承担无限责任，个人资产与企业资产不存在绝对的界限	注：当企业出现资不抵债时，业主要用其全部资产来抵偿。因此业主会更加关注于预算和成本控制以降低经营风险。
缺点	（3）业主制企业的缺点包括（　）。	
	A. 所有者只有一人，企业资产规模小，资金筹集困难，企业容易因资金受限而难以扩大生产和规模 B. 企业所有权、收益权、控制权、经营权高度统一归业主所有，使企业存续受制于业主的经营意愿、生命期、继承者能力等因素 C. 企业的经营者也只是所有者一人，当企业发展到一定规模后，限制在个人内的人力资本就很可能会影响到组织决策的质量 D. 因业主承担无限责任所带来的风险较大，企业为规避风险而缺乏动力进行创新，不利于新产业发展	

【考点母题——万变不离其宗】合伙制企业

基本特征	(1)合伙制企业的基本特征有(　)。
	A. 不具有法人资格　　B. 承担无限责任 C. 运行在“共同出资、共同经营、共享利润、共担风险”的契约关系之下
优点	(2)合伙制企业的优点包括(　)。
	A. 扩大了资金来源，有助于企业扩大规模、生产发展，部分缓解了业主制资金不足的问题 B. 合伙企业虽然拥有多个产权主体，但其产权结构完整统一，更有利于整合发挥合伙人的资源优势，促进技术、土地、资金等资源共享，部分缓解了业主制人力资本不足的问题 C. 合伙人共同经营企业、共担风险，在企业经营管理上可以实现优势互补、集思广益，一定程度上分散了经营压力
缺点	(3)合伙制企业的缺点包括(　)。
	A. 合伙人对企业债务承担无限责任，风险较大 B. 合伙人间缺乏有效制约机制，监督履责困难，可能产生“搭便车”行为，单个合伙人没有全部承担他的行动引起的成本和收益，在无限责任下这种外部性导致很大的连带风险 C. 在经营管理决策中合伙人之间产生的分歧带来很多的组织协调成本，降低了很多决策效率 D. 合伙人的退伙会影响企业的生存和寿命

【考点母题——万变不离其宗】公司制企业

特点	(1)与传统的企业或者古典企业相比，公司制企业的**特点**有(　)。	
	A. 有限责任制	有限责任制指公司应当以其全部财产承担清偿债务的责任，股东以其认购的股份为限对公司承担责任，具体而言，有两层含义： ①公司以其全部法人财产对其债务承担有限责任； ②当公司破产清算时，股东仅以其出资额为限，对其公司承担有限责任。
	B. 股东财产所有权与企业控制权分离	对比：业主制和合伙制中，企业所有权和经营权紧密结合。
	C. 规模增长与永续生命	
分类	有限责任公司	(2)有限责任公司的**特征**有(　)。
		A. 股东数量有最高数额的限制 B. 资本不划分等额股份，不能公开募集股份，不能发行股票，对股东出资的转让限制严格，需征求其他股东(有优先购买权)的同意 C. 有限责任公司只有发起设立无募集设立，程序简单，管理简单、灵活 D. 有限公司的经营管理机构比较简单，股东会是最高权力机构，有权决定公司的一切活动，由股东按照出资比例行使表决权

续表

分类	股份有限公司	(3)股份有限公司的**特征**有(　)。
		A. 股东有限公司的设立，可以采取发起设立或者募集设立的方式 B. 对发起人有明确规定：须有 2-200 人股东；其中半数以上发起人须在中国境内有住所 C. 股份有限公司可以向社会发行股票，股票可以依法转让或交易
	一人有限责任公司	这是两种特殊的形式(了解即可)。
	国有独资公司	

二、公司治理问题的产生

考点 2　公司治理问题的产生（★，客观题）

公司的股权结构变迁过程：少数人持股 → 社会公众持股 → 机构投资者持股

【考点母题——万变不离其宗】现代公司的两个特征

(一)股权结构的分散化	后果	积极影响	(1)高度分散化的公司股权结构对经济运行产生的**积极影响**有(　)。
			A. 明确、清晰的财产权利关系为资本市场的有效运转奠定了牢固的制度基础 B. 高度分散化的个人产权制度是现代公司赖以生存和资本市场得以维持和发展的润滑剂
		不利影响	(2)公司股权分散化对公司经营产生的**不利影响**有(　)。
			A. 股东们无法在集体行动上达成一致，提高了治理成本 B. 对公司经营者的监督的弱化，特别是大量存在的小股东，他们缺乏参与公司决策和对公司高层管理人员进行监督的积极性，也不具备这种能力 C. 使得股东和公司其他利益相关者(如供应商)处于被机会主义行为损害、掠夺的风险之下
(二)所有权与控制权的分离	现代公司已经由所有者控制转变为经营者控制，管理者权力的增大有损害资本所有者利益的危害。		

三、公司治理的概念

考点3 公司治理的概念

狭义	定义	是指所有者（主要是股东）对经营者的一种监督与制衡机制，即通过一种制度安排，合理地配置所有者和经营者之间的权力和责任关系。
	实现途径	借助股东大会、董事会、监事会、经理层所构成的公司治理结构来实现的内部治理。
	目标	保证股东利益的最大化，防止经营者对所有者利益的背离。
广义	定义	不局限于股东对于经营者的制衡，还涉及广泛的利益相关者，包括股东、雇员、债权人、供应商、政府等与公司有利害关系的集体或者个人。
	实现途径	通过一套包括正式或非正式的、内部或外部的制度或机制来协调公司与所有的利益相关者之间的利益关系，以保证公司决策的科学性与公正性，从而最终维护各方面的利益。
	目标	不仅是股东利益的最大化，而是保证所有的利益相关者的利益最大化。

1. 公司治理结构与治理机制	治理结构	侧重于公司内部治理，包括“三会一层”及员工间权责利相互监督制衡的制度体系。
	治理机制	除企业内部的各种监督机制外的各种市场机制对公司多维度的监督与约束。包括三大类： 权益机制、市场机制、管理机制。
2. 从权力制衡到科学决策	传统理论	只关注在两权分离的条件下，力求通过建立一种制度体系以实现权力的配置和制衡来降低代理成本、减少代理风险。
	现实情况	公司治理仅仅关注权力的分配和制衡，很难实现各方利益最大化的目标。因此，应当理顺利益相关方的权、责、利关系，使其利益在公司实体中得到最大限度的满足，才能保证公司可持续发展与发展。 “权力制衡只是方法，科学决策才是公司治理的核心。”
3. 公司治理能力	治理结构和治理机制可被视为企业的两种重要资源，究其本源，这两种资源只是公司治理能力的载体和构成要素。这种能力与公司领导者的个人能力、治理工具、治理环境等要素密切相关。 公司治理能力是难以学习和替代的。实践上，拥有相同或类似的治理结构和治理机制的企业，绩效也可能存在差异。 【提示】完整的公司治理体系包括：公司治理结构、治理机制、治理能力及治理环境等。	

四、公司治理理论

考点 4　公司治理理论（★，客观题）

【考点母题——万变不离其宗】公司治理理论

<table>
<tr><td rowspan="3">委托代理理论</td><td rowspan="2">主要观点</td><td colspan="2">(1)委托代理关系随着生产力大发展和规模化大生产的出现而产生，其原因有（　）。</td></tr>
<tr><td colspan="2">A. 生产力的发展使得分工进一步细化，权利的所有者由于知识、能力、精力的原因不能行使所有权利了
B. 专业化分工产生了一大批具有专业知识的代理人，他们有精力、有能力代理行使好被委托好的权利</td></tr>
<tr><td>委托代理问题的产生</td><td colspan="2">是所有权和控制权分离导致的直接后果：
从委托人来看：
①股东缺乏相关知识和经验，或者太繁忙没有时间和精力；
②对于众多中小股东来说，由股东监控带来的经营业绩改善是一种公共物品，于是都想坐享其成，免费“搭便车”。
从代理人来看：
①代理人与股东的利益和目标不同；
②代理人对自己所作出的努力拥有私人信息，谋求自身收益最大化。</td></tr>
<tr><td rowspan="5">资源依赖理论</td><td>主要观点</td><td colspan="2">①组织需要通过获取环境中的资源来维持生存；
②帮助组织获得稀缺性资源的利益相关者能在组织中获得更多的话语权，即资源的依赖状况决定组织内部的权力分配状况。</td></tr>
<tr><td rowspan="4">意义</td><td colspan="2">(2)资源依赖理论可以更好地解释董事会的功能，具体有（　）。</td></tr>
<tr><td>A. 董事会可以管理环境依赖并且应该反映环境的需要</td><td>董事会有能力获得并降低企业的依赖性，董事会的规模和构成影响董事会为公司提供核心资源的能力。</td></tr>
<tr><td>B. 董事会成员给公司带来资源的能力</td><td>董事会为获取资源发挥的作用包括：①为企业带来忠告、建议形式的信息；②获得公司和外部环境之间的信息通道；③取得资源的优先条件；④提升企业的合法性。</td></tr>
<tr><td>C. 处于不同生命周期的企业对董事的资源依赖也不同</td><td>小公司、处于衰退和破产期的公司更依赖于董事的资源提供功能。</td></tr>
<tr><td rowspan="3">利益相关者理论</td><td>主要观点</td><td colspan="2">任何一个公司的发展都离不开各利益相关者的投入和参与，企业追求的是利益相关者的整体利益，而不仅仅是某些主体的利益。</td></tr>
<tr><td rowspan="2">理论要点</td><td colspan="2">(3)利益相关者理论的要点有（　）。</td></tr>
<tr><td colspan="2">A. 股东并不是企业唯一的所有者
B. 并不是只有股东承担剩余风险，职工、债权人、供应商都可能承担剩余风险
C. 从对企业发展的贡献上说明了重视非股东的其他利益相关者的必要性
D. 从产权角度论证了其“新所有权观”的合理性</td></tr>
</table>

五、公司治理与战略管理(2022 年新增)

考点 5 公司治理与战略管理(★，客观题和主观题)

【考点母题——万变不离其宗】公司治理与战略管理

公司治理作为现代企业制度的核心，能够为公司进行有效的战略管理提供了制度基础和根本保障，具体表现有(　)。	
A. **公司治理直接影响战略管理主体行使战略管理权限和职能**	公司治理的不同模式或结构会赋予战略管理主体不同的权限和职能，从而影响他们对战略管理的参与度和影响力。
B. **公司治理影响企业战略目标**	公司治理结构与治理机制直接决定了企业各利益主体在利益博弈中的地位，制约着他们对自身利益的追求和对企业战略目标选择。
C. **公司治理模式对战略实施过程有重大影响**	公司治理作为一种权力制衡和监督机制，对战略实施过程起着监督、控制作用。

第二节　三大公司治理问题

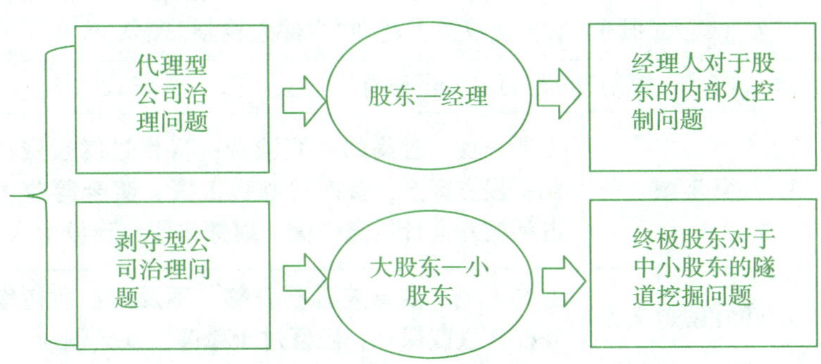

图 5-1　公司治理中的两类问题

一、经理人对于股东的“内部人控制”问题

考点 6　经理人对于股东的“内部人控制”问题（★★★，客观题和主观题）

图 5-2　“内部人控制”问题趣解

【考点母题——万变不离其宗】经理人对于股东的“内部人控制”问题(代理型公司治理问题)

<table>
<tr><td>含义</td><td colspan="2">所有者与经营者之间虽然具有委托代理关系，但是由于存在着目标利益的不一致与信息的不对称，企业的外部成员(如股东、债权人、主管部门等)无法实施有效的监督，从而使企业的内部成员(如厂长、经理或工人)能够直接参与企业的战略决策，并掌握了大部分企业的实际控制权，在公司战略决策中追求自身利益，甚至内部各方面联手谋取各自的利益，从而架空所有者的有效控制，并以此来侵蚀作为外部人(股东)的合法权益，此即“内部人控制”现象。</td></tr>
<tr><td rowspan="4">表现</td><td colspan="2">(1)“内部人控制”问题的主要表现有(　)。</td></tr>
<tr><td>A. 违背忠诚义务</td><td>主要表现：过高的在职消费；盲目过度投资，经营行为短期化；侵占资产，资产转移；工资、奖金等收入增长过快，侵占利润；会计信息作假、财务作假；建设个人帝国</td></tr>
<tr><td>B. 违背勤勉义务</td><td>主要表现：信息披露不完整、不及时；敷衍偷懒不作为；财务杠杆过度保守；经营过于稳健、缺乏创新</td></tr>
<tr><td colspan="2">C. 国有资产流失、会计信息失真是我国国企改革过程中的“内部人控制”的主要表现形式</td></tr>
<tr><td rowspan="3">成因</td><td colspan="2">(2)经理人对于股东的“内部人控制”问题产生的原因是(　)。</td></tr>
<tr><td colspan="2">A. 在所有权和经营权分离的公司制度下，委托代理关系带来的必然结果</td></tr>
<tr><td>B. 公司治理机制的不完善为内部人控制提供了有利条件</td><td>【注】具体表现在：
①股东大会流于形式，企业并没有把股东大会作为最高权力机构；
②董事会凌驾于股东大会之上，甚至是董事长兼任总经理一揽大权；
③董事会、监事会成员由股东大会选举产生的比例也不高，所以难以产生监督和制衡作用。</td></tr>
<tr><td rowspan="5">治理该问题的基本对策</td><td colspan="2">(3)解决“内部人控制”问题的对策有(　)。</td></tr>
<tr><td colspan="2">A. 完善公司治理体系，加大监督力度</td></tr>
<tr><td>B. 内部监督</td><td>强化监事会的监督职能，形成企业内部权力制衡体系。吸纳具有良好专业素质的外部人员担任独立董事，以此削弱监事会对董事会的依附，从而加强对企业经理人员的监督。</td></tr>
<tr><td>C. 内审监督</td><td>加强内部审计工作，充分发挥内部审计的监督职能，完善企业内部约束机制。</td></tr>
<tr><td>D. 外部监督</td><td>完善和加强公司的外部监督体系，使利益相关者参与到公司的监管中，再结合经济、行政、法律等手段，构建对企业经营者的外部监督机制。</td></tr>
</table>

二、终极股东对于中小股东的“隧道挖掘”问题

考点 7　终极股东对于中小股东的“隧道挖掘”问题（★★★，客观题和主观题）

图 5-3　“隧道挖掘”问题趣解

【考点母题——万变不离其宗】终极股东对于中小股东的“隧道挖掘”问题（剥夺型公司治理问题）

<table>
<tr><td>含义</td><td colspan="5">控股股东剥夺其他中小股东利益的行为。</td></tr>
<tr><td>成因</td><td colspan="5">①“隧道挖掘”行为的产生，在于控股股东隧道挖掘的收益大于其成本：
收益来自于控制股东所掌控的权利；成本则反映了控制股东对其行为所承担的责任。
②“隧道挖掘”问题的成因就是，许多公司都存在着一个或几个具有绝对影响力的大股东，对于那些数量上占绝大多数的中小股东而言，他们实际上只拥有名义上的控制权，这与其所承担的实际风险并不对等。在这种股权结构下，委托代理问题又主要集中体现为大股东与中小股东之间的利益冲突。可能以牺牲众多的中小股东利益为代价，通过追求自利目标而不是公司价值目标来实现自身福利最大化，导致终极股东的“隧道挖掘”问题。</td></tr>
<tr><td rowspan="5">表现</td><td>滥用公司资源</td><td colspan="4">并非以占有公司资源为目的，但也未按照公司整体目标为行动导向的行为。这违背了其作为代理人的勤勉义务。</td></tr>
<tr><td rowspan="4">占用公司资源</td><td>定义</td><td colspan="3">指终极股东通过各种方法将公司利益输送至自身的行为。这违背了其作为代理人的忠实义务。</td></tr>
<tr><td rowspan="3">类型</td><td colspan="3">（1）占用该公司资源的具体类型包括（　）。</td></tr>
<tr><td rowspan="2">A. 直接占用资源</td><td>含义</td><td>指终极股东直接从公司将利益输送给自己。</td></tr>
<tr><td>表现</td><td>在中国上市公司中这种行为一度盛行，表现为直接借款、利用控制的企业借款、代垫费用、代偿债务、代发工资、利用公司为终极股东违规担保、虚假出资。</td></tr>
</table>

续表

<table>
<tr><td rowspan="10">表现</td><td rowspan="10">占用公司资源</td><td rowspan="10">类型</td><td>A. 直接占用资源</td><td>表现</td><td colspan="2">【提示】
√预付账款也是终极股东及其他关联方占用公司资金的途径之一，比“其他应收款”、“应收账款”更加隐秘。比如，大股东及其他关联方，通过代销产品等经营性关系，加大对挂牌公司资金占用。
√此外，除了这些直接的利益输送之外，终极股东占用公司商标、品牌、专利等无形资产以及抢占公司的商业机会等行为也属于直接的利益输送。</td></tr>
<tr><td rowspan="4">B. 关联性交易</td><td>定义</td><td colspan="2">指以非市场价格进行交易。</td></tr>
<tr><td rowspan="3">分类</td><td colspan="2">①商品服务交易活动。即大股东高卖低买。
例子：我国很多上市公司都是原国有企业剥离改制上市的，因为很多上市公司背后都有一个控股的母公司国有企业集团，上市公司和母公司之间的买卖购销非常紧密。终极股东经常以高于市场的价格向公司销售商品和提供服务，以低于市场的价格向公司购买商品和服务，利用明显的低价或者高价来转移利润，进行利益输送。</td></tr>
<tr><td colspan="2">②资产租用和交易活动。与商品服务交易活动很相似，也是大股东高卖低买，只是交易的标的物不同。</td></tr>
<tr><td colspan="2">③费用分摊活动。费用的分摊过程经常充满了随意性，且属于内部信息，控股的终极股东常常利用费用分摊活动从上市公司获取利益。</td></tr>
<tr><td rowspan="5">C. 掠夺性财务活动</td><td colspan="3">(2)掠夺性财务活动更为复杂和隐蔽，具体可分为(　)。</td></tr>
<tr><td colspan="2">A. 掠夺性融资</td><td>比如，通过财务作假以骗取融资资格、虚假包装以及过度融资的行为；公司向终极股东低价定向增发股票。</td></tr>
<tr><td colspan="2">B. 内幕交易</td><td>终极股东经常利用信息优势，利用所知悉、尚未公开的可能影响证券市场价格的重大信息来进行内幕交易，谋取不当利益。</td></tr>
<tr><td colspan="2">C. 掠夺性资本运作</td><td>公司高价收购终极股东持有的其他公司的股权，造成公司的利益流向终极股东。</td></tr>
<tr><td colspan="2">D. 超额股利</td><td>以终极股东需求为导向的股利政策操纵。</td></tr>
</table>

【考点母题——万变不离其宗】如何保护中小股东的权益

保护中小股东权益的具体途径有(　)。	
A. 累积投票制	累积投票制度让小股东可以将其表决权集中投给自己的提名候选人，通过这种局部集中的投票方法，能够使小股东选出代表自己利益的人，从而对终极股东形成制衡，增强中小股东的话语权，提升中小股东权益的保护水平。

续表

B. 建立有效的股东民事赔偿制度	我国《公司法》第二十条规定："公司股东应当遵守法律、行政法规和公司章程，依法行使股东权利，不得滥用股东权利损害公司或者其他股东的利益；不得滥用公司独立法人地位和股东有限责任损害公司债权人的利益。公司股东滥用股东权利给公司或者其他股东造成损失的，应当依法承担赔偿责任。"
C. 建立表决权排除制度	又称为表决权回避制度，是指**当某一股东与股东大会讨论的决议事项有特别的利害关系时，该股东或其代理人均不得就其持有的股份行使表决权的制度**。这实际上是对利害关系和控股股东表决权的限制，使得表决更能体现公司整体利益，从而保护了中小股东的利益。特别是在我国上市公司中，关联交易情况比较频繁，更加应该实施表决权排除制度。
D. 完善小股东的代理投票权	股东可以委托代理人出席股东大会会议，代理人应该向公司提交股东授权委托书，并在授权范围内行使表决权。表决权代理制度**可以给中小股东更多参与公司治理的机会**。
E. 建立股东退出机制	当公司被终极股东控制，中小股东无法实现其诉求时，为了降低自己的投资风险和受终极股东剥夺的程度，中小股东就会选择退出。**股东退出机制包括两种**： ①**转股**。股东将股份转让给他人从而退出公司(即"用脚投票") ②**退股**。股东要求公司以公平合理的价格回购其股份从而退出公司(这种机制源于异议股东股份回购请求权制度)

【考点子题——举一反三，真枪实练】

[1] (2021年·多选题)亚奥公司是一家生产各类工程机械的上市公司，其终极股东为尚荣公司，2015-2016年间，亚奥公司存在的"内部人控制问题多次被媒体曝光。下列各项中，属于该公司"内部人控制"问题表现的有(　)。

A. 将其生产的挖掘机、起重机以低于市场价格的价格出售给尚荣公司

B. 未经正常审批程序投资地产业，造成巨额亏损

C. 部分关联交易未向投资者和社会公众披露

D. 为尚荣公司对外借款违规担保人民币2亿元

[2] (2020年·单选题)建安集团是一家上市公司，公开信息显示该公司2016年实现净利润3.8亿元。当年该公司股价波动区间为12-22元，市盈率波动区间为6-11倍，公司以每股5元的价格向控股股东定向增发1 000万股。从掠夺性财务活动角度分析，建安集团的上述定向增发行为属于(　)。

A. 内幕交易　B. 超额股利　C. 掠夺性资本运作　D. 掠夺性融资

[3] (例题·单选题)佳宝公司是一家上市公司，最近连续两年亏损，经营陷入困境。经审计发现，佳宝公司的重大决策权一直被控股股东控制，控股股东把佳宝公司当作"提款机"，占用佳宝公司的资金累计高达10亿元。佳宝公司存在的公司治理问题属于(　)。

A. 代理型公司治理问题　B. "内部人控制"问题

C. 剥夺型公司治理问题　　　　　　　D. 企业与其他利益相关者之间的关系问题

[4] (2017·多选题)当前，在国内上市公司中，终级股东对中小股东的“隧道挖掘问题”有多种表现形式，其中包括(　)。

A. 过高的在职消费　　　　　　　　　B. 产品购销的关联交易

C. 以对大股东有利的形式转移定价　　D. 扩股发行稀释其他股东权益

[5] (2019年·单选题)甲公司在2017年完成发行上市后的首次定增，以每股1元的价格向两名控股股东发行5 000万股。当时该公司股价为每股5元。甲公司披露的2017年报显示，当年有净利润1.2亿元，市盈率为2.8倍。从终极股东对中小股东的“隧道挖掘”问题角度来看，甲公司的上述做法属于掠夺性财务活动中的(　)。

A. 掠夺性融资　　　B. 内幕交易　　　C. 直接占用资源　　　D. 超额股利

[6] (例题·简答题)太阳公司是G省一家于2013年发行股票并上市的公司，主营水泥及水泥制品的生产和销售。2018年5月，某财经媒体深度报道了太阳公司存在的多种经营违规行为。该报道在微博等网络平台上成为热话题后，G省证监局迅速反应，立案调查。

根据证监局的调查结果，太阳公司经营违规行为主要有以下几点：

(1)2016年9月，太阳公司与银行签署一笔担保合同，为大股东星科集团5 000万元的贷款提供担保，承担连带保证责任。2016年11月，星科集团向龙辉公司借款2亿元，太阳公司为该笔借款提供担保，到期后星科集团没有偿还借款，龙辉公司向法院提起诉讼，法院做出判决，太阳公司作为该笔借款担保方，须和星科集团共同偿还债务本金和利息。这两笔担保均没有在2016年年报中进行信息披露。

(2)太阳公司从甲公司购进熟料等重要原材料，双方签订了长期供应合同，价格比市场价高40%。太阳公司还从乙公司以租赁的方式引入一台机器设备，租赁费用每年5 000万元，同样的设备市场租赁价格为4 000万元。经查，甲公司和乙公司均为星科集团全资控制的子公司。

(3)太阳公司在2017年年底向星科集团以每股6元价格定向增发1亿股，当时太阳公司股价为每股12元，相当于5折进行定向增发。

(4)太阳公司发布公告，拟购买丙公司100%股权。由于丙公司拥有物联网概念，所以太阳公司发布公告后10个交易日内，股价大涨70%。发布公告前几天，星科集团实际控制人刘某买入太阳公司股票100万股，在公告发布后卖出，获利600万元。经查，刘某买卖股票的时间都属于证监会认定的敏感期。

(5)2017年5月，太阳公司收购了大股东星科集团持有的丁公司的全部股权，收购价格为20亿元，而丁公司账目净资产为5 000万元，盈利能力较差，业内专家质疑是超溢价收购。

(6)2016 年太阳公司 1.4 亿元的销售费用未及时入账，造成 2016 年年度报告虚假记载。此外，与星科集团多笔资金往来事项并未披露和记账，导致太阳公司在 2016 年和 2017 年年报中存在信息不实、虚假记载的情况。而太阳公司上述年报经过注册会计师审计后，审计师都出具了标准无保留的审计意见。证监局根据以上调查结果，依法对太阳公司及其大股东星科集团进行了行政处罚。

要求：依据“三大公司治理问题”，简要分析太阳公司存在的终极股东“隧道挖掘”的利益输送行为的主要表现。

三、企业与其他利益相关者之间的关系问题

考点 8　企业与其他利益相关者之间的关系问题（★，了解）

比较：传统股东价值理论与利益相关者理论	传统股东价值理论：认为企业归股东所有，企业的首要职责是为股东创造价值，所对应的治理模式也是以股东利益最大化为核心目标，**过度关注投资者利益而忽略了债权人、雇员、供应商、社区、顾客等与其密切相关的利益群体**。 利益相关者理论：认为企业不仅仅是股东的企业，而**是所有的利益相关者共同的企业**，这些利益相关者都为企业的生存和发展注入了一定的专用型投资或者是分散了一定程度的经营风险，应当拥有剩余控制权。	
利益相关者参与公司治理的弊端及其应对策略	弊端	让所有 Stakeholder 直接参与公司治理会产生**权责不清**的问题，从而降低公司运作效率，企业容易陷入**“泛利益相关者治理”的困境**。
	对策	对利益相关者进行**选择**。**依据潜在利益相关者的重要性**(如对公司稀缺资源的贡献程度、利益相关者因公司破产或关系终结而承担的风险损失的大小、优先利益相关者的利益诉求、利益相关者在组织里的权力大小)来安排公司治理。
利益相关者与 ESG	利益相关者的重要性及其各自的利益诉求并非一成不变，会随着政治经济或社会环境的变化而变化。比如，**我国 2018 年修订的《上市公司治理准则》的如下两条规定：** ①上市公司应当积极践行绿色发展理念，将生态环保要求融入发展战略和公司治理过程，主动参与生态文明建设，在污染防治、资源节约、生态保护等方面发挥示范引领作用。 ②上市公司在保持公司持续发展、提升经营业绩、保障股东利益的同时，应当在社区福利、救灾助困、公益事业等方面，积极履行社会责任。鼓励上市公司结对帮扶贫困县或者贫困村，主动对接并积极支持贫困地区发展产业、培养人才、促进就业。 **这两项规定均与国际主要资本市场的 ESG（环境、社会责任与公司治理，**Environment，Social Responsibility and Corporate Governance)**信息披露发展保持了同步，有利于提高我国上市公司的 ESG 评级，提升我国资本市场的国际竞争力。**	

第三节　公司内部治理结构和外部治理机制

一、公司内部治理结构

考点9　公司内部治理结构（★★★，掌握，客观题和主观题）

（一）公司内部治理结构的不同模式（2022年新增）

【考点母题——万变不离其宗】公司内部治理结构的不同模式

<table>
<tr><td colspan="2">（1）依据董事会的权责特征和其他监管机构与董事会的权责关系，公司内部治理结构模式可划分为（　）。</td></tr>
<tr><td rowspan="3">A. 单层董事会制（Unitary Boards）</td><td>以英国、美国为代表</td></tr>
<tr><td>（2）单层董事会制的特征有（　）。</td></tr>
<tr><td>A. 最高权力机构—股东大会　B. 决策、监督机构—董事会
C. 执行机构—经理人员
D. 不设监事会，相应的监督职能由董事会中的独立董事发挥
D. 不设监事会，相应的监督职能由董事会中的独立董事发挥</td></tr>
<tr><td rowspan="3">B. 双层董事会制（Two-Tier Boards）</td><td>以德国为代表</td></tr>
<tr><td>（3）双层董事会制的特征有（　）。</td></tr>
<tr><td>A. 最高权力机构—股东大会　B. 决策、监督机构—监事会
C. 执行机构—董事会（管理委员会）　D. 监事会的权力在董事会之上</td></tr>
<tr><td rowspan="3">C. 复合结构制</td><td>以日本最为典型，在我国大陆和台湾地区、韩国及东南亚一些国家也采取类似模式。</td></tr>
<tr><td>（4）复合董事会制的特征有（　）。</td></tr>
<tr><td>A. 最高权力机构—股东大会　B. 决策、监督机构—董事会
C. 监督—独立监察人（监事会）　D. 执行机构—经理人员
E. 监事会和董事会是平行机构</td></tr>
</table>

第5章

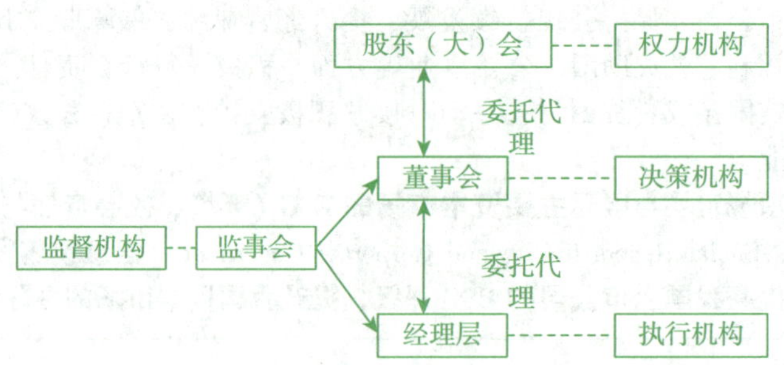

图5-4　公司内部治理结构模式-复合结构制

（二）公司内部治理结构各方主体的权利和义务

【考点母题——万变不离其宗】股东大会

<table>
<tr><td rowspan="5">股东及股东权利</td><td>定义</td><td colspan="2">股东是出资设立公司并对公司债务负责的人。
【提示】一般来说，股东主要是通过其参与股东大会来行使权利。</td></tr>
<tr><td rowspan="4">分类</td><td rowspan="2">普通股股东</td><td>（1）普通股股东享有的权利有（ ）。</td></tr>
<tr><td>A. 剩余收益请求权和剩余财产清偿权
B. 监督决策权 C. 优先认股权 D. 股票转让权</td></tr>
<tr><td rowspan="2">优先股股东</td><td>（2）优先股股东享有的优先权有（ ）。</td></tr>
<tr><td>A. 利润分配权：在利润分配方面，公司要在支付了优先股股利之后才能向普通股股东支付股利
B. 剩余财产清偿权：当公司因经营不善而破产时，在偿还全部债务和清理费用之后，如有剩余财产，优先股股东有权按票面价值优先于普通股东得到清偿</td></tr>
<tr><td rowspan="5">股东大会</td><td rowspan="2">基本特征</td><td colspan="2">（3）股东大会的基本特征有（ ）。</td></tr>
<tr><td colspan="2">A. 是公司内部的最高权力机构和决策机构 B. 是非常设机构
【提示】根据《公司法》规定，公司设立由股东组成的股东会（股东大会），股东大会是公司的权力机构，行使决定公司重大问题的权力，决定公司关于合并、分立、解散、年度决算、利润分配、董事会成员等重大事项。</td></tr>
<tr><td>召开</td><td colspan="2">我国《公司法》规定，股东大会应当每年召开一次年会。年度股东大会应当于上一会计年度结束后的6 个月内举行。除了年度股东大会之外，有下列情形之一的，应当在2 个月内召开临时股东大会：
①董事人数不足本法规定的人数或者公司章程所定人数的三分之二时；
②公司未弥补的亏损达股本总额三分之一时；
③持有公司股份 10% 以上的股东请求时；
④董事会认为必要时；
⑤监事会提议召开时。</td></tr>
<tr><td rowspan="2">职权</td><td colspan="2">（4）法律上，股东大会主要行使的职权有（ ）。</td></tr>
<tr><td colspan="2">A. 决定公司的经营方针和投资计划
B. 选举和更换非由职工代表担任的董事、监事，决定有关董事、监事的报酬事项
C. 审议批准董事会的报告
D. 审议批准监事会或者监事的报告
E. 审议批准公司的年度财务预算方案、决算方案
F. 审议批准公司的利润分配方案和弥补亏损方案
G. 对公司增加或者减少注册资本做出决议
H. 对发行公司债券做出决议
I. 对公司合并、分立、解散、清算或者变更公司形式做出决议
J. 修改公司章程
K. 公司章程规定的其他职权</td></tr>
</table>

续表

<table>
<tr><td rowspan="6">机构投资者</td><td>概述</td><td colspan="2">机构投资者的行动主义，使得公司治理变得更加有效。</td></tr>
<tr><td rowspan="2">特征</td><td colspan="2">(5)相对于个人投资者，机构投资者具有的特征有( )</td></tr>
<tr><td colspan="2">A. 具有显著的人才优势
B. 往往奉行稳健的价值投资理念，投资具有中长期投资价值的股票
C. 可以利用股东身份，更加可能参与上市公司的治理</td></tr>
<tr><td rowspan="3">参与公司治理</td><td colspan="2">(6)机构投资者参与公司治理、改善上市公司治理结构的途径包括( )。</td></tr>
<tr><td>A. “用脚投票”</td><td>即机构投资者作为投资人买入或者卖出公司股票而参与被投资公司的管理。</td></tr>
<tr><td>B. “用手投票”</td><td>即机构投资者通过董事会选举获取董事会席位，入驻董事会和出席股东大会，对公司投资、融资、人事、分配等重大问题议案进行表决或者否决，参与公司重要决策，直接对公司董事会和经理层的行为施加影响。</td></tr>
</table>

【考点母题——万变不离其宗】董事会

<table>
<tr><td>定义</td><td colspan="4">由股东大会选举产生，负责公司及其经营活动的指挥与管理。对股东大会负责，是股东大会闭幕期间公司常设的权力机构，是集体行使权力的机构。</td></tr>
<tr><td rowspan="11">董事</td><td>定义</td><td colspan="3">由股东大会选举产生的具有实际权力和权威的管理公司事务的人员，是公司内部治理的主要力量，对内管理公司事务，对外代表公司进行经济活动。占据董事职位的人可以是自然人，也可以是法人。但法人充当公司董事时，应指定一名有行为能力的自然人为代理人。</td></tr>
<tr><td rowspan="4">分类</td><td>内部董事</td><td colspan="2">也称执行董事，主要指担任董事的本公司管理人员，如总经理、常务副总经理等。</td></tr>
<tr><td rowspan="3">外部董事</td><td>定义</td><td>指不在公司担任除董事以外的其他职务的董事，如其他上市公司总裁、公司咨询顾问和大学教授等。</td></tr>
<tr><td rowspan="2">分类</td><td>关联董事(指虽然不在公司中担任其他职位，但仍与公司保持着利益关系的董事，如公司关联机构的雇员或咨询顾问等)。</td></tr>
<tr><td>独立董事(是真正具有独立性的董事，他们不仅是公司的外部董事，而且还需要与公司或公司经营管理者没有重要的业务联系或专业联系，并对公司事务做出独立判断的董事，如大学的教授、退休的政府官员等)。</td></tr>
<tr><td rowspan="2">权利</td><td colspan="3">(1)董事的权利有( )。</td></tr>
<tr><td colspan="3">A. 出席董事会会议　　B. 表决权　　C. 董事会临时会议的提议权</td></tr>
<tr><td rowspan="3">义务</td><td rowspan="2">善管义务</td><td colspan="2">(2)董事的善管义务有( )。</td></tr>
<tr><td colspan="2">A. 董事必须忠实于公司
B. 董事必须维护公司资产
C. 董事在董事会上有审慎行使决议权的义务</td></tr>
<tr><td>竞业禁止义务</td><td colspan="2">指特定地位的人不得实施与其所服务的营业具有竞争性质的行为。</td></tr>
</table>

第5章

续表

<table>
<tr><td rowspan="8">专门委员会</td><td rowspan="2">审计委员会</td><td>(3)审计委员会的主要职责有(　)。</td></tr>
<tr><td>A. 检查公司会计政策、财务状况和财务报告程序
B. 与公司外部审计机构进行交流
C. 对内部审计人员及其工作进行考核
D. 对公司的内部控制进行考核
E. 检查、监督公司存在或潜在的各种风险
F. 检查公司遵守法律、法规的情况</td></tr>
<tr><td rowspan="2">薪酬与考核委员会</td><td>(4)薪酬与考核委员会的主要职责有(　)。</td></tr>
<tr><td>A. 负责制定董事、监事与高级管理人员考核的标准，并进行考核
B. 负责制定和审查董事、监事、高级管理人员的薪酬政策与方案</td></tr>
<tr><td rowspan="2">提名委员会</td><td>(5)提名委员会的主要职责有(　)。</td></tr>
<tr><td>A. 分析董事会构成情况，明确对董事的要求
B. 制定董事选择的标准和程序
C. 广泛搜寻合格的董事候选人
D. 对股东、监事会提名的董事候选人进行形式审核
E. 确定董事候选人，提交股东大会表决</td></tr>
<tr><td rowspan="2">战略决策委员会</td><td>(6)战略决策委员会的主要职责有(　)。</td></tr>
<tr><td>A. 制定公司长期发展战略
B. 监督、核实公司重大投资决策</td></tr>
</table>

【考点母题——万变不离其宗】监事会

<table>
<tr><td rowspan="2">监事会的设置类型</td><td colspan="2">(1)监事会的设置类型有(　)。
【提示】(具体可参见【考点母题——万变不离其宗】公司内部治理结构的不同模式。</td></tr>
<tr><td colspan="2">A. 公司内部不设单独的监事会，相应的监督职能由董事会中的独立董事发挥(英美)
B. 设置监事会，且监事会的权力在董事会之上(德国)
C. 设立监事会，但监事会和董事会是平行机构(日本，我国大陆和台湾地区)</td></tr>
<tr><td rowspan="3">我国《公司法》的规定</td><td rowspan="2">有限责任公司</td><td>(2)关于有限责任公司监事会的设置，我国《公司法》的规定有(　)。</td></tr>
<tr><td>A. 经营规模较大的：设立监事会，其成员不得少于 3 人
B. 经营规模较小、股东人数较少：可以设 1 至 2 名监事，并且董事、经理及财务负责人不得兼任监事</td></tr>
<tr><td>股份有限公司</td><td>其成员不得少于 3 人。关于监事会组成和人员产生方式的要求与有限责任公司相同。</td></tr>
</table>

【考点母题——万变不离其宗】经理层

职权	(1)我国《公司法》规定，公司经理人员的职权有(　)。
	A. 主持公司的生产经营管理工作，组织实施董事会决议 B. 组织实施公司年度经营计划和投资方案 C. 拟定公司内部管理机构设置方案 D. 拟订公司的基本管理制度 E. 制定公司的具体规章 F. 提请聘任或者解聘公司副经理、财务负责人 G. 决定聘任或者解聘除应由董事会决定聘任或者解聘以外的负责管理人员 H. 董事会授予的其他职权
薪酬激励	(2)关于经理层薪酬激励机制的说法，正确的有(　)。
	A. **年薪制**能够将经营者的收入与其业绩挂钩，但易导致短期行为 B. **股权激励**兼具"报酬激励"与"所有权激励"双重作用

【考点母题——万变不离其宗】国有企业各级党委(党组)

总体要求	(1)关于在国有企业设立各级党委(党组)的总体要求有(　)。
	A. **加强公司党建工作**是全面从严治党的必然要求，**把加强党的领导和完善公司治理统一起来**是中国特色公司治理的重要内容 B. 国有企业的公司章程应写明党组织的职责权限、机构设置、运行机制、基础保障等重要事项，**落实党组织在公司治理结构中的法定地位**
组建标准(经党中央批准，中管企业一般设立党组，中管金融企业设立党组性质党委)	**党委**——以100人为界限： 国企党员人数100人以上的，设立党的基层委员会(简称党委)； 国企党员人数不足100人、确因工作需要的，经上级党组织批准，也可设立党委。
	党总支——以50人为界限： 党员人数50人以上、100人以下的，设立党的总支部委员会(简称党总支)； 党员人数不足50人、确因工作需要，经上级党组织批准，也可设立党总支。
	党支部(补充知识)： 正式党员人数3人以上的，可成立党支部(不设支部委员会)； 正式党员人数7人以上的，可成立党支部(可设支部委员会)。
作用	(2)国有企业党委(党组)应当发挥领导作用，**把方向、管大局、保落实**，具体而言，必须经由党委(党组)研究讨论的**重大经营管理事项**有(　)。
	A. 贯彻党中央决策部署和落实国家发展战略的重大举措 B. 企业发展战略、中长期发展规划，重要改革方案 C. 企业资产重组、产权转让、资本运作和大额投资中的原则性、方向性问题 D. 企业组织架构设置和调整，重要规章制度的制定和修改 E. 涉及企业安全生产、维护稳定、职工权益、社会责任等方面的重大事项 F. 其他应当由党委(党组)研究讨论的重要事项

续表

选举和任期	(3)关于国有企业党委(党组)的选举和任期，说法正确的有(　)。
	A. 有企业党委由党员大会或者党员代表大会选举产生，每届任期一般为 5 年 B. 党总支和支部委员会由党员大会选举产生，每届任期一般为 3 年。任期届满应当按期进行换届选举
党的领导与公司治理	(4)关于国有企业坚持和完善**“双向进入、交叉任职”领导体制**，说法正确的有(　)。
	A. 符合条件的党委(党组)班子成员可以通过法定程序进入董事会、监事会、经理层 B. 董事会、监事会、经理层成员中符合条件的党员也可以依照有关规定和程序进入党委(党组) C. 党委(党组)书记、董事长一般由一人担任，党员总经理担任副书记 D. 确因工作需要由上级企业领导人员兼任董事长的，根据企业实际，党委书记可以由党员总经理担任，也可以单独配备

二、外部治理机制

考点 10　外部治理机制（★★，客观题）

外部治理机制主要是指除企业内部的各种监控机制外，还包括**各个市场机制(如产品市场、资本市场、经理人市场)对公司的监控和约束**。

第5章

【考点母题——万变不离其宗】公司治理的外部治理机制

公司治理的外部治理机制有(　)。 【提示】考题中一般要求根据题干给的案例背景，判断具体属于哪种外部机制。	
A. **产品市场**	产品市场的竞争对经理人员的**约束主要来自两个方面**： ①在充分竞争的市场上，只有最有效率的企业才能生存，作为企业的经理人员自然也就面临更大的压力；②产品市场的竞争可以提供有关经理人员行为的更有价值的信息。
B. **资本市场**	资本市场对经理人员行为的**约束通过接管和兼并方式进行**。
C. **经理人市场**	在竞争的人才市场上，**声誉**是决定个人价值的重要因素。

第四节 公司治理的基础设施

一、公司治理基础设施

考点11 公司治理基础设施（★★★，掌握，客观题和主观题）

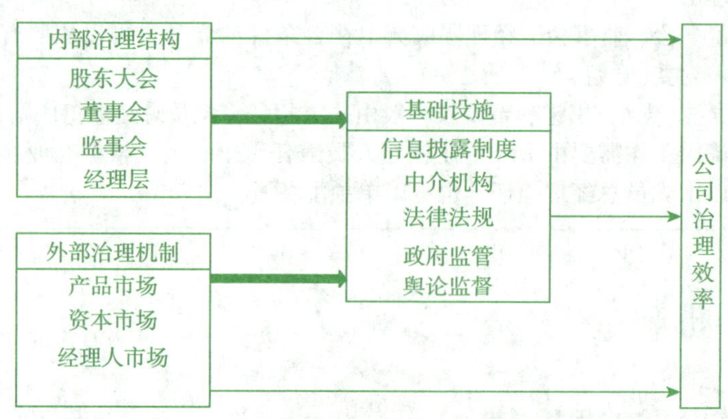

图5-5 公司治理效率影响因素的分析框架

（一）信息披露制度

信息披露制度是上市公司**为保障投资者利益、接受社会公众的监督**而依照法律规定必须将自身的**财务变化、经营状况等**信息和资料向**证券管理部门与证券交易所**报告，并向**社会公开或报告**，以便使投资者充分了解情况的制度。它**包括公司证券发行前的披露和上市后的持续信息公开，主要由招股说明书制度、定期报告制度、临时报告制度组成**。

【考点母题——万变不离其宗】信息披露制度

特征	（1）信息披露制度的特征有（ ）。
	A．信息披露义务的强制性和自愿性 B．信息披露内容的多样性 C．信息披露时间的持续性
分类	（2）中国上市公司信息披露的种类有（ ）。
	A．上市披露（对一级市场的招股说明书，对二级市场的上市公告书） B．定期披露（年度报告、中期报告） C．临时披露（重要事件公告、收购与合并公告等）

续表

对信息披露质量的评估	(3)评估信息披露的质量涉及的内容有(　)。 A. 财务信息　　B. 审计信息 C. 披露的公司治理信息是否符合相关规定　　D. 信息披露的及时性
作用	(4)信息披露制度在公司治理结构中的作用表现在(　)。 A. 监督作用　　B. 激励作用　　C. 契约沟通作用 D. 有助于外部治理机制的有序运作

(二)中介机构

含义	信息披露制度旨在向公司利益相关者提供必要的公司信息，进一步，**通过信用中介机构让公司利益相关者相信公司所提供信息的真实性和可靠性**。信用中介机构需要保持足够的**独立性**，对公司披露的信息出具客观公正的评估，为公司的利益相关者负责，避免公司利益相关者的利益受到损害。
主要的信用中介机构及业务	①会计师事务所：保证真实、准确地描述公司财务状况。 ②投资银行：对公司进行深度投资分析，评价公司投资价值。 ③律师事务所：综合考虑接受发行公司准备的相关文件，提醒发行公司和投资银行遵守信息披露制度。
公司治理作用	信用中介机构的主要作用是**保证公司披露信息的质量，以减少利益相关者的信息不对称程度**。 **“保证中介机构独立性、建立信用机制体系至关重要”**。

(三)法律法规

公司治理以法治为基础，**《公司法》等一系列法律**均会对公司治理产生重大影响。投资者法律保护主要是指一个国家的法律法规对投资者的保护条款及这些条款的执行情况。**对中小投资者的保护越好，公司的价值就越高**。

(四)政府监管

【考点母题——万变不离其宗】有效的政府监管体系

必要性和重要性	①信息不对称问题导致市场失灵，从而需要政府监管； ②法律不完备性需要政府监管加以弥补。	
类型	(结合案例判断)公司治理中发挥作用的政府监管体系包括(　)。	
	A. **法律监管**	从两方面进行： ①制定法律规章，即立法监管； ②法院执法，即司法介入监管(司法机构属于**被动的事后的**执法机构)

续表

类型	B. **行政监管**	行政监管机构属于**主动的**执法机构； 监管的主体主要有证券委及其派出机构、财政部、国资委、保监会等。
	C. **市场环境监管**	良好的市场体系(如竞争性的产品市场、资本市场、经理人市场、劳动力市场、健康的破产机制等)，是有效的公司治理体系的重要组成部分，必然要依靠政府去培育和建设。
	D. **信息披露监管**	负责上市公司信息披露监管的管理机构主要包括证券主管机关和证券交易所。

(五)媒体、专业人士的舆论监督

舆论监督的实施主体主要分为**两个层次，即公众和媒体层次**：	
①公众监督	对公司治理的影响主要来自包括公司治理、公司财务等方面的**专家和学者等专业人士**积极的公司治理监督作用。
②媒体监督	通过**对公司的一些违法事件的揭露**来提高监督效率，同时还**对行政监管行为进行监督**，通过对公司违规行为的调查披露，迫使行政监管部门提高监管效率，迫使立法机关加快立法进程，从而促进行政监管效率和法律监管效率的提升。

【考点子题——举一反三，真枪实练】

[7] (2021年·多选题)科慧公司是一家在深圳证券交易所上市的企业。2017年5月，该公司实际控制人因散布虚假消息、操纵股票价格、扰乱股市交易秩序从而非法牟利，被证监会依据上市规则中的有关规定，开出巨额罚单并采取终身禁入证券市场措施，同时将其涉嫌犯罪行为移交公安机关。从公司治理基础设施角度看，本案例中，在科慧公司治理中发挥作用的政府监管体系包括(　　)。

A. 法律监管　B. 行政监管　C. 市场环境监管　D. 信息披露监管

[8] (例题·简答题)太阳公司是G省一家于2013年发行股票并上市的公司，主营水泥及水泥制品的生产和销售。2018年5月，某财经媒体深度报道了太阳公司存在的多种经营违规行为。该报道在微博等网络平台上成为热话题后，G省证监局迅速反应，立案调查。

根据证监局的调查结果，太阳公司经营违规行为主要有以下几点：

(1)2016年9月，太阳公司与银行签署一笔担保合同，为大股东星科集团5 000万元的贷款提供担保，承担连带保证责任。2016年11月，星科集团向龙辉公司借款2亿元，太阳公司为该笔借款提供担保，到期后星科集团没有偿还借款，龙辉公司向法院提起诉讼，法院做出判决，太阳公司作为该笔借款担保方，须和星科集团共同偿还债务本金和利息。这两笔担保均没有在2016年年报中进行信息披露。

(2)太阳公司从甲公司购进熟料等重要原材料，双方签订了长期供应合同，价格比市场价高40%。太阳公司还从乙公司以租赁的方式引入一台机器设备，租赁费用每年5 000万元，同样的设备市场租赁价格为4 000万元。经查，甲公司和乙公司均为星科集团全资控制的子公司。

(3)太阳公司在2017年年底向星科集团以每股6元价格定向增发1亿股，当时太阳公司股价为每股12元，相当于5折进行定向增发。

(4)太阳公司发布公告，拟购买丙公司100%股权。由于丙公司拥有物联网概念，所以太阳公司发布公告后10个交易日内，股价大涨70%。发布公告前几天，星科集团实际控制人刘某买入太阳公司股票100万股，在公告发布后卖出，获利600万元。经查，刘某买卖股票的时间都属于证监会认定的敏感期。

(5)2017年5月，太阳公司收购了大股东星科集团持有的丁公司的全部股权，收购价格为20亿元，而丁公司账目净资产为5 000万元，盈利能力较差，业内专家质疑是超溢价收购。

(6)2016年太阳公司1.4亿元的销售费用未及时入账，造成2016年年度报告虚假记载。此外，与星科集团多笔资金往来事项并未披露和记账，导致太阳公司在2016年和2017年年报中存在信息不实、虚假记载的情况。而太阳公司上述年报经过注册会计师审计后，审计师都出具了标准无保留的审计意见。证监局根据以上调查结果，依法对太阳公司及其大股东星科集团进行了行政处罚。

要求：简要分析公司治理基础设施在本案例中发挥作用的情况。

二、公司治理原则

考点12 公司治理原则（★，客观题，有时间可适当阅读，简单了解，无时间则可选择放弃）

《OECD公司治理原则》是目前体现各成员国及非成员国公司治理挑战及经验的范本，提供了适用于各个国家和地区特殊情况的非约束性标准、良好实践、实施指南。主要包括以下内容：

1. 确保有效的公司治理框架的基础	(1)建立公司治理框架时，应当考虑其对整体经济运行和市场完整性的影响，其对市场参与者创新的激励，以及其对透明、运作良好市场的促进作用。 (2)影响公司治理实践的那些法律的和监管的要求应符合法治原则，并且是透明和可执行的。 (3)明确划分管理机构的责任，以便更好地为公众利益服务。 (4)证券交易所的监管应为有效的公司治理提供支持。 (5)应保证监督、监管和执行部门有适当的权力、正直的操守和充足的资源，以专业、客观的态度履行职责，做出及时、透明、解释充分的裁定。 (6)应增强跨境合作，利用双边及多边安排促进信息交换。

续表

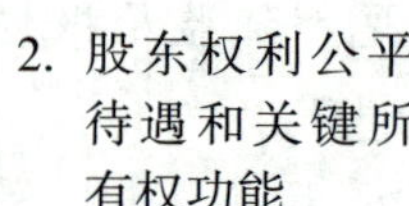 2. 股东权利公平待遇和关键所有权功能	**(1)股东的基本权利**包括： ①可靠的所有权登记办法； ②委托他人管理股份或向他人转让股份； ③及时、定期地获得公司的实质性信息； ④参加股东大会和参与投票表决； ⑤选举和罢免董事会成员； ⑥分享公司利润。 (2)股东有权参与涉及公司重大变化的决策并为此获得充分信息，这些重大变化包括： ①修改公司规章、公司章程或其他类似的公司治理文件； ②授权增发股份； ③重大交易，包括转让全部或大部分资产而造成公司被出售的结果。 **(3)股东应有机会参加股东大会并行使投票权，有权了解包括投票程序在内的股东大会的有关规则**(★，客观题和主观题)。 ①股东应当充分、及时收到关于股东大会召开的日期、地点、议程等信息，也包括关于会议将要做出决定的事项的全部信息。 ②股东大会的流程与程序应虑及全体股东的公平待遇。公司程序不应使投票过于困难或成本过高。 ③在合理的范围内，股东应当有机会对董事会提出问题，包括与年度审计报告相关的问题，应当有机会增加股东大会议程中的议题并提出议案。 ④应当创造便利条件，使股东能有效参与关键的公司治理决策，如提名和选举董事会成员。股东应能够对董事会成员和关键经理人员的薪酬通过包括股东大会投票等渠道 发表意见。董事会成员和雇员的薪酬方案中的股权部分应得到股东的批准。 ⑤股东可以亲自或由代理人投票，两者都赋予投票结果以同等效力。 ⑥应消除跨国投票障碍。 (4)应为包括机构投资者在内的所有股东行使权利创造有利条件，从而使包括机构投资者在内的股东能就本《原则》中所界定的股东基本权利有关的事宜相互进行协商。 (5)同类同系列的股东应享有同待遇。对于使特定股东获得与其股票所有权不成比例的某种支配力或控制权的资本结构和安排，应当予以披露。 ①同类别的任何股份系列，均具有相同的权利。所有的股份都应该具有同样的权利。所有的投资者在购股之前都应该获得有关各类各系列股份所享有的权利的信息。投票权上的任何改变都应该由受到不利影响的股份类别持有者同意。 ②资本结构和控制安排的披露应当必不可少。 (6)关联交易的批准和执行，应确保对利益冲突进行适当管理，并保护公司和股东利益。 ①关联交易中内在的利益冲突应当予以处理。 ②董事会成员和关键高管应当按照规定向董事会披露是否在任何直接影响公司交易或事务中有直接、间接或代表第三方的实质性利益。

续表

2. 股东权利公平待遇和关键所有权功能	(7)少数股东应受到保护，使其不受控股股东直接或间接滥用权力，或他人为控股股东的利益而滥用权力的侵害，并应当享有有效的补救手段。 (8)应允许公司控制权市场以有效和透明的方式运行。 ①有关资本市场中公司控制权收购、较大比例公司资产的出售，以及类似于合并的特类交易的规则和程序，都应清楚详细并予以披露，以使投资者理解自己的权利和追索权。交易应在价格透明和公平条件下进行，以使各类股东的权利都受到保护。 ②反收购工具不应当成为管理层和董事会规避问责的借口。
3. 机构投资者、证券交易所和其他中介机构	公司治理框架应当在投资链条的每一环节中都提供健全的激励因素，并规定证券交易所的运行应当有利于促进良好公司治理实践。 (1)作为受托人时，机构投资者应当披露与其投资有关的公司治理及投票政策，包括决定使用投票权的相关程序。 (2)存管人或代理人应按照股份受益人的指示进行投票。 (3)作为受托人时，机构投资者应当披露如何管理可能会影响所投项目之关键所有 权行使的重大利益冲突。 (4)公司治理框架应当要求委托投票代理顾问、分析师、经销商、评级机构，以及为投资人决策提供分析或建议的其他人员，披露可能会损及其分析或建议公正性的利益冲突，并将相应冲突控制在最低限度。 (5)内幕交易和市场操纵应当予以禁止，适用的规则应当予以执行。 (6)对于在注册地以外的司法管辖区上市的公司，应当明确披露其适用的公司治理法 律法规。在交叉上市的情况下，关于如何承认第一上市所适用的上市规则、相关的标准 和流程，应当透明，并明文规定。 (7)证券交易所应当发挥公平高效的价格发现功能，以利于改善公司治理效果。
4. 利益相关者在公司治理中的作用	公司治理框架应承认法律规定的利益相关者在公司治理中的权利，并鼓励公司与利益相关者在创造财富和工作岗位以及促进企业财务的持续稳健性等方面开展积极合作。 (1)受法律保护的利益相关者的权利应得到尊重。 (2)如果利益相关者的权利受法律保护，利益相关者在权利受到侵害时应能够获得有效的赔偿。 (3)应允许开发那些有利于业绩提升的员工参与机制。 (4)如果利益相关者参加了公司治理程序，则他们有权及时、定期获取与他们的权利有关的充分信息。 (5)利益相关者(包括个人雇员及其代表团体)应有权自由地同公司董事会就公司的非法或不道德的做法进行交流，并不得因行使该权利而妨碍其他权利的行使。 (6)公司治理框架应以有作用、有效率的破产制度框架和有效的债权人权利执行机制作为补充。

续表

5. 信息披露和透明度	公司治理框架应确保及时、准确地披露公司所有重大事件的信息，包括财务状况、业绩、所有权及公司的治理情况。 **(1)应当披露的重大信息至少包括**： ①公司的财务和业绩状况； ②公司经营目标； ③公司主要的股票所有权及相关的投票权； ④董事会成员和主要行政人员的薪酬政策；董事会成员的其他信息，包括他们的资格、选择过程、就任其他公司董事职务情况、是否被董事会认定是独立董事等； ⑤关联方交易； ⑥可预期的重大风险因素； ⑦与雇员和其他利益相关者有关的重要问题； ⑧公司的治理结构和政策，尤其是其执行所依据的任何公司治理规则或政策及程序的内容。 (2)应根据会计、财务和非财务披露的高质量标准，准备并披露信息。 (3)公司每年应聘请独立、尽职、有执业资格的审计人员出具年度审计报告，由外部人员为董事会和股东对财务报表的编制和呈报的方式提供客观的依据。 (4)外部审计人员向股东负责，对公司负有在审计中发挥应有的职业审慎的义务。 (5)信息传播的途径应确保信息使用人能够平等、及时、低成本地获取有关信息。 (6)作为公司治理框架的补充，应有一种有效措施，促使分析师、经纪人、评级机构以及其他机构提出与投资者决策有关的分析或建议，并避免可能影响其分析或建议诚实性的利益冲突。
6. 董事会的义务	公司治理结构应确保董事会对公司的战略指导和对管理层的有效监督，确保董事会对公司和股东的问责制。 (1)董事会成员应在全面了解情况的基础上，诚实、尽职、谨慎地开展工作，最大程度地维护公司和股东的利益。 (2)当董事会的决策可能对不同股东团体造成不同的影响时，董事会应做到公平对待所有股东。 (3)董事会应具备高度的道德准则，并考虑利益相关者的利益。 **(4)董事会应履行以下主要职责**包括： ①审查和指导公司的战略、重要行动计划、风险政策、年度预算和商业计划；设定公司的业绩目标；监督业绩目标的执行情况和公司的行为；监督重大的资本支出、并购和出售等行为。 ②对公司治理的有效性进行监督并根据实际需要加以调整。 ③选举主要经理人员，确定其薪酬，监督他们的行为和业绩，在必要的时候更换新的人员并对他们职务的交接进行监督。 ④促使主要行政人员和董事会成员的报酬与公司的长期利益相一致。 ⑤确保董事会成员的提名和选举过程的正规性和透明度。

续表

6. 董事会的义务	⑥对管理层、董事会成员和股东之间的潜在的利益冲突进行监督和管理，其中包括滥用公司资产和不当关联方交易。 ⑦确保包括独立审计在内的公司会计和财务报告系统诚实可靠；确保公司具备恰当的控制制度，特别是风险管理制度、财务和营运控制制度等，确保公司的行为不违反法律和相关的准则等。 ⑧监督信息披露和对外交流的过程。 (5)董事会应能够在公司事务中做出客观独立的判断。 ①董事会应考虑委派相当数量的非执行董事对可能存在利益冲突的事项进行判断。例如，确保财务和非财务报告制度的完整性、对关联方交易进行审查、董事会的提名以及主要经理人员和董事会成员的薪酬等。 ②如果董事会成立了专门的委员会，他们的职责、组成和工作程序应予以明确并由董事会进行披露。 董事会成员应有足够的精力和时间履行职责。 (6)为了更好地履行其职责，董事会成员应能够及时、准确地获取有关的信息。 (7)如果在董事会中设置员工代表是一项强制规定，董事会应当制定促进员工代表知情权和培训权的机制，以便员工代表有效地行使权利，最大程度地促进董事会有效性、知情权和独立性。

【本章考点子题答案及解析】

1. 【答案：BC】选项 A、D 为隧道挖掘问题的表现，选项 B、C 为内部人控制问题的表现，因此，选项 BC 正确。

2. 【答案：D】公司向终极股东低价定向增发股票属于掠夺性融资行为。“当年该公司股价波动区间为 12–22 元，市盈率波动区间为 6–11 倍，公司以每股 5 元的价格向控股股东定向增发 1 000 万股”属于掠夺性融资，选项 D 正确。

3. 【答案：C】“控股股东把佳宝公司当作提款机，占用佳宝公司的资金累计高达 10 亿元”体现的是终极股东对于中小股东的“隧道挖掘问题”，属于剥夺型公司治理问题，选项 C 正确。

4. 【答案：BCD】选项 A 是经理人对于股东的“内部人控制”问题的表现形式，其余三个都是终极股东对于中小股东的“隧道挖掘”问题的表现形式。

5. 【答案：A】掠夺性融资主要指一些公司通过财务作假以骗取融资资格、虚假包装以及过度融资的行为，损害了外部中小投资者的利益；另外，公司向终极股东低价定向增发股票也属于掠夺性融资行为。“甲公司在 2017 年完成发行上市后的首次定增，以每股 1 元的价格向两名控股股东发行 5 000 万股。当时该公司股价为每股 5 元。”正体现了这种掠夺性融资行为。

6. 【答案与解析】①直接占用资源。“2016 年 9 月，太阳公司与银行签署一笔担保合同，为大股东星科集团 5 000 万元的贷款提供担保，承担连带保证责任。2016 年 11 月，星科集团向龙辉公司借款 2 亿元，太阳公司为该笔借款提供担保”。

②商品服务交易活动。“太阳公司从甲公司购进熟料等重要原材料，双方签订了长期供应合同，

价格比市场价高40%"。

③资产租用和交易活动。"太阳公司还从乙公司以租赁的方式引入一台机器设备，租赁费用每年5 000万元，同样的设备市场租赁价格为4 000万元"。

④掠夺性融资。"太阳公司在2017年年底向星科集团以每股6元价格定向增发1亿股，当时太阳公司股价为每股12元，相当于5折进行定向增发"。

⑤内幕交易。"太阳公司发布公告，拟购买丙公司100%股权。由于丙公司拥有物联网概念，所以太阳公司发布公告后10个交易日内，股价大涨70%。发布公告前几天，星科集团实际控制人刘某买入太阳公司股票100万股，在公告发布后卖出，获利600万元。经查，刘某买卖股票的时间都属于证监会认定的敏感期"。

⑥掠夺性资本运作。"2017年5月，太阳公司收购了大股东星科集团持有的丁公司的全部股权，收购价格为20亿元，而丁公司账目净资产为5 000万元，盈利能力较差，业内专家质疑是超溢价收购"。本题通过案例考察终极股东对中小股东"隧道挖掘"的具体表现。只要理解并熟记各种"隧道挖掘"行为的定义，然后在题目所给材料中扫描并定位关键词，即可不多不少地判定出本案例涉及到的"隧道挖掘"行为。

7. 【答案：ABCD】"该公司实际控制人因散布虚假消息、操纵股票价格、扰乱股市交易秩序从而非法牟利，被证监会依据上市规则中的有关规定，开出巨额罚单并采取终身禁入证券市场措施"依次体现了信息披露监管、市场环境监管、行政监管；"同时将其涉嫌犯罪行为移交公安机关"体现了法律监管。所以全选。

8. 【答案与解析】本案例中公司治理的基础设施主要体现在信息披露制度、中介机构、政府监管以及媒体、专业人士的舆论监督。

①信息披露制度。"这两笔担保均没有在2016年年报中进行信息披露"，"2016年太阳公司1.4亿元的销售费用未及时入账，造成2016年年度报告虚假记载。此外，与星科集团多笔资金往来事项并未披露和记账，导致太阳公司在2016年和2017年年报中存在信息不实、虚假记载的情况"。

②中介机构。"太阳公司上述年报经过注册会计师审计后，审计师都出具了标准无保留的审计意见"。

③政府监管。"G省证监局迅速反应，立案调查"，"证监局根据以上调查结果，依法对太阳公司及其大股东星科集团进行了行政处罚"。

④媒体、专业人士的舆论监督。"2018年5月，某财经媒体深度报道了太阳公司存在的多种经营违规行为。该报道在微博等网络平台上成为热门话题后"。本题通过案例考察公司治理的基础设施在具体场景中的表现。只要理解并熟记各种基础设施的定义，然后在题目所给材料中扫描并定位关键词，即可不多不少地判定出本案例涉及到的公司治理基础设施。

第 6 章　风险与风险管理概述

本章思维导图

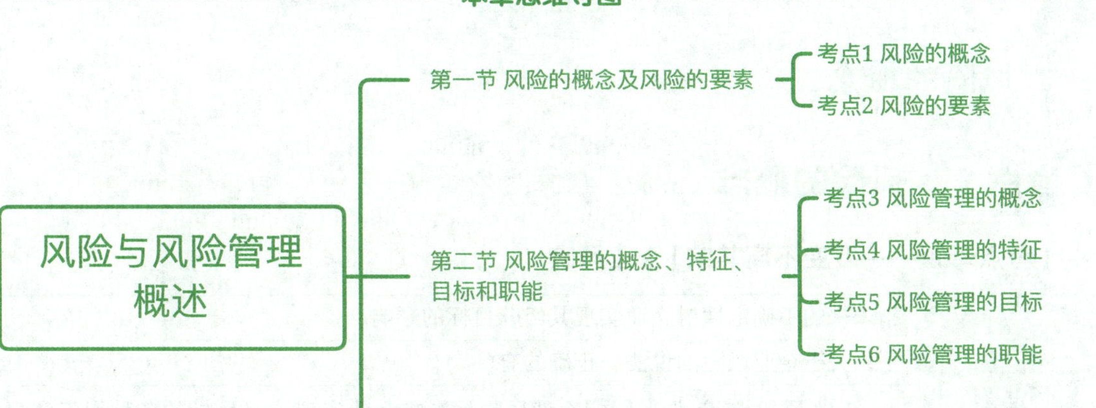

近5年题型题量分值

年份	2017	2018	2019	2020	2021	2022
单选题	–	1 题 1 分	–	–	–	–
多选题	–	–	–	–	–	–
简答题	–	–	–	–	–	–
综合题	–	–	–	–	–	–
合计	0 分	1 分	0 分	0 分	0 分	0 分

本章为原 2022 年战略教材第六章第一节改编，难度不大，以理解为主，重点注意客观题。从本章开始，介绍风险与风险管理的基本理论，企业风险管理流程、体系与方法，企业面对的主要风险及其应对措施。

第一节 风险的概念及风险的要素

一、风险的概念

考点1 风险的概念（★★，掌握，客观题）

【考点母题——万变不离其宗】企业风险

<table>
<tr><td rowspan="6">定义
（国资委2006年《中央企业全面风险管理指引》）</td><td colspan="2">指未来的不确定性对企业实现其经营目标的影响。</td></tr>
<tr><td colspan="2">下列关于企业风险的说法，正确的有（ ）。</td></tr>
<tr><td>A. 企业风险与企业战略相关</td><td>【注】企业风险是影响企业实现战略目标的各种因素和事项，公司经营中战略目标不同，企业面对的风险也不同。</td></tr>
<tr><td colspan="2">B. 风险是一系列可能发生的结果，不能简单地理解为最有可能的结果</td></tr>
<tr><td>C. 风险既有客观性，又有主观性</td><td>【注】风险是事件本身的不确定性，是在一定具体情况下的风险，可以由人的主观判断来选择不同的风险。</td></tr>
<tr><td colspan="2">D. 风险往往与机遇并存（图6-1）</td></tr>
<tr><td rowspan="2">分类</td><td colspan="2">●纯粹风险（只有“带来损失”一种可能性）</td></tr>
<tr><td colspan="2">●机会风险（“带来损失”和“盈利”两种可能性并存）</td></tr>
</table>

图6-1 风险往往与机遇并存趣解

【考点子题——举一反三，真枪实练】

[1]（2014·多选题）关于现代市场经济中人们对风险观念的理解，下列表述中正确的有（ ）。

A. 可以由人的主观判断来决定选择不同的风险

B. 风险是一系列可能发生的结果，而不是最有可能的结果

C. 风险往往与机遇并存

D. 风险是可预测、可度量的负面因素

二、风险的要素

考点 2　风险的要素（★★，掌握，客观题）

【考点母题——万变不离其宗】风险的要素

<table>
<tr><td rowspan="4">风险因素</td><td>定义</td><td colspan="3">指促使某一风险事件发生，或增加其发生的可能性，或提高其损失程度的原因或条件。它是风险事件发生的潜在原因，是造成损失的内在或间接原因。</td></tr>
<tr><td rowspan="3">分类</td><td>有形风险因素</td><td colspan="2">指直接影响事物物理功能的物质风险因素。
例如，水源或空气污染是损害人们健康的有形风险因素，汽车刹车系统失灵是引起车祸的有形风险因素。</td></tr>
<tr><td rowspan="2">无形风险因素</td><td>道德风险因素</td><td>与人的品德修养相关的无形因素，即由于个人不诚实、不正当或不轨企图促使风险事件发生或提高已发生风险事故的损失程度的原因和条件。例如，欺诈、抢劫、盗窃、贪污等。</td></tr>
<tr><td>心理风险因素</td><td>是与人的心理状态相关的无形因素，即由于人们主观上的过失或疏忽，而增加风险事件发生的概率，或提高风险事故的损失程度的原因和条件。例如，居民外出忘记锁门增加了盗窃发生的风险等。</td></tr>
<tr><td>风险事件（事故）</td><td colspan="4">即造成损失的偶发事故。是导致损失的直接或外在原因，是风险与损失之间的媒介物。</td></tr>
<tr><td rowspan="3">损失</td><td>定义</td><td colspan="2">指非故意的、非预期的、非计划的经济价值的减少。</td><td>【注】损失包括两个方面内容：
①非故意的、非预期的、非计划的；
②经济价值（即能以货币衡量的价值）的减少。
二者缺一不可。比如，折旧与馈赠，某人因受惊吓而精神失常，都不属于损失。</td></tr>
<tr><td rowspan="2">分类</td><td>直接损失</td><td colspan="2">又叫实质损失。指风险事件导致的财产损毁和人身伤害。</td></tr>
<tr><td>间接损失</td><td colspan="2">又叫派生损失。指由直接损失引起的其他损失，包括额外费用损失、收入损失、责任损失等。
【注】间接损失有时大于直接损失。</td></tr>
<tr><td rowspan="2">三者间的关系</td><td colspan="4">下列关于风险的构成要素之间关系的说法，正确的有（　）。</td></tr>
<tr><td colspan="4">A. 风险因素、风险事件和损失相互依存、相互作用
B. 三者共同构成风险的统一体
C. 风险因素引起风险事件发生或者增加其发生的概率，风险事件的发生造成损失，而损失的发生使风险因素和风险事件得以呈现或暴露，使风险最终形成</td></tr>
</table>

第二节 风险管理的概念、特征、目标和职能

一、风险管理的概念

考点3 风险管理的概念（★★，掌握，客观题和主观题）

定义：风险管理是指在一个风险确定的环境中把风险减至最低程度的管理过程；是具体的组织(风险管理单位)通过识别风险、分析风险、评价风险和进行风险决策管理等方式，对风险进行有效控制与妥善处理，把风险可能造成的不良影响降至最低的管理过程；是选择最有效的方式，主动地、有目的地、有计划地应对风险，通过战略制定和实施抓住机遇来保持和创造价值，通过最小成本获得最大可能的收益及安全保证的一种管理方案。也就是说，风险管理的过程就是控制潜在风险、降低组织成本、维护组织利益的过程。因此，风险管理的本质就是通过有效的技术手段去控制风险事件所带来的不利影响，从而将组织可能蒙受的损失降到最低，并致力于为组织保持和创造更大的价值。

【考点母题——万变不离其宗】风险管理的内涵(2023 新增)

(1)企业风险管理的内涵主要体现为(　)。

A. 风险管理的决策主体是风险管理单位
B. 风险管理的核心是降低损失并致力于创造价值
C. 风险管理的对象可以是纯粹风险，也可以是投机风险
D. 风险管理过程是决策和控制的过程

二、风险管理的特征

考点4 风险管理的特征（2023 有变化，★★，掌握，客观题）

【考点母题——万变不离其宗】风险管理的特征

(1)企业风险管理的特征有(　)。	
A. **客观性**	风险不以人的意志为转移，是**独立于人的主观意识之外的客观存在**，人们只能在一定的时间和空间内改变风险存在和发生的条件，降低风险发生的频率和损失程度。但是，从总体上说，**风险是不可能彻底消除的**。
B. **战略性**	风险主要运用于企业战略管理层面，**站在战略层面整合和管理企业层面风险**是全面风险管理的价值所在。

续表

C. **可行性**	对风险进行管理的可行性主要源于风险成本间的替代性，在成本有效的情况下，**风险管理成本越大，风险损失成本可能越低；风险管理成本越小，风险损失成本可能越高**，反映了风险的可控性质，即可预期、可减少、可分散、可转移。
D. **系统性**	全面风险管理必须拥有一套系统的、规范的方法，建立健全全面风险管理体系，**包括风险管理的组织职能体系、风险管理策略、风险理财措施、内部控制系统和风险管理信息系统**，从而为实现风险管理的总体目标提供合理的保证
	(2)企业风险管理的系统性表现在(　)。
	A. **全面性**(风险管理是一项全面性的管理) B. **广泛性**(风险管理是涉及许多领域的管理) C. **全员性**(企业全面风险管理是一个由企业治理层、管理层和**所有员工**参与，旨在把风险控制在风险容量以内，增进企业价值的过程)
E. **专业性**	要求风险管理的**专业人才实施专业化管理**。
F. **二重性**	(3)企业全面风险管理的商业使命有(　)。
	A. 损失最小化管理　　B. 不确定性管理　　C. 绩效最优化管理
	【注】全面风险管理既要管理纯粹的风险，也要管理机会风险。

【考点子题——举一反三，真枪实练】

[2] (2016·多选题)下列各项关于企业全面风险管理的表述中，正确的有(　)。

A. 企业全面风险管理是增进企业价值的过程

B. 企业全面风险管理旨在把风险控制在风险容量以内

C. 企业全面风险管理的参与者由管理层和全体员工组成

D. 企业全面风险管理对企业所有风险进行管理

三、风险管理的目标

风险管理的目标(2023 新增，★★，掌握，客观题和主观题)

【考点母题——万变不离其宗】风险管理的目标

(1)企业风险管理目标的设置应符合的原则有(　)。	
A. **一致性**原则	风险管理目标与企业总体战略目标一致。
B. **现实性**原则	风险管理目标要具有客观可能性。
C. **明晰性**原则	风险管理的目标明确，在有效地实施后能够进行效果评价。
D. **层次性**原则	根据层级、主次、职能等，将风险管理目标进行有效的划分，权责相应，提升风险管理的效果。
(2)企业风险管理目标有(　)。	

续表

A. **基本目标**	风险管理的基本目标是企业与组织及成员的生存和发展。
B. **直接目标**	保证组织的各项活动恢复正常运转；尽快实现企业持续稳定的收益。
C. **核心目标**	确保风险管理与总体战略目标相匹配。
D. **支撑目标**	加强企业文化建设。

四、风险管理的职能

考点6 风险管理的职能（2023新增，★★，掌握，客观题和主观题）

【考点母题——万变不离其宗】风险管理的职能

(1)企业风险管理的职能有（　）。	
A. **计划职能**	指通过对企业风险的**识别、分析、评价**和选择风险**应对**的手段，设计管理方案，并制订风险应对的实施计划。**对比：** **风险应对预算**的编制则是在风险处理手段选定后，计算合理的、必要的风险应对费用，并编制风险应对费用预算方案。
B. **组织职能**	根据风险管理计划，对风险管理单位的活动及其生产要素进行的分派和组合。风险管理的组织职能意味着创造为达到风险管理目标和实现风险应对计划所必需的人、财、物的结合。
C. **指导职能**	对风险应对计划进行解释、判断，传达计划方案，交流信息和指挥活动，也就是组织该机构的成员去实现风险管理计划。
D. **控制职能**	指对风险应对计划执行情况的检查、监督、分析和评价，也就是根据事先设计的标准，对计划的执行情况进行测定、评价和分析，对计划与实际不符之处予以纠正。 **控制职能的范围包括**：风险的识别是否准确全面、风险的估测是否有误、风险应对技术的选择是否奏效、风险应对技术的组合是否最佳、控制风险的技术能否防止或减少风险的发生、制定的预算能否保障计划内的风险事故发生后得到及时补偿等。

第三节　风险管理理论的演进和风险管理实践的发展

一、风险管理理论的演进

考点 7　风险管理理论的演进（2023 有变化，★★，熟悉）

【考点题源】风险管理理论的演进

传统风险管理思想 （20 世纪 30 年代前）	根据传统风险管理思想，风险管理的对象主要是不利风险，目的是减少不利风险对企业经营和可持续发展的影响，风险管理的主要策略是风险回避和风险转移，保险是最主要的风险管理工具。
现代风险管理理论 （20 世纪 30 年代～20 世纪 90 年代末）	在企业的风险管理理论演进过程中，内部控制理论在20 世纪30 年代初开始崭露头角，成为现代风险管理的代表性理论，对企业风险管理的发展起到里程碑式的作用。 20 世纪 90 年代，内部控制理论的发展进入一个新的阶段。1992 年 9 月，美国 COSO 发布了《企业内部控制整合框架》，即COSO 框架。 国内对风险管理的系统研究始于 20 世纪 80 年代后期。一些企业引进了风险管理和安全系统工程管理的理论，运用风险管理的经验识别、衡量和估计风险，取得了较好的效果，推动了风险管理理论研究。为适应经济发展的要求，我国高等院校普遍开设了风险管理课程。
当代风险管理理论 （20 世纪 90 年代末至今）	20 世纪末，在经济全球化的发展趋势下，国际金融和工商业发展愈加迅猛，新经济形势下企业面对的风险也愈发复杂多样化，经济变动下造成损失的已不再是单一的风险而是多种风险交织共同作用的结果。适应环境的急剧变化，对风险管理的研究逐渐突破传统的风险管理模式，基于风险组合的全新观点，从贯穿整个企业组织架构和各项业务的角度，更加综合地看待和分析风险。于是，全面风险管理思想和理论开始产生并形成，其标志是： 1. 北美非寿险精算师协会； 2. 巴塞尔银行监管委员会推出《巴塞尔新资本协议》； 3. 美国COSO 发布的《企业风险管理——整合框架》； 4. 美国COSO 发布的《企业风险管理——整合战略和绩效》。

二、风险管理实践的发展

考点8 风险管理实践的发展（2023有变化，★★，熟悉）

【考点题源】风险管理实践的发展

传统风险管理实践阶段	**萌芽阶段**：企业风险管理实践是伴随工业革命的开始而萌生的。
	形成阶段：美国发生的经济危机导致工厂倒闭、工人失业和社会财富遭受巨大损失，人们开始思考如何采取有效的措施来减少或者消除风险事故给人类带来的种种灾难性后果，采取科学的方法控制和处理风险，研究风险管理的技术和方法。并逐步积累了丰富的经验，风险管理开始成为企业的一种管理活动。同时，一些重大损失事件使许多公司高层决策者认识到风险管理的重要性，因而在企业中设立风险管理岗位，指定专人即“全职风险管理人”，负责管理风险。
	发展阶段：钢铁工人罢工、通用汽车公司的巨灾事件是这一阶段与风险管理直接相关的事件，1956年，《哈佛经济评论》发表了拉塞尔·格拉尔的论文《风险管理——成本控制的新时期》，风险管理作为一种管理职能和管理活动开始得到推广。1962年，美国管理协会出版了关于风险管理的专著《风险管理之崛起》，进一步推动了风险管理实践的发展。20世纪，60~70年代，美国一些主要大学的工商管理学院都开设了风险管理课程，将风险管理的理论知识运用于管理的各个领域，促进了其发展。
现代风险管理实践阶段	**20世纪70年代中后期**，基于美国“水门事件”的调查结果，立法者和监管团体开始对风险管理问题予以高度重视，美国国会于1977年通过了《反海外贿赂法案》，明确规定企业管理层需要加强内部会计控制，禁止向外国政府官员行贿。该法案从法律层面推动了风险管理实践深入发展。 **1978年**，美国注册会计师协会下属的柯恩委员会提出报告，建议公司管理层在披露财务报表时，提交一份关于内控系统的报告，同时建议外部独立审计师对管理者内控报告提出审计报告。1980年后，内部控制审计的职业标准逐渐成型，并得到了监管者和立法者的认可。 **20世纪80年代初**，美国、英国、法国、德国、日本等国家先后建立起全国性和地区性的风险管理协会。1983年，在美国召开的风险和保险管理协会年会上，世界各国专家学者云集纽约，共同讨论并通过了《101条风险管理准则》，这是风险管理进入现代风险管理实践阶段的一项重要成果和体现。 **1985年**，美国注册会计师协会、美国会计学会、财务经理人协会、国际内部审计师协会和全美会计师协会等职业团体联合创建了反舞弊财务报告全国委员会，旨在探讨财务报告中舞弊产生的原因，并寻找解决之道。两年后，在该委员会的提议下，又成立了COSO。此后，该委员会通过制定和发布企业风险管理框架指引，有力地推进了风险管理实践的发展。
当代风险管理实践阶段	**风险管理标准化实施阶段**：形成了一定的风险管理标准体系，如英国的特恩布尔指南和美国的**COSO**框架、IOS系列标准等； **全面风险管理实施阶段**： 美国**COSO**于**2004**年发布的《企业风险管理——整合框架》和于2017年发布的《企业风险管理一整合战略和绩效》，对全面风险管理的框架和内容做了详细规定，引领企业全面风险管理的实施；

续表

当代风险管理实践阶段	**2006 年**，我国资委印发《中央企业全面风险管理指引》要求中央企业根据自身实际情况开展全面风险管理工作。这是我国第一个权威性的风险管理框架，标志着我国的风险管理理论和实践进入了一个新的历史阶段； **2008 年**，我国财政部会同证监会、审计署、银监会、保监会制定并印发了《企业内部控制基本规范》，随后又推出《应用指引》《评价指引》和《审计指引》，四个类别构成一个相辅相成的整体，标志着适应我国企业实际情况、融合国际先进经验的中国企业内部控制规范体系基本形成； **2019 年**，国务院国资委印发《关于加强中央企业内部控制体系建设与监督工作的实施意见》(国资发监督规〔2019〕101 号)。要求以风险管理为导向，以合规管理监督为重点，严格落实各项规章制度，将风险管理和合规管理要求嵌入业务流程，加强信息化管控、加大企业监督评价力度、加强出资人监督，实现"强内控、防风险、促合规"的目标，明确"强监管、严问责"，切实全面提升内控体系的有效性； **2022 年 1 月 7 日**，国务院国资委印发《关于做好 2022 年中央企业内部控制体系建设与监督工作有关事项的通知》(国资厅监督〔2021〕299 号)，充分总结过去两年内控体系建设短板经验，对中央企业的内控体系机制、风险管理评估和监测预警、内控制度标准化建设、内控执行专项整治、境外管控、信息化管控、监督检查评价等方面的要求更高、更细致。

【本章考点子题答案及解析】

［1］【答案：ABC】企业风险是指那些影响企业实现其战略目标的不确定性。理解这个定义需要把握以下几个方面：①企业风险与企业战略相关；②风险是一系列可能发生的结果，不能简单理解为最有可能的结果；③风险既具有客观性，又具有主观性。风险是事件本身的不确定性，但却是在一定具体情况下的风险，可以由人的主观判断来决定选择不同的风险；④风险往往与机遇并存。

［2］【答案：ABD】本题考核"风险管理的概念"的知识点。企业全面风险管理是一个由企业治理层、管理层和所有员工参与的，对企业所有风险进行管理，旨在把风险控制在风险容量以内，增进企业价值的过程。所以选项 C 是不正确的，本题正确答案是选项 ABD。

第7章 风险管理的流程、体系与方法

本章思维导图

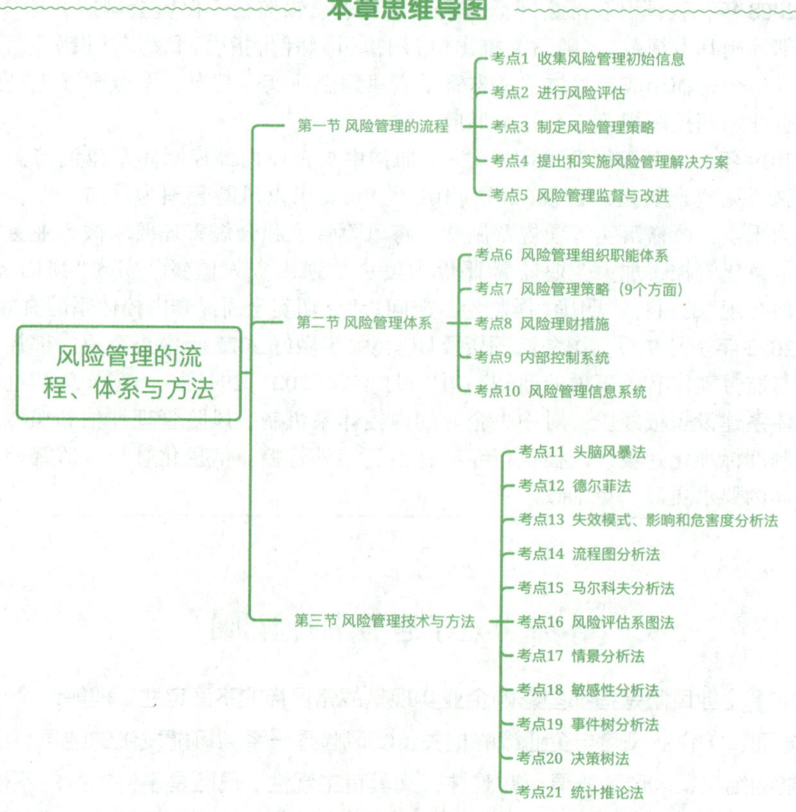

近5年题型题量分值

年份	2017	2018	2019	2020	2021	2022
单选题	7题7分	2题2分	6题6分	4题4分	4题4分	3题3分
多选题	2题3分	3题4.5分	1题1.5分	1题1.5分	4题4.5分	2题3分
简答题	–	–	–	–	–	1题5分
综合题	–	–	–	–	–	–
合计	10分	6.5分	7.5分	5.5分	8.5分	11分

本章是2023年教材新增的一章，对应原2022年战略教材第六章第三、四、五节，有一些改编和调整，是企业风险管理的主要内容，应重点把握，考试对应客观题和主观题，尤其是客观题。

扫码畅听增值课

第一节 风险管理的流程

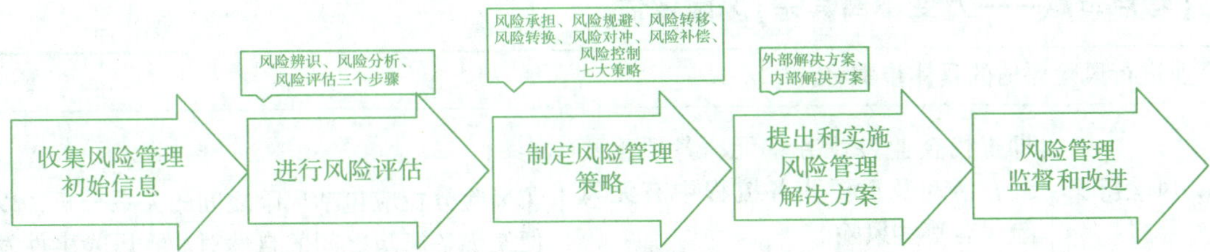

图 7-1 风险管理基本流程

一、收集风险管理初始信息

考点 1 收集风险管理初始信息（★★，掌握，客观题和主观题）

<table>
<tr><td colspan="2">收集初始信息是整个企业风险管理基本流程(图 7-1)中的第一步。要广泛地、持续不断地收集与本企业风险和风险管理相关的内、外部初始信息，包括历史数据和未来预测。应该把收集初始数据的职责分工落实到各有关职能部门和业务单位。</td></tr>
<tr><td colspan="2">(1)收集初始信息要根据所分析的风险类型展开，具体有(　)。</td></tr>
<tr><td>A. 分析战略风险</td><td>企业应广泛收集国内外企业战略风险失控导致企业蒙受损失的案例，本企业制定和实施发展战略的依据、效果，并收集与本企业相关的诸如国内外宏观环境、产业环境、竞争环境以及企业内部环境等方面的重要信息。</td></tr>
<tr><td>B. 分析财务风险</td><td>企业应广泛收集国内外企业财务风险失控导致危机的案例，并收集全面反映本企业财务战略选择和财务管理状况及效果的指标、数据。</td></tr>
<tr><td>C. 分析市场风险</td><td>企业应广泛收集国内外企业因忽视市场风险、缺乏应对措施导致企业蒙受损失的案例，并收集与本企业相关的市场供给、需求、价格、竞争以及影响企业经营效益的经济政策等方面的重要信息。</td></tr>
<tr><td>D. 分析运营风险</td><td>企业应广泛收集国内外企业因轻视或忽视运营风险、应对措施不力导致企业蒙受损失甚至经营失败的案例，并收集本企业生产运营、市场营销、研发、组织人员、信息系统、风险管理等方面的重要信息，以及企业外部可能给本企业带来运营风险的社会、自然等方面的重要信息。</td></tr>
<tr><td>E. 分析法律风险</td><td>企业应广泛收集国内外企业忽视法律法规风险、缺乏应对措施导致企业蒙受损失的案例，并收集国内外可能给本企业带来法律风险的政治、法律法规、政策等方面的重要信息，以及企业内部存在的可能导致法律风险的因素。</td></tr>
</table>

二、进行风险评估

考点2 进行风险评估（★★★，掌握，客观题和主观题）

【考点母题——万变不离其宗】风险评估

<table>
<tr><td colspan="3">企业进行风险评估的具体步骤有(　)。</td></tr>
<tr><td>A. 风险辨识</td><td>即查找企业各业务单元、各项重要经营活动及重要业务流程中有无风险，有哪些风险。</td><td rowspan="3">【注】
①风险分析应包括风险之间的关系分析，以便发现各风险之间的自然对冲、风险事件发生的正负相关性等组合效应，从风险策略上对风险进行统一集中管理。
②进行风险辨识、分析、评价，应将定性与定量方法相结合(具体方法见本章第三节)。
③企业在评估多项风险时，应根据对风险发生可能性的高低和对目标的影响程度的评估，绘制风险坐标图(图7-2)，对各项风险进行比较，初步确定对各个风险的管理优先顺序和策略。
④风险评估应由企业组织有关职能部门和业务单位实施，也可聘请有资质、信誉好、风险管理专业能力强的中介机构协助实施。
⑤企业应对风险管理信息实行动态管理，定期或不定期实施风险辨识、分析、评价，以便对新的风险和原有风险的变化重新评估。</td></tr>
<tr><td>B. 风险分析</td><td>对辨识出的风险及其特征进行明确的定义描述，分析和描述风险发生可能性的高低、风险发生的条件。</td></tr>
<tr><td>C. 风险评价</td><td>评估风险对企业实现目标的影响程度、风险的价值等。 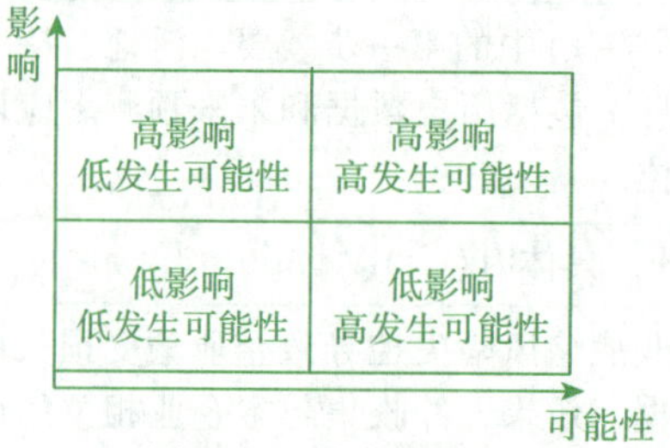
影响
高影响 低发生可能性 | 高影响 高发生可能性
低影响 低发生可能性 | 低影响 高发生可能性
可能性
图7-2　风险坐标图</td></tr>
</table>

【考点子题——举一反三，真枪实练】

[1] (2016·多选题)下列各项关于风险评估的表述中，正确的有(　)。

A. 风险评估包括风险辨识、风险分析和风险评价三个步骤

B. 风险定性评估时应统一制定各个风险的度量单位和度量模型

C. 企业应当定期或不定期对新风险或原有风险的变化进行重新评估

D. 风险评估应当将定性方法和定量方法相结合

三、制定风险管理策略

考点 3　制定风险管理策略

<table>
<tr><td>定义
（了解）</td><td colspan="2">指企业根据自身条件和外部环境，围绕企业发展战略，确定风险偏好、风险承受度、风险管理有效性标准，选择风险承担、风险规避、风险转移、风险转换、风险对冲、风险补偿、风险控制等适合的风险管理工具的总体策略，并确定风险管理所需人力和财力资源的配置原则。</td></tr>
<tr><td>关键环节</td><td colspan="2">企业应根据不同业务特点统一确定风险偏好和风险承受度，并据此确定风险的预警线及相应采取的对策。</td></tr>
<tr><td rowspan="3">根据不同的风险类型，选择适宜的风险管理策略</td><td>风险类型</td><td>对应的风险管理策略</td></tr>
<tr><td>战略、财务、运营、政治风险、法律风险等</td><td>风险承担、风险规避、风险转换、风险控制等</td></tr>
<tr><td>对能够通过保险、期货、对冲等金融手段进行理财的风险</td><td>风险转移、风险对冲、风险补偿等</td></tr>
<tr><td colspan="3">【注】①在制定风险管理策略时，还应根据风险与收益相平衡的原则以及各个风险在风险坐标图上的位置，进一步确定风险管理的优先顺序，明确风险管理成本的资金预算和控制风险的组织体系、人力资源、应对措施等总体安排。
②对于已经制定和实施的风险管理策略，企业应定期总结和分析已制定的风险管理策略的有效性和合理性，结合实际不断修订和完善。其中，应重点检查依据风险偏好、风险承受度和风险控制预警线实施的结果是否有效，并提出定性或定量的有效性标准。</td></tr>
</table>

四、提出和实施风险管理解决方案

提出和实施风险管理解决方案（★，了解，客观题和主观题）

【考点母题——万变不离其宗】风险解决方案

<table>
<tr><td>定义
（了解）</td><td colspan="2">即执行前一阶段制定的风险管理策略，进一步落实风险管理工作。
在这一阶段，企业应根据风险管理策略，针对各类风险或每一项重大风险制定风险管理解决方案。方案一般包括风险解决的具体目标、所需的组织领导、所涉及的管理及业务流程，所需的条件、手段等资源，风险事件发生前、中、后所采取的具体应对措施以及风险管理工具（如关键指标管理、损失事件管理等）。</td></tr>
<tr><td>类型</td><td>外部解决方案</td><td>即外包。企业许多风险管理工作可以外包出去，比如使用投资银行、信用评级公司、保险公司、律师事务所、会计师事务所、风险管理咨询公司等专业机构，将有关方面的工作外包，这样可以降低企业的风险，提高效率。
【注】①外包可以使企业规避一些风险，但同时可能带来另一些风险，应加以控制；②外包方案，应注重成本与收益的平衡、外包工作的质量、自身商业秘密的保护以及防止自身对风险解决外包产生依赖性风险等，并制定相应的预防和控制措施。</td></tr>
</table>

续表

<table>
<tr><td rowspan="3">类型</td><td rowspan="3">内部解决方案</td><td>定义</td><td>即风险管理体系的运转(具体参见本章第四节)。具体实施中，一般是以下几种手段的综合运用：风险管理策略；组织职能；内部控制；信息系统；风险理财措施。
其中，内部控制是全面风险管理的基础设施和必要举措。一般说来，内部控制系统：
• 针对的风险：可控纯粹风险
• 控制对象：个人
• 控制目的：规范员工的行为
• 控制范围：企业业务和管理流程</td></tr>
<tr><td rowspan="2">内控措施的具体内容</td><td>企业制定内控措施，包括的内容至少有(　)。</td></tr>
<tr><td>A. 建立内控岗位授权制度　　B. 建立内控报告制度
C. 建立内控批准制度　　D. 建立内控责任制度
E. 建立内控审计检查制度　　F. 建立内控考核评价制度
G. 建立重大风险预警制度
H. 建立健全以总法律顾问制度为核心的企业法律顾问制度
I. 建立重要岗位权力制衡制度，明确规定不相容职责分离</td></tr>
</table>

【考点母题——万变不离其宗】关键风险指标管理

<table>
<tr><td>定义</td><td>关键风险指标管理是对引起风险事件发生的关键成因指标进行管理的方法。</td></tr>
<tr><td rowspan="2">步骤(★★，掌握，客观题和主观题)</td><td>关键风险指标管理过程的步骤有(　)。</td></tr>
<tr><td>A. 分析风险成因，从中找出关键成因
B. 将关键成因量化，确定其度量，分析确定导致风险事件发生(或极有可能发生)时该成因的具体数值
C. 以具体数值为基础，以发出风险信息为目的，加上或减去一定数值后形成新的数值，该数值即为关键风险指标
D. 建立风险预警系统，当关键成因数值达到关键风险指标时，发出风险预警信息
E. 制定出现风险预警信息时应采取的风险控制措施
F. 跟踪监测关键成因的变化，一旦出现预警，即实施风险控制措施</td></tr>
<tr><td>指标的分解</td><td>即把企业的关键风险指标分解到企业的各个职能部门和业务单位。
【注】①要注意职能部门和业务单位之间的协调；②关键是从企业整体出发把风险控制在一定范围内；③分解要兼顾各职能部门和业务单位的诉求。</td></tr>
</table>

【考点母题——万变不离其宗】落实风险管理解决方案

企业落实风险管理解决方案时，应做到(　)。
A. 高度重视风险管理，充分认识到风险管理是不可放松的工作，**是企业价值创造的根本源泉** B. 风险管理是企业全员的分内工作，没有风险的岗位是不创造价值的，没有理由存在 C. 落实到组织，明确分工和责任，全员进行风险管理 D. 要对风险管理解决方案的实施进行持续监控改进，并与绩效考核联系起来

【考点子题——举一反三，真枪实练】

[2]（2017·单选题）下列各项关于风险管理解决方案的表述，错误的是（ ）。

A. 风险管理解决方案中的外部解决方案一般指外包

B. 风险管理解决方案应有风险解决的具体目标和风险管理工具等方面的内容

C. 落实风险管理解决方案必须认识到风险管理是企业价值创造的根本源泉

D. 风险管理解决方案中的内部解决方案一般指风险管理策略

五、风险管理的监督与改进

考点 5 风险管理的监督与改进（★★，掌握，客观题和主观题）

【考点母题——万变不离其宗】风险管理的监督与改进

<table>
<tr><td>监督与改进的重点</td><td colspan="2">重大风险、重大事件和重大决策、重要管理及业务流程。</td></tr>
<tr><td>监督与改进的对象</td><td colspan="2">风险管理初始信息、风险评估、风险管理策略、关键控制活动及风险管理解决方案的实施情况。</td></tr>
<tr><td rowspan="5">监督与改进的方法</td><td colspan="2">(1)企业检验风险管理有效性，并根据情况变化和存在的缺陷进行改进的方法有（ ）。</td></tr>
<tr><td>A. 压力测试</td><td>指在极端情景下，分析风险评估管理模型或内控流程的有效性，发现问题，制定改进措施的方法，目的是防止出现重大损失事件。</td></tr>
<tr><td>B. 返回测试</td><td>是将历史数据输入到风险管理模型或内控流程中，把结果与预测值对比，以检验其有效性的方法。</td></tr>
<tr><td>C. 穿行测试</td><td>是在正常运行条件下，将初始数据输入内控流程，穿越全流程和所有关键环节，把运行结果与设计要求对比，以发现内控流程缺陷的方法。</td></tr>
<tr><td>D. 风险控制自我评估</td><td>定期或不定期地评价自己及子公司的风险管理系统、风险管理的有效性及风险管理实施的效率效果。</td></tr>
<tr><td>监督与改进的主体（即风险管理组织的职责分工具体见图 7-3）</td><td colspan="2">
图 7-3 企业风险管理组织职能体系</td></tr>
</table>

续表

监督与改进的**主体**（即风险管理组织的职责分工具体见图 7-3）	**企业各业务单位**	①应定期对风险管理工作进行自查和检验，及时发现缺陷并改进；②其检查、检验报告应及时报送企业风险管理职能部门。
	企业风险管理职能部门	①应定期对各部门和业务单位风险管理工作实施情况和有效性进行检查和检验，要根据在制定风险策略时提出的有效性标准的要求对风险管理策略进行评估；②评价跨部门和业务单位的风险管理解决方案，提出调整或改进建议；③出具评价和建议报告，及时报送企业总经理或其委托分管风险管理工作的高级管理人员。
	企业内部审计部门	①应至少每年一次对包括风险管理职能部门在内的各有关部门和业务单位能否按照有关规定开展风险管理工作及其工作效果进行监督评价；②监督评价报告应直接报送董事会或董事会下设的风险管理委员会和审计委员会。
	利用**中介机构**	企业可聘请有资质、信誉好、风险管理专业能力强的中介机构对企业全面风险管理工作进行评价，并出具**风险管理评估和建议专项报告。**

【考点子题——举一反三，真枪实练】

[3]（2013·多选题）某公司设置了内部审计部、风险管理部和审计委员会，制定了本企业风险管理监督与改进措施。下列选项中，符合《中央企业全面风险管理指引》要求有（ ）。

A. 各有关部门定期对风险管理工作进行自查和检验，及时发现缺陷并改进，将风险管理报告报送企业总经理

B. 内部审计部门每年至少一次对风险管理部和各业务部门的风险管理工作及效果进行监督评价，评价报告直接报送审计委员会

C. 外聘风险管理中介机构进行风险管理评价并出具报告

D. 风险管理部对跨部门和业务单位的风险管理解决方案进行评价，提出建议和出具报告，报送公司决策层

第二节 风险管理体系

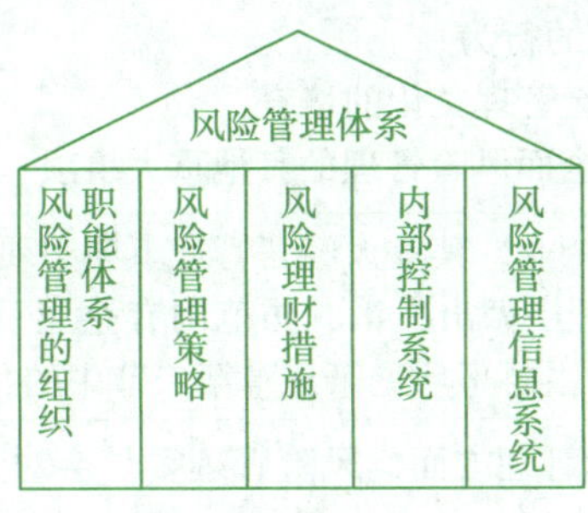

图 7-4 风险管理体系

一、风险管理的组织职能体系

考点 6 风险管理的组织职能体系（★★，掌握，客观题和主观题）

【考点母题——万变不离其宗】风险管理的组织职能体系

风险管理的三道防线	具备条件的企业，可建立风险管理的**三道防线**： 股东大会 / 监事会 / 第三道防线 / 董事会（含独立董事） / 审计委员会 / 风险管理委员会 / 内审部 / 总经理 / 首席风险官 / 综合部 / 财务部 / 市场部 … 生产部 / 风险管理部 / 第一道防线 / 第二道防线 图 7-5 企业风险管理组织职能体系
规范的公司法人治理结构——**董事会**	(1) 董事会在企业全面风险管理方面，应履行的**职责**有（ ）。 A. **审议**并向股东（大）会提交企业全面风险管理年度工作报告 B. **确定**企业风险管理总体目标、风险偏好、风险承受度，**批准**风险管理策略和重大风险管理解决方案 C. 了解和掌握企业面临的各项重大风险及其风险管理现状，做出有效控制风险的决策 D. **批准**重大决策、重大风险、重大事件和重要业务流程的判断标准或判断机制

续表

<table>
<tr><td rowspan="2">规范的公司法人治理结构——董事会</td><td>E. 批准重大决策的风险评估报告
F. 批准内部审计部门提交的风险管理监督评价审计报告
G. 批准风险管理组织机构设置及其职责方案
H. 批准风险管理措施，纠正和处理任何组织或个人超越风险管理制度做出的风险性决定的行为
I. 督导企业风险管理文化的培育
J. 批准或决定全面风险管理的其他重大事项</td></tr>
<tr><td>【注】对于国有企业，其重大经营管理事项必须经党委(党组)研究讨论后，再由董事会或者经理层做出决策，防范国有企业重大经营风险。国有企业党委(党组)研究讨论的主要事项见第五章第二节中的相关内容。</td></tr>
<tr><td rowspan="3">风险管理委员会(图 7-4)</td><td>(2)在全面风险管理方面，风险管理委员会对董事会负责并且应履行的职责有(　)。</td></tr>
<tr><td>A. 提交全面风险管理年度报告
B. 审议风险管理策略和重大风险管理解决方案
C. 审议重大决策、重大风险、重大事件和重要业务流程的判断标准或判断机制，以及重大决策的风险评估报告
D. 审议内部审计部门提交的风险管理监督评价审计综合报告
E. 审议风险管理组织机构设置及其职责方案
F. 办理董事会授权的有关全面风险管理的其他事项</td></tr>
<tr><td>【注】企业总经理对全面风险管理工作的有效性向董事会负责。总经理或总经理委托的高级管理人员负责主持全面风险管理的日常工作，负责组织拟订企业风险管理组织机构设置及其职责方案。</td></tr>
<tr><td rowspan="2">风险管理职能部门</td><td>(3)企业应设立专职部门或确定相关职能部门履行全面风险管理的职责，该部门主要履行的职责有(　)。</td></tr>
<tr><td>A. 研究提出全面风险管理工作报告
B. 研究提出跨职能部门的重大决策、重大风险、重大事件和重要业务流程的判断标准或判断机制
C. 研究提出跨职能部门的重大决策风险评估报告
D. 研究提出风险管理策略和跨职能部门的重大风险管理解决方案，并负责该方案的组织实施和对该风险的日常监控
E. 负责对全面风险管理有效性的评估，研究提出全面风险管理的改进方案
F. 负责组织建立风险管理信息系统
G. 负责组织协调全面风险管理日常工作
H. 负责指导、监督有关职能部门、各业务单位以及全资、控股子企业开展全面风险管理工作
I. 办理风险管理的其他有关工作</td></tr>
<tr><td>审计委员会</td><td>企业应在董事会下设立审计委员会。企业内部审计部门对审计委员会负责，在风险管理方面，主要负责研究提出全面风险管理监督评价体系，制定监督评价相关制度，开展监督与评价，出具监督评价审计报告。</td></tr>
</table>

续表

<table>
<tr><td rowspan="6">审计委员会</td><td>(4)审计委员会履行职责的方式有(　)。</td></tr>
<tr><td>A. 审计委员会应定期与外聘及内部审计师会面，讨论与审计相关的事宜，但管理层无须出席
B. 审计委员会成员之间的不同意见如无法内部调解，应提请董事会解决
C. 审计委员会应每年对其权限及其有效性进行复核，并就必要的人员变更向董事会报告</td></tr>
<tr><td>(5)审计委员会履行合规职责的方式有(　)。</td></tr>
<tr><td>A. 审计委员会的主要活动之一是核查对外报告合规的情况，审计委员会一般有责任确保企业履行对外报告合规的义务
B. 审计委员会应结合企业财务报表的编制情况，对重大的财务报告事项和判断进行复核
C. 审计委员会如果对拟采用的财务报告的任何方面不满意，审计委员会应告知董事会
D. 审计委员会还应对财务报表后所附的与财务有关的信息(比如运营和财务复核信息及公司治理部分关于审计和风险管理的陈述)进行复核</td></tr>
<tr><td>(6)审计委员会对内部审计工作履行的职责有(　)。</td></tr>
<tr><td>A. 确保充分且有效的内部控制是审计委员会的义务，其中包括监督内部审计部门的工作(即充当的角色和发挥的作用)
B. 应监察和评估内部审计职能在企业整个风险管理系统中的角色和有效性，批准对内部审计主管的任命和解聘，确保内部审计部门能直接与董事长或董事会主席接触
C. 复核及评估年度内部审计工作计划，听取内部审计部门的定期工作报告，复核和监察管理层对内部审计的调查结果的反映
D. 确保内部审计部门提出的合理建议得到了执行
E. 审计委员会有助于保持内部审计部门对压力或干涉的独立性
F. 审计委员会及内部审计师需要确保内部审计部门正在有效运作，并在四个主要方面对内部审计进行复核，即组织中的地位、职能范围、技术才能和专业应尽义务</td></tr>
<tr><td rowspan="2">企业其他职能部门及各业务单位</td><td>(7)企业其他职能部门及各业务单位在全面风险管理工作中，应接受风险管理职能部门和内部审计部门的组织、协调、指导和监督，主要履行的职责有(　)。</td></tr>
<tr><td>A. 执行风险管理基本流程
B. 研究提出本职能部门或业务单位重大决策、重大风险、重大事件和重要业务流程的判断标准或判断机制
C. 研究提出本职能部门或业务单位的重大决策风险评估报告
D. 做好本职能部门或业务单位建立风险管理信息系统的工作
E. 做好培育风险管理文化的有关工作
F. 建立健全本职能部门或业务单位的风险管理内部控制子系统
G. 办理风险管理其他有关工作</td></tr>
<tr><td>下属公司</td><td>企业应通过法定程序，指导和监督其全资、控股子企业建立与企业相适应或符合全资、控股子企业自身特点并能有效发挥作用的风险管理组织体系。</td></tr>
</table>

【考点子题——举一反三，真枪实练】

[4] (2021年·单选题)雅莱公司是一家化妆品研发生产与销售的公司，公司董事会下设风险管理委员会，关于该风险管理委员会职责的说法正确的是( )。

A. 审议公司及各个部门的风险管理策略和重大风险管理解决方案

B. 组织协调公司全面风险管理日常工作

C. 研究提出公司全面风险管理工作报告

D. 研究提出化妆品研发、生产、销售等业务部和各个职能部门的重大决策风险评估报告

[5] (单选题)下列各项中，属于风险管理委员会职责的是( )。

A. 组织协调全面风险管理日常工作　　B. 批准重大决策的风险评估报告

C. 审议风险管理策略和重大风险管理解决方案　　D. 督导企业风险管理文化的培育

二、风险管理策略

考点7 风险管理策略（九大方面）

【考点母题——万变不离其宗】风险管理策略的总体定位和作用(★，了解，客观题和主观题)

总体定位	(1)风险管理策略的**总体定位**有( )。
	A. 风险管理策略是根据企业经营战略制定的全面风险管理的总体策略 B. 风险管理策略在整个风险管理体系中起着统领全局的作用 C. 风险管理策略在企业战略管理的过程中起着承上启下的作用，制定与企业战略保持一致的风险管理策略减少了企业战略错误的可能性
作用	(2)风险管理策略的**作用**有( )。
	A. 为企业的总体战略服务，保证企业经营目标的实现 B. 连接企业的整体经营战略和运营活动 C. 指导企业的一切风险管理活动 D. 分解为各领域的风险管理指导方针

【考点母题——万变不离其宗】风险管理策略的组成部分

风险管理策略的组成部分有( )	
A. 风险偏好和风险承受度	即明确公司要承担什么风险、承担多少
B. 全面风险管理的有效性标准	明确怎样衡量我们的风险管理工作成效
C. 风险管理的工具选择	明确怎样管理重大风险

续表

D. 全面风险管理的资源配置	明确如何安排人力、财力、物资、外部资源等风险管理资源

【考点母题——万变不离其宗】风险偏好与风险承受度（★★，掌握，客观题）

风险偏好	是企业希望承受的风险范围（——态度）。要回答的问题是“公司希望承担什么风险，以及承担多少风险”。它是一个企业运营风格的体现，受到企业利益相关各方价值取向和利益追求方式的影响和调节。
风险承受度	指企业风险偏好的边界（——能力）。可以将其作为企业采取行动的预警指标，企业可以设置若干承受度指标，以显示不同的警示级别。
(1)确定企业整体风险偏好时要考虑的因素有（　）。	
A. 风险个体	对每一个风险都可以确定风险偏好和风险承受度
B. 相互关系	既要考虑同一个风险在各个业务单位或子公司之间的分配，又要考虑不同风险之间的关系
C. 整体形状	一个企业的整体风险偏好和风险承受度是基于针对每一个风险的风险偏好和风险承受度
D. 行业因素	同一风险在不同行业风险偏好不同
【注】①一般来讲，风险偏好和风险承受度是针对公司的**重大风险**制定的，对企业的非重大风险的风险偏好和风险承受度不一定要十分明确，甚至可以先不提出。 ②重大风险的风险偏好是企业的重大决策，应由**董事会**决定。 ③企业的风险偏好依赖于企业风险评估的结果，由于企业的风险不断变化，企业需要持续进行风险评估，并调整自己的风险偏好。	

【考点母题——万变不离其宗】风险度量（即确定企业的风险承受度）（★★★，掌握，客观题）

关键在于风险的量化	风险偏好可以只定性，但**风险承受度一定要定量**。 【注】企业应该采取统一制定的风险度量模型，对所采取的风险度量取得共识，但不一定在整个企业使用唯一的风险度量方法，应对不同的风险采取不同的度量方法。		
风险度量的**方法**（图 7-6）	**最大可能损失**	定义	即风险事件发生后可能造成的最大损失。这是**最差情形**的思考逻辑。
		适用场合	企业**无法判断发生概率或无须判断概率的时候**
	概率值	定义	即风险事件发生的概率或造成损失的概率。
		适用场合	在可能的结果只有好坏、对错、是否、输赢、生死等简单情况下，常常使用概率值。在许多场合使用频率作为概率值是没有意义的，特别是在缺少数据或者一次性的决策场合。
	期望值	通常指的是数学期望，即概率加权平均值。期望值的方法综合了概率值和最大可能损失两种方法。	
	波动性	波动性反映数据的离散程度，一般用方差或均方差（标准差）来描述波动性。	

续表

<table>
<tr><td rowspan="4">风险度量的方法（图7-6）</td><td rowspan="3">在险值</td><td>定义</td><td>在险值，又称VaR(Value at Risk)，指在正常的市场条件下，在给定的时间段中，给定的置信区间内，预期可能发生的最大损失。(99%，10万美元)</td></tr>
<tr><td>优点</td><td>通用、直观、灵活(——为《巴塞尔协议》所采用)</td></tr>
<tr><td>局限性</td><td>使用的风险范围小，对数据要求严格，计算困难，对肥尾效应无能为力。</td></tr>
<tr><td>直观方法</td><td colspan="2">指不依赖于概率统计结果的度量方法，即人们直观判断的方法，如专家意见法、层次分析法(AHP)等。
【注】①当统计数据不足或需要度量的结果包括人们的偏好时，可使用直观方法；②很多情况下，直观方法和上述统计类方法可以综合使用。</td></tr>
<tr><td rowspan="5">风险量化的困难</td><td colspan="3">风险量化的困难主要源自( )。</td></tr>
<tr><td colspan="2">A. 方法误差</td><td>企业情况很复杂致使建立的风险度量不能够准确反映企业的实际情况。</td></tr>
<tr><td colspan="2">B. 数据</td><td>很多情况下，企业的有关风险数据不足，质量不好。</td></tr>
<tr><td colspan="2">C. 信息系统</td><td>企业信息传递不够理想，导致需要的信息未能及时到达。</td></tr>
<tr><td colspan="2">D. 整合管理</td><td>在数据和管理水平的现实条件下，不能与现存的管理连接，因而不能有效应用结果。</td></tr>
</table>

图7-6　风险度量的方法趣解

第7章

【考点子题——举一反三，真枪实练】

[6] (2019年·单选题)厨具生产商佳乐公司为了分散经营风险，开展多元化经营，投资了一个环保项目。由于对该项目的前期调研不够充分，相关信息搜索不足，公司管理人员在分析项目运营风险时，无法判断风险发生的概率。在这种情况下，佳乐公司应采取的风险度量方法是( )。

A. 期望值　　B. 在险值　　C. 最大可能损失　　D. 概率值

【考点母题——万变不离其宗】风险管理的有效性标准

定义	即企业衡量风险管理是否有效的标准。
作用	(1)风险管理有效性标准的**作用**在于帮助企业了解(　)。
	A. 企业现在的风险是否在风险承受度范围之内，即风险是否优化 B. 企业风险状况的变化是否符合要求，即风险的变化是否优化
原则	(2)企业确立风险管理有效性标准的**原则**有(　)。
	A. 风险管理的有效性标准要针对企业的重大风险，能够反映企业重大风险管理的现状 B. 风险管理有效性标准应当对照全面风险管理的总体目标，在所有五个方面保证企业的运营效果 C. 风险管理有效性标准应当在企业的风险评估中应用，并根据风险的变化随时调整 D. 风险管理有效性标准应当用于衡量全面风险管理体系的运行效果

【考点题源】风险管理策略的工具(7种)(★★★，掌握，客观题和主观题)

<table>
<tr><td rowspan="2">风险承担</td><td>定义</td><td colspan="2">也称风险保留、风险自留，是指企业对所面临的风险采取接受的态度，从而承担风险带来的后果。</td></tr>
<tr><td>适用情形</td><td colspan="2">①对于未能辨识出来的风险，企业只能采用风险承担；
②对于辨识出来的风险，企业也可能由于以下原因而采用风险承担：
•缺乏主动管理该风险的能力；
•没其他备选方案；
•从成本效益考虑，风险承担最适宜。
③对于重大风险，即影响到企业目标实现的风险，一般不应采用风险承担。</td></tr>
<tr><td rowspan="2">风险规避</td><td>定义</td><td colspan="2">指企业回避、停止或退出蕴含某一风险的商业活动或商业环境，避免成为风险的所有人。
【注】风险回避可以彻底消除风险事件的发生，但要注意与风险控制的区别。</td></tr>
<tr><td>例子</td><td colspan="2">①退出某一市场以避免激烈竞争；
②拒绝与信用不好的交易对手进行交易；
③外包某项对工人健康安全风险较高的工作；
④停止生产可能有潜在客户安全隐患的产品；
⑤禁止各业务单位在金融市场进行投机；
⑥不准员工访问某些网站或下载某些内容。</td></tr>
<tr><td rowspan="4">风险转移</td><td>定义</td><td colspan="2">指企业通过合同将风险转移到第三方，企业对转移后的风险不再拥有所有权。
【注】转移风险不会降低其可能的严重程度，只是从一方移除后转移到另一方。</td></tr>
<tr><td rowspan="3">例子</td><td>保险</td><td>保险是风险转移的传统手段，即投保人通过保险合同把风险可能导致的财务损失负担转移给保险公司。</td></tr>
<tr><td>非保险型的风险转移</td><td>将风险可能导致的财务风险损失负担转移给非保险机构。
例如，服务保证书等。(免责约定、保证互助、基金制度、赔偿条款、出售等)</td></tr>
<tr><td>风险证券化</td><td>将风险事件作为保险标的，通过构造和在资本市场上发行保险连接型证券(ILS)，使保险市场的风险得以分散。这种证券的利息支付和本金偿还取决于某个风险事件的发生或严重程度。</td></tr>
</table>

续表

风险转换	定义	指企业通过战略调整等手段将企业面临的风险转换成另一个风险。
	相关内容	【注】①风险转换一般不会直接降低企业总的风险，其简单形式就是在减少某一风险的同时，增加另一风险，**例如**：通过放松交易客户信用标准，增加了应收账款，此时，回款的风险增加了，但扩大了销售； ②企业可以通过风险转换在两个或多个风险之间进行调整，以达到最佳效果；③风险转换可以在低成本或者无成本的情况下达到目的；④手段包括战略调整和衍生产品等。
风险对冲	定义	指采取各种手段，引入多个风险因素或承担多个风险，使得这些风险能够互相冲抵，也就是使这些风险的影响互相抵消。
	相关内容	【注】①**例子**：资产组合使用、多种外币结算的使用和战略上的多种经营等； ②在金融资产风险管理中，对冲也包括使用衍生产品如期货进行套期保值； ③风险对冲**不**针对单一风险，而是涉及风险组合；对于单一风险，只能运用风险规避、风险控制等其他工具。
风险补偿	定义	指企业对风险可能造成的损失采取适当的措施进行补偿。
	类型	风险补偿的形式有**财务补偿、人力补偿、物资补偿**等。 其中，财务补偿是损失融资，包括企业自身的风险准备金或应急资本等。
风险控制	定义	指控制风险事件发生的动因、环境、条件等，来达到减轻风险事件发生时的损失(比如，修建水坝防洪、设立质量检查防止次品出厂等)或降低风险事件发生的概率(比如，室内使用非易燃的地毯、山林中禁止吸烟等)的目的。 【注】不一定能完全杜绝风险事件的发生
	相关内容	【注】风险控制的对象一般是**可控风险**，包括多数运营风险，如质量、安全和环境风险以及法律风险中的合规性风险。

【记忆锦囊】风险管理工具共有七种：风险承**担**、风险规**避**、风险转**移**、风险转**换**、风险对**冲**、风险**补**偿和风险**控**制。

【考点子题——举一反三，真枪实练】

[7] (2020年·单选题)桐城钢铁公司需要的铁矿石购自U国的山谷矿山公司，后者曾多次在前者急需大量铁矿石时大幅提高产品价格，使前者遭受很大损失。后来桐城铝铁公司买下山谷矿山公司51%的股权并获得定价权。下列各项中，属于桐城钢铁公司采用的风险管理策略的是( )。

A. 风险规避　B. 风险控制　C. 风险补偿　D. 风险转移

[8] (2019年·单选题)中科公司是国内家著名的印刷机制造商。面对G国先进印刷机在中国的市场占有率迅速提高，中科公司将业务转型为给G国印刷机的用户提供零配件和维修保养服务，取得比业务转型前更高的收益率。从风险管理策略角度看，中科公司采取的策略是( )。

A. 风险规避　　B. 风险转换　　C. 风险转移　　D. 风险补偿

[9] (2018·单选题)M 国某地区位于地震频发地带，那里的居民具有较强的防震意识，住房普通采用木质结构，抗震性能优越。不少家庭加装了地震时会自动关闭煤气的仪器，以防犯地震带来的相关灾害。根据上述信息，该地区居民采取的风险管理策略工具是(　)。

A. 风险控制　　B. 风险转移　　C. 风险规避　　D. 风险转换

[10] (2017·多选题)星云公司制造手机所需要的部分零部件由奇象公司提供。星云公司为了防范和应对采购过程中可能出现的风险，与奇象公司签订了严格而规范的合同，其中一项规定是：如果由于外界不可抗力因素造成奇象公司不能按时供货并给星云公司带来损失，只要损失额超过一定数量，那么超过的部分由奇象公司予以赔偿。在上述案例中，星云公司采取的风险管理工具有(　)。

A. 风险规避　　B. 风险转移　　C. 风险补偿　　D. 风险承担

[11] (2016 年·单选题)下列各项中，属于企业一般**不**应把风险承担作为风险管理策略的情况是(　)。

A. 企业管理层及全体员工都未辨识出风险

B. 企业以成本效益考虑，认为选择风险承担是最适宜的方案

C. 企业面临影响企业目标实现的重大风险

D. 企业缺乏能力对已经辨识出的风险进行有效管理与控制

[12] (2016 年·单选题)R 国 W 公司于 2002 年发行了名为 Pioneer 的巨灾债券。该债券能够同时为北美飓风、欧洲风暴以及美国加利福尼亚和日本地震提供救灾资金保障。这种具有金融衍生品特性的债券，属于风险管理策略工具中的(　)。

A. 风险补偿　　B. 风险转化　　C. 风险转移　　D. 风险对冲

[13] (2013 年·多选题)甲公司是一家生产高档不锈钢表壳的企业，产品以出口为主，以美元为结算货币。公司管理层召开会议讨论如何管理汇率风险，与会人员提出不少对策。关于这些对策，以下表述正确的是(　)。

A. 部门经理刘某提出“风险规避”策略：从国外进口相关的原材料，这样可以用外币支付采购货款，抵消部分人民币升值带来的影响

B. 业务员李某提出“风险对冲”策略：运用套期保值工具来控制汇率风险

C. 财务部小王提出“风险转移”策略：干脆公司把目标客户从国外转移到国内，退出国外市场，这样就从根本上消除了汇率风险

D. 负责出口业务的副总张某提出“风险控制”策略：加强对汇率变动趋势的分析和研究，以减少汇率风险带来的损失

【考点题源】风险管理的资源配置(★，了解)

风险管理的**资源**包括人才、组织设置、政策、设备、物资、信息、经验、知识、技术、信息系统、资金等。既有内部资源，又有外部资源。企业应当统筹兼顾，将资源用于需要优先管理的重大风险。

【考点母题——万变不离其宗】确定风险管理的优先顺序

风险管理的优先顺序	风险管理的优先顺序决定企业优先管理哪些风险，对哪些风险管理进行资源优先配置。 一个很重要的原则是，**风险与收益相平衡的原则**，在风险评估结果的基础上，全面考虑风险与收益。 要特别重视对企业有影响的重大风险，要首先解决**“颠覆性”风险问题**，保证企业持续发展。
应考虑的因素	根据风险与收益平衡原则，确定风险管理的优先顺序时需要考虑的**因素**有(　)。 A. 风险事件发生的可能性和影响　B. 风险管理的难度 C. 风险的价值或管理风险可能带来的收益　D. 合规的需要 E. 对企业技术、设备、人力、资金的需求　F. 利益相关者的要求

【考点母题——万变不离其宗】确定风险管理策略检查

下列关于企业风险管理策略检查的说法，正确的有(　)。

A. 风险管理策略要随着企业经营状况、经营战略以及外部环境风险的变化而调整
B. 风险管理策略定期检查的频率取决于企业面临的风险
C. 回顾企业经营战略时应该同时总结和分析风险管理策略
D. 应重点检查依据风险偏好、风险承受度、风险控制预警线实施的结果是否有效，并提出定性和定量的有效性标准
E. 制定风险管理策略要注意整个全面风险管理体系的配合

三、风险理财措施

考点8 风险理财措施(★★★，掌握，客观题和主观题)

【考点母题——万变不离其宗】风险理财概述

定义	风险理财就是**用金融手段管理风险**。 【例子】 ①公司为了转移自然灾害可能造成的损失而购买巨灾保险；【风险转移】 ②公司在对外贸易中产生了大量的外币远期支付或应收账款，为了对冲利率(汇率)变化可能造成的损失，公司使用了外币套期保值，以降低汇率波动的风险；【风险对冲】 ③公司为了应对原材料价格波动风险，在金融市场上运用期货进行套期保值；【风险对冲】 ④公司为了应对可能突发事件造成的资本需求，与银行签订了应急资本合同。【风险补偿】

续表

<table>
<tr><td rowspan="2">必要性</td><td colspan="2">(1)下列关于风险理财的必要性的说法中，正确的有(　)。</td></tr>
<tr><td colspan="2">A. 风险理财是全面风险管理的重要组成部分
B. 既适用于可控风险，还可以针对不可控的风险
【注】即使对于可控风险，如果存在重大损失的可能，只有风险控制而无风险理财，仍旧不能提供合理的安全保证。</td></tr>
<tr><td rowspan="2">特点</td><td colspan="2">(2)风险理财的特点有(　)。</td></tr>
<tr><td colspan="2">A. 风险理财的手段既不改变风险事件发生的可能性，也不改变风险事件可能引起的直接损失程度
B. 风险理财需要判断风险的定价，因此量化的标准较高，即不仅需要风险事件的可能性和损失的分布，更需要量化风险本身的价值
C. 风险理财的应用范围一般不包括声誉等难以衡量其价值的风险，也难以消除战略失误造成的损失
D. 风险理财手段技术强，许多风险理财工具本身有着比较复杂的风险特性，使用不当容易造成重大损失</td></tr>
<tr><td rowspan="3">风险理财的分类</td><td>传统的风险理财
(损失事件管理)</td><td>现代风险理财
(套期保值)</td></tr>
<tr><td>传统的风险理财是损失理财，即为可能发生的损失融资，补偿风险造成的财务损失，如购买保险。</td><td>公司可能通过使用金融工具来承担额外的风险，改善公司的财务状况，创造价值。
比如，一家矿产公司在市场上通过期货的方式出卖产品，增加收入的稳定性，提高回报率。</td></tr>
<tr><td>目的是降低公司承担的风险。</td><td>对机会的利用是整个经营战略的有机组成部分和战略举措。</td></tr>
</table>

【考点母题——万变不离其宗】选择风险理财策略与方案的原则与要求(★，了解，客观题)

<table>
<tr><td colspan="2">(1)企业选择风险理财策略与方案的原则与要求有(　)。</td></tr>
<tr><td colspan="2">A. 与公司整体风险管理策略一致</td></tr>
<tr><td colspan="2">B. 与公司所面对风险的性质相匹配</td></tr>
<tr><td rowspan="2">C. 选择风险理财工具要符合一定的要求</td><td>(2)企业在选择风险理财工具时，要考虑的因素有(　)。</td></tr>
<tr><td>A. 合规的要求
B. 可操作性
C. 法律法规环境
D. 企业的熟悉程度
E. 风险理财工具的风险特征</td></tr>
<tr><td>D. 成本与收益的平衡</td><td>风险理财的基础是对风险的定价。相对于其他风险管理手段，风险理财的成本和收益比较容易计算，但是要注意纠正忽视风险价值的倾向。</td></tr>
</table>

【考点母题——万变不离其宗】主要的风险理财措施—损失事件管理

风险理财措施主要分为两类：**损失事件管理与套期保值**。其中，企业选择套期保值的风险理财措施，涉及对金融衍生产品的选择，相关内容多见于金融学和公司财务管理类教材，这里重点阐述**损失事件管理**。

<table>
<tr><td>定义</td><td colspan="3">指对可能给企业造成重大损失的风险事件的事前、事后管理的方法。损失的内容包括企业的资金、声誉、技术、品牌、人才等。</td></tr>
<tr><td rowspan="4">具体措施</td><td>损失融资</td><td colspan="2">● 是为风险事件造成的财物损失融资，是从风险理财的角度进行损失事件的事后管理。
● 是损失事件管理中最有共性也最重要的部分。
● 企业损失分为预期损失和非预期损失，因此损失事件融资也相应分为预期损失融资和非预期损失融资。
● 预期损失融资一般作为运营资本的一部分，而非预期损失融资则是属于风险资本的范畴。</td></tr>
<tr><td>风险资本</td><td colspan="2">即除经营所需的资本之外，公司还需要额外的资本用于补偿风险造成的财务损失，是使一家公司破产的概率低于某一给定水平所需的资金，因此取决于公司的风险偏好。
【例】一家公司每年的最低运营资本是 5 亿元，但是有 5%的可能性需要 7.5 亿元维持运营，有 1%的可能性需要 10 亿元才能维持运营。即是说，如果风险资本为 2.5 亿元，那么这家公司的生存概率就是 95%，而 5 亿元的风险资本对应的则是 99%的生存概率（如图 7-7 所示） 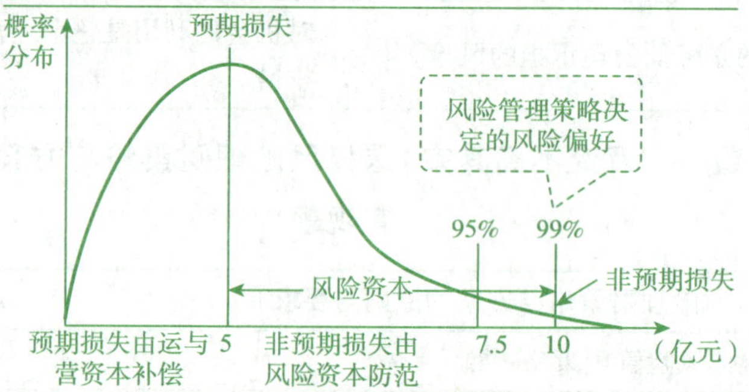
图 7-7　风险资本作为风险成本</td></tr>
<tr><td rowspan="2">应急资本</td><td>定义</td><td>应急资本（或有资本）是风险资本的表现形式之一；
它是这样一个金融合约：规定在某一个时间段内、某个特定事件（称为触发事件）发生的情况下，公司有权从应急资本提供方处募集股本或贷款（或资产负债表上的其他实收资本项目），并为此按时间向资本提供方缴纳费用</td></tr>
<tr><td>举例</td><td>应急资本最简单的形式是公司为满足特定条件下的经营需要而从银行获得的信贷额度，一般通过与银行签订协议加以明确，比如信用证、循环信用工具等。
某公司应急资本的结构（如图 7-8 所示）：</td></tr>
</table>

续表

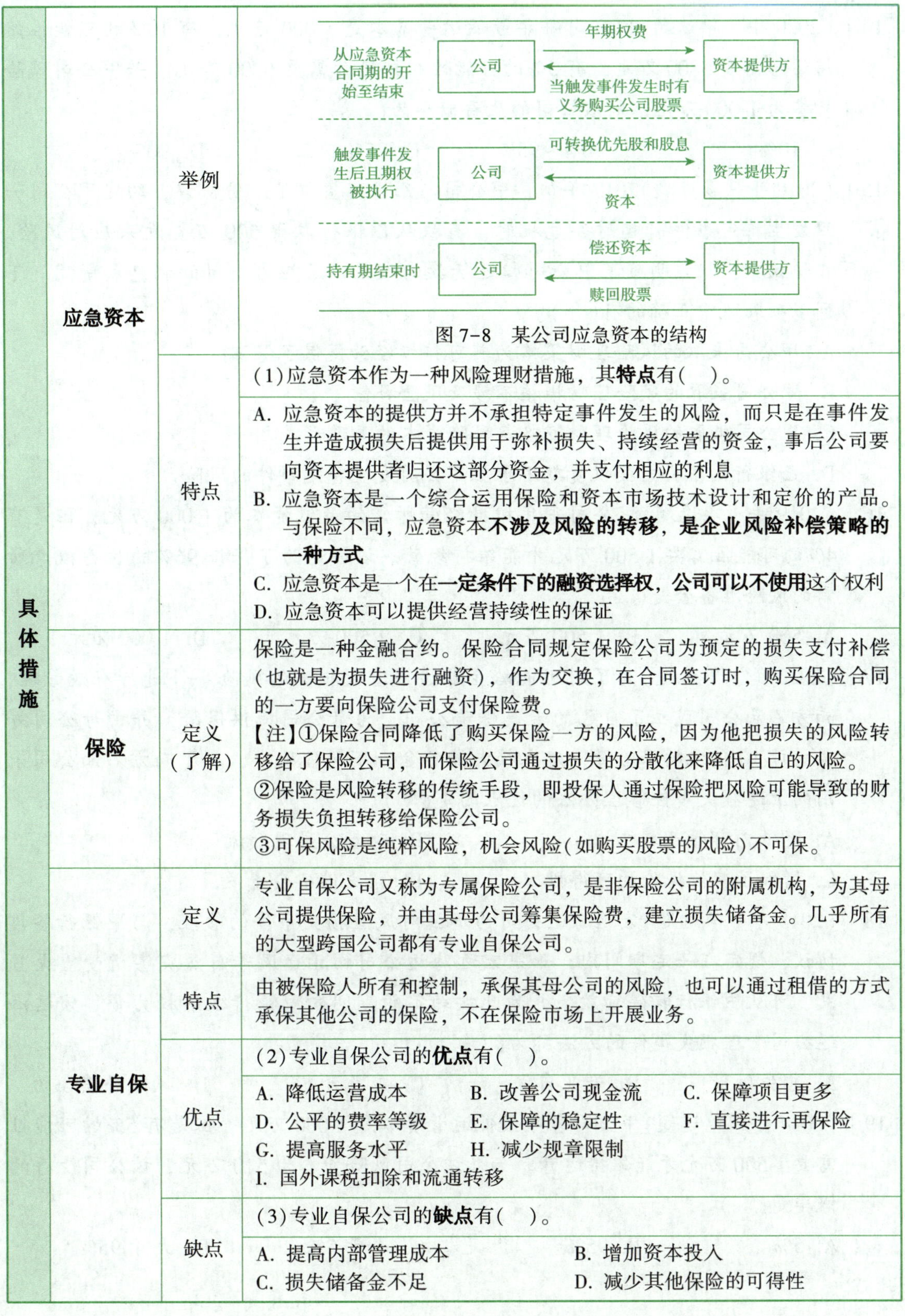

具体措施	应急资本	举例	从应急资本合同期的开始至结束：公司 →年期权费→ 资本提供方；资本提供方 →当触发事件发生时有义务购买公司股票→ 公司 触发事件发生后且期权被执行：公司 →可转换优先股和股息→ 资本提供方；资本提供方 →资本→ 公司 持有期结束时：公司 →偿还资本→ 资本提供方；资本提供方 →赎回股票→ 公司 图 7-8　某公司应急资本的结构
		特点	(1)应急资本作为一种风险理财措施，其**特点**有(　)。
			A. 应急资本的提供方并不承担特定事件发生的风险，而只是在事件发生并造成损失后提供用于弥补损失、持续经营的资金，事后公司要向资本提供者归还这部分资金，并支付相应的利息 B. 应急资本是一个综合运用保险和资本市场技术设计和定价的产品。与保险不同，应急资本**不涉及风险的转移，是企业风险补偿策略的一种方式** C. 应急资本是一个在**一定条件下的融资选择权，公司可以不使用**这个权利 D. 应急资本可以提供经营持续性的保证
	保险	定义(了解)	保险是一种金融合约。保险合同规定保险公司为预定的损失支付补偿(也就是为损失进行融资)，作为交换，在合同签订时，购买保险合同的一方要向保险公司支付保险费。 【注】①保险合同降低了购买保险一方的风险，因为他把损失的风险转移给了保险公司，而保险公司通过损失的分散化来降低自己的风险。 ②保险是风险转移的传统手段，即投保人通过保险把风险可能导致的财务损失负担转移给保险公司。 ③可保风险是纯粹风险，机会风险(如购买股票的风险)不可保。
	专业自保	定义	专业自保公司又称为专属保险公司，是非保险公司的附属机构，为其母公司提供保险，并由其母公司筹集保险费，建立损失储备金。几乎所有的大型跨国公司都有专业自保公司。
		特点	由被保险人所有和控制，承保其母公司的风险，也可以通过租借的方式承保其他公司的保险，不在保险市场上开展业务。
		优点	(2)专业自保公司的**优点**有(　)。
			A. 降低运营成本　B. 改善公司现金流　C. 保障项目更多 D. 公平的费率等级　E. 保障的稳定性　F. 直接进行再保险 G. 提高服务水平　H. 减少规章限制 I. 国外课税扣除和流通转移
		缺点	(3)专业自保公司的**缺点**有(　)。
			A. 提高内部管理成本　B. 增加资本投入 C. 损失储备金不足　D. 减少其他保险的可得性

【考点子题——举一反三，真枪实练】

[14]（2020年·单选题）甲公司每年最低运营资本是5 000万元，有10%的可能性维持运营需要5800万元，有5%的可能性维持运营需要6200万元。若甲公司风险资本为1 000万元，则该公司的生存概率为（　）。

A. 10%　　B. 90%~95%　　C. 95%以上　　D. 90%

[15]（2018年·多选题）2017年初，甲公司与乙银行签订了一份协议，约定甲公司一旦发生特定事件引起财务危机时，有权从乙银行取得500万贷款来应对风险。在协议中，双方明确了甲公司归还贷款的期限以及应当支付的利息和费用。下列多项表述中正确的有（　）。

A. 甲公司采取的风险理财策略为其可持续经营提供了保证

B. 甲公司采取的风险理财措施不涉及风险补偿

C. 甲公司采取的风险理财策略是风险资本的表现形式之一

D. 乙银行向甲公司提供贷款不承担甲公司发生特定事件的风险

[16]（2019年·单选题）甲公司每年维持经营所需的最低资本为1 000万元，但是有4%的可能性需要1 500万元才能维持经营。该公司为了保证96%的生存概率所需的风险准备金是（　）。

A. 500万元　　B. 1 500万元　　C. 2 500万元　　D. 1 000万元

[17]（2020年·单选题）为了对可能给企业造成重大损失的风险事件进行有效管理，南方石油公司成立了自己的专属保险公司，为母公司提供保险，并由母公司筹集总计10亿元的保险费，建立损失储备金。下列各项中，属于南方石油公司采用的上述损失事件管理办法的优点的是（　）。

A. 降低内部管理成本　　B. 改善公司现金流

C. 增加了其他保险的可得性　　D. 损失储备金充足

[18]（2015年·单选题）宏远海运公司为加强对风险损失事件的管理，与甲银行签订协议，规定在一定期间内，如果宏远海运公司由于台风等自然灾害遭受重大损失，可从甲银行取得贷款，并为此按约定的期间向甲银行缴纳权力费。宏远海运公司管理损失事件的方法称为（　）。

A. 损失融资　　B. 专业自保　　C. 应急资本　　D. 风险补偿合约

[19]（2014年·单选题）甲公司每年最低运营资本是1 000万元，但是有5%的可能性需要1 500万元才能维持运营。如果该公司风险资本为510万元，该公司生存的概率是（　）。

A. 5%　　B. 95%　　C. 小于5%　　D. 大于95%

四、内部控制系统

考点 9 内部控制系统（★★★，掌握，客观题和主观题）

【考点母题——万变不离其宗】内部控制系统的定义与框架

<table>
<tr><td>定义
（了解）</td><td colspan="3">内部控制系统指围绕风险管理策略目标，针对企业战略、规划、产品研发、投融资、市场运营、财务、内部审计、法律事务、人力资源、采购、加工制造、销售、物流、质量、安全生产、环境保护等各项业务管理及其重要业务流程，通过执行风险管理基本流程，制定并执行的规章制度、程序和措施。</td></tr>
<tr><td rowspan="12">COSO 委员会关于内部控制的定义与框架</td><td rowspan="3">定义</td><td colspan="2">指公司的董事会、管理层及其他人士为实现以下目标提供合理保证而实施的程序：运营的效益和效率，财务报告的可靠性和遵守适用的法律法规。</td></tr>
<tr><td colspan="2">（1）根据 COSO 委员会对内部控制的定义，下列说法正确的是（　）。</td></tr>
<tr><td colspan="2">A. 内部控制是一个实现目标的程序及方法，而非目标本身
B. 内部控制只提供合理保证，而非绝对保证
C. 内部控制要由企业中各级人员实施与配合</td></tr>
<tr><td rowspan="9">框架</td><td colspan="2">（2）1992 年 9 月 COSO 委员会在《内部控制——整合框架》提出的内部控制目标有（　）。</td></tr>
<tr><td colspan="2">A. 取得经营的效率和有效性　B. 确保财务报告的可靠性
C. 遵循适用的法律法规</td></tr>
<tr><td colspan="2">（3）1992 年 9 月 COSO 委员会在《内部控制——整合框架》提出的内部控制要素有（　）。</td></tr>
<tr><td>A. 控制环境</td><td>包括员工的正直、道德价值观和能力，管理当局的理念和经营风格，管理当局确立权威性和责任、组织和开发员工的方法等。</td></tr>
<tr><td>B. 风险评估</td><td>为了达成组织目标而对相关的风险所进行的辨别与分析。</td></tr>
<tr><td>C. 控制活动</td><td>为了确保实现管理当局的目标而采取的政策和程序，包括审批、授权、验证、确认、经营业绩的复核、资产的安全性等。</td></tr>
<tr><td>D. 信息与沟通</td><td>为了保证员工履行职责而必须识别、获取的信息及其沟通。</td></tr>
<tr><td>E. 监控</td><td>对内部控制实施质量的评价，主要包括经营过程中的持续监控，即日常管理和监督、员工履行职责的行动等。</td></tr>
</table>

续表

<table>
<tr><td rowspan="11">我国内部控制规范体系（见图 7-9）</td><td rowspan="9">《企业内部控制基本规范》</td><td>地位</td><td>规定内部控制的目标、要素、原则和总体要求，是内部控制的总体框架，在内部控制标准体系中起统领作用。</td></tr>
<tr><td colspan="2">(4)我国《企业内部控制基本规范》要求企业建立内部控制体系时应符合的目标有（ ）。</td></tr>
<tr><td colspan="2">A. 合理保证企业经营管理合法合规、资产安全、财务报告及相关信息真实完整
B. 提高经营效率和效果　　C. 促进企业实现发展战略</td></tr>
<tr><td colspan="2">(5)我国《企业内部控制基本规范》借鉴了COSO委员会内部控制整合报告为代表的国际内部控制框架，并结合中国国情，要求企业所建立与实施的内部控制应当包括的要素有（ ）。</td></tr>
<tr><td colspan="2">A. 内部环境（【注】COSO：控制环境）</td></tr>
<tr><td colspan="2">B. 风险评估</td></tr>
<tr><td colspan="2">C. 控制活动</td></tr>
<tr><td colspan="2">D. 信息与沟通</td></tr>
<tr><td colspan="2">E. 内部监督（【注】COSO：监控）</td></tr>
<tr><td>《企业内部控制应用指引》</td><td colspan="2">是对企业按照内部控制原则和内部控制“五要素”建立健全本企业内部控制所提供的指引，在配套指引乃至整个内部控制规范体系中占据主体地位。
针对组织结构、发展战略等18项企业主要业务的内控领域或内控手段，提出了建议性的应用指引，为企业以及外部审核人员建立与评价内控体系提供了参照性标准。</td></tr>
<tr><td>《企业内部控制评价指引》和《企业内部控制审计指引》</td><td colspan="2">是对企业按照内部控制原则和内部控制“五要素”建立健全本企业“事后控制”的指引，是对企业贯彻《基本规范》和《应用指引》效果的评价与检验，其中：
《评价指引》为企业对内部控制的有效性进行全面评价，形成评价结论、出具评价报告提供了指引。
《审计指引》为会计师事务所对特定基准日与财务报告相关内部控制设计与执行有效性进行审计提供了指引。</td></tr>
</table>

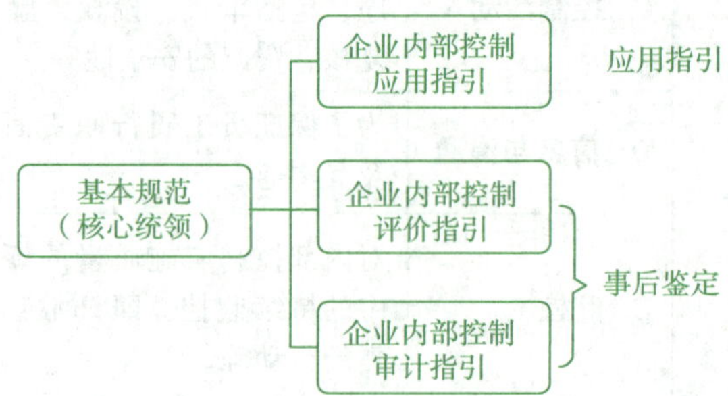

图 7-9　我国内部控制规范体系

【考点母题——万变不离其宗】内部控制的要素 1—控制(内部)环境

<table>
<tr><td rowspan="4">COSO《内部控制框架》</td><td>(1)COSO《内部控制框架》关于控制环境要素的要求有(　)。</td></tr>
<tr><td>A. 控制环境决定企业的基调，直接影响企业员工的控制意识
B. 控制环境提供了内部控制的基本规则和构架，是其他四要素的基础
C. 控制环境包括员工的诚信度、职业道德和才能
D. 管理哲学和经营风格
E. 权责分配方法、人事政策
F. 董事会的经营重点和目标等</td></tr>
<tr><td>(2)根据 COSO《内部控制框架》，控制环境要素应坚持的原则有(　)。</td></tr>
<tr><td>A. 企业对诚信和道德价值观做出承诺
B. 董事会独立于管理层，对内部控制的制定及其绩效施以监控
C. 管理层在董事会的监控下，建立目标实现过程中所涉及的组织架构、报告路径以及适当的权利和责任
D. 企业致力于吸引、发展和留任优秀人才，以配合企业目标达成
E. 企业根据其目标，使员工各自担负起内部控制的相关责任</td></tr>
<tr><td rowspan="2">我国《企业内部控制基本规范》</td><td>(3)我国《企业内部控制基本规范》关于内部环境要素的要求有(　)。</td></tr>
<tr><td>A. 企业应当根据国家有关法律法规和企业章程，建立规范的公司治理结构和议事规则，明确决策、执行、监督等方面的职责权限，形成科学有效的职责分工和制衡机制
B. 董事会负责内部控制的建立健全和有效实施。监事会对董事会建立与实施内部控制进行监督。经理层负责组织领导企业内部控制的日常运行
C. 企业应当在董事会下设立审计委员会
D. 企业应当结合业务特点和内部控制要求设置内部机构，明确职责权限，将权利与责任落实到各责任单位
E. 企业应当加强内部审计工作，保证内部审计机构设置、人员配备和工作的独立性
F. 企业应当制定和实施有利于企业可持续发展的人力资源政策
G. 企业应当将职业道德修养和专业胜任能力作为选拔和聘用员工的重要标准，切实加强员工培训和继续教育，不断提升员工素质
H. 企业应当加强文化建设，培育积极向上的价值观和社会责任感，倡导诚实守信、爱岗敬业、开拓创新和团队协作精神，树立现代管理理念，强化风险意识
I. 企业应当加强法制教育，增强董事、监事、经理及其他高级管理人员和员工的法制观念，严格依法决策、依法办事、依法监督，建立健全法律顾问制度和重大法律纠纷案件备案制度</td></tr>
</table>

【考点母题——万变不离其宗】内部控制的要素 2—风险评估

<table>
<tr><td rowspan="2">COSO《内部控制框架》</td><td>(1)COSO《内部控制框架》关于风险评估要素的要求有(　)。</td></tr>
<tr><td>A. 每个企业都面临诸多来自内部和外部的有待评估的风险
B. 风险评估的前提是使经营目标在不同层次上相互衔接，保持一致
C. 风险评估指识别、分析相关风险以实现既定目标，从而形成风险管理的基础
D. 由于经济、产业、法规和经营环境的不断变化，需要确立一套机制来识别和应对由这些变化带来的风险</td></tr>
</table>

续表

<table>
<tr><td rowspan="2">COSO《内部控制框架》</td><td>(2)根据 COSO《内部控制框架》，风险评估要素应坚持的原则有(　)。</td></tr>
<tr><td>A. 企业制定足够清晰的目标，以便识别和评估有关目标所涉及的风险
B. 企业从整个企业的角度来识别实现目标所涉及的风险，分析风险，并据此决定应如何管理这些风险
C. 企业在评估影响目标实现的风险时，考虑潜在的舞弊行为
D. 企业识别并评估可能会对内部控制系统产生重大影响的变更</td></tr>
<tr><td rowspan="2">我国《企业内部控制基本规范》</td><td>(3)我国《企业内部控制基本规范》关于风险评估要素的要求有(　)。</td></tr>
<tr><td>A. 企业应当根据设定的控制目标，全面系统持续地收集相关信息，结合实际情况，及时进行风险评估
B. 企业开展风险评估，应当准确识别与实现控制目标相关的内部风险和外部风险，确定相应的风险承受度
C. 企业识别内部风险，应当关注下列因素：董事、监事、经理及其他高级管理人员的职业操守、员工专业胜任能力等人力资源因素；组织机构、经营方式、资产管理、业务流程等管理因素；研究开发、技术投入、信息技术运用等自主创新因素；财务状况、经营成果、现金流量等财务因素；营运安全、员工健康、环境保护等安全环保因素；其他有关内部风险因素
D. 企业识别外部风险，应当关注下列因素：经济形势、产业政策、融资环境、市场竞争、资源供给等经济因素；法律法规、监管要求等法律因素；安全稳定、文化传统、社会信用、教育水平、消费者行为等社会因素；技术进步、工艺改进等科学技术因素；自然灾害、环境状况等自然环境因素；其他有关外部风险因素
E. 企业应当采用定性与定量相结合的方法，按照风险发生的可能性及其影响等，对识别的风险进行分析和排序，确定关注重点和优先控制的风险
F. 企业应当根据风险分析的结果，结合风险承受度，权衡风险与收益，确定风险应对策略
G. 企业应当综合运用风险规避、风险降低、风险分担和风险承受等风险应对策略，实现对风险的有效控制
H. 企业应当结合不同发展阶段和业务拓展情况，持续收集与风险变化相关的信息，进行风险识别和风险分析，及时调整风险应对策略</td></tr>
</table>

【考点母题——万变不离其宗】内部控制的要素 3—控制活动

<table>
<tr><td rowspan="4">COSO《内部控制框架》</td><td>(1)COSO《内部控制框架》关于控制活动要素的要求有(　)。</td></tr>
<tr><td>A. 控制活动指那些有助于管理层决策顺利实施的政策和程序
B. 控制行为有助于确保实施必要的措施以管理风险，实现经营目标
C. 控制行为体现在整个企业的不同层次和不同部门中
D. 控制活动包括诸如批准、授权、查证、核对、复核经营业绩、资产保护和职责分等活动</td></tr>
<tr><td>(2)根据 COSO《内部控制框架》，控制活动要素应坚持的原则有(　)。</td></tr>
<tr><td>A. 企业选择并制定有助于将目标实现风险降低至可接受水平的控制活动
B. 企业为用以支持目标实现的技术选择并制定一般控制政策
C. 企业通过政策和程序来部署控制活动：政策用来确定所期望的目标；程序则将政策付诸行动</td></tr>
</table>

续表

<table>
<tr><td rowspan="4">我国《企业内部控制基本规范》</td><td colspan="2">(3)我国《企业内部控制基本规范》关于控制活动要素的要求有(　)。</td></tr>
<tr><td colspan="2">A. 企业应当结合风险评估结果，通过手工控制与自动控制、预防性控制与发现性控制相结合的方法，运用相应的控制措施，将风险控制在可承受度之内。控制措施一般包括：不相容职务分离控制、授权审批控制、会计系统控制、财产保护控制、预算控制、运营分析控制和绩效考评控制等
B. 不相容职务分离控制，不相容职务分离的核心是“内部牵制”，要求企业首先应全面系统地分析、梳理业务流程中所涉及的不相容职务，其次要明确规定各个机构和岗位的职责权限，使不相容岗位和职务之间能够相互监督、相互制约，形成有效的制衡机制
C. 授权审批控制，授权审批是指单位在办理各项经济业务时，必须经过规定程序的授权批准。授权审批形式通常有常规授权和特别授权之分，授权审批控制要求企业根据常规授权和特别授权的规定，明确各岗位办理业务和事项的权限范围、审批程序和相应责任。企业应当编制常规授权的权限指引，规范特别授权的范围、权限、程序和责任，严格控制特别授权。企业各级管理人员应当在授权范围内行使职权和承担责任。企业对于重大的业务和事项，应当实行集体决策审批或者联签制度，任何个人不得单独进行决策或者擅自改变集体决策</td></tr>
<tr><td>D. 会计系统控制，会计系统控制主要是通过对会计主体所发生的各项能用货币计量的经济业务进行记录、归集、分类、编报等而进行的控制</td><td>【注】会计系统控制内容主要包括：
①依法设置会计机构，配备会计人员。
• 从事会计工作的人员，必须具备从事会计工作必要的专业能力，会计机构负责人应当具备会计师以上专业技术职务资格或从事会计工作 3 年以上经历。
• 大中型企业应当设置总会计师或者财务总监，设置总会计师或者财务总监的单位，不得设置与其职权重叠的副职。
②建立会计工作的岗位责任制，对会计人员进行科学合理的分工，使之相互监督和制约；
③按照规定取得和填制原始凭证；
④设计良好的凭证格式；
⑤对凭证进行连续编号；
⑥明确会计凭证、会计账簿和财务会计报告的处理程序，保证会计资料真实完整；
⑦明确凭证的装订和保管手续责任；
⑧合理设置账户，登记会计账簿，进行复式记账；
⑨按照《会计法》和国家统一的会计准则制度的要求编制、报送、保管财务报告。</td></tr>
<tr><td>E. 财产保护控制要求企业建立财产日常管理制度和定期清查制度，采取财产记录、实物保管、定期盘点、账实核对</td><td>【注】财产保护控制主要包括：
①财产记录和实物保管。关键是要妥善保管涉及资产的各种文件资料，避免记录受损、被盗、被毁。对重要的文件资料，应当留有备份，以便在遭受意外损失或毁坏时重新恢复，这在计算机处理条件下尤为重要。
②定期盘点和账实核对。它是指定期对实物资产进行盘点，并将盘点结果与会计记录进行比较。盘点结果与会计记录如不一</td></tr>
</table>

续表

我国《企业内部控制基本规范》	等措施，确保财产安全。企业应当严格限制未经授权的人员接触和处置财产	致，说明可能在资产管理上出现错误、浪费、损失或其他不正常现象，应当分析原因、查明责任、完善管理制度。 ③限制接近。它是指严格**限制未经授权的人员对资产的直接接触**，只有经过授权批准的人员才能接触该资产。限制接近包括限制对资产本身的接触和通过文件批准方式对资产使用或分配的间接接触。一般情况下，对货币资金、有价证券、存货等变现能力强的资产必须限制无关人员的直接接触。
	F. **预算控制要求**企业实施全面预算管理制度，明确各责任单位在预算管理中的职责权限，规范预算的编制、审定、下达和执行程序，强化预算约束	【注】 ①**预算控制**的内容涵盖了单位经营活动的全过程。②预算编制决策权都应落实在内部管理的**最高层**。③预算确定后由各预算单位组织实施，由**内部审计部门**等负责监督预算的执行。④预算控制的主要环节有： a. 确定预算的项目、标准和程序； b. 编制和审定预算； c. 预算指标的下达和责任人的落实； d. 预算执行的授权； e. 预算执行过程的监控； f. 预算差异的分析和调整； g. 预算业绩的考核和奖惩。
	G. **运营分析控制**要求企业建立运营情况分析制度，经理层应当综合运用生产、购销、投资、筹资、财务等方面的信息，通过因素分析、对比分析、趋势分析等方法，定期开展运营情况分析，发现存在的问题，及时查明原因并加以改进 H. **绩效考评控制**要求企业建立和实施绩效考评制度，科学设置考核指标体系，对企业内部各责任单位和全体员工的业绩进行定期考核和客观评价，将考评结果作为确定员工薪酬以及职务晋升、评优、降级、调岗、辞退等的依据 I. 企业应当根据内部控制目标，结合风险应对策略，综合运用控制措施，**对各种业务和事项实施有效控制** J. 企业应当建立**重大风险预警机制和突发事件应急处理机制**，明确风险预警标准，对可能发生的重大风险或突发事件，制定应急预案、明确责任人员、规范处置程序，确保突发事件得到及时妥善处理	

第7章

【考点母题——万变不离其宗】内部控制的要素4—信息与沟通

COSO《内部控制框架》	(1) COSO《内部控制框架》关于信息与沟通要素的**要求**有（ ）。
	A. 公允的信息必须被确认、捕获并以一定形式及时传递，以便员工履行职责 B. 信息系统产出涵盖经营、财务和遵循性信息的报告，以助于经营和控制企业 C. 信息系统不仅处理内部产生的信息，还包括与企业经营决策和对外报告相关的外部事件、行为和条件等 D. 有效的沟通从广义上说是信息的自上而下、横向以及自下而上的传递 E. 所有员工必须从管理层得到清楚的信息，认真履行控制职责 F. 员工必须理解自身在整个内控系统中的位置，理解个人行为与其他员工工作的相关性

续表

<table>
<tr><td rowspan="3">COSO《内部控制框架》</td><td>G. 员工必须有向上传递重要信息的途径，同时，与外部诸如客户、供应商、管理当局和股东的之间也需要有效的沟通</td></tr>
<tr><td>（2）根据 COSO《内部控制框架》，信息与沟通要素应坚持的原则有（　）。</td></tr>
<tr><td>A. 企业获取或生成和使用相关的高质量信息，以支持内部控制其他要素发挥效用
B. 企业于内部沟通的内部控制信息，包括内部控制目标和职责范围，必须能够支持内部控制的其他要素发挥效用
C. 企业就影响内部控制其他要素发挥效用的事项与外部方进行沟通</td></tr>
<tr><td rowspan="2">我国《企业内部控制基本规范》</td><td>（3）我国《企业内部控制基本规范》关于信息与沟通要素的要求有（　）。</td></tr>
<tr><td>A. 企业应当建立信息与沟通制度，明确内部控制相关信息的收集、处理和传递程序，确保信息及时沟通，促进内部控制有效运行
B. 企业应当对收集的各种内部信息和外部信息进行合理筛选、核对、整合，提高信息的有用性
C. 企业应当将内部控制相关信息在企业内部各管理级次、责任单位、业务环节之间，以及企业与外部投资者、债权人、客户、供应商、中介机构和监管部门等有关方面之间进行沟通和反馈
D. 企业应当利用信息技术促进信息的集成与共享，充分发挥信息技术在信息与沟通中的作用
E. 企业应当建立反舞弊机制，坚持惩防并举、重在预防的原则，明确反舞弊工作的重点领域、关键环节和有关机构在反舞弊工作中的职责权限，规范舞弊案件的举报、调查、处理、报告和补救程序
F. 企业应当建立举报投诉制度和举报人保护制度，设置举报专线，明确举报投诉处理程序、办理时限和办结要求，确保举报、投诉成为企业有效掌握信息的重要途径</td></tr>
</table>

【考点母题——万变不离其宗】内部控制的要素 5—监控（即内部监督）

<table>
<tr><td rowspan="4">COSO《内部控制框架》</td><td>（1）COSO《内部控制框架》关于监控要素的要求有（　）。</td></tr>
<tr><td>A. 内部控制系统需要被监控，即对该系统有效性进行评估的全过程
B. 可以通过持续性的监控行为、独立评估或两者的结合来实现对内控系统的监控
C. 持续性的监控行为发生在企业的日常经营过程中，包括企业的日常管理和监督行为、员工履行各自职责的行为
D. 独立评估活动的广度和频度有赖于风险预估和日常监控程序的有效性
E. 内部控制的缺陷应该自下而上进行汇报，性质严重的应上报最高管理层和董事会</td></tr>
<tr><td>（2）根据 COSO《内部控制框架》，监控要素应坚持的原则有（　）。</td></tr>
<tr><td>A. 企业选择、制定并实行持续及/或单独的评估，以判定内部控制各要素是否存在且发挥效用
B. 企业及时评估内部控制缺陷，并将有关缺陷及时通报给负责整改措施的相关方，包括高级管理层和董事会（如适当）</td></tr>
</table>

续表

<table>
<tr><td rowspan="7">**我国《企业内部控制基本规范》**</td><td colspan="2">(3)我国《企业内部控制基本规范》关于内部监督要素的**要求**有(　)。</td></tr>
<tr><td colspan="2">A. 企业应当根据本规范及其配套办法，制定内部控制监督制度，明确内部审计机构(或经授权的其他监督机构)和其他内部机构在内部监督中的职责权限，规范内部监督的程序、方法和要求</td></tr>
<tr><td colspan="2">B. 企业应当制定内部控制缺陷认定标准，对监督过程中发现的内部控制缺陷，应当分析缺陷的性质和产生的原因，提出整改方案，采取适当的形式及时向董事会、监事会或者经理层报告</td></tr>
<tr><td rowspan="3">C. 企业应当结合内部监督情况，定期对内部控制的有效性进行自我评价，出具内部控制自我评价报告</td><td>(4)对内部控制的有效性进行自我评价的方法有(　)。</td></tr>
<tr><td>A. **个别访谈法**，是指企业根据检查评价需要，对被检查单位员工进行单独访谈，以获取有关信息。通过找有关人员谈话，可以调查了解内部控制制度，还可以针对可疑账项或异常情况等向有关人员提出询问
B. **调查问卷法**，是指企业设置问卷调查表，分别对不同层次的员工进行问卷调查，根据调查结果对相关项目做出评价
C. **专题讨论会法**，是指通过召集与业务流程相关的管理人员就业务流程的特定项目或具体问题进行讨论及评估的一种方法
D. **穿行测试和重新执行法**，重新执行是指通过对某一控制活动全过程的重新执行来评估控制执行情况的方法
E. **抽样法**，是指企业针对具体的内部控制业务流程，按照业务发生频率及固有风险的高低，从确定的抽样总体中抽取一定比例的业务样本，对业务样本的符合性进行判断，进而对业务流程控制运行的有效性做出评价
F. **比较分析法**，是指通过分析、比较数据间的关系、趋势或比率来取得评价证据的方法</td></tr>
<tr><td>【注】内部控制评价工作组应当根据现场测试获取的证据，对内部控制缺陷进行初步认定，并按其影响程度分为**重大缺陷、重要缺陷和一般缺陷**。重大缺陷应当由**董事会**予以最终认定。企业对于认定的重大缺陷，应当及时采取应对策略，切实将风险控制在可承受范围之内，并追究有关部门或相关人员的责任</td></tr>
<tr><td colspan="2">D. 企业应当以书面或者其他适当的形式，妥善保存内部控制建立与实施过程中的相关记录或者资料，确保内部控制建立与实施过程的可验证性</td></tr>
</table>

【考点子题——举一反三，真枪实练】

[20] (2021年·单选题)松涛广告公司建立了比较完善的内部控制系统，根据COSO的《内部控制框架》关于控制环境要素的要求与原则，下列各项中，属于该公司控制环境要素的有(　)。

A. 员工践行诚信为本、客户至上的价值观

B. 公司在内部控制全过程的各个环节实行透明、对等的权责分配方法

C. 董事会对内部控制的制定及其绩效施以监控

D. 公司致力于吸引、发展、留任从事广告策划、设计、制作和营销等业务的优秀人才

[21] (2020 年・多选题)甲公司为加强风险管理制定并实施了下列内部控制制度，其中符合我国《企业内部控制基本规范》关于内部环境要素要求的有(　)。

A. 董事会负责内部控制的建立健全和有效实施

B. 编制内部管理手册，使高级管理人员掌握内部机构设置、岗位职责、业务流程等情况

C. 制定和实施有利于企业可持续发展的人力资源政策

D. 在董事会下设立审计委员会

[22] (2019 年・单选题)甲公司在实施全面风险管理过程中，注重加强法制教育，增强董事、监事、经理及其他高级管理人员和员工的法制观念，严格依法决策、依法办事、依法监督。甲公司的上述作法所涉及的内部控制要素是(　)。

A. 控制环境　　B. 风险评估　　C. 监控　　D. 控制活动

[23] (2016 年・多选题)下列各项中，属于《企业内部控制基本规范》对内部环境要素要求的有(　)。

A. 企业应当建立举报投诉制度和举报人保护制度

B. 企业应当建立重大风险预警机制和突发事件应急处理机制

C. 企业应当制定和实施有利于企业可持续发展的人力资源政策

D. 企业应当加强内部审计工作

[24] (2017 年・单选题)凌云公司近年来不断加强企业内部控制体系建设，在董事会下设立了审计委员会。审计委员会负责审查企业内部控制，监督内部控制的有效实施和内部控制自我评价情况，协调内部控制审计及其他相关事宜。根据 COSO《内部控制框架》，凌云公司的上述做法属于内部控制要素中的(　)。

A. 控制环境　　B. 监控　　C. 风险评估　　D. 控制活动

[25] (2015・单选题)随着全面风险管理意识的加强，甲公司的股东要求管理层建立重大风险预警机制，明确风险预警标准，对可能发生的重大风险条件，制定应急方案，明确相关责任人和处理流程、程序和政策，确保重大风险事件得到及时、稳妥的处理。甲公司股东的要求所针对的内部控制要素是(　)。

A. 控制活动　　B. 内部监督　　C. 信息与沟通　　D. 风险评估

[26] (2014 年・单选题)根据 COSO 框架，反舞弊机制属于内部控制要素中的(　)。

A. 风险评估　　B. 控制活动　　C. 内部监督　　D. 信息与沟通

五、风险管理信息系统

考点 10 风险管理信息系统（2023 年有变化，★，了解）

企业应将信息技术应用于风险管理的各项工作，建立涵盖风险管理基本流程和内部控制系统各环节的风险管理信息系统，包括信息的采集、存储、加工、分析、测试、传递、报告、披露等。

- 信息采集方面，企业应采取措施确保向风险管理信息系统输入的业务数据和风险量化值的一致性、准确性、及时性、可用性和完整性。对输入信息系统的数据，未经批准，不得更改。
- 信息存储方面，企业应建立良好的数据架构，解决好数据标准化和存储技术问题。
- 信息加工、分析和测试方面，风险基础信息经风险管理信息系统加工和提炼，成为可进行分析的风险管理信息。风险管理信息系统应能够进行对各种风险的计量和定量分析、定量测试；能够实时反映风险矩阵和排序频谱、重大风险和重要业务流程的监控状态。
- 信息传递方面，风险管理信息系统应实现信息在各职能部门、业务单位之间的集成与共享，既能满足单项业务风险管理的要求，也能满足企业整体和跨职能部门、业务单位的风险管理综合要求。企业应建立贯穿于整个风险管理基本流程，连接各上下级、各部门和业务单位的风险管理信息传递渠道，确保信息沟通的及时、准确、完整。信息沟通及时性是指企业须保证把重要相关信息在应该被传递的时间传递到相关部门和岗位。
- 信息报告和披露方面，风险管理信息系统能够对超过风险预警上限的重大风险实施信息报警，能够满足风险管理内部信息报告制度和企业对外信息披露管理制度的要求。

此外，企业应确保风险管理信息系统的稳定运行和安全，并根据实际需要不断进行改进、完善或更新。已建立或基本建立管理信息系统的企业，应补充、调整、更新已有的管理流程和管理程序，建立完善的风险管理信息系统；尚未建立管理信息系统的企业，应将风险管理与企业各项管理业务流程及管理软件统一规划、统一设计、统一实施、同步运行。

第三节　风险管理的技术与方法

表 7-1　　风险管理技术与方法在风险评估各阶段的适用性

风险评估阶段 / 风险管理技术与方法	风险辨识	风险分析	风险评价
头脑风暴法	1(非常适用)	2(适用)	2
德尔菲法	1	2	2
失效模式、影响与危害度分析法	1		
流程图分析法	1		
马尔科夫分析法	2	1	
风险评估系图法	1	1	2
情景分析法	1	1	2
敏感性分析法	1	1	2
事件树分析法		1	
决策树法		1	2
统计推论法	2	1	2

一、头脑风暴法

考点 11　头脑风暴法（★★，掌握，客观题）

【考点母题——万变不离其宗】头脑风暴法

<table>
<tr><td>定义</td><td colspan="2">指刺激并鼓励一群知识渊博、知悉风险情况的人员畅所欲言，开展集体讨论的方法。</td></tr>
<tr><td rowspan="2">分类</td><td>直接头脑风暴法</td><td>即在专家群体决策方面，尽可能激发他们的创造性，使其产生尽可能多的设想的方法。</td></tr>
<tr><td>质疑头脑风暴法</td><td>指对前者提出的设想、方案逐一质疑，分析其现实可行性的方法。</td></tr>
<tr><td>适用范围</td><td colspan="2">适用于在风险识别阶段充分发挥专家意见，对风险进行定性分析。</td></tr>
<tr><td>优点</td><td colspan="2">(1)头脑风暴法的主要优点有(　)。
A. 激发了专家想象力，有助于发现新的风险和全新的解决方案
B. 主要的利益相关者参与其中，有助于进行全面沟通
C. 速度较快并易于开展</td></tr>
</table>

续表

局限性	(2)头脑风暴法的**局限性**有(　)。
	A. 参与者可能缺乏必要的技术或知识，无法提出有效的建议 B. 实施过程和参与者提出的意见容易分散，较难保证全面性 C. 集体讨论时可能出现特殊情况，导致某些有重要观点的人保持沉默而其他人成为讨论的主角

二、德尔菲法

考点12 德尔菲法(★★，掌握，客观题)

【考点母题——万变不离其宗】德尔菲法(DelPhi METHOD)

定义	又称**专家意见法**，是在一组专家中取得可靠共识的程序，其基本特征是专家单独、匿名表达各自的观点，同时随着过程的进展，他们有机会了解其他专家的观点。
适用范围	适用于在风险识别阶段专家取得一致性意见基础上，对风险进行定性分析。
优点	(1)德尔菲法的**主要优点**有(　)。
	A. 由于观点是匿名的，因而专家更有可能表达出那些不受欢迎的观点 B. 所有观点都有相同的权重，避免重要人物的观点占主导地位 C. 专家不必聚集在某个地方，实施比较方便 D. 专家最终形成的意见具有广泛的代表性
局限性	(2)德尔菲法的**局限性**有(　)。
	A. 权威人士的意见难免影响他人的意见 B. 有些专家可能碍于情面，不愿意发表与其他人不同的意见 C. 有的专家可能出于自尊心而不愿意修改自己原来的意见 D. **过程比较复杂，花费时间较长**，这是德尔菲法的**主要缺点**

【考点子题——举一反三，真枪实练】

[27] (2016年·单选题)甲公司是一家计划向移动互联网领域转型的大型传统媒体企业。为了更好地了解企业转型中存在的风险因素，甲公司聘请了20位相关领域的专家，根据甲公司面临的内外部环境，针对六个方面的风险因素，反复征询每个专家的意见，直到每一个专家不再改变自己的意见、达成共识为止。该公司采取的这种风险管理方法是(　)。

A. 德尔菲法　B. 情景分析法　C. 因素分析法　D. 头脑风暴法

三、失效模式、影响和危害度分析法

考点 13　失效模式、影响和危害度分析法（★★，掌握，客观题）

【考点母题——万变不离其宗】失效模式、影响和危害度分析法

定义	FMECA(Failure Mode, Effects and Criticality Analysis)是按一定规则记录系统中所有可能存在的影响因素，分析每种因素对系统的工作及状态的影响，将每种影响因素按其影响的程度及发生概率排序，从而发现系统中潜在的薄弱环节，提出预防改进措施，以消除或减少风险发生的可能性，保证系统的可靠性。
适用范围	适用于**对失效模式、影响及危害进行定性或定量分析，还可以对其他风险识别方法提供数据支持**。广泛应用于**产品设计与开发、生产和使用等阶段的风险管理**，旨在发现缺陷和薄弱环节，为提高产品或服务质量和可靠性水平提供改进依据。
实施步骤	• **失效模式分析**。将系统分成组件或步骤，确认各部分出现明显故障的方式，即失效模式，分析造成这些失效模式的具体机制以及故障可能产生的影响。 • **失效影响分析**。根据故障后果的严重性，对识别出的各个失效模式进行分类并确定风险等级。风险等级一般可以通过故障后果的严重程度与故障发生概率的组合获得，并予以定性、半定量或定量表达。 • **失效危害度分析**。识别风险优先级，这是一种半定量的危害度测量方法，它将故障后果、可能性和发现故障的难度。 • **列出一份失效模式、失效机制及其对系统影响的清单**。该清单包含系统失效的可能性、失效模式导致的风险程度等结果，如果结果是定量的，同时故障率的资料可靠，FMECA可以输出定量结果。
优点	(1)失效模式、影响和危害度分析法的**主要优点**有(　)。
	A. 广泛适用于人力、设备和系统以及硬件、软件和程序失效模式的分析 B. 识别组件失效模式及其原因和对系统的影响，同时用可读性较强的形式表现出来 C. 通过在设计初期发现问题，因而避免了开支较大的设备改造 D. 识别单个失效模式以适合系统安全的需要
局限性	(2)失效模式、影响和危害度分析法的**局限性**有(　)。
	A. 只能识别单个失效模式，无法同时识别多个失效模式 B. 除非得到充分控制并集中精力，否则采用此法较耗时且开支较大

四、流程图分析法

考点 14　流程图分析法（★★，掌握，客观题）

【考点母题——万变不离其宗】流程图分析法(FLOW CHARTS ANALYSIS)

定义	是对流程的每一阶段、每一环节逐一进行调查分析，从中发现潜在风险，找出导致风险发生的因素，分析风险产生后可能造成的损失以及对整个组织可能造成的不利影响。

续表

适用范围	适用于对企业生产或经营中的风险及其成因进行**定性分析**。
实施步骤	• 根据企业实际绘制业务流程图。 • 识别流程图上各业务节点的风险因素，并予以重点关注。 • 针对风险及产生原因，提出监控和预防的方法。
优点	(1)流程图分析法的**主要优点**有( )
	A. 清晰明了，易于操作 B. 组织规模越大、流程越复杂，流程图分析法就越能体现出其优越性
局限性	(2)流程图分析法的**局限性**是( )。
	A. 使用效果依赖于专业人员的水平

【考点子题——举一反三，真枪实练】

[28](2018年·单选题)BB公司是一家白酒生产企业，为了进一步提高产品质量，BB公司通过图表形式将白酒生产按顺序划分为多个模块，并对各个模块逐一进行详细调查，识别出每个模块中各种潜在的风险因素或风险事件，从而使公司决策者获得清晰直观的印象。根据上述信息，下列各项中，对BB公司采取的风险管理办法的描述错误的是( )。

A. 该方法的使用效果依赖于专业人员的水平

B. 该方法的优点是简单明了、易于操作

C. 该方法可以对企业生产或经营中的风险及其成因进行定性分析

D. 该法适用于组织规模较小、流程较简单的业务风险分析

五、马尔科夫分析法

考点15 马尔科夫分析法(★★，掌握，客观题)

【考点母题——万变不离其宗】马尔科夫分析法(Markov Analysis)

定义	马尔科夫分析方法主要围绕“状态”这个概念展开。如果系统未来的状态仅取决于其现在的状态，那么就可以使用马尔科夫分析法。这种方法通常用于对那些存在多种状态(包括各种降级使用状态)的可维修复杂系统进行分析。
适用范围	适用于对复杂系统中的不确定性事件及其状态改变进行**定量分析**。
实施步骤	• 调查不确定性事件各种状态及其变化情况。 • 建立数学模型。 • 求解模型，得到风险事件各个状态发生的可能性。 【例子】分析一种仅存在三种状态的复杂系统。功能、降级、故障分别界定为状态S1、状态S2、状态S3。系统每天都存在于这三种状态中的某一种状态。表7-2的马尔科

续表

<table>
<tr><td>实施步骤</td><td>夫矩阵说明了系统明天处于状态状态 Si(i 可以是 1、2 或者 3)的概率。
表 7-2　马尔科夫矩阵
<table>
<tr><td colspan="2" rowspan="2"></td><td colspan="3">今天状态</td></tr>
<tr><td>S1</td><td>S2</td><td>S3</td></tr>
<tr><td rowspan="3">明天状态</td><td>S1</td><td>0.95</td><td>0.3</td><td>0.2</td></tr>
<tr><td>S2</td><td>0.04</td><td>0.65</td><td>0.6</td></tr>
<tr><td>S3</td><td>0.01</td><td>0.05</td><td>0.2</td></tr>
</table>
Pi 表示系统处于状态 i(i 可以是 1、2 或 3)的概率，那么需要解决的联立方程包括：
$P1=0.95 * P1+0.30 * P2+0.20 * P3$　　(1)
$P2=0.04 * P1+0.65 * P2+0.60 * P3$　　(2)
$P1=0.95 * P1+0.30 * P2+0.20 * P3$　　(3)
这三个方程并非独立，无法求解。因此，下列方程必须使用，而上述方程中有一个必须弃用。
$1=P1+P2+P3$　　(4)
解联立方程组，得到状态 1、2、3 的概率分别为 0.85、0.13、0.02，即该系统只在 85%的时间里能充分发挥功效，在 13%的时间内处于降级状态，而在 2%的时间里存在故障。
现实中的系统比上述例子要复杂的多，故需要借助计算机程序来完成。</td></tr>
<tr><td rowspan="2">优点</td><td>(1)马尔科夫分析法的主要优点是(　)。</td></tr>
<tr><td>A. 能够计算出具有维修能力和多重降级状态的系统的概率</td></tr>
<tr><td rowspan="2">局限性</td><td>(2)马尔科夫分析法的局限性有(　)。</td></tr>
<tr><td>A. 无论是故障还是维修，都假设状态变化的概率是固定的
B. 所有事项在统计上都具有独立性，因此未来的状态独立于一切过去的状态，除非两个状态紧密相连
C. 需要了解状态变化的各种概率
D. 有关矩阵运算的知识比较复杂，非专业人士很难看懂</td></tr>
<tr><td colspan="2">(3)下列关于马尔科夫分析法的说法中，正确的有(　)。</td></tr>
<tr><td colspan="2">A. 马尔科夫分析是一项定量技术，可以是不连续的(利用状态间变化的概率)或者连续的(利用各状态变化率
B. 马尔科夫分析法更适合于计算机程序
C. 马尔科夫分析法主要围绕“状态”这个概念展开</td></tr>
</table>

【考点子题——举一反三，真枪实练】

[29] (2016 年・单选题)甲公司是一家化工企业，每年都对设备进行检修。甲公司在对设备故障风险进行分析时，先将设备运行情况划分为几种情景状态，然后用随机转移矩阵描述这几种状态之间的转移，最后用计算机程序计算出每种状态发生的概率。甲公司采用的这种风险管理方法是(　)。

第 7 章

A. 事件树分析法　　B. 马尔科夫分析法
C. 失效模式、影响和危害度分析法　　D. 情景分析法

六、风险评估系图法

考点16 风险评估系图法（★★，掌握，客观题）

【考点母题——万变不离其宗】风险评估系图法

定义	风险评估系图，又称为**风险矩阵、风险坐标图**，用于识别某一风险是否会对企业产生重大影响，并将此结论与风险发生的可能性联系起来，为确定企业风险的优先次序提供框架。设定风险等级的方法应与组织的风险偏好相一致。
适用范围	适用于对风险进行**初步的定性分析。**
实施步骤	● 根据企业实际情况绘制风险评估系图，如图7-10所示； ● 分析每种风险的重大程度及影响。 影响 ×1 ×2 可能性 图7-10　风险评估系图
优点	(1) 风险评估系图法的**主要优点**是(　)。 A. 作为一种简单的定性方法，为企业确定各项风险重要性等级提供了可视化的工具，直观明了
局限性	(2) 风险评估系图法的**局限性**有(　)。 A. 需要对风险重要性等级标准、风险发生可能性、后果严重程度等做出主观判断，可能影响使用的准确性 B. 所确定的风险重要性等级是通过相互比较确定的，因而无法将列示的个别风险重要性等级通过数学运算得到总体风险的重要性等级 C. 如需要进一步探求风险原因，则采用该方法过于简单，缺乏经验证明和数据支持

【考点子题——举一反三，真枪实练】

[30] (2019年·单选题) 甲公司在实施风险管理过程中，对由人为操作和自然因素引起的各种风险对企业影响的大小和发生的可能性进行分析，为确定企业风险的优先次序提供分析框架。该公司采取的上述风险管理方法属于(　)。

A. 决策树法　　　　　　　　　　　　B. 马尔科夫分析法

C. 流程图分析法　　　　　　　　　　D. 风险评估系图法

七、情景分析法

考点 17　情景分析法（★★，掌握，客观题）

【考点母题——万变不离其宗】情景分析法

<table>
<tr><td>定义</td><td>情景分析法可用来预计威胁和机遇可能发生的方式。在周期较短及数据充分的情况下，可以从现有情景中推断出未来可能出现的情景。对于周期较长或数据不充分的情况，情景分析法的有效性更依赖于合乎情理的想象力。</td></tr>
<tr><td>适用范围</td><td>适用于对企业面临的风险进行定性和定量分析。</td></tr>
<tr><td>实施步骤</td><td>• 建立团队和相关沟通渠道，确定需要处理的问题和事件的背景
• 确定可能出现的变化的性质
• 对主要因素、趋势变化的可能进行研究、预测
【例子】一家企业在评估一项投资项目的风险时所进行的情景分析，如表 7-3 所示：
表 7-3　　某投资项目未来情景分析
<table>
<tr><th>项目</th><th>因素</th><th>最佳情景</th><th>基准情景</th><th>最差情景</th></tr>
<tr><td rowspan="2">影响因素</td><td>市场需求</td><td>不断提升</td><td>不变</td><td>下降</td></tr>
<tr><td>经济增长</td><td>增长 5%-10%</td><td>增长小于 5%</td><td>负增长</td></tr>
<tr><td>发生概率</td><td>20%</td><td>45%</td><td>35%</td><td>—</td></tr>
<tr><td colspan="2">结果</td><td>投资项目可在 5 年达到收支平衡</td><td>投资项目可在 10~15 年达到收支平衡</td><td>不确定</td></tr>
</table></td></tr>
<tr><td rowspan="2">优点</td><td>(1) 情景分析法的主要优点是(　)。</td></tr>
<tr><td>A. 对于未来变化不大的情况能够给出比较精确的模拟结果</td></tr>
<tr><td rowspan="2">局限性</td><td>(2) 情景分析法的局限性有(　)。</td></tr>
<tr><td>A. 在存在较大不确定性的情况下，模拟有些情景可能不够现实
B. 对数据的有效性以及分析师和决策者开发现实情境的能力有很高要求
C. 将情景分析法作为一种决策工具，所用情景可能缺乏充分的基础，数据可能具有随机性</td></tr>
</table>

【考点子题——举一反三，真枪实练】

[31] (2017 年 · 单选题) 面对未来国外经济形势不确定因素增加的局面，鑫华基金公司按照较好、一般、较差三种假设条件，对公司未来可能遇到的不确定因素及其对公司收入和利润的影响作出定性和定量分析。鑫华基金公司使用的风险管理技术与方法是(　)。

A. 情景分析法　B. 敏感性分析法　C. 统计推论法　D. 马尔科夫分析法

八、敏感性分析法

考点18 敏感性分析法（★★，掌握，客观题）

【考点母题——万变不离其宗】敏感性分析法

定义	敏感性分析是针对潜在的风险，研究项目的各种不确定因素变化至一定幅度时，计算其主要经济指标的变化率及敏感程度的一种方法。 敏感性分析最常用的显示方式是**龙卷风图**。龙卷风图有助于比较具有较高不确定性的变量与相对稳定的变量之间的相对重要程度。
适用范围	适用于对**项目不确定性对结果产生的影响**进行**定量分析**。
优点	(1)敏感性分析法的**主要优点**有(　)。
	A. 为决策提供有价值的参考信息　B. 清晰地为风险分析指明方向 C. 帮助企业制定紧急预案
局限性	(2)敏感性分析法的**局限性**有(　)。
	A. 所需要的数据经常缺乏，无法提供可靠的参数变化 B. 分析时借助公式计算，没有考虑各种不确定因素在未来发生变动的概率，因此其分析结果可能和实际相反

【考点子题——举一反三，真枪实练】

[32] (2017年·单选题)通达路桥公司拟在某省建一座大桥，此工程面临许多不确定因素，如工程总投资、银行贷款、过桥费收入等，公司为预测其效益，防范其风险，组织相关人员分析了上述每一个因素的变化对该项目的内部收益率的影响，此公司采取的风险管理方法是(　)。

A. 情景分析　B. 风险评估分析　C. 敏感性分析法　D. 马尔科夫分析法

九、事件树分析法

考点19 事件树分析法（★★，掌握，客观题）

【考点母题——万变不离其宗】事件树分析法

定义	事件树(Event Tree Analysis，ETA)是一种表示初始事件发生之后互斥性后果的图解技术。
适用范围	适用于具有多种环节的故障发生以后，对各种可能后果进行**定性和定量分析**。

续表

实施步骤	● 挑选初始事件。初始事件可能是粉尘爆炸或是停电这样的事项。 ● 顺序列出那些旨在缓解事件结果的现有功能或系统，用一条线来表示每个功能或系统成功(用“是”表示)或失败(用“否”表示)。 ● 在每条线上标注一定的失效概率，同时通过专家判断来估算这种条件概率。这样，初始事件的不同途径就得以建模。 【例子】 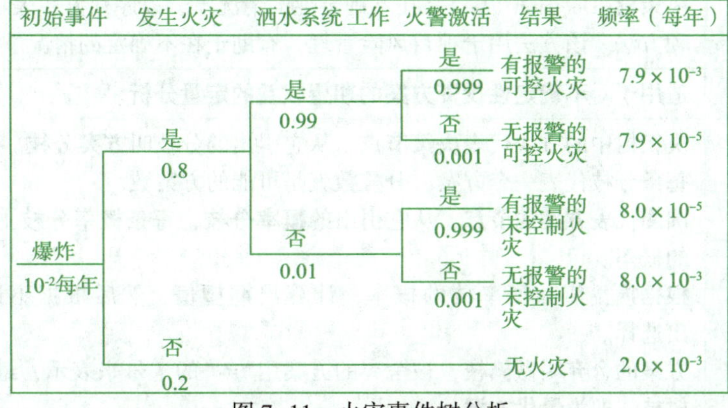 图 7-11　火灾事件树分析
优点	(1)事件树分析法的**主要优点**有(　)。 A. ETA 以清晰的图形显示了经过分析的初始事项之后的潜在情景，以及缓解系统或功能成败产生的影响 B. 它能说明时机、依赖性以及很繁琐的多米诺效应　　C. 它生动地体现事件的顺序
局限性	(2)事件树分析法的**局限性**有(　)。 A. 为了将 ETA 作为综合评估的组成部分，一切潜在的初始事件都要进行识别，这可能需要使用其他分析方法(如危害及可操作研究法)，但总有可能错过一些重要的初始事件 B. 事件树只分析了某个系统的成功及故障状况，很难将延迟成功或恢复事项纳入其中 C. 任何路径都取决于路径上以前分支点处发生的事项。因此，要分析各可能路径上的众多从属因素。然而，人们可能会忽视某些从属因素，如常见组件、应用系统以及操作员等。如果不认真处理这些从属因素，就会导致风险评估过于乐观

【考点子题——举一反三，真枪实练】

[33] (2018 · 多选题)甲林场为了加强对火灾风险的防控工作，组织有关人员深入分析了由于自然或人为因素引发火灾、场内消防系统工作、火警和灭火直升机出动等不确定事件下产生各种后果的频率。下列各项中，属于该林场采用的风险管理方法优点的有(　　)。

A. 生动地体现事件的顺序　　B. 不会遗漏重要的初始事项

C. 能够将延迟成果或恢复事件纳入其中　　D. 能说明时机、依赖性和多米诺效应

十、决策树法

考点 20 决策树法（★★，掌握，客观题）

【考点母题——万变不离其宗】决策，树法

定义	决策树(Decision Tree)是在不确定性的情况下，以序列方式表示决策选择和结果的一种方法。该方法用于项目风险管理，有助于在不确定的情况下选择最佳的行动步骤。
适用范围	适用于对**不确定性投资方案的期望收益的定量分析。**
实施步骤	决策树中的方块代表**决策节点**，从它引出的分枝叫**方案分枝**。 每条分枝代表一个方案，**分枝数**就是可能的方案数。 圆圈代表**方案的节点**，从它引出的**概率分枝**，每条概率分枝上标明了状态及其发生的概率。 根据损益值和概率枝的概率，计算出**期望值**，然后根据不同方案的期望结果做出选择。 方案的舍弃叫做**修枝**，被舍弃的方案用“≠”的记号来表示，最后的决策点留下一条树枝，即为**最优方案**。 【例子】A1、A2 两个方案的投资额分别是 450 万元和 240 万元，经营年限为 5 年，销路好的概率为 0.8，销路差的概率为 0.2。A1 方案销路好、销路差年的损益值分别为 300 万元和−60 万元；A2 方案分别为 120 万元和 30 万元。据此绘制决策树如图 7-12 所示  图 7-12 决策树 A1 的净收益值=[300×0.8+(−60)×0.2]×5−450=690(万元) A2 的净收益值=(120×0.8+30×0.2)×5−240=270(万元) **选择**：因为 A1 大于 A2，所以选择 A1 方案。 **剪枝**：在 A2 方案枝上打杠，表明舍弃。
优点	(1)决策树法的**主要优点**有(　)。
	A. 对于决策问题的细节提供了一种清楚的图解说明 B. 能够计算到达一种情形的最优路径
局限性	(2)决策树法的**局限性**有(　)。
	A. 大的决策树可能过于复杂，不容易与其他人交流 B. 为了能够用树形图表示，可能有过于简化环境的倾向

第7章

十一、统计推论法

考点 21　统计推论法（★★，掌握，客观题）

【考点母题——万变不离其宗】统计推论法

定义	统计推论是进行项目风险评估和分析的一种十分有效的方法。	
分类	**前推法**	即根据历史的经验和数据，向前推断出未来事件发生的概率及其后果，在时间数列上表现为由后向前推算。 是三者中**应用最为广泛**的类型。
	后推法	即在手头**没有历史数据**时所采用的一种方法。是把未知的想象的事件及后果与一已知事件与后果联系起来，把未来风险事件归结到有数据可查的造成这一风险事件的初始事件上，从而对风险做出评估和分析，在时间数列上表现为由前向后推算。常用于那些一次性、不可重复性的项目。
	旁推法	即利用**类似项目**的数据进行统计推断，用某一项目的历史记录对新的类似建设项目可能遇到的风险进行评估和分析。
适用范围	适合于各种风险分析预测。	
实施步骤	● 收集并整理与风险相关的历史数据。 ● 选择合适的评估指标并给出数学模型。 ● 根据数学模型和历史数据预测未来风险发生的可能性和损失大小。	
优点	(1)统计推断法的**主要优点**有(　)。 A. 在数据充足可靠的情况下简单易行　　B. 应用领域广泛	
局限性	(2)统计推断法的**局限性**有(　)。 A. 由于历史事件的前提和环境已发生了变化，不一定适用于今天或未来 B. 没有考虑事件的因果关系，使外推结果可能产生较大偏差	

【考点子题——举一反三，真枪实练】

[34] (2020 年 · 单选题)龙泉啤酒公司为了应对气候变化对产品销售的影响，对过去 3 年中气温与该公司啤酒销售量的变化进行了统计分析，找出其中气温炎热、温和及寒冷等不同状态下产品销量变动的规律，并依据此规律和气象部门的预测，计算、推测出该公司下一年应实现的产品销售量。龙泉啤酒公司采用的风险管理方法属于(　)。

A. 敏感性分析法　　B. 马尔科夫分析法　　C. 统计推论法　　D. 情景分析法

[35] (2017 年 · 单选题)甲公司是一家大型商场。开业以来，公司积累了丰富的销售数据。公司战略部门每年都会对这些数据进行收集整理，据此推算出未来年度企业的销售风险。根据以上信息，甲公司采用的风险管理方法是(　)。

A. 正推法　　B. 后推法　　C. 前推法　　D. 逆推法

[36] (2014年·多选题修改)下列风险管理方法中，既可以进行定性分析也可以进行定量分析的方法是(　)。

A. 马尔科夫分析法　　B. 敏感性分析法

C. 失效模式、影响和危害度分析法　　D. 情景分析法

【本章考点子题答案及解析】

[1] 【答案：ACD】选项A：风险评估包括风险辨识、风险分析、风险评价三个步骤。选项B：进行风险定量评估时，应统一制定各风险的度量单位和风险度量模型，所以选项B是不正确的。选项C：企业应对风险管理信息实行动态管理，定期或不定期实施风险辨识、分析、评价，以便对新的风险和原有风险的变化重新评估。选项D：进行风险辨识、分析、评价，应将定性与定量方法相结合定性方法可采用问卷调查、集体讨论、专家咨询、情景分析、政策分析、行业标杆比较、管理层访谈、由专人主持的工作访谈和调查研究等。

[2] 【答案：D】本题考核"风险管理基本流程"的知识点。内部解决方案是以下几种手段的综合应用：风险管理策略、组织职能、内部控制、信息系统和风险理财措施。

[3] 【答案：BCD】企业各有关部门和业务单位应定期对风险管理工作进行自查和检验，及时发现缺陷并改进，其检查、检验报告应及时报送企业风险管理职能部门。所以，选项A错误；企业可聘请有资质、信誉好、风险管理专业能力强的中介机构对企业全面风险管理工作进行评价，出具风险管理评估和建议专项报告。所以，选项C正确；企业风险管理职能部门应定期对各部门和业务单位风险管理工作实施情况和有效性进行检查和检验，要根据在制定风险策略时提出的有效性标准的要求对风险管理策略进行评估，对跨部门和业务单位的风险管理解决方案进行评价，提出调整或改进建议，出具评价和建议报告，及时报送企业总经理或其委托分管风险管理工作的高级管理人员。所以，选项D正确；企业内部审计部门应至少每年一次对包括风险管理职能部门在内的各有关部门和业务单位能否按照有关规定开展风险管理工作及其工作效果进行监督评价，监督评价报告应直接报送董事会或董事会下设的风险管理委员会和审计委员会。所以，选项B正确。

[4] 【答案：A】选项BCD都指的是风险管理职能部门的主要工作，只有A项是风险管理委员会的职能。

[5] 【答案：C】风险管理委员会对董事会负责，主要履行以下职责：(1)提交全面风险管理年度报告；(2)审议风险管理策略和重大风险管理解决方案；(3)审议重大决策、重大风险、重大事件和重要业务流程的判断标准或判断机制，以及重大决策的风险评估报告；(4)审议内部审计部门提交的风险管理监督评价审计综合报告；(5)审议风险管理组织机构设置及其职责方案；(6)办理董事会授权的有关全面风险管理的其他事项。因此，选项C正确。选项A属于风险管理职能部门的职责，选项B、D是企业董事会的职责。

[6] 【答案：C】企业一般在无法判断发生概率或无须判断概率的时候使用最大可能损失作为风险的衡量。选项C正确。

[7]【答案：B】风险规避是指企业回避、停止或退出蕴含某一风险的商业活动或商业环境，避免成为风险的所有人。“后者曾多次在前者经急需大量铁矿石时大幅提高产品价格……后来桐城铝铁公司买下山谷矿山公司 51%的股权并获得定价权”属于减轻风险事件发生时的损失，即风险控制，选项 B 正确。

[8]【答案：A】“中科公司将业务转型为给 G 国印刷机的用户提供零配件和维修保养服务”体现了中科公司退出了印刷机制造商的领域，以避免行业竞争的风险（“面对 G 国先进印刷机在中国的市场占有率迅速提高”），这体现了风险规避，选项 A 正确。可能会有不少考生选择“风险转换”，因为看到了“战略调整”，以为这符合教材上所述的风险转换的手段，但要注意，只有当题干中既表述了风险 A，又表述了风险 B，风险转换才是正确选项。而本题中，题干并未说明中科公司在退出之后会增加了其他风险，只是避免了行业竞争的风险，因此“风险规避”是最佳选项。

[9]【答案：A】住房普遍采用木质结构，抗震性能优越。加装地震时会自动关闭煤气的仪器。属于控制风险事件发生的动因、环境、条件等，来达到减轻风险事件发生时的损失或降低风险事件发生的概率的目的，体现的是风险控制。

[10]【答案：BD】本题考核“风险管理工具”的知识点。从资料中可以分析出损失额在一定数量内的，由星云公司独自承担。当损失额超过一定数量时，超过部分由奇象公司赔偿，即将超过部分的风险转移给了对方。所以星云公司采取的风险管理工具包括风险承担和风险转移。

[11]【答案：C】本题考核“风险管理工具”的知识点。对于重大风险，一般不应采用风险承担。

[12]【答案：C】本题考核“风险管理策略的工具”的知识点。Pioneer 巨灾债券，同时为北美飓风、欧洲风暴以及美国加利福尼亚和日本地震提供保障。该种债券属于保险风险证券化的一种，保险风险证券化是指利用保险资产证券化技术，通过构造和在资本市场上发行保险连接型证券，使保险市场上的风险得以分割和标准化，将承保风险转移到资本市场。简单的理解即通过该种债券将风险转移到资本市场上，所以选项 C 正确。

[13]【答案：BD】本题考查的是风险管理策略类型的判断。选项 A 是多种外币结算的使用，属于“风险对冲”，而不是风险规避，错误；选项 B，使用金融衍生工具来管理汇率风险，属于“风险对冲”，正确；选项 C，退出国外市场，完全消除了汇率风险，属于“风险规避”，而不是风险转移，错误；选项 D，加强对汇率变动趋势的分析和研究，属于控制风险事件发生后的损失或降低风险事件发生的概率，属于“风险控制”，正确。

[14]【答案：B】当风险资本为 800 万元时，其生存概率是 90%；当风险资本为 1 200 万元时，其生存概率是 95%。因此，当风险资本为 1 000 万元时，其生存概率在 90%~95%，选项 B 正确。

[15]【答案：ACD】甲公司采取的风险理财策略为应急资本。应急资本的特点之一是可以提供经营持续性的保证，选项 A 说法正确。应急资本所对应的管理工具是风险补偿，选项 B 说法错误。应急资本是风险资本的表现形式之一，选项 C 说法正确。应急资本提供方不承担特定事件发生的风险，选项 D 说法正确。

[16]【答案：A】“甲公司每年维持经营所需的最低资本为 1 000 万元，但是有 4%的可能性需要 1 500 万元才能维持经营”，也就是说如果风险资本为 500 万元，那么这家公司的生存概率就是 96%，选项 A 正确。

[17]【答案：B】“南方石油公司成立了自己的专属保险公司，为母公司提供保险，并由母公司筹集总计 10 亿元的保险费，建立损失储备金”属于专业自保。改善公司现金流属于专业自保的优

点，选项 B 正确。

[18]【答案：C】本题考核风险理财措施中的损失事件管理。应急资本是一个金融合约，规定在某一时间段内、某个特定事件发生的情况下公司有权从应急资本提供方处募集股本或贷款（或资产负债表上的其他实收资本项目），并为此按时间向资本提供方缴纳权力费，这里特定事件称为触发事件。

[19]【答案：D】有 5%的可能性需要 1 500 万元才能维持运营，所以运营资本为 1 500 万元时公司的生存概率为 95%（1-5%=95%）。如果该公司风险资本为 510 万元，每年最低运营资本是 1 000 万元，所以该公司有 1 510 万元的营运资本，1 510 万元>1 500 万元，因此该公司的生存概率大于 95%。

[20]【答案：ABCD】2013 年修订发布的 COSO《内部控制框架》，控制环境要素应当坚持以下原则：①企业对诚信和道德价值观做出承诺，选项 A 正确。②董事会独立于管理层，对内部控制的制定及其绩效实施监控，选项 C 正确。③管理层在董事会的监控下，确立目标实现过程中所涉及的组织架构、报告路径以及适当的权利和责任。④企业致力于吸引、发展和留任优秀人才，以配合企业达成目标，选项 D 正确。⑤企业根据其目标，使员工各自担负起内部控制的相关责任，选项 B 正确。

[21]【答案：ACD】我国《企业内部控制基本规范》关于内部环境要素的要求包括：董事会负责内部控制的建立健全和有效实施；编制内部管理手册，使全体员工掌握内部机构设置、岗位职责、业务流程等情况；制定和实施有利于企业可持续发展的人力资源政策；企业应当在董事会下设立审计委员会。所以选项 A、C、D 正确，选项 B 说法有误。

[22]【答案：A】依据我国《企业内部控制基本规范》关于内部环境要素的要求：企业应当加强法制教育，增强董事、监事、经理及其他高级管理人员和员工的法制观念，严格依法决策、依法办事、依法监督，建立健全法律顾问制度和重大法律纠纷案件备案制度。选项 A 正确。

[23]【答案：CD】本题考核“内部环境要素”的知识点。选项 A 属于信息与沟通要素的内容，选项 B 属于控制活动要素的内容。

[24]【答案：A】我国《企业内部控制基本规范》关于内部环境要素的要求之一：企业应当在董事会下设立审计委员会。审计委员会负责审查企业内部控制，监督内部控制的有效实施和内部控制自我评价情况，协调内部控制审计及其他相关事宜等。审计委员会负责人应当具备相应的独立性、良好的职业操守和专业胜任能力，根据 COSO《内部控制框架》，凌云公司的上述做法属于内部控制要素中的控制环境，选项 A 正确。

[25]【答案：A】企业应当建立重大风险预警机制和突发事件应急处理机制，明确风险预警标准，对可能发生的重大风险或突发事件，制定应急预案、明确责任人员、规范处置程序，确保突发事件得到及时妥善处理，属于我国《企业内部控制基本规范》关于控制活动要素的要求中的第 10 条。

[26]【答案：D】①信息与沟通是企业及时、准确地收集、传递与内部控制相关的信息，确保信息在企业内部、企业与外部之间进行有效沟通。基本规范主要围绕内部和外部信息的收集、信息在内部和对外部相关者间的传递、信息技术平台、反舞弊机制、举报投诉制度和举报人保护制度等展开。②我国《内部控制基本规范》关于信息与沟通的要求中明确企业应当建立反舞弊机制，坚持“惩防并举、重在预防”的原则，明确反舞弊工作的重点领域、关键环节和有关机构在反舞弊工作中的职责权限。规范案件的举报调查、处理、报告和补救程序。

[27]【答案：A】德尔菲法又名专家意见法，是在一组专家中取得可靠共识的程序。其基本特征是专

家单独、匿名表达各自的观点，同时随着过程的进展，他们有机会了解其他专家的观点。德尔菲法采用背对背的通信方式征询专家小组的成员的意见，专家之间不得互相讨论，不发生横向联系，只能与调查人员发生关系。通过反复填写问卷，搜集各方意见，以形成专家之间的共识。所以选项 A 正确。

[28]【答案：D】按顺序化分为多个模块，并对各个模块逐一进行详细调查，识别出每个模块各种潜在的风险因素或风险事件，从而使公司决策者获得清晰直观的印象，属于风险管理技术与方法的流程图分析法。流程图分析是识别风险最常用的方法之一。其主要优点是清晰明了，易于操作，且组织规模越大，流程越复杂，流程图分析法就越能体现出优越性。通过业务流程分析，可以更好地发现风险点，从而为防范风险提供支持。局限性主要是该方法的使用效果依赖于专业人员的水平。

[29]【答案：B】如果系统未来的状况仅取决于其现在的状况，那么就可以使用马尔科夫分析(Markov Analysis)。这种分析通常用于对那些存在多种状态(包括各种降级使用状态)的可维修复杂系统进行分析。马尔科夫分析是一项定量技术，可以是不连续的(利用状态间变化的概率)或者连续的(利用各状态的变化率)。马尔科夫分析方法主要围绕“状态”这个概念展开。随机转移概率矩阵可用来描述状态间的转移，以便计算各种输出结果。

[30]【答案：D】风险评估系图法识别某一风险是否会对企业产生重大影响，并将此结论与风险发生的可能性联系起来，为确定企业风险的优先次序提供框架。选项 D 正确。

[31]【答案：A】本题考核“情景分析法”的知识点。情景分析法适用于通过模拟不确定性情景，对企业面临的风险进行定性和定量分析。鑫华基金公司按照较好、一般、较差三种假设条件，对公司未来可能遇到的不确定因素及其对公司收入和利润的影响作出定性和定量分析，从这里可以判断出鑫华基金公司使用的风险管理技术与方法是情景分析法。

[32]【答案：C】本题考核“敏感性分析”的知识点。敏感性分析是针对潜在的风险性，研究项目的各种不确定因素变化至一定幅度时，计算其主要经济指标变化率及敏感程度的一种方法。敏感性分析是在确定性分析的基础上，进一步分析不确定性因素对项目最终效果指标的影响及影响程度。

[33]【答案：AD】事件树分析法适用于对故障发生以后，在各种减轻事件严重性的影响下，对多种可能后果的定性和定量分析，甲林场所选择的风险管理方法是事件树分析法。主要优点：(1) ETA 以清晰的图形显示了经过分析的初始事项之后的潜在情景以及缓解系统或功能成败产生的影响；(2)它能说明时机、依赖性，以及故障树模型中很繁琐的多米诺效应；(3)它生动地体现事件地顺序。选项 AD 正确。

[34]【答案：C】“龙泉啤酒公司为了应对气候变化对产品销售的影响，对过去 3 年中气温与该公司啤酒销售量的变化进行了统计分析……并依据此规律和气象部门的预测，计算、推测出该公司下一年应实现的产品销售量”属于统计推论法，选项 C 正确。

[35]【答案：C】统计推论法分为前推、后推和旁推，其中前推就是根据历史经验和数据推断出未来事件发生的概率及其后果，所以甲公司用积累的销售数据推算年度销售风险属于前推。

[36]【答案：CD】马尔科夫分析法适用于对复杂系统中不确定性事件及其状态改变的定量分析，选项 A 错误。敏感性分析法适用于对项目不确定性对结果产生的影响进行的定量分析，选项 B 错误。失效模式影响和危害度分析法适用于对失效模式、影响及危害进行定性或定量分析，还可以对其他风险识别方法提供数据支持，选项 C 正确。情景分析法通过模拟不确定性情景，对企业面临的风险进行定性和定量分析，选项 D 正确。

第 8 章 企业面对的主要风险与应对

本章思维导图

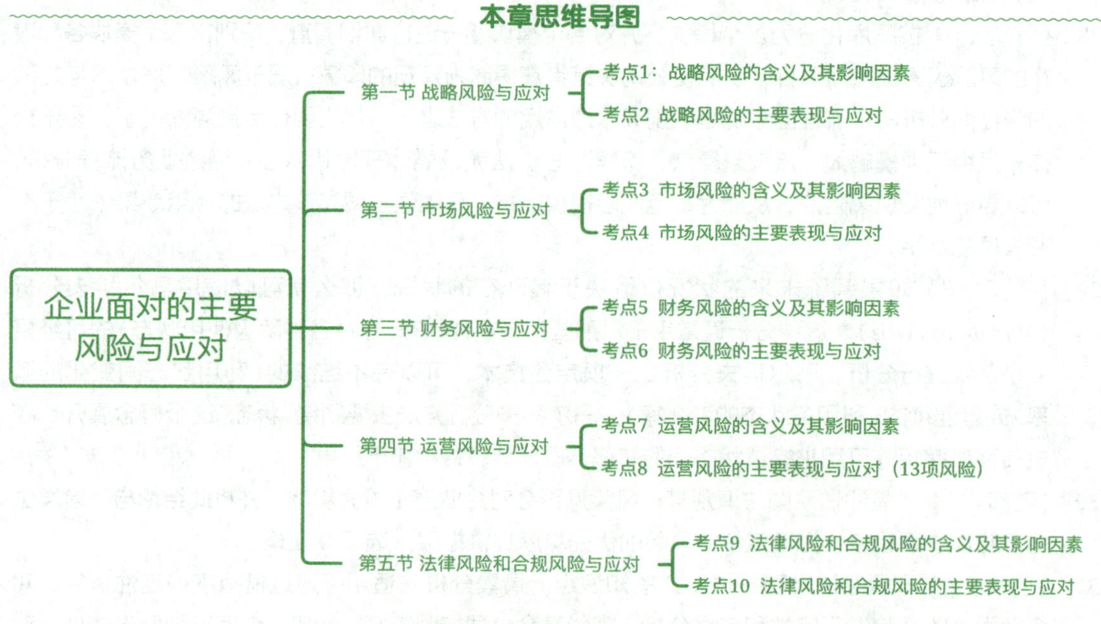

近5年题型题量分值

年份	2017	2018	2019	2020	2021	2022
单选题	2 题 2 分	2 题 2 分	1 题 1 分	1 题 2 分	–	–
多选题	4 题 6 分	1 题 1.5 分	–	–	1 题 1.5 分	–
简答题	1 题 6 分	1 题 4 分	1 题 8 分	–	2 题 4 分	1 题 2 分
综合题	1 题 6 分	1 题 3 分	2 题 5 分	4 题 11 分	1 题 3 分	–
合计	20 分	10.5 分	14 分	13 分	8.5 分	2 分

本章是2023 年教材新增的一章，是由 2022 年战略教材第六章第二节重新编写，是基于对不同行业企业的广泛适用性和管理的重要性考虑，主要依据《中央企业全面风险管理指引》《企业内部控制应用指引》等，紧紧围绕影响企业经营目标实现最为常见的战略风险、市场风险、财务风险、运营风险、法律风险和合规风险等五大类型进行阐述。其中尤其要注意新增加的风险应对措施，其记忆量比较大，难度较高，需耐心掌握，以应对主观题。

扫码畅听增值课

第一节　战略风险与应对

一、战略风险的含义及其影响因素

考点 1　战略风险的含义及其影响因素（2023 年新增，★★★，掌握，客观题和主观题）

【考点母题——万变不离其宗】战略风险的含义

<table>
<tr><td>定义</td><td>战略风险是指企业在运用各类资源与能力追求发展的过程中，因自身要素与外部复杂环境匹配失衡而引发企业在实现战略目标中产生的各种阻碍或者机遇。</td></tr>
<tr><td rowspan="2">理解</td><td>(1) 下列关于战略风险的含义说法正确的有（　）</td></tr>
<tr><td>A. 战略风险基于未发生的各种不确定性事件，已经发生的确定性事件不属于企业战略风险的考虑范围
B. 虽然影响企业战略的因素很多，但并不是每个可能性事件都构成战略风险，只有当某个事件的偶然发生影响到战略目标实现时，它才成为战略风险</td></tr>
</table>

【考点母题——万变不离其宗】战略风险的影响因素

<table>
<tr><td colspan="2">战略风险的影响因素既来源于企业外部，即企业的战略环境，也来源于企业内部，即企业的战略资源、战略能力、战略定位和领导者的领导力等。</td></tr>
<tr><td colspan="2">(1) 企业战略风险的影响因素有（　）。</td></tr>
<tr><td>A. 企业的战略环境（外部）</td><td>例如，政治法律环境、经济环境、社会环境、技术环境、行业状况、竞争对手战略等。企业战略环境是企业战略风险的重要来源之一。
● 企业外部政治环境、经济环境、社会环境的改变会直接影响企业的战略方向；
● 技术环境的改变可能产生新赛道，也可能使得老技术完全被替代，直接打破企业原有的战略布局，同时形成战略风险；
● 行业变动、竞争对手战略改变，也会对企业战略产生重大影响。</td></tr>
<tr><td>B. 企业的战略资源（内部）</td><td>企业战略资源是对企业战略管理具有重大、直接影响的资源，包括有形资源、无形资源和人力资源等。
● 有形资源对企业战略目标的实现发挥重要物质和财务保障作用，有形资源短缺会造成战略风险；
● 无形资源是维持企业在技术、市场、文化及组织经验等方面竞争优势的基础性资源，无形资源不足将难以支撑企业战略的实施，从而酿成战略风险；
● 人力资源是企业高效运营的关键性资源，人力资源质量低劣或数量不足，将使企业的战略制定和战略实施失误或失效，从而导致战略风险。</td></tr>
</table>

续表

C. 企业的**战略能力**(内部)	企业的战略能力是指企业通过配置战略资源达成战略目标的能力。企业战略能力包括**研发能力、生产管理能力、营销能力、财务能力和组织管理能力**等。战略能力强的企业，能够对企业战略资源进行合理、有效的整合，形成核心竞争力，取得持久的竞争优势，而战略能力弱的企业难以有机组合、高效使用各类战略资源，从而面临丧失生产经营竞争力的战略风险。
D. 企业的**战略定位**(内部)	企业的战略定位对战略风险的产生有重大作用。战略定位的内容主要包括**战略目标、企业使命、战略类型和战略实施途径的选择**。战略定位应与企业战略环境相适应，同时与企业自身战略资源和战略能力相匹配。企业如对战略环境和自身战略资源、战略能力缺乏清醒、客观的认识，必然造成战略定位失当、战略选择脱离企业内部和外部的实际，从而使企业面临战略风险。
E. 企业**领导者的领导力**(内部)	企业领导者是企业战略选择和实施的决策者、组织者与推动者，其**决策及管理风格、学识水平、认知能力、阅历经验、风险偏好、知识结构**都会影响他们对战略管理过程的领导力，从而从根本上决定企业战略的得失成败。不同企业领导者的领导力的差别，会给这些企业带来不同程度的战略风险。

【考点子题——举一反三，真枪实练】

[1]（例题·单选题）甲公司是一家环保设备制造商，其战略风险的影响因素可能有(　)。

A. 企业的资金　　　　B. 企业的研发能力

C. 领导者的领导力　　D. 政府新出台的环保政策

二、战略风险的主要表现与应对

考点2 战略风险的主要表现与应对（2023年新增，★★★，客观题和主观题）

【考点母题——万变不离其宗】战略风险的主要表现与应对

简述战略风险不同阶段的**主要表现及应对措施**。		
阶段	**风险**	**应对(管控措施)**
战略制定	**缺乏明确且符合企业发展实际的战略目标，可能导致企业脱离实际盲目发展，难以形成竞争优势，丧失发展机遇和动力。**	企业应重点关注和采用**战略信息收集、战略研究**等方面的管控措施。 (1)**制定战略前**，企业战略归口管理部门通过内外部信息渠道广泛收集有关国家政治法律、宏观经济、国内外行业动态、市场发展趋势和竞争对手动态等信息，深入了解、系统剖析企业自身的战略资源与战略能力状况，分析、评估企业内外环境中的重要因素对企业战略造成的影响，明确企业面临的机遇、威胁、优势及劣势，并提交至决策层审阅，为企业制定战略规划提供参考意见

续表

战略制定	**缺乏明确且符合企业发展实际的战略目标，可能导致企业脱离实际盲目发展，难以形成竞争优势，丧失发展机遇和动力。**	及决策支持； (2)**制定战略时**，企业应组织专业人员开展研究工作，专业人员主要包括企业内部战略归口管理部门的主要人员、企业内部有丰富战略制定与实施经验的人员、纳入企业战略专家库的人员、企业外部专业战略咨询机构的人员等。经深入分析和反复讨论，形成清晰、全面的战略规划报告，其中包括对企业长期生存与发展具有前瞻性、指导性、全局性的战略定位和相应的实施方案，报决策机构批准。
战略实施	**战略实施人员方面**的风险主要表现在： **没有或缺少战略实施人员的参与，将导致战略实施与经营系统脱节，从而使任何良好的战略都得不到正确、有效的贯彻执行甚至失败。**	(1)企业应对战略实施人员方面的风险可采取如下管控措施： ①企业应该配置恰当的战略实施人员来推进和实现战略落地，战略实施人员必须具备相关的知识以及能力；企业应制定和实行相应的培养战略实施人才、防止战略实施人才流失的政策。 ②战略实施人员应参与企业战略制定、战略实施、战略调整和战略复盘整改的全过程，把握战略风险，进行事前控制、事中控制和事后控制。
	战略实施组织方面的风险王要表现在： **(1)战略信息缺乏真实性、准确性和完整性；战略信息传递不通畅，甚至受阻。** **(2)组织结构与战略不匹配，可能导致战略无法落实到企业经营的各项业务中。** **(3)缺乏充分的激励和充足的资源支持，可能导致战略推进速度缓慢，战略实施效率低下。**	(2)企业应对战略实施组织方面的风险可采取如下管控措施： ①改进、完善信息收集、传递系统与机制，保证企业掌握的战略信息真实、准确、完整，并在企业各层级、各单位之间顺畅传递。 ②建立、完善与企业战略相匹配的组织结构。 ③战略分解。公司应将战略规划中战略定位的相关内容通过经营计划层层分解落实到各级经营管理活动中，同时开展广泛的宣导工作，把战略及其分解落实情况传递到各个管理层和全体员工。 ④加强战略激励和资源支持。在战略实施过程中，企业应该明确各层级、各单位人员的战略实施责任，制定并实行相应的激励措施，提供足够的支持战略实施的资源，以提高战略实施的效率和效果。
战略调整	战略调整通常发生在以下几种情况中： **(1)战略过于激进或过于保守。** **(2)战略方向失准、失误。** **(3)战略部署失当。** **(4)管理层或决策层轮换。**	(1)基于企业战略滴整的实际需要，决策层会同战略归口管理部门、战略实施人员在深入研究和谨慎论证的基础上，确定战略调整目标，制定战略调整方案，并经过必要的审批流程传达给相关部门和人员。 (2)决策层组织相关部门和人员，通过一定的程序和机制，采用恰当的措施，落实战略方案，推进并实现战略调整或战略转型。

续表

战略复盘整改	**企业如未及时开展战略复盘和整改行动，可能导致企业不能利用机遇、回避威胁，经营陷入困境，甚至破产。**	(1)企业应经常组织战略实施人员、相关专业人员开展战略复盘，对企业战略环境进行严密监测，及时觉察各种重大变化及其苗头的出现，对当前局面及未来趋势进行判断和预测，同时采用多种科学方法，从不同角度对战略实施和战略调整的效果进行检查评估，分析战略成功或失败的原因。 (2)针对在战略复盘中发现的问题及产生问题的原因企业应及时组织相关部门制定战略整改方案，采取有效措施落实该方案的内容，并对落实的结果和效果进行检查、评估和反馈。

【考点子题——举一反三，真枪实练】

[2] (例题·简答题)L公司是全国大型日用化工生产企业，客户定位为国内消费者。L公司曾成功研发出国内第一支中药牙膏，填补了当时国内市场的空白。中药牙膏的创新设计，将中华传统文化与现代日用产品相结合，改变了当时国内消费者的认知，其产品因此推动了一阵“国潮热”。在此后的15年间，L公司坐稳了国产牙膏生产商的头把交椅。L公司1994年改制为股份公司，2004年成功登陆资本市场，成为国内第一家以牙膏为主业的上市企业。L公司上市之后战略发生改变，采用“多元化”战略，在多个行业投资建立了多家子公司，但是投资效果不如预期，副业大多连年亏损。在副业亏多赚少的影响下，主业的生存空间也被国内外竞争者压缩。公司的“多元化”战略不仅没有给公司带来良性发展，反而造成“主业衰退，副业不兴”如今L公司想要回归主业，但是，L公司一家独大的市场环境已经不复存在，能否走出低谷再现辉煌仍是未知数。

L公司采用多元化战略的情况如下：

(1)战略制定。随着国内外日化巨头加入竞争，L公司主业的市场份额逐渐萎缩，加之L公司走尚资本市场获得了充足的现金流，于是L公司开始布局“多元化”。L公司多元化的初衷是分散风险，为自己的主业输血，但是未想到迈出的这一步，为自己带来了诸多风险。主要原因在于L公司的“多元化”战略是通过盲目投资开展的。L公司在制定战略时，只关注当时市场上盈利较高的行业，既未对自身战略资源适配情况进行详细的分析，也未对即将投资行业的周期性进行分析，导致战略脱离实际，战略实施困难重重。

(2)战略实施。2004-2018年，L公司通过并购成立了数家子公司，业务范围涉及与日化行业相关的医药、造纸、洗涤等产业，以及与日化行业关联性不强的蔗糖、房地产等产业，甚至脱离实业进入资本经营、证券投资等高风险高收益行业。但是，L 公司没有提前配置恰当的战略实施人员、足够的战略资源来支持多元化进程，也未对并购后成立的子公司进行有效整合，致使这些子公司大多处于长期大额亏损状态，虽有少数子公司盈利，但由于规模过小，无法填补其余企业的亏损。此外，自 2004 年开始实施“多元化战略”，L 公司一直忽略主业的发展，同时子公司的长期亏损导致 L 公司资金链紧张，没有足够的资金支持主业发展，主业的市场占有率从最高点的 20%一路下降到不足 1%。

(3) 战略调整。L 公司面对投资受挫、主营业务下滑的困境，采取过一些措施来进行战略调整，力图稳固、加强主业的发展。例如：2013 年推出牙膏高端产品，但是定价过高导致市场失败；2015 年面对经营业绩每况愈下的境地，先是签约国内某著名男演员为代言人，打出“民族品牌”的噱头，试图激起大众对 L 公司产品的消费热情；2017 年尝试在流量经济时代通过热播电视剧中的广告软植入开展产品宣传。但是，这些战略调整没有涉及抛售严重亏损的子公司，没有触及 L 公司面临的真正风险，L 公司的主打产品也在被国内外竞争者不断挤压的市场上被消费者渐渐淡忘。

(4) 战略复盘整改。2018 年是 L 公司诞生 40 周年，在这 40 年间该公司既辉煌过也落寞过，其主营产品曾受到众多消费者青睐，也曾摆在货架上无人问津。L 公司未曾认真、系统复盘过自己的多元化战略制定、实施和调整的过程；没有深入思考过多元化战略给公司带来了什么，其实施和调整的效果是否达到预期目标；没有仔细查找公司采取多元化战略以后主业逐渐衰落、公司整体经营每况愈下的原因何在。直到证监会一纸问询函将 L 公司惊醒。L 公司在回复函中表示将回归主业，重新定位各个副业，对它们进行整合或剥离，以减少副业亏损，达到副业支持主业、副业与主业协调发展的目的。L 公司能否上演“破茧成蝶”的大戏还有待观望。

要求：简要分析 L 公司所存在战略风险的主要表现。

第二节 市场风险与应对

一、市场风险的含义及其影响因素

考点 3 市场风险的含义及其影响因素（★★★，掌握，客观题和主观题）

【考点母题——万变不离其宗】市场风险的含义及其影响因素

定义	市场风险是指企业所面对的外部市场的复杂性和变动性所带来的与经营相关的风险。
市场风险的**影响因素**	(1)市场风险的来源应主要考虑的因素有（ ）
	A. 产品或服务的价格及供需变化带来的风险 B. 能源、原材料、配件等物资供应的充足性、稳定性和价格变化带来的风险 C. 主要客户、主要供应商的信用风险 D. 利率、汇率、股票价格指数的变化带来的风险 E. 潜在进入者、竞争者、替代品的竞争带来的风险

二、市场风险的主要表现与应对

考点 4 市场风险的主要表现与应对（2023 年新增，★★★，掌握，客观题和主观题）

【考点母题——万变不离其宗】市场趋势风险的主要表现与应对

定义	**市场趋势是**对一个或几个有确定意义的市场影响因素所做的持续反应。
风险	(1)企业**市场趋势风险**主要表现在（ ）。
	A. 企业未开展对整体市场、竞争对手的分析以及对不同层次客户需求的调研，未制定有效的市场竞争策略，可能导致企业失去现有市场份额，影响公司的市场竞争力 B. 企业未能把握监管当局的政策导向及宏观环境、市场环境的变化，可能导致企业产品、服务的推广及销售受到影响 C. 企业未能预测并适应消费者偏好的变化，从而未能及时调整产品和服务结构，可能导致企业失去核心市场地位

续表

应对 （管控措施）	（2）企业应对**市场趋势风险**的管控措施有（　）。
	A. 企业应定期开展整体市场趋势、竞争对手分析，运用大数据深入挖掘、掌握各类客户的需求，及时更新市场竞争策略，保持自身经营特色并维护品牌形象，提高企业在市场上的竞争力 B. 企业应当主动识别、管理和应对国家和地方的政策法规中对企业不利的因素，积极与国家和当地政府相关部门建立良好的沟通，及时获知政策导向并采取相应措施

【考点母题——万变不离其宗】分销风险的主要表现与应对

定义	**分销**是指商品从制造商向消费者流动的全过程。分销风险是指出现不利的环境因素而导致制造商的市场活动受损甚至失败。
风险	（1）企业**分销风险**主要表现在（　）。
	A. 外部市场的改变使现有营销活动丧失吸引力，可能导致企业失去部分或全部市场份额 B. 企业未制定完善的品牌战略，未有效细分品牌，未制定有效的品牌管理措施，可能导致企业丧失知名度 C. 企业未能准确把握政府对企业产品定价的要求，可能导致企业违反政府关于最高零售价、流通差价率、期间费用率控制的要求 D. 企业对核心产品过分依赖，或者企业的产品过于单一，可能导致企业不能通过增加品种提高产品附加值，也不能积极应对市场波动 E. 企业未能建立分销商评级及监管机制，分销商表现不佳，可能导致公司声誉受到影响 F. 企业未能在目标市场实现既定的销售任务，可能导致企业战略目标及经营目标难以落实 G. 企业未能建立规范的客户管理体系和客户服务流程，未能有效维护与目标客户的关系，可能导致企业形象受损
应对 （管控措施）	（2）企业应对**分销风险**的管控措施有（　）。
	A. 企业应根据市场变化制定或及时调整产品营销策略，统筹营销活动，通过有效的产品推广活动及技术手段在市场竞争中巩固、提高市场份额和产品优势 B. 企业应制定和实施完善的品牌战略，有效传达产品的品牌价值，维护、提高品牌在目标人群中的知名度 C. 企业应遵守、执行政府颁布的价格法规和价格政策，加强对商品定价的科学管理，规范产品及服务定价流程，制定价格保密措施，降低价格不合理或价格信息外泄的风险 D. 企业应定期分析产品结构，合理确定产品种类和品种数量，加强产品开发，对产品生命周期进行有效管理广并根据市场情况及时调整产品结构 E. 企业应制定并实施有效的渠道管理政策，建立、完善对分销商的评级、监管机制，防范窜货行为，防止出现经销商的不良行为影响企业品牌、声誉和产品销售的现象 F. 企业应制定并完善销售管理流程，合理制订销售计划，定期检查销售计划执行情况，合理安排销售人员的销售任务并制定相应的激励措施，提高销售人员的积极性 G. 企业应建立完善的客户管理体系、规范的客户服务流程及标准，在保证企业利益的同时满足客户要求，建立、维护与目标客户的有效沟通和良好关系

【考点子题——举一反三，真枪实练】

[3] (例题·简答题)主营SZ口服液的SZ公司成立于1994年，在成立后的短短三年间，该公司的销售，额从1亿多元跃增至80亿元，但到了1997年，SZ公司的销售额比上一年锐减10亿元，第一次出现年度销售任务未完成的情况，造成多项经营目标没有达到。1999年，SZ公司的200多个子公司停业，所有的工作站和办事处几乎全部关闭。2000年，SZ公司网站消失，全国销售近乎停止。SZ公司曾经旋风式的成功和断崖式的坠落引发人们的深度思考。

1995年，SZ公司处在鼎盛时期，产品供不应求，管理层采取了“销售为王”的政策，没有重视和开展品牌建设、对SZ口服液进行有效的品牌管理，也没有制定客户管理制度和客户服务流程，一些销售人员对客户态度粗暴，服务不周，引起不少客户对：公司反感并流失。SZ公司在很短时间内匆匆成立了一个下辖产品营销中心、战区指挥，部、子公司、分公司、工作站等五级组织共几百个销售公司的销售总公司，销售人员的数量达到十几万之多。与此同时，SZ公司在没有对市场现状和走势进行深入分析、对竞争对手的竞争策略以及各类客户的需求进行周密调研的情况下，提出未来发展规划：首先，研制出一个成功的拳头产品，并铺开一个庞大的营销网络；其次，在营销网络四处伸展的同时，不断开发出一个又一个新产品，陆续装进这个网络；再次，待每个新产品成熟后，又裂变出一个个营销子网络，最终把SZ公司建设成一个庞大的“生物药品王国”。为了实现这个规划，SZ公司在广告法规执行尚不完善的90年代，宣传SZ口服液能够包治百病；一些分销商为了扩大产品的销售，无限夸大SZ口服液的功效。销售额暴增之后，SZ公司的高曾被高额莉润冲昏了头脑，既把产品的质量抛诸脑后，又没有适应政府监管趋紧和消费者偏好的变化，及时调整产品结构、开发新产品。进入1997年后，SZ公司及其经销商对SZ口服液的虚假宣传被事实戳穿并遭媒体多次曝光，SZ口服液销量持续大幅下降，SZ公司没能推出后续产品以弥补不断缩小的市场份额，直至市场全部丧失。

要求：简要分析SZ公司的市场风险。

第三节　财务风险与应对

一、财务风险的含义及其影响因素

考点5 财务风险的含义及其影响因素（★★★，掌握，客观题和主观题）

【考点母题——万变不离其宗】财务风险的含义及其影响因素

定义	财务风险是指企业在生产经营过程中，由于宏观经济、监管政策等外部环境或企业战略目标、管控模式、企业文化等内部因素，导致企业财务相关管理活动不规范或财务成果（收入、利润等）和财务状况（资产、负债、所有者权益）偏离预期目标的不确定性。
财务风险的**影响因素**	（1）财务风险的影响因素有（　）
	A. 因预算编制、执行或考核存在偏差而导致的风险 B. 因筹资决策不当、筹集资金运用不合理可能引发的风险 C. 因资金调度不合理、管控不严而导致的风险 D. 因企业投资决策不当、缺乏投资实施管控而导致的风险 E. 因财务报告编制、分析、披露不准确、不完整可能引发的风险 F. 因企业担保决策失误、监控不当而导致的风险

二、财务风险的主要表现与应对

考点6 财务风险的主要表现与应对（2023年新增，★★★，掌握，客观题和主观题）

【考点母题——万变不离其宗】全面预算管理风险与应对

定义	**全面预算**是指企业对一定期间的经营活动、投资活动、财务活动等做出的预算安排，其具有规划、控制、引导企业经济活动有序进行，以最经济有效的方式实现预定目标的功能，可以实现企业内各部门之间的协调，也是业绩考核的重要依据。
风险	（1）企业全面预算管理存在的风险主要表现在（　）。
	A. 不编制预算或预算不健全，可能导致企业经营缺乏约束或盲目经营 **B. 预算目标不合理、编制不科学，可能导致企业资源浪费或发展战略难以实现** **C. 预算缺乏刚性、执行不力、考核不严，可能导致预算管理流于形式**

续表

<table>
<tr><td rowspan="2">应对
（管控措施）</td><td>（2）企业应对全面预算管理风险的管控措施有（　）。</td></tr>
<tr><td>A. 关于预算编制与下达：企业应该明确各部门、各下属单位的预算编制责任，确保企业经营、投资、财务等各项经济活动的各个环节都纳入预算编制范围，形成由经营预算、投资预算、筹资预算、财务预算等一系列预算组成的相互衔接和勾稽的综合预算体系。企业应当根据发展战略和年度生产经营计划，综合考虑预算期内经济政策、市场环境等因素，按照上下结合、分级编制、逐级汇总的程序，选择或综合运用固定预算、弹性预算、滚动预算等方法编制年度全面预算，并按照相关法律法规及企业章程的规定报经审议批准。批准后，应当以文件形式下达执行
B. 关于预算指标分解和责任落实：企业全面预算批准下达后，各预算执行单位应当认真组织实施，按照定量化、全局性、可控性原则，将预算指标层层分解，从横向和纵向落实到各部门、各环节和各岗位，明确预算执行责任。同时，将年度预算细分为季度、月度预算，通过实施分期预算控制，实现年度预算目标
C. 关于预算执行：企业应当加强资金收付业务的预算控制，及时组织资金收入，严格控制资金支付，调节资金收付平衡，防范支付风险。对于超预算或预算外的资金支付，应当实行严格的审批制度。企业应建立预算执行实时监控制度，及时发现和纠正预算执行中的偏差，确保各项业务运营均应符合预算要求。对于工程项目、对外投融资等重大预算项目，企业应当密切跟踪其实施进度和完成情况，实行严格监控。企业应建立健全预算执行情况内部反馈和报告制度，汲时报告、反馈预算执行进度、、执行差异及其对预算目标的影响，促进企业全面预算目标的实现
D. 关于预算分析与调整：企业应当建立预算执行情况分析制度，充分收集有关财务、业务、市场、技术、政策、法律等方面的信息资料，从定性和定量两个层次分析预算执行情况，在定期的预算执行会议中通报，并及时研究预算执行中存在的问题，提出改进措施，落实改进责任。原则上，企业批准下达的预算应当保持稳定，不得随意调整。但是，当市场环境、国家政策或不可抗力等客观因素导致预算执行发生重大差异确需调整预算的，应由企业预算执行部门逐级向预算管理部门提出书面申请，详细说明预算调整理由、调整建议方案、调整前后预算指标的比较、调整后预算指标可能对企业预算总目标的影响等内容，根据规定程序经审批下达后，予以严格执行
E. 关于预算考核：企业应当建立完善的预算执行考核制度，定期组织预算执行情况考核。在考核周期方面，一般与年度预算细分周期相一致，即一般按照月度、季度实施考评，预算年度结束后再进行年度总考核。在考核主体和考核对象界定方面，须做到上级预算责任单位对下级预算责任单位实施考核，预算执行单位的直接上级对其进行考核（间接上级不能隔级考核间接下级），预算执行与预算考核相互分离。在考核指标体系设计方面，采用定量与定性相结合的方式，以各责任中心承担的预算指标为主，增加一些全局性的预算指标和与其关系密切的相关责任中心的预算指标，且考核指标须具备可控性、可达到性和明晰性。在考核执行方面，坚持公开、公平、公正的原则，考核过程及结果应有完整的记录，且奖惩措施要公平合理并得到及时落实</td></tr>
</table>

【考点母题——万变不离其宗】筹资管理风险与应对

<table>
<tr><td>定义</td><td colspan="1">筹资活动是企业资金活动的起点，也是企业整个经营活动的基础。通过筹资活动，企业取得投资和日常生产经营活动所需的资金，从而使企业投资、生产经营活动能够顺利进行。</td></tr>
<tr><td rowspan="2">风险</td><td>(1)筹资管理存在的风险主要表现在(　)。</td></tr>
<tr><td>A. 筹资决策不当，引发资本结构不合理或无效融资，可能导致企业筹资成本过高或债务危机
B. 未按审批的筹资方案执行筹资活动，擅自改变资金用途，未及时偿还债务或进行股利分配，可能导致公司发生经济纠纷或诉讼</td></tr>
<tr><td rowspan="2">应对
(管控措施)</td><td>(2)企业应对筹资管理风险的管控措施有(　)。</td></tr>
<tr><td>A. 关于筹资方案可行性论证：企业应当根据筹资目标和规划，结合年度全面预算，拟订筹资方案，明确筹资金额、筹资形式、利率了筹资期限、资金用途等内容，并组织相关专家对筹资方案进行论证，包括战略评估、经济性评估、风险评估等。重大筹资方案应当形成可行性研究报告，全面反映风险评估情况
B. 关于筹资方案审批：企业应当对筹资方案进行严格审批，重点关注筹资用途的可行性和相应的偿债能力。对于重大筹资方案，应当按照规定的权限和程序实行集体决策或者联签制度。筹资方案发生重大变更的，应当重新进行可行性研究并履行相应审批程序
C. 关于筹资方案实施：企业应当根据批准的筹资方案，严格按照规定权限和程序筹集资金。仔细审核筹资合同、协议等法律文件，确保其载明筹资数额、期限、利率、违约责任等内容，防止因合同条款的疏漏而给企业带来潜在的不利影响。企业应当严格按照筹资方案确定的用途使用资金，由于市场环境变化等确须改变资金用途的，应当履行相应的审批程序。同时，企业应当加强债务偿还和股利支付环节的管理，按照筹资方案或合同约定的本金、利率、期限、汇率及币种，准确计算应付利息，与债权人核对无误后按期支付；对于以股票方式筹资的，应当选择合理的股利分配政策，且股利分配方案应当经过股东(大)会批准，并按规定履行披露义务
D. 关于筹资会计系统控制：企业应健全筹资业务的记录、凭证和账簿，按照国家统一会计准则制度，正确核算和监督资金筹集、本息偿还、股利支付等相关业务，妥善保管筹资合同或协议、收款凭证、入库凭证等资料，定期与资金提供方进账务核对，确保筹资活动符合筹资方案的要求</td></tr>
</table>

【考点母题——万变不离其宗】资金营运管理风险与应对

<table>
<tr><td>定义</td><td>企业资金营运活动是一种价值运动，为保证资金价值运动的安全、完整、有效，企业资金营运活动应按照设计严密的流程进行控制。</td></tr>
<tr><td rowspan="2">风险</td><td>(1)企业资金营运活动存在的风险主要表现在(　)。</td></tr>
<tr><td>A. 资金调度不合理、营运不畅，可能导致企业陷入财务困境或资金冗余
B. 资金活动管控不严，可能导致资金被挪用、侵占、抽逃或遭受欺诈</td></tr>
</table>

续表

应对（管控措施）	(2)企业应对资金营运管理风险的管控措施有(　)。
	A. **关于资金收付**：企业应当以业务发生为基础，严格规范资金的收支条件、程序和审批权限，确保资金收付有依据。企业在生产经营及其他业务活动中取得的资金收入应当及时入账，不得账外设账，严禁收款不入账、设立“小金库”。企业办理资金支付业务，应当明确支出款项的用途、金额、预算、限额、支付方式等内容，并附原始单据或相关证明，履行严格的授权审批程序后，方可安排资金支出。严格规定出纳人员根据资金收付凭证登记日记账，会计人员根据相关凭证登记有关明细分类账，主管会计登记总分类账，健全并严格执行稽核、盘点制度，确保账证相符、账账相符、账表相符、账实相符 B. **关于现金管理**：企业应当建立健全现金管理制度，规定库存现金缴存机制，现金开支范围及限额，规定现金业务的授权批准方式、权限、程序、责任和相关控制措施。确保现金交易事项都经适当授权审批，且被准确、完整地记录在适当的会计期间。企业应定期执行库存现金盘点，如发现盘盈、盘亏情况，应及时调查原因，进行账务处理 C. **关于银行账户管理**：企业应明确银行账户开立、变更和撤销的流程，确保相关操作在完成适当的授权审批后才可执行。企业应定期开展银行对账，编制银行存款余额调节表，确保相关收付款交易均被真实、准确、完整地记录在适当的会计期间。同时，企业应定期开展银行账户清理，及时关闭闲置账户 D. **关于票据与印章管理**：企业应当严格贯彻不相容职务分离的原则，严禁将办理资金支付业务的相关印章和票据集中一人保管，印章要与空白票据分管，财务专用章要与企业法人章分管。明确各类票据购买、保管、领用、背书转让、注销等环节的职责权限和处理程序，并专设登记簿进行记录，防止空白票据的遗失和被盗用。确认企业票据的开立、使用和印章使用等经过适当的授权审批，确保企业资金安全 E. **关于费用报销**：企业应当建立、健全费用报销管理制度，明确报销申请审批流程，确保所有费用报销事项经过适当的审批，费用报销金额准确、合理，费用报销原始凭证真实、完整、有效。同时，费用报销业务应及时反映在会计记录中，以保障财务报告的准确、完整

【考点母题——万变不离其宗】投资管理风险与应对

定义	企业投资活动是筹资活动的延续，也是筹资的重要目的之一。投资活动作为企业的一种盈利活动，对于企业资金的运作、筹资成本补偿和企业利润创造，具有举足轻重的意义。
风险	(1)企业资金营运活动存在的风险主要表现在(　)。
	A. 投资决策失误，引发盲目扩张或丧失发展机遇，可能导致资金链断裂或资金使用效益低下 **B. 未按审批的投资方案执行投资活动，未对投资项目开展有效的后续跟踪和监控，或对投资项目处置不当，可能影响企业投资收益**

续表

应对（管控措施）	(2)企业应对应对投资管理风险的管控措施有(　)。
	A. **关于投资方案可行性论证**：企业应根据自身发展战略和规划，结合企业资金状况以及筹资可能性，制定投资项目规划，科学确定投资项目，拟定投资方案。企业应当加强对投资方案的可行性研究，重点对投资目标、规模、方式、资金来源、风险与收益等做出客观评价 B. **关于投资方案决策**：企业应当按照规定的权限和程序对投资项目进行决策审批，其中，对于股权类投资项目，重点审查投资方案是否合理可行，投资项目是否符合国家产业政策及相关法律法规的规定，是否符合企业整体战略目标和规划，尽调工作是否充分、尽调发现的问题及风险是否可控、投资目标能否达成等；对于期货、债券等金融资产类投资，重点审查是否符合企业资产流动性要求，风险等级是否符合企业风险承受能力，是否具有相应的资金能力，投入资金能否按时收回，预期收益能否实现等。重大投资项目，应当按照规定的权限和程序实行集体决策或者联签制度。投资方案发生重大变更的，应当重新履行相应审批程序 C. **关于投资方案实施**：企业应该根据审批通过的投资方案，按照规定的权限和程序开展投资合同或协议的审批、签订，并制订切实可行的具体投资计划，报有关部门审批。根据投资计划进度，严格分期、按进度适时投放资金，严格控制资金流量和时间。对于股权类投资，企业应当指定专门机构或人员对投资项目进行跟踪管理，及时收集被投资方经审计的财务报告等相关资料，定期组织投资效益分析，关注被投资方的财务状况、经营成果、现金流量以及投资合同履行情况，若发现异常情况，应当及时报告并妥善处理。企业应根据实际需要适时选择部分已完成的重要投资项目开展后评价，总结投资经验，完善企业投资决策机制，提高投资管理水平 D. **关于投资处置**：企业应该加强投资收回和处置环节的控制，对投资收回、转让、核销等决策和审批程序做出明确规定。重视投资到期本金的回收。转让投资时应由相关机构或人员合理确定转让价格，报授权批准部门批准，必要时可委托具有相应资质的专门机构进行评估。对于到期无法收回需要进行核销的投资，应当取得不能收回投资的法律文书和相关证明文件。 E. **关于投资会计系统控制**：企业应当按照会计准则的规定，准确进行投资的会计处理。根据对被投资方的影响程度，合理确定投资业务适用的会计政策，建立投资管理台账，详细记录投资对象、金额、持股比例、期限、收益等事项，妥善保管投资合同或协议、出资证明等资料。对于被投资方出现财务状况恶化、当期市价大幅下跌等情形的，企业财会机构应当根据国家统一的会计准则和制度规定，合理计提减值准备，确认减值损失

【考点母题——万变不离其宗】财务报告风险与应对

定义	财务报告是反映企业某一特定日期财务状况和某一会计期间经营成果、现金流量的文件，是企业投资者、债权人做出科学投资、信贷决策的重要依据。
风险	(1)企业财务报告存在的风险主要表现在(　)。
	A. 编制财务报告违反会计法律法规和国家统一的会计制度，可能导致企业承担法律责任和声誉受损 **B. 提供虚假财务报告，误导财务报告使用者，造成决策失误，干扰市场秩序** **C. 不能有效利用财务报告，难以及时发现企业经营管理中存在的问题，可能导致企业财务和经营风险失控**

续表

<table>
<tr><td rowspan="2">应对
(管控措施)</td><td>(2)企业应对财务报告风险的管控措施有( )。</td></tr>
<tr><td>A. 关于财务报告编制：企业应当重点关注会计政策和会计估计，对财务报告产生重大影响的交易和事项的处理，应当按照规定的权限和程序进行审批；按照国家统一的会计制度规定，根据登记完整、核对无误的会计账簿记录和其他有关资料编制财务报告，做到内容完整、数字真实、计算准确，不得漏报或者随意进行取舍。企业集团应当编制合并财务报表，明确合并财务报表的合并范围和合并方法，如实反映企业集团的财务状况、经营成果和现金流量。
B. 关于财务报告对外提供：企业应当依照法律法规和国家统一的会计制度的规定，及时对外提供财务报告。企业财务报告编制完成后，应当装订成册，加盖公章，由企业负责人、总会计师或分管会计工作的负责人、财会部门负责人签名并盖章。财务报告须经注册会计师审计的，注册会计师及其所在的事务所出具的审计报告，应当随同财务报告一并提供。企业对外提供的财务报告应当及时整理归档，并按有关规定妥善保存。
C. 关于财务报告分析利用：企业应当重视财务报告分析工作，充分利用财务报告反映的综合信息，全面分析企业的经营管理状况和存在的问题，不断提高经营管理水平。企业应当分析企业资产分布、负债水平和所有者权益结构，企业各项收入、费用的构成及其增减变动情况，企业经营活动、投资活动、筹资活动现金流量的运转情况。财务分析报告结果应当及时传递给企业内部有关管理层级，充分发挥财务报告在企业生产经营管理中的重要作用</td></tr>
</table>

【考点母题——万变不离其宗】财务报告风险与应对

<table>
<tr><td>定义</td><td>财务报告是反映企业某一特定日期财务状况和某一会计期间经营成果、现金流量的文件，是企业投资者、债权人做出科学投资、信贷决策的重要依据。</td></tr>
<tr><td rowspan="2">风险</td><td>(1)企业财务报告存在的风险主要表现在( )。</td></tr>
<tr><td>A. 编制财务报告违反会计法律法规和国家统一的会计制度，可能导致企业承担法律责任和声誉受损
B. 提供虚假财务报告，误导财务报告使用者，造成决策失误，干扰市场秩序
C. 不能有效利用财务报告，难以及时发现企业经营管理中存在的问题，可能导致企业财务和经营风险失控</td></tr>
<tr><td rowspan="2">应对
(管控措施)</td><td>(2)企业应对财务报告风险的管控措施有( )。</td></tr>
<tr><td>A. 关于财务报告编制：企业应当重点关注会计政策和会计估计，对财务报告产生重大影响的交易和事项的处理，应当按照规定的权限和程序进行审批；按照国家统一的会计制度规定，根据登记完整、核对无误的会计账簿记录和其他有关资料编制财务报告，做到内容完整、数字真实、计算准确，不得漏报或者随意进行取舍。企业集团应当编制合并财务报表，明确合并财务报表的合并范围和合并方法，如实反映企业集团的财务状况、经营成果和现金流量
B. 关于财务报告对外提供：企业应当依照法律法规和国家统一的会计制度的规定，及时对外提供财务报告。企业财务报告编制完成后，应当装订成册，加盖公章，由企业负责人、总会计师或分管会计工作的负责人、财会部门负责人签名并盖章。财务报告须经注册会计师审计的，注册会计师及其所在的事务所出具的审计报告，应当随同财务报告一并提供。企业对外提供的财务报告应当及时整理归档，并按有关规定妥善保存</td></tr>
</table>

续表

应对（管控措施）	（2）企业应对财务报告风险的管控措施有（　）。
	C. **关于财务报告分析利用**：企业应当重视财务报告分析工作，充分利用财务报告反映的综合信息，全面分析企业的经营管理状况和存在的问题，不断提高经营管理水平。企业应当分析企业资产分布、负债水平和所有者权益结构，企业各项收入、费用的构成及其增减变动情况，企业经营活动、投资活动、筹资活动现金流量的运转情况。财务分析报告结果应当及时传递给企业内部有关管理层级，充分发挥财务报告在企业生产经营管理中的重要作用

【考点母题——万变不离其宗】担保风险与应对

定义	担保是指企业作为担保人按照公平、自愿、互利的原则与债权人约定，当债务人不履行债务时，依照法律规定和合同协议承担相应法律责任的行为。
风险	（1）企业担保管理存在的风险主要表现在（　）。
	A. 对担保申请人的资信状况调查不深入，审批不严或越权审批，可能导致企业担保决策失误或遭受欺诈 **B. 对被担保人出现财务困难或经营陷入困境等状况监控不力，应对措施不当，可能导致企业承担法律责任** **C. 担保过程中存在舞弊行为，可能导致经办审批等相关人员涉案或企业利益受损**
应对（管控措施）	（2）企业应对担保风险的管控措施有（　）。
	A. **关于担保调查评估**：企业应委派具备胜任能力的专业人员对担保申请人进行全面、客观的调查和评估，重点关注担保业务是否满足国家法律法规和企业担保政策要求、担保申请人资信情况、担保申请人用于担保和第三方担保的资产状况及其权利归属、担保项目经营前景和盈利能力预测等，并形成书面评估报告，全面反映调查评估情况，为后续担保决策提供依据 B. **关于担保授权审批**：企业应当建立和完善担保授权审批制度，明确授权批准的方式、权限、程序、责任和相关控制措施，在授权范围内进行审批，不得超越权限审批。重大担保业务，应当经董事会或类似权力机构批准。对于被担保人要求变更担保事项的，企业应当重新履行调查评估与审批程序 C. **关于担保合同签订**：企业应当严格按照经审核批准的担保业务订立担保合同，合同条款中应明确被担保人的权利、义务、违约责任等相关内容，并要求被担保人定期提供财务报告与有关资料，及时通报担保事项的实施情况。担保申请人同时向多方申请担保的，企业应当在担保合同中明确约定本企业的担保份额和相应的责任 D. **关于担保日常监控**：企业应当对被担保人的经营情况和财务状况进行跟踪和监督，了解担保项目的执行、资金的使用、贷款的归还、财务运行及风险等情况，促进担保合同有效履行，并及时报告被担保人经营困难、债务沉重，或者存在违反担保合同的其他异常情况，以便于及时采取有针对性的应对措施 E. **关于担保会计控制**：企业应当建立担保事项台账，详细记录担保对象、金额、期限、用于抵押和质押的物品或权利以及其他有关事项，并严格按照国家统一的会计制度进行担保会计处理。若发现被担保人出现财务状况恶化、资不抵债、破产清算等情形，企业应当合理确认预计负债和损失

【考点子题——举一反三，真枪实练】

[4]（例题·简答题）D公司是一家大型生产制造企业，其客户遍布全球20多个国家和地区。2015年上市以来，D公司借着上市的东风，畅通融资途径，增加研发投入和市场投入，大幅提升了公司市场竞争力，发展速度异常迅猛，但在这“光鲜”发展背后，却隐藏着不少财务隐患。

(1)2017年，D公司以非公开发行方式募集资金，经批准的筹资方案中列明筹资用途为向子公司增资和项目建设。2018年，D公司与A公司签订《设备采购协议》，将募集资金从专户转出并用于向A公司支付设备款，A公司又按照D公司的要求将收到的资金转付给指定供应商，该支付款项已超出公司年度采购预算，但未经额外审批。D公司在年度报告中虚假披露募集资金用途为项目建设，且未存在用途变更。

(2)B公司是D公司的供应商，为了稳定供应渠道，D公司在2017年10月收购了B公司45%的股权，将其转换为自己的关联方。D公司在2017年10-12月向B公司进行了多次采购，并以银行承兑汇票方式支付货款1 000万元(票据承兑银行为资信较差的地方性银行且票据尚未到期)，同时财务会计冲销了应付账款，不符合金融资产终止，确认条件。D公司未在2017年财务报表中披露与B公司的关联交易信息，导致其披露的2017年度财务报表失真。

(3)为了快速获取收益，D公司持续增加金融资产投资，于2018年2月买入5 000万元的F公司可转换债券，到期日为2022年2月。该笔投资未经充分的评估测算且投资款支付时未经授权审批，造成资金的违规支付。2020年12月，F公司由于经营不善导致破产，该笔债券投资无法兑付，导致D公司遭受巨大亏损。

(4)D公司业务50%以上以境外销售为主，境外销售交易通常采用美元、欧元、日元等外币结算，汇率波动将直接对公司的经营业绩产生影响。2021年受全球宏观经济波动、疫情反复、贸易摩擦等多种因素叠加的澎响，外币汇率有较大波动，而D公司对汇率波动预估不足，未能及时采取有效措施管控汇率波动风险，造成公司年度汇兑损失高达1 000万元。

要求：简要分析D公司财务风险的主要表现及其应对措施。

第四节　运营风险与应对

一、运营风险的含义及其影响因素

运营风险是指企业在运营过程中，由于**内外部环境的复杂性和变动性以及主体对环境的认知能力和适应能力的有限性**，导致**运营失败或使运营活动达不到预期目标的可能性及损失**。

考点 7　运营风险的含义及其影响因素（★★★，客观题和主观题）

【考点母题——万变不离其宗】运营风险的影响因素

分析企业运营风险的来源时，主要考虑的因素有（　）。
A. 企业产品结构、新产品研发方面可能引发的风险 B. 企业新市场开发、市场营销策略（包括产品或服务定价与销售渠道、市场营销环境状况等）可能引发的风险 C. 企业组织效能，管理现状，企业文化及高、中层管理人员和重要业务专业人员的知识结构，专业经验等可能引发的风险 D. 质量、安全、环保、信息安全等管理中发生失误导致的风险 E. 因企业内、外部人员的道德缺失和不当行为导致的风险 F. 因业务控制系统失灵导致的风险 G. 给企业造成损失的自然灾害等风险 H. 对企业现有业务流程和信息系统操作运行情况的监管、运行评价及持续改进的能力不足可能引发的风险 【注】23 教材删掉了 22 教材中“**期货等衍生产品业务中发生失误带来的风险**”这一因素。

【考点子题——举一反三，真枪实练】

[5]（2020 年 · 综合题节选）

2005 年，王浩在大学就读时将自己毕业论文的题目定为“直升机自主悬停技术”，终于在 2006 年 1 月成功做出了第一台样品，并在航拍爱好者中广受好评。

王浩开始了自主创业，他同两位一起做实验课题的伙伴，共同创立了天志公司，主营业务围绕航模飞控，致力于为航模飞行器提供精确的姿态感知和控制系统。经过不懈的努力，2008 年，第一个较为成熟的直升机飞行系统 XP3.1 在天志公司问世，中国的直升机自主悬停技术在天志公司取得突破性的进展。

……

然而，天志公司这只迅猛成长的无人机独角兽，近年来却不得不面对内部暴露出的诸多问题。

天志公司 2019 年 1 月 18 日的内部反腐公告称，在 2018 年由于公司供应链贪腐造成平均采购价格超过合理水平 20%以上，保守估计造成超过 10 亿元人民币损失。在公司运作的各个领域（采购、财务、研发设计、工厂制造、行政管理以及销售）均出现了舞弊行为，可见这次串通勾结行为范围极广，危害程度极大。该公告披露涉贪采购人员和研发人员采用的主要手法：

(1)让供应商报底价，然后伙同供应商往上加价，加价部分双方按比例分成；

(2)利用手中权力，以技术规格要求为由指定供应商或故意以技术不达标把正常供应商踢出局，让可以给回扣的供应商进短名单，长期拿回扣；

(3)以降价为借口，淘汰正常供应商，让可以给回扣的供应商进短名单并做成独家垄断，然后涨价，双方分成；

(4)利用内部信息和手中权力与供应商串通收买验货人员，对品质不合格的物料不进行验证，导致质次价高的物料长期独家供应；

(5)内外勾结，搞皮包公司，利用手中权力以皮包公司接单，转手把单分给工厂，中间差价分成。

不仅如此，2017 年一名安全研究员在天志公司的网络安全方面发现了一个非常严重的漏洞。这个漏洞会导致天志公司的所有旧密钥毫无用处，从而可能造成天志公司服务器上的用户信息、飞行日志等私密信息能够被下载。尽管天志公司之后采取了合理的保密措施，但该次事件依然给天志公司造成 116.4 万元的经济损失。

业内人士分析，天志公司内部接连出现如此严重的问题，是由于以下几个原因：

(1)公司治理结构相对混乱。天志公司领导层面对业务的迅速扩张，将注意力集中在极力扩大经营规模、追求足够的市场份额和企业利润，而忽略组织内部治理，致使腐败、泄密等问题频繁产生。

(2)缺乏内部信息的披露。作为一家非上市的民营企业，天志公司没有对外披露重大事项的要求和压力，导致公司内部治理缺乏良性运行和监督机制，在信息不对称的情况下，舞弊、泄密等问题极易产生。

(3)“重结果，轻人才”的管理模式。公司创始人兼 CEO 王浩搞技术出身，对产品至上有着独特情怀，赛马机制一直是团队竞争发展的管理模式。产品在开发时由两个团队分头去做，谁的产品好就用谁的，产品未被选用的团队会被公司淘汰。这一管理模式带来诸多问题，如研发过程中两个团队恶性竞争、人才流失严重、被选用的团队为防以后被淘汰而滋生腐败动机等。“重结果，轻人才”的文化氛围大大地降低了员工的归属感，难以形成凝聚力、向心力，离职员工对天志公司负面评价很多。

天志公司管理层已经认识解决公司内部问题的重要性和紧迫性，强化公司内部治理、打击职务腐败正在天志公司全面展开。

要求：简要分析天志公司存在的运营风险。

二、运营风险的主要表现与应对

运营风险的主要表现与应对（13 项风险）（★★★，掌握，客观题和主观题）

【考点母题——万变不离其宗】组织结构风险的主要表现及应对

<table>
<tr><td colspan="2">组织结构的建设和完善是企业运营管理的首要基础之一，为促进企业建立现代化管理制度，有效防范和化解舞弊风险，强化企业内部控制提供重要支撑。</td></tr>
<tr><td colspan="2">（1）企业组织结构管理存在的风险主要表现有（　）。</td></tr>
<tr><td colspan="2">A. 治理结构形同虚设，缺乏科学决策、良性运行机制和执行力，可能导致企业经营失败，难以实现发展战略
B. 组织机构设置不科学，权责分配不合理，可能导致机构重叠、职能交叉或缺失、推诿扯皮，运行效率低下等问题</td></tr>
<tr><td colspan="2">（2）企业应对组织架构风险的管控措施有（　）。</td></tr>
<tr><td>组织架构设计方面</td><td>A. 明确股东（大）会、董事会、监事会、经理层和企业内部各层级机构设置、岗位设置、职责权限、任职条件、人员编制、工作程序和相关制度要求，避免职能交叉、缺失或权责过于集中，确保决策、执行和监督相互分离，形成权责分明、协调运转、有效制衡的组织机构
B. 企业在岗位权限设置和分工安排环节，要坚持不相容职务分离原则，确保可行性研究与决策审批、决策审批与执行、执行与监督检查等不相容职务分离</td></tr>
<tr><td>组织架构运行方面</td><td>C. 企业梳理治理结构时，应重点关注董事、监事、经理及其他高级管理人员的任职资格和履职情况，以及董事会、监事会和经理层的运行效果
D. 企业梳理内部机构设置时，应重点关注内部机构设置的合理性和运行的高效性等
E. 企业的重大事项决策、重大项目安排、重要人事任免及大额资金使用等，须按照规定的权限和程序实行集体决策审批或联签制度</td></tr>
<tr><td>组织架构优化调整方面</td><td>F. 企业应定期对组织结构设计与运行的效率和效果进行全面评估，对于发现的相关缺陷，要及时进行优化调整
G. 企业组织结构调整需充分听取董事、监事、高级管理人员和其他员工的意见，按照规定的权限和程序进行决策审批</td></tr>
</table>

【考点子题——举一反三，真枪实练】

[6]（例题·单选题）下列关于企业应对组织架构风险管控措施的表述中，错误的是（　）。

A. 董事会应该对股东大会负责

B. 监事会对股东（大）会负责，监督企业董事、经理和其他高管依法履行职责

C. 股东大会依法行使企业的经营决策权

D. 企业重大决策、重大事项，应当按照规定的权限和程序实行集体决策审批或

联签制度

[7] (例题·单选题)上市公司康美药业的大股东康美实业投资控股有限公司，公司实控人是马兴田，任公司董事长兼总经理。其妻许冬瑾目前为康美药业的第七大股东，持股1.97%，并任公司副董事长兼副总经理，康美药业马兴田夫妇的一股独大使得公司缺乏科学决策、良性运行机制和执行力，导致公司步履维艰，难以实现发展战略。从内部控制的角度看，康美药业的运营风险主要来自于( )。

A. 组织架构　　B. 人力资源　　C. 资金活动　　D. 财务报告

[8] (例题·简答题)云胜公司是一家中型企业集团，成立于2010年，组织架构比较完善，设有董事会。云胜公司董事会下设审计委员会、薪酬委员会、提名委员会、战略委员会。其中，审计委员会负责检查公司会计政策、财务状况和财务报告程序，对内部审计人员及其工作进行考核，监督、核实公司重大投资决策等。薪酬委员会的召集人由总经理兼董事长的刘某担任。

为了进一步完善公司的组织架构和风险管理能力，云胜公司董事会下设置了风险管理委员会，风险管理委员会由企业各部门的经理与董事会的董事组成，召集人由董事长兼总经理的张某担任。风险管理委员会负责审议风险管理策略和重大风险管理解决方案，审议并向股东大会提交企业全面风险管理年度工作报告等。除此之外，设立了企业风险管理部门，负责制定各项内部控制规章制度和执行风险管理措施，并对企业风险进行识别与分析。

要求：

(1)根据公司治理与风险管理的相关要求，分析云胜公司组织体系方面存在的不当之处，并说明理由。

(2)简述风险管理委员会的职责。

[9] (例题·简答题)煌水乳业公司成立于2002年，2013年正式挂牌上市。2016年12月16日，一家国际著名调查机构发布做空煌水乳业的报告，指出煌水乳业在苜蓿草和产奶量等方面数据造假。随后数月，国内一家银行发现，煌水乳业大量单据造假，将账上30亿资金转出投资房地产，无法收回。此外，业内人士也发现了煌水乳业多处编制财务报告的内控缺陷。

(1)煌水乳业在2016年3月报表中显示公司流动资金充足，并对企业的持续经营能力表示肯定。然而分析2016年度的财务报表后显示，煌水乳业2016年的经营活动在收入、成本、借款等方面存在不实问题，企业未来的持续经营能力存在重大不确定性，财务报表存在重大错报风险。

(2)煌水乳业在2014年4~6月向迪科种业公司累计购买约685万元的种子，这笔交易并未在中期报告中及时披露，而在后期发现执行董事于坤间接持有迪科种业公司的控股权，该购买行为被证明为关联交易。2014 年 12 月 23 日，煌水乳业将其当年 4 月建立的子公司富浩股份转让予新成立的兴旺畜牧公司，后者由刘冰个人 100%控股。然而此次交易不具有正当的商业理由，且煌水乳业 2015 年财务报告并未披露此次处置子公司的作价，业内人士质疑煌水乳业建立富浩公司的目的很可能就是利用关联方转移资产。

煌水乳业频繁出现财务报告虚假与不实问题，与其内部治理结构的缺陷不无关联。煌水乳业自上市以来，董事会主席兼 CEO 的张凯始终维持公司最大股东身份，对公司具有绝对的控制和管理权力，掌控公司所有的重大事项决策权，并直接负责公司所有业务的运营和管理。煌水乳业未设置监事会，监事会的职能主要由审计委员会以及独立董事履行。煌水乳业的独立董事中王光和李良都曾是 BM 会计师事务所的合伙人，而煌水乳业一直以来聘用 BM 事务所进行外部审计，会计师事务所的合伙人任职客户公司重要岗位，削弱了注册会计师的独立性，煌水乳业的独立董事及其聘用的会计师事务所都没有严格履行其对公司财务报告审核监督的责任。煌水乳业的审计委员会由 3 名独立非执行董事组成。年报公布的审计委员会两次会议显示，审计费用以及年度和半年度的财务报告审计均被顺利通过，并未发现财务报表和审计过程中存在的诸多问题，审计委员会并没有尽到应尽的职责。

要求：依据《企业内部控制应用指引第 1 号——组织架构》，简要分析煌水乳业存在的主要风险。

[10]（2020 年 · 综合题节选）

2005 年，王浩在大学就读时将自己毕业论文的题目定为“直升机自主悬停技术”，终于在 2006 年 1 月成功做出了第一台样品，并在航拍爱好者中广受好评。

……

然而，天志公司这只迅猛成长的无人机独角兽，近年来却不得不面对内部暴露出的诸多问题。

业内人士分析，天志公司内部接连出现如此严重的问题，是由于以下几个原因：

(1)公司治理结构相对混乱。天志公司领导层面对业务的迅速扩张，将注意力集中在极力扩大经营规模、追求足够的市场份额和企业利润，而忽略组织内部治理，致使腐败、泄密等问题频繁产生。

(2)缺乏内部信息的披露。作为一家非上市的民营企业，天志公司没有对外披露重大事项的要求和压力，导致公司内部治理缺乏良性运行和监督机制，在信息不对称的情况下，舞弊、泄密等问题极易产生。

(3)"重结果，轻人才"的管理模式。公司创始人兼CEO王浩搞技术出身，对产品至上有着独特情怀，赛马机制一直是团队竞争发展的管理模式。产品在开发时由两个团队分头去做，谁的产品好就用谁的，产品未被选用的团队会被公司淘汰。这一管理模式带来诸多问题，如研发过程中两个团队恶性竞争、人才流失严重、被选用的团队为防以后被淘汰而滋生腐败动机等。"重结果，轻人才"的文化氛围大大地降低了员工的归属感，难以形成凝聚力、向心力，离职员工对天志公司负面评价很多。

要求：依据《企业内部控制应用指引第1号——组织架构》，简要分析天志公司需关注的组织架构的主要风险。

【考点母题——万变不离其宗】人力资源风险的主要表现及应对

<table>
<tr><td colspan="2">人力资源是企业活力的源泉，也是市场竞争中重要的战略资源。建立良好的人力资源管理制度，既能提升企业核心竞争力，又是实现企业发展战略的根本动力。</td></tr>
<tr><td colspan="2">(1)企业人力资源管理存在的风险主要表现有(　　)。</td></tr>
<tr><td colspan="2">A. 人力资源缺乏或过剩、结构不合理、开发机制不健全，可能导致企业发展战略难以实现
B. 人力资源激励约束制度不合理、关键岗位人员管理不完善，可能导致人才流失、经营效率低下或关键技术、商业秘密和国家机密泄露
C. 人力资源退出机制不当，可能致使法律诉讼或企业声誉受损</td></tr>
<tr><td colspan="2">(2)企业应对人力资源风险的管控措施有(　　)。</td></tr>
<tr><td>人力资源规划与选聘方面</td><td>A. 企业可根据人力资源总体规划，结合生产经营实际需要，制定年度人力资源需求计划，并按照计划、制度、程序，组织人力资源选聘活动
B. 企业应遵循公开、公平、公正原则，通过公开选聘、竞争上岗等多种方式选聘优秀人才，并依法签订劳动合同，建立劳动用工关系
C. 涉及关键技术、知识产权、商业秘密或国家机密的岗位，企业应与员工签订保密协议，明确保密义务
D. 建立选聘人员试用期和岗前培训制度，从而严格考察试用期人员进行，确保其全面了解岗位职责，掌握岗位基本技能，适应工作要求</td></tr>
<tr><td>人力资源开发方面</td><td>E. 企业应建立员工长效培训机制，紧紧围绕企业战略需求和业务现状，积极开展科学、系统的员工培训，对员工的职业生涯规划进行跟踪和指导，加强后备人才队伍建设
F. 企业应实行关键岗位员工定期轮岗制度，以全面提升员工素质，推动全体员工的职业技能持续提升，进而提高企业的管理效能</td></tr>
<tr><td>人力资源激励与约束方面</td><td>G. 企业应遵循可持续性、公平性、多样性的原则，构建人力资源的激励约束机制，建立科学合理的绩效管理体系，促进薪酬激励与员工贡献相协调，确保员工队伍的积极性与持续优化
H. 企业应当从公司章程、合同制定、员工偏好等方面，建立人力资源的约束机制，最大限度地调动员工积极性和主动性</td></tr>
</table>

续表

人力资源**退出**方面	I. 企业应当建立健全**员工退出(辞职、解除劳动合同、退休等)机制**，明确退出的条件和程序，确保员工退出机制有效运行 J. 企业可依据绩效考核结果、裁员政策等，**对未达到要求的员工**，视情况采取**降职、转岗、转岗培训、解雇等**不同程度的措施 K. 企业应当与退出员工依法**约定保守关键技术、商业秘密、国家机密和竞业限制的期限**，确保知识产权、商业秘密和国家机密的安全 L. 关键岗位人员离职前，须根据有关法律法规的要求进行**工作交接或离任审计**

【考点子题——举一反三，真枪实练】

[11] (2020 年 · 综合题节选)

2005 年，王浩在大学就读时将自己毕业论文的题目定为“直升机自主悬停技术”，终于在 2006 年 1 月成功做出了第一台样品，并在航拍爱好者中广受好评。

……

然而，天志公司这只迅猛成长的无人机独角兽，近年来却不得不面对内部暴露出的诸多问题。

业内人士分析，天志公司内部接连出现如此严重的问题，是由于以下几个原因：

……

(3)“重结果，轻人才”的管理模式。公司创始人兼 CEO 王浩搞技术出身，对产品至上有着独特情怀，赛马机制一直是团队竞争发展的管理模式。产品在开发时由两个团队分头去做，谁的产品好就用谁的，产品未被选用的团队会被公司淘汰。这一管理模式带来诸多问题，如研发过程中两个团队恶性竞争、人才流失严重、被选用的团队为防以后被淘汰而滋生腐败动机等。“重结果，轻人才”的文化氛围大大地降低了员工的归属感，难以形成凝聚力、向心力，离职员工对天志公司负面评价很多。

要求：依据《企业内部控制应用指引第 3 号——人力资源》，简要分析天志公司需关注的人力资源的主要风险。

【考点母题——万变不离其宗】社会责任风险的主要表现及应对

履行社会责任既是企业提升发展质量的重要标志，也是打造和提升企业形象进而提升企业社会认同度的重要举措。
(1) 企业社会责任管理存在的风险**主要表现**有(　)。

续表

<table>
<tr><td colspan="2">A. 安全生产措施不到位，责任不落实，可能导致企业发生安全事故
B. 产品质量低劣，侵害消费者利益，可能导致企业巨额赔偿、形象受损，甚至破产
C. 环境保护投入不足，资源耗费大，造成环境污染或资源枯竭，可能导致企业巨额赔偿、缺乏发展后劲，甚至停业
D. 促进就业和员工权益保护不够，可能导致员工积极性受挫，影响企业发展和社会稳定</td></tr>
<tr><td colspan="2">(2)企业应对社会责任风险的管控措施有(　)。</td></tr>
<tr><td>安全生产管理方面</td><td>A. 企业应根据国家有关安全生产的规定，结合实际情况，建立严格的安全生产管理体系、操作规程和应急预案，强化安全生产责任追究制度，确保安全生产责任有效落实
B. 企业应建立健全检查监督机制，设立安全管理部门和安全监督机构，负责企业安全生产的日常监督管理工作，确保各项安全措施落实到位
C. 企业日常需加强对生产设备的经常性维护，及时排除安全隐患，采用多种形式增强员工安全意识，对特殊岗位实行资格认证制度，将安全生产风险关口前移，降低安全生产风险发生的可能性
D. 若发生安全生产事故，企业应及时启动应急预案，按照“排除故障，减轻损失，追究责任”的工作环节进行妥善处理；若发生重大生产安全事故，应按照国家有关规定及时报告，严禁迟报、谎报和瞒报</td></tr>
<tr><td>产品质量管理方面</td><td>E. 企业应规范生产流程，建立严格的产品质量控制和检验制度，以提高产品质量和服务水平，对社会和公众负责
F. 企业对售后服务应加强管理，妥善处理消费者提出的投诉和建议，对发现的存在严重质量缺陷的产品，应及时召回或采取有效措施，切实保护消费者权益</td></tr>
<tr><td>环境保护与资源节约管理方面</td><td>G. 企业须建立环境保护与资源节约制度，认真落实节能减排责任，积极开发和使用节能产品，发展循环经济，降低污染物排放，提高资源综合利用效率
H. 企业应对生态和资源保护工作加大人力、物力、财力的投入和技术支持，降低能耗和污染物排放水平
I. 企业应关注国家对产业结构调整的要求，加快高新技术开发和传统产业改造，切实转变发展方式，实现低投入、低消耗、低排放和高效率
J. 企业应建立环境保护和资源节约的监控制度，定期开展监督检查，对于发现的问题及时采取措施，当发生紧急、重大环境污染事件时，企业须启动应急预案，及时报告和处理</td></tr>
<tr><td>员工权益保护方面</td><td>K. 企业应通过保持工作岗位的稳定性，积极促进就业增长，切实履行社会责任
L. 企业应与员工签订并履行劳动合同，及时办理员工社会保险，遵循按劳分配、同工同酬的原则，建立科学的员工薪酬制度和增长机制，按时向员工发放薪酬，足额缴纳社会保险费
M. 企业需做好员工的职业健康管理工作，预防、控制和消除职业危害
N. 企业应遵循法定的劳动时间和休息休假制度，加强职工代表大会和工会组织建设，切实保障员工权益
O. 企业应尊重员工人格，维护其尊严，杜绝性别、民族、宗教、年龄等各种歧视</td></tr>
</table>

【考点子题——举一反三，真枪实练】

[12]（例题·多选题）根据《企业内部控制应用指引第 4 号——社会责任》，企业社会责任管理存在的风险主要表现有（　）。

A. 缺乏诚实守信的经营理念，可能导致舞弊事件的发生

B. 安全生产措施不到位，责任不落实，可能导致安全事故的发生

C. 产品质量低劣，侵害消费者利益，可能导致企业巨额赔偿、形象受损

D. 促进就业和员工权益保护不够，可能导致员工积极性受挫

[13]（例题·多选题）根据《企业内部控制应用指引第 4 号——社会责任》的规定，下列关于企业社会责任的内部控制措施中，正确的有（　）。

A. 企业应当避免在正常经营情况下辞退员工，增加社会负担

B. 企业应当建立高级管理人员与员工薪酬的正常增长机制

C. 企业应当遵守法定的劳动时间和休息休假制度，确保员工的休息休假权利

D. 企业应当按照产学研用相结合的社会需求，积极创建实习基地，培养社会需要的应用型人才

【考点母题——万变不离其宗】企业文化风险的主要表现及应对

<table>
<tr><td colspan="2">企业文化作为企业运营与发展的重要环节之一，为企业提供精神支柱，激发员工潜力，提升企业经营管理的效率和效果。</td></tr>
<tr><td colspan="2">（1）企业文化管理存在的风险主要表现有（　）。</td></tr>
<tr><td colspan="2">A. 缺乏积极向上的企业文化，可能导致员工丧失对企业的信心和认同感，企业缺乏凝聚力和竞争力
B. 缺乏开拓创新、团队协作和风险意识，可能导致企业发展目标难以实现，影响可持续发展
C. 缺乏诚实守信的经营理念，可能导致舞弊事件的发生，造成企业损失，影响企业信誉
D. 忽视企业间的文化差异和理念冲突，可能导致并购重组失败</td></tr>
<tr><td colspan="2">（2）企业应对企业文化风险的管控措施有（　）。</td></tr>
<tr><td>企业文化建设方面</td><td>A. 企业应根据发展战略和实际情况，培育具有自身特色的企业文化，树立企业品牌，形成整体团队的向心力，促进企业长远发展
B. 企业应确定文化建设的目标和内容，形成企业文化规范，作为员工行为守则的重要组成部分
C. 企业应加强企业文化的宣传贯彻和对员工的文化教育和熏陶，增强员工的责任感和使命感，全面提升员工的文化修养和内在素质
D. 对于并购企业，企业需重视并购后的文化建设，平等对待被并购方的员工，促进并购双方的文化融合</td></tr>
<tr><td>企业文化评估方面</td><td>E. 企业应建立文化评估制度，明确评估的内容、程序和方法，落实评估责任，确保企业文化建设效果落到实处
F. 企业应重点关注企业治理机构在文化建设中的责任履行情况、全体员工对企业核心价值观的认同感、企业经营管理行为与企业文化的一致性、企业品牌的社会影响力、参与企业并购重组各方文化的融合度，以及员工对企业未来发展的信心</td></tr>
</table>

【考点母题——万变不离其宗】采购业务风险的主要表现及应对

<table>
<tr><td colspan="2">采购业务作为企业生产运营的起点，既包含采购物资流转和服务交付的管理，又与资金往来密切关联。</td></tr>
<tr><td colspan="2">(1)企业采购业务管理存在的风险主要表现有(　)。</td></tr>
<tr><td colspan="2">A. 采购计划安排不合理，市场变化趋势预测不准确，造成库存短缺或积压，可能导致企业生产停滞或资源浪费
B. 供应商选择不当，采购方式不合理，招投标或定价机制不科学，授权审批不规范，可能导致采购物资质次价高，出现舞弊或遭受欺诈
C. 采购验收不规范，付款审核不严，可能导致采购物资和资金的损失或信用受损</td></tr>
<tr><td colspan="2">(2)企业应对采购业务风险的管控措施有(　)。</td></tr>
<tr><td>采购需求和计划管理方面</td><td>A. 企业应规范采购需求计划和采购计划的编制流程。在制定年度生产经营计划的过程中，应根据外部市场环境和发展目标的实际需要科学安排采购，将采购计划纳入采购预算管理
B. 采购部门应严格审核需求部门提出的需求计划，进行归类汇总、平衡现有库存后，统筹安排采购计划
C. 企业应建立采购申请制度，确定归口管理部门，明确相关部门或人员的职责权限，规范请购和审批流程
D. 采购管理部门审核采购申请时，需重点关注申请单内容是否符合生产经营需要、采购计划及其是否在采购预算范围之内，切实提高采购效率，降低采购成本</td></tr>
<tr><td>采购供应商管理方面</td><td>E. 企业应制定供应商评估和准入管理制度，通过对供应商的资信审查，确定合格供应商清单，与选定的供应商签订质量保证协议
F. 企业应建立供应商管理制度，对供应商的服务质量、报价、交货及时性、供货条件及其资信、经营状况等进行管理和持续性综合评价，并根据评估结果对供应商进行合理选择和动态调整，对于有失信行为的供应商，应及时从供应商清单中移除</td></tr>
<tr><td>采购过程管理方面</td><td>G. 企业应在采购制度中明确采购方式，根据市场情况和采购计划合理选择采购方式，一般分为招标采购、询比价采购、集中采购等方式
H. 对于大宗采购，企业通常采用招投标方式，应合理确定招投标的范围、标准、实施程序和评标规则
I. 企业应建立采购物资定价机制，根据适用的采购方式科学确定采购价格，避免采购物资质次价高
J. 企业应根据确定的供应商、采购方式、采购价格等拟定采购合同
K. 企业应对拟签订框架协议的供应商主体资格和信用状况等进行风险评估，以确保供应商具备履约能力
L. 企业应建立严格的采购验收制度，确定验收方式，由专门的验收机构或验收人员按照合同规定，对采购项目的品种、规格、数量、质量等进行验收，并出具验收证明
M. 企业须做好采购各环节的记录，实行全过程采购登记制度或信息化处理，确保采购全过程可追溯</td></tr>
</table>

续表

采购付款管理方面	N. 企业应建立采购付款制度，规范采购付款申请、审批、资金支付、会计记录等流程 O. 企业应按照合同规定，选择合理的付款方式，防范付款方式不当带来的法律风险，保证资金安全 P. 企业应通过函证等方式，定期与供应商核对往来款项，确保会计记录、采购记录与仓储记录一致
采购业务后评估方面	Q. 企业应建**立采购业务后评估制度**，定期对采购物资供应情况进行分析评估，及时发现采购业务的薄弱环节，优化采购流程，将采购业务管理的关键指标纳入绩效考核，促进采购效能的全面提高

【考点子题——举一反三，真枪实练】

[14]（例题·多选题）下列关于企业应对采购业务风险管控措施的表述中，错误的有（　）。

A. 不得安排同一机构办理采购业务的全过程

B. 对于超预算和预算外采购项目，应先办理请购手续，再履行预算调整程序

C. 大宗采购应当根据市场行情制定最高采购限价，并对最高采购限价适时调整

D. 一般物资或劳务的采购可以采用询价或定向采购的方式并签订合同协议

[15]（例题·多选题）下列选项中符合《企业内部控制应用指引第 7 号——采购业务》关于企业应对采购业务风险管控措施的有（　）。

A. 一般物资或劳务的采购采用询价或定向采购的方式

B. 企业应指定专人通过函证等方式，定期与供应商核对往来账项

C. 小额零星物资或劳务的采购，可以采用直接购买的方式

D. 重要和技术性较强的采购业务应当组织专家进行论证并进行集体决策

[16]（例题·单选题）甲公司是一家大型基础设施承建企业，根据业务发展需要，甲公司需要在美国采购一套大型机械设备。管理层经过讨论确定了与此次设备采购相关的主要风险。下列各项与该设备采购相关的风险中，属于运营风险的是（　）。

A. 采购部门可能由于不熟悉美国市场供应商的情况，无法在有限时间内寻找到最佳设备供应商

B. 该套设备由于采用了某项国防科技核心技术，可能收到美国政府的监控，甚至可能限制外国厂商购买

C. 财务人员可能由于疏忽发出错误的外汇套期操作指令

D. 该套设备资产专用性程度较高，供应商议价能力较强且价格处于不断上升中

[17] (例题·多选题)华星公司是一家致力于手机研发、制造和销售的企业。公司每年需要从外部购买手机芯片。经测算，手机芯片占公司手机生产成本的 40% 以上。华星公司建立了一套采购制度。依据《企业内部控制应用指引第 7 号——采购业务》，下列华星公司采购制度规定中，符合内部控制要求与规范的是( )。

A. 每季度初，采购部经理以定向集中采购方式采购本季度生产所需要的手机芯片

B. 验收部门负责人对购进芯片的品种、规格和数量进行验收后，确定准确无误，开具验收单后方可入库

C. 对于购买手机芯片预付的款项，必须定期追踪核查，综合分析预付账款的期限、占用款项的合理性、不可收回等风险情况，发现问题，应当及时采取措施

D. 在与供应商的合同中，对退货条件、退货手续、货物出库、退货货款回收等应当作出明确规定

[18] (2020 年·综合题节选)

2005 年，王浩在大学就读时将自己毕业论文的题目定为“直升机自主悬停技术”，终于在 2006 年 1 月成功做出了第一台样品，并在航拍爱好者中广受好评。

……

然而，天志公司这只迅猛成长的无人机独角兽，近年来却不得不面对内部暴露出的诸多问题。

天志公司 2019 年 1 月 18 日的内部反腐公告称，在 2018 年由于公司供应链贪腐造成平均采购价格超过合理水平 20%以上，保守估计造成超过 10 亿元人民币损失。在公司运作的各个领域(采购、财务、研发设计、工厂制造、行政管理以及销售)均出现了舞弊行为，可见这次串通勾结行为范围极广，危害程度极大。该公告披露涉贪采购人员和研发人员采用的主要手法：

(1)让供应商报底价，然后伙同供应商往上加价，加价部分双方按比例分成；

(2)利用手中权力，以技术规格要求为由指定供应商或故意以技术不达标把正常供应商踢出局，让可以给回扣的供应商进短名单，长期拿回扣；

(3)以降价为借口，淘汰正常供应商，让可以给回扣的供应商进短名单并做成独家垄断，然后涨价，双方分成；

(4)利用内部信息和手中权力与供应商串通收买验货人员，对品质不合格的物料不进行验证，导致质次价高的物料长期独家供应；

(5)内外勾结，搞皮包公司，利用手中权力以皮包公司接单，转手把单分给工厂，中间差价分成。

要求：依据《企业内部控制应用指引第 7 号——采购业务》，简要分析天志公司需关注的采购业务的主要风险。

【考点母题——万变不离其宗】资产管理风险的主要表现及应对

<table>
<tr><td colspan="2">资产作为企业从事生产运营活动并实现发展战略的物质基础，资产管理贯穿于企业生产经营的全过程，通过对存货、固定资产和无形资产的科学管控，可以提高资产效能，节约现金流，实现利润增长。</td></tr>
<tr><td colspan="2">(1) 企业资产管理存在的风险主要表现有(　)。</td></tr>
<tr><td colspan="2">A. 存货积压或短缺，可能导致流动资金占用过量、存货价值贬损或生产中断
B. 固定资产更新改造不够、使用效能低下、维护不当、产能过剩等，可能导致企业缺乏竞争力、资产价值贬损、安全事故频发或资源浪费
C. 无形资产缺乏核心技术、权属不清、技术落后、存在重大技术安全隐患等，可能导致企业法律纠纷、缺乏可持续发展能力</td></tr>
<tr><td colspan="2">(2) 企业应对资产管理风险的管控措施有(　)。</td></tr>
<tr><td>存货管理</td><td>A. 企业应采用先进的存货管理技术和方法，规范存货管理流程，明确存货管理岗位职责权限，确定存货的取得、验收入库、原料加工、仓储保管、领用发出、盘点处置等环节的管理要求，充分利用信息系统，强化管理会计、出入库等相关记录，确保存货管理风险得到全过程的有效控制
B. 在采购预算和采购执行环节，企业应根据存货周转和库存情况合理安排，确保存货处于最佳库存状态
C. 企业应规范存货验收程序和方法，根据不同类型的存货，有侧重点的对入库存货的数量、质量、技术规格、来源等进行查验，验收无误后方可入库
D. 企业应建立存货保管制度，定期对存货保管的重点环节、重要领域进行审查
E. 企业需针对存货的发出和领用环节，制定严格的审批流程，对于大批存货、贵重商品或危险品，还应特别授权
F. 企业需结合实际情况，确定盘点周期、流程，定期盘点和不定期抽查相结合，并在每年底对库存物品进行全面的盘点清查，形成书面报告，对于盘盈、盘亏、毁损、闲置和待报废的存货，应当查明原因，分清责任，落实责任追究，按照规定进行处置</td></tr>
<tr><td>固定资产管理</td><td>G. 企业应建立固定资产管理体系，按照固定资产的使用情况和用途进行分类，从固定资产的日常管理、折旧、维修保养、抵押管理、盘点清查等方面进行严格规范，不断提升固定资产的使用效能，积极促进固定资产处于良好运行状态
H. 企业应重视固定资产的日常维护保养，制定合理的维护保养与检修计划，对于关键设备的运行情况进行严格监控，规范操作流程
I. 企业应定期对固定资产技术先进性进行评估，结合盈利能力和发展需要，加强固定资产技术改造、升级，延长固定资产使用寿命，优化生产效率
J. 为确保固定资产的安全，企业可建立严格的固定资产投保制度
K. 企业需每年定期对固定资产进行全面盘点清查，重点关注固定资产的抵押、处置等关键环节，规范固定资产的处置流程、抵押程序和审批权限，防范资产流失</td></tr>
</table>

续表

无形资产管理	L. 企业应**制定无形资产管理办法**，对**品牌、商标、专利、专有技术、土地使用权等**无形资产进行**分类管理**，企业应**落实无形资产管理责任制**，明确各类无形资产的权属关系，及时办理产权登记手续，加强对无形资产的权益保护 M. 企业应加强品牌建设，为客户提供高质量产品和优质服务，提升品牌价值，维护企业商誉和社会认可度

【考点子题——举一反三，真枪实练】

[19]（例题·多选题）下列各项关于企业存货管理内部控制措施的表述中，错误的有（　）。

A. 存货管理人员应该经常抽时间对存货进行全面盘点清查

B. 企业仓储部门应当详细记录存货入库、出库及库存情况，并定期和财会部门、存货管理部门进行核对

C. 对代管、代销、暂存、受托加工的存货应该单独存放，其记录和会计核算可以和本单位存货合并处理

D. 除仓储人员外，企业内部其他人员接触存货，应当经过相关部门特别授权

[20]（例题·简答题）秦川公司是一家研发、制造和销售手机设备的上市公司。由于没有掌握核心技术，秦川公司只能从外部购买手机芯片。经测算，手机芯片占秦川公司手机生产成本的40%。秦川公司采购制度规定：每季度初，采购部经理以定向集中采购方式采购本季度生产所需要的数量较大的手机芯片；验收部门负责人对购进芯片的品种、规格和数量进行验收，如果无误，在开具验收单后直接入库。

秦川公司仓库管理制度规定，仓库保管员同时负责登记手机芯片、手机成品等存货明细账，以便对仓库中的所有存货项目的验收、发、存进行永续记录。当收到验收部门送交的存货和验收单据后，仓库保管员根据验收单登记存货明细账。仓库保管员根据车间材料员填写的领料单和销售人员填写的销货单发出手机芯片和手机成品。仓库保管员在空闲时间对存货进行必要的实地盘点。

要求：

(1)根据《企业内部控制应用指引第7号——采购业务》“内部控制要求与措施”，分析秦川公司在采购业务环节存在的内部控制弱点，并提出改进建议；

(2)根据《企业内部控制应用指引第8号——资产管理》“内部控制要求与措施”，分析秦川公司在存货管理环节存在的内部控制弱点，并提出改进建议。

【考点母题——万变不离其宗】销售业务风险的主要表现及应对

销售业务在企业经营管理过程中具有重要地位，**销售的稳定增长**是企业持续经营的保证，销售业务本身具有复**杂性**，在各个环节都可能出现**外部欺诈和内部舞弊风险**。

续表

<table>
<tr><td colspan="2">(1)企业销售业务存在的风险主要表现有(　)。</td></tr>
<tr><td colspan="2">A. 销售政策和策略不当，市场预测不准确，销售渠道管理不当等，可能导致销售不畅、库存积压、经营难以为继
B. 客户信用管理不到位，结算方式选择不当，账款回收不力等，可能导致销售款项不能收回或遭受欺诈
C. 销售过程存在舞弊行为，可能导致企业利益受损</td></tr>
<tr><td colspan="2">(2)企业应对销售业务风险的管控措施有(　)。</td></tr>
<tr><td>销售策略制定</td><td>A. 企业应全面梳理销售业务流程，完善销售管理的相关制度，确定适当的销售政策和策略
B. 企业通过收集国家政策和行业信息，研究和预测竞争格局和发展态势，结合企业发展战略和产能情况，设定销售目标，制定销售计划，合理确定定价机制和销售方式
C. 企业应基于市场供需状况和盈利测算等多因素影响，适时调整销售策略，并需执行相应的审批程序</td></tr>
<tr><td>客户开发与信用管理</td><td>D. 企业需加强维护现有客户，开发潜在目标客户，进行充分的市场调查以确定目标市场，灵活运用营销方式，不断提高市场占有率
E. 企业需建立健全客户信用档案管理，设置客户信用台账，对客户信用进行分级分类管理
F. 企业对新开发的客户应严格执行信用审核和授信管理要求，并持续跟踪和监督客户信用情况，动态更新客户信用档案，关注重要客户资信变动情况，及时采取有效措施，以防范客户信用风险</td></tr>
<tr><td>销售过程管理</td><td>G. 企业应基于对销售目标、利润目标、成本测算、市场状况等的综合考虑，确定产品基准定价，并定期评估其合理性和竞争性，定价和调价均须在规定的权限范围内执行相应的审批程序
H. 企业与客户就商务和技术要求等进行谈判后拟定销售合同，应关注客户信用状况，明确销售定价、结算方式、权利和义务等相关条款
I. 企业应在销售、发货、收款等环节建立销售台账记录，明确职责和审批权限，定期检查分析销售过程中的薄弱环节，采取有效的控制措施，以确保销售目标的实现</td></tr>
<tr><td>销售回款管理</td><td>J. 企业应制定并完善应收账款管理制度，把回款目标的完成情况纳入绩效考核，实行奖惩制度
K. 销售部门负责应收账款的催收，催收记录(包括往来函电)应妥善保存；财务部门负责办理资金结算并监督款项回收
L. 企业应加强对商业票据的管控，明确商业票据的受理范围，严格审查商业票据的真实性和合法性，防止票据欺诈
M. 企业需完善对销售、发货和收款的相关会计系统的控制，确保会计记录、销售记录与仓储记录核对一致</td></tr>
<tr><td>客户服务管理</td><td>N. 企业应制定和完善客户服务管理制度，设立专人或部门进行客户服务，跟踪服务质量，可安排客户回访，定期或不定期开展客户满意度调查
O. 建立客户投诉管理，记录客户投诉的问题并开展调查分析，提出解决措施
P. 加强销售退回控制，完善研发、生产、质检和销售部门间的沟通协调，不断提升产品质量和服务水平</td></tr>
</table>

【考点子题——举一反三，真枪实练】

[21]（例题·单选题）下列关于企业应对销售业务风险管控措施的表述中，正确的是（ ）。

A. 企业对于已贴现的票据和逾期票据，应进行追索监控和跟踪管理

B. 企业财会部门负责办理往来资金结算，同时负责应收账款的催收

C. 企业销售业务谈判应当吸收财会、法律等专业人员参加，并形成完整的书面记录

D. 企业对于境外客户和新开发客户，应该建立严格的信用保证制度

[22]（例题·简答题）东方公司是一家中等规模的地方炼油企业，产品包括汽油、柴油等主要产品及其副产品，在本省以及周边省份出售给经销商或终端客户。东方公司面临的竞争压力既来自国有特大型炼油企业，还来自本省数量众多的其他炼油企业。为了掌握销售主动权和吸引客户，公司销售政策规定：对于资产额在1 000万元至3 000 万的客户，给予50 万元的赊销额度；对于资产额在3 000 万元至1 亿元的客户，给予万元的赊销额度；对于资产额在1 亿元以上的客户，给予200 万元的赊销额度。

公司对销售程序做出如下规定：

(1)客户申请赊销额度时需提供经审计的上一年度资产负债表，由销售部负责审核。额度经公司批准后，不得变更。销售部负责客户信用档案的管理。对于重要客户的资信材料一般情况下不得变更。同时，对于所有客户都建立严格的信用保证制度。

(2)重大的销售业务须由销售部开具销售订单，订单上的内容包括：销售期、客户名称、产品名称、产品单价、总价款、付款方式。销售订单经客户签字盖章，交由公司销售部部长加盖销售专用章后生效。

(3)由财务部门定期与客户进行对账并负责催收。

要求：

(1)根据《企业内部控制应用指引第 9 号——销售业务》，简要分析东方公司制订赊销政策所防范的主要风险；

(2)根据《企业内部控制应用指引第 9 号——销售业务》，分析东方公司销售程序规定中存在的内部控制弱点，并提出改进建议。

[23]（例题·简答题）华星公司成立于 2011 年，是一家致力于汽车零配件研发、生产及销售的公司。2015 年公司拟实行全面预算管理体系，并于 2015 年年底由财务总监牵头各部门负责人成立预算管理小组，该小组根据公司的发展战略和经营

计划直接编制 2016 年年度预算草案，由总经理审核通过并下发各部门。公司给销售部下达的 2016 年预算收入指标为 5 000 万元。2016 年 6 月，甲公司采购员李某联络华星公司销售员张某，表示需要购买价值 300 万元的汽车零部件，李某承诺先支付定金 30 万元，余款在三个月内偿还。

过去几年甲公司李某从华星公司大批量采购过几次货物，属于华星公司的重要客户，这几年的交易中甲公司信用不错，双方合作愉快。这次销售员张某见其很有购买诚意，该业务又属于公司重大的销售业务，便直接与甲公司签订了购销合同，并电话通知仓储部门按合同三天内给甲公司发送全部货物。三个月后甲公司并没有支付余款，华星公司财务部联系甲公司催收货款，发现甲公司 2016 年 2 月就已经陷入财务危机，8 月已经处于破产清算状态，华星公司只能全额计提坏账准备。由于受甲公司事件影响，10 月销售部发现当年预算难以完成，自行把预算销售额调整为 4500 万元，然后就详细情况通告了预算管理小组。

要求：

(1)根据《企业内部控制应用指引第 9 号——销售业务》，简要分析华星公司在销售环节中存在的内部控制缺陷；

(2)根据《企业内部控制应用指引第 15 号——全面预算》，简要分析华星公司在预算管理环节中存在的内部控制缺陷。

【考点母题——万变不离其宗】企业研发管理风险的主要表现及应对

<table>
<tr><td colspan="2">研究与开发是企业核心竞争力的本源，是促进企业自主创新和加快转变发展方式的强大推动力。</td></tr>
<tr><td colspan="2">(1)企业研发管理存在的风险主要表现有(　)。</td></tr>
<tr><td colspan="2">A. 研究项目未经科学论证或论证不充分，可能导致创新不足或资源浪费
B. 研发人员配备不合理或研发过程管理不善，可能导致研发成本过高、舞弊或研发失败
C. 研究成果转化应用不足、保护措施不力，可能导致企业利益受损</td></tr>
<tr><td colspan="2">(2)企业应对研究与开发风险的管控措施有(　)。</td></tr>
<tr><td>研发项目立项审核与实施</td><td>A. 企业应根据发展战略和科技发展规划，结合市场开拓和技术进步要求，科学制定研发计划
B. 企业应根据研发计划和实际需要，提出项目立项申请，开展可行性研究，对项目资源、经费、技术等进行客观评估论证，编制可行性研究报告
C. 研发项目应按照规定的权限和程序进行审批，重大研发项目应当报董事会或类似权力机构集体审议决策
D. 在研发项目立项阶段，应制定开题计划和报告，以保证项目符合企业需求，同时可明确研发成果应用转化目标，并将其纳入考核指标，积极推动研发项目创新，避免资源浪费</td></tr>
</table>

续表

研发项目过程管理	E. 建立**研发项目管理制度和技术标准**，建立**信息反馈和重大事项报告制度**，合理配备专业人员，严格落实岗位责任制，跟踪检查研发项目的进展情况，评审各阶段研发成果，**及时纠偏，有效规避研发失败风险** F. 企业研发项目**委托外单位承担的**，需对其资质等进行严格审批，签订委托研发合同，约定研发成果的产权归属、研发进度和质量标准等相关内容 G. 企业**与其他单位合作进行研发的**，须对合作单位进行尽职调查，签订书面的合作研发合同，明确双方投资、分工、权利义务、研发成果产权归属等 H. 企业应**制定并执行项目验收制度**，聘请独立的具有专业胜任能力的人员或机构进行**测试和评审**，**重点关注**项目研发目标、技术指标和技术标准等的完成情况，并对经费执行情况进行客观评价，形成验收报告
研发成果转化管理	I. 对于通过验收的研发成果，企业可委托相关机构进行审查，确认是否申请专利，并及时办理有关专利申请手续，或者作为非专利技术、商业秘密等进行管理 J. 企业应加强对研发成果的转化，形成研发、生产、市场一体化的自主创新机制 K. 企业应建立研发成果保护制度，加强对项目研发单位及人员的保密管理
研发项目评价与监督	L. 企业应建立研发后评估机制，加强对立项与研究、开发及成果保护等全过程的评估和监督检查，认真总结研发管理经验，分析存在的薄弱环节，完善相关制度和办法，不断提升研发管理水平

【考点母题——万变不离其宗】企业工程项目管理风险的主要表现及应对

工程项目投入资源多、占用资金量大、建设周期长、涉及环节多，在促进企业发展过程中起到关键作用，尤其是重大工程项目一般体现了企业发展战略和中长期发展规划。
(1)企业工程项目管理存在的风险**主要表现**有(　)。
A. 立项缺乏可行性研究或可行性研究流于形式，决策不当，盲目上马，可能导致难以实现预期效益或项目失败 B. 项目招标“暗箱”操作，存在商业贿赂，可能导致中标人实质上难以承担工程项目、中标价格失实及相关人员涉案 C. 工程造价信息不对称，技术方案不落实，预算脱离实际，可能导致项目投资失控 D. 工程物资质次价高，工程监理不到位，项目资金不落实，可能导致工程质量低劣，进度延迟或中断 E. 对工程建设进度缺乏有效监控或监控不严，可能导致工程项目进度严重落后于项目计划**(23 教材新增)**
F. 工程款结算管理要求不明确，未按项目进度目标拨付工程进度款，工程付款相关凭证审核不严，可能导致工程建设资金使用管理混乱**(23 教材新增)** G. 竣工验收不规范，最终把关不严，可能导致工程交付使用后存在重大隐患
(2)企业应对工程项目管理风险的**管控措施**有(　)。

工程项目立项管理	A. 企业应当指定专门机构归口管理工程项目，根据发展战略和年度投资计划，提出项目建议书，开展可行性研究，编制可行性研究报告；企业也可委托具有相应资质的专业机构开展可行性研究，并按照有关要求形成可行性研究报告 B. 企业**应组织规划、工程、技术、财会、法律等部门的专家**对项目建议书和可行性研究报告进行充分**论证和评审**，出具评审意见，**作为项目决策的重要依据**

续表

工程项目立项管理	C. 从事项目可行性**研究**的专业机构**不得**再从事可行性报告的**评审** D. 企业应当按照规定的权限和程序对工程项目进行**决策**，**决策过程应有完整的书面记录；重大工程项目的立项**，应当报经**董事会或类似权力机构集体审议批准；**工程项目**决策失误**应当**实行责任追究制度** E. 企业应当在工程项目立项后、正式施工前，依法取得**建设用地、城市规划、环境保护、安全、施工等方面的许可**
工程设计与造价管理	F. 企业应**选择具有相应资质和经验的设计单位**，并签订工程设计合同，细化设计单位的权利和义务 G. 企业应建立并执行严格的**初步设计审查和批准制度**，采用先进的设计管理实务技术，进行**多方案比选** H. 企业需建立**施工图设计和交底管理制度**，施工图设计深度和图纸交付进度应当符合项目要求，**防止**因设计深度不足、设计缺陷，造成施工组织、工期、工程质量、投资等失控及运行成本过高等问题 I. 企业需建立**设计变更管理制度**，因设计过失造成变更的，应当实行责任追究制度 J. 企业应**加强工程造价管理**，明确初步设计概算和施工图预算的编制方法，确保概预算科学合理；企业可委托具有相应资质的中介机构开展**工程造价咨询工作**
工程项目招标管理	K. 企业应当依照国家招投标法的规定，遵循公开、公正、平等竞争的原则，建立健全**工程项目招投标管理制度；对于须划分标段组织招标的，**企业应科学分析和评估，**不得**违背工程施工组织涉及和招投标设计计划将本该由一个承包单位完成的工程肢解为若干部分分包给几个承包单位 L. 企业应**科学编制招标公告**，合理确定投标人资格要求，履行标书签收、登记和保管手续 M. 企业应依法**组建评标委员会**，企业须按照规定的权限和程序从中标候选人中确定中标人，并及时向中标人发出中标通知书 N. 企业应建立合同履行情况台账，记录实际履约情况并进行督促
工程建设管理	O. 企业应当**加强对工程建设过程的监控**，加强质量、进度、安全和物资采购控制，严格执行工程预算，落实责任，**确保工程项目达到设计要求** P. 企业应**实行严格的工程监理**，委托经招标确定的监理单位进行监理；**未经工程监理人员签字**，工程物资**不得**在工程上使用或安装，**不得**进行下一道工序施工，**不得**拨付工程价款，不得进行工程竣工验收 Q. 企业需建立**工程变更制度**，严格控制工程变更，**确需变更的，**应当按照规定的权限和程序进行审批 R. 企业需建立完善**工程价款结算制度**，**财会部门与承包单位需及时沟通**，准确掌握工程进度，根据合同约定，按照约定的审批权限和程序办理工程价款结算
工程项目验收管理	S. 企业须建立健全**竣工验收管理制度**，明确竣工验收的**条件、标准、程序和责任**等 T. 企业收到承包单位的**工程竣工报告**后，应**及时编制竣工决算**，开展**竣工决算审计**，组织**设计、施工、监理等**有关单位进行竣工验收 U. 企业需**加强竣工决算审计**，未实施竣工决算审计的工程项目，不得办理竣工验收手续 V. 企业**应及时组织工程项目竣工验收**，交付竣工验收的工程项目，应当符合国家规定的质量标准，有完整的工程技术经济资料，并满足国家规定的其他竣工条件 W. 工程竣工后，企业应**对完工后剩余的物资进行清理核实，并妥善处理** X. 企业需按照国家有关档案管理的规定，及时收集、整理工程建设各环节的文件资料，**建立完整的工程项目档案**，需报政府有关部门备案的，应**及时备案**

续表

工程项目后管理	Y. 企业应当建立**完工项目后评估制度**，对工程项目**预期目标的实现情况和项目投资效益等**进行综合分析和评价，总结经验教训 Z. 严格落实工程项目决策和执行环节的责任追究制度，评估结果可作为绩效考核和责任追究的依据

【考点子题——举一反三，真枪实练】

[24] (例题·多选题)根据我国《企业内部控制应用指引第11号——工程项目》，下列各项中，属于需要分离的不相容职务的有(　)。

A. 概预算编制与审核　　B. 项目实施与价款支付

C. 可行性研究与业务执行　　D. 竣工决算与审计

[25] (例题·多选题)下列关于企业英规工程项目风险管控措施的表述中，错误的有(　)。

A. 工程项目的立项，应当报董事会或类似权力机构集体审议批准

B. 确定工程项目中标人之前，企业可以与投标人就投标方案进行谈判

C. 从事工程项目可行性研究的专业机构不得再从事可行性研究报告的评审

D. 工程项目招标前，企业可以根据项目特点决定是否编制标底

【考点母题——万变不离其宗】企业业务外包风险的主要表现及应对

业务外包是企业生产经营过程中经常采取的经营策略，既能助力企业专注自身核心业务，又能重新配置企业各种资源，提高企业的资源利用率。	
(1)企业业务外包存在的风险**主要表现**有(　)。	
A. 外包范围和价格确定不合理，承包方选择不当，可能导致企业遭受损失 B. 业务外包监控不严、服务质量低劣，可能导致企业难以发挥业务外包的优势 C. 业务外包存在商业贿赂等舞弊行为，可能导致企业相关人员涉案及企业遭受经济损失和品牌受损	
(2)企业应对业务外包风险的**管控措施**有(　)。	
业务外包实施方案制定	A. 企业应当按照年度生产经营计划和业务外包管理制度，结合确定的业务外包范围，**制定实施方案**，并按照规定的权限和程序进行**审批**，**避免核心业务外包** B. 根据业务外包对企业生产经营的影响程度，对外包业务实施**分类管理**，**突出管控重点** C. **对于重大业务外包**，总会计师或企业分管会计工作的负责人应参与决策，并将重大业务外包方案提交董事会或类似权力机构审批
承包方选择	D. 企业应当按照批准的业务外包实施方案**选择承包方**，**充分调查**承包方的合法性、专业资质、技术及经验水平是否符合企业对业务外包的要求，综合考虑企业内外部因素，对业务外包的人工成本、管理成本、业务收入等进行测算分析，**合理确定外包价格，严格控制业务外包成本** E. 企业还可**适当引入竞争机制**，择优选择承包方，确保承包方选择的过程透明，结果真实有效

续表

业务外包实施过程管理	F. 企业应当严格按照业务外包管理制度、工作流程和相关要求，**制定业务外包实施过程的管控措施**，确保承包方履行合同时有章可循 G. 在承包方提供服务或制定产品的过程中，企业需**密切关注重大业务外包承包方的履约能力**，对承包方的履约能力进行**持续评估**，无法按照合同约定履行义务的，应**及时终止合同**，必要时需按照合同进行**索赔，并追究责任** H. 企业应建立**重大业务外包意外情况的应急机制**，以保证生产经营活动持续进行
业务外包验收与结算管理	I. 企业应根据合同约定和验收标准，组织相关部门或人员**对承包方交付的产品或服务的质量进行审查和全面测试**，确保产品或服务符合要求，并**出具验收证明** J. **若发现异常情况**，需及时查明原因，并与承包方协商**采取适当的补救措施及执行索赔** K. 企业须根据国家统一的会计制度，**加强对业务外包的核算与监督管理**，**建立完善的外包成本会计核算方法**，并**做好费用结算工作**

【考点子题——举一反三，真枪实练】

[26] (例题·简答题)A 国是亚洲经济发展最快的国家。A 国的 B 省在过去 30 年间大力发展各类制造及加工业务，成为 A 国南方沿海经济第一大省。随着 B 省经济的快速发展，省内几个主要城市均建造了民用机场。近几年，A 国政府开始大力推动铁路网络建设，目标是覆盖全国各主要省市。B 省亦开始建设通往其他各省及首都的铁路，部分路段已经开通运行。

B 省的太平山机场于 1994 年启用，现已发展为全国以及全球最优秀和最繁忙的国际机场之一。超过 95 家航空公司在太平山机场提供航空服务，往来约 180 个城市，其中约 50 个城市在 A 国境内。太平山机场能够迅速发展成为国际航空枢纽，是由于太平山市处于亚太地区的中心，且其经济发展早于 B 省的其他城市，因此成为全省以及全国市场的门户，广 4 泛联系世界各地的城市，不但提供点对点直航服务，还提供客货运中转服务。

太平山机场的客货运量及航空联系紧密度不断提升，从 1994 年的年客运量 3 000 万人次及年货运量 180 万吨，每天 500 架次飞机升降及联系 100 个城市，分别激增至去年的 6 000 万人次及 400 万吨，900 架次及 180 个城市。其中，人部分为国际航运业务，国内业务相对较少。

为了更全面的发展市场经济，A 国近年开始私有化所有国有交通运输企业，包括民航、铁路及海运等。太平山机场被政府指定为首个私有化试点机场，于两年前重组为太平山机场股份有限公司，并且成功上市。太平山机场原董事长功成身退，于本年初退休，其职位由年轻进取的王宏继任。鉴于交通运输需求量与日俱增，且省内不少机场都拟订了提高客货运量的措施，加之政府大力推动铁路的发展，王宏认为必须研究应对策略，防止太平山机场的竞争力受损。

王宏因此委派了首席执行官林华主持研究工作，并要求其制订太平山机场未来20年发展规划火纲。林华委托了几家各具专长的国际知名咨询公司对不同战略范畴进行深入研究。其研究结果包括：未来20年往来A国的客货运输需求将随着经济的持续发展而不断增加；B省是太平山机场的腹地市场，也是全国最多元化和发展最快速的地区之一，亦是一个制造业中心和最富裕的地区，其客货运输需求的增长快于全国平均水平；B省内6个机场(含太平山机场)的容量明显不足以满足10年后的中期航空服务需求，更难以适应20年后的长期需求；目前太平山机场处理了B省所有机场的70%国际客运量及80%的国际货运量；省内其他机场已拟订了提高客货运量的计划，拟将跑道数量由目前的两条增加到3条至5条；新一代的铁路运输系统可将当前铁路旅程时间缩短三分之一，全国省际直通铁路网络在5年内大致形成，并于10年内全面覆盖各主要城市；除现已建有机场的6个城市外，B省其他城市达到可以兴建机场规模的可能性很小。

林华依据波特提出的最具影响力的战略分析模型——五力模型，对以上结果进行分析，以确定太平山机场在行业中的竞争优势。经研究分析后，林华与王宏讨论了其他一些方案。在王宏的大力支持下，林华向董事会提议建设第三条机场跑道。除了兴建第三条跑道外，林华向董事会提出了在兴建第三条跑道的基础上，太平山机场还可以同时采用以下两个方案或其中之一，以进一步增加太平山机场的竞争力和客货运量。

方案一：葛咸市与太平山市是一河之隔。由太平山机场购入葛咸机场的20%股权，成为其战略投资者，并在此基础上商讨两个机场在客货运上如何合作互补。

方案二：向太平山市政府游说，由市政府出面向省政府及A国交通部争取将规划中的省际铁路在B省内的主要转运枢纽建于太平山机场旁，理由是太平山机场是国际航运枢纽，若与省际铁路转运枢纽相结合，将更有利于提升B省以及全国的客货运效率。林华建议，向政府争取由太平山机场负责建造及营运该省际直通铁路转运枢纽站。

太平山机场董事会在讨论上述兴建第三条跑道以及其他两个方案时，有数位资历较深的董事对这些建议抱有怀疑，认为前董事长多年以来比较保守稳健地经营太平山机场，不作重大投资，亦能取得较好的成果。现在王宏和林华的建议涉及重大投资，必然带来较高的风险。董事会因此要求王宏和林华提交一份分析太平山机场可能面临的市场风险和应对风险的措施文件，其中必须分析风险应对的各种常用措施。

部分董事认为兴建一条新跑道的工程浩大，太平山机场的现有跑道及其他基础设施是多年前兴建的，太平山机场已经很久没有管理庞大工程项目的经验，因此希望王宏和林华提交兴建第三条跑道时采用工程外包的可行性研究报告。董事们还特别关注如何控制外包工程。

另外，董事们认为跑道信号管理是机场的核心日常业务之一，但太平山机场的信息技术管理部门人力有限，因此要求在报告中重点分析是否可将第三条跑道所有信号的信息系统的日常经营管理外包。

要求：《企业内部控制应用指引第 13 号——业务外包》对外包业务的风险和控制措施提供了应用指引。请列举该应用指引中提及的外包业务风险中的三项风险，以及可实施的有关控制措施中的五项措施。

【考点母题——万变不离其宗】企业合同管理风险的主要表现及应对

<table>
<tr><td colspan="2">合同是规范、约束市场主体交易行为，维护市场秩序的有效工具；合同管理工作既能帮助企业维护自身合法权益，又能提升企业的品牌和形象，实现可持续性发展。</td></tr>
<tr><td colspan="2">(1)企业合同管理存在的风险主要表现有(　)。</td></tr>
<tr><td colspan="2">A. 未订立合同、未经授权对外订立合同、合同对方主体资格未达要求、合同内容存在重大疏漏和欺诈，可能导致企业合法权益受到侵害
B. 合同未全面履行或监控不当，可能导致企业诉讼失败、经济利益受损
C. 合同纠纷处理不当，可能损害企业利益、信誉和形象</td></tr>
<tr><td colspan="2">(2)企业应对合同管理风险的管控措施有(　)。</td></tr>
<tr><td>合同相对方调查与谈判</td><td>A. 合同订立前，企业应当通过审查相对方的身份证件、法人登记证书、资质证明、经审计的财务报告等，充分了解合同相对方的情况，确保对方当事人具备履约能力
B. 初步确定拟签约对象后，企业合同承办部门须在授权范围内制定谈判策略并进行合同谈判；对于影响重大、跨多业务领域或法律关系复杂的合同，可以组织法律、技术、财会等专业人员共同参与谈判，必要时也可聘请外部专家参与
C. 为了避免合同舞弊，谈判过程中的重要事项和参与谈判人员的主要意见，应当予以记录并妥善保存</td></tr>
<tr><td>合同订立</td><td>D. 企业应根据协商谈判结果，拟订合同文本，明确双方的权利义务和违约责任，确保条款内容准确、严谨、完整
E. 合同文本一般由业务承办部门起草，对于重大合同或法律关系复杂的特殊合同，由法律部门参与起草</td></tr>
<tr><td>合同审核</td><td>F. 合同拟定完成后，企业应从合同文本的合法性、经济性、可行性和严密性等方面进行严格审核，重点关注合同的主体、内容和形式是否合法，合同的内容是否符合企业的经济利益，对方当事人是否具有履约能力，合同权利和义务、违约责任和争议解决条款等是否明确等
G. 对于影响重大、跨多业务领域或法律关系复杂的合同文本，企业可以组织内部相关业务部门进行会审</td></tr>
</table>

续表

合同签署	H. 对于审核通过的合同，企业应当按照合同类型与规定的程序，**与对方当事人签署合同** I. 企业应根据经济业务性质和管理层级设置等，**建立合同分级管理制度** J. 企业还需**加强对合同专用章的保管**，在合同经编号、审批、签署后，方可加盖合同专用章
合同履行	K. 企业应与合同对方共同遵循诚实守信原则，根据合同的性质、目的等**履行相关义务** L. 企业需**加强对合同履行环节的管控**，重视对合同履行情况及效果的检查、分析和验收，发现违规行为，及时采取措施 M. 企业**可根据需要及时补充、更新、解除合同**
合同结算	N. 企业财务部门应当在严格审核合同条款后，按照合同规定进行**付款**；**对于未有限履约合同条款或应签订书面合同而未签的**，财务部门应拒绝办理结算业务，并及时向有关负责人报告
合同登记	O. 企业应建立**合同登记管理制度**，企业应充分利用信息系统，通过定期对合同的统计、分类和归档，详细登记合同的订立、履行和变更等信息，**实现对合同的全流程闭环管理** P. 企业应制定合同文本统一分类和连续编号的管理要求，明确合同借阅和归还的职责权限和审批程序等
合同管理后评估	Q. 企业需建立**合同管理评估制度**，每年定期对合同履行的总体情况和重大合同履行的具体情况进行分析评价

【考点子题——举一反三，真枪实练】

[27]（例题·单选题）下列关于企业应对合同管理风险管控措施的表述中，正确的是（ ）。

A. 企业对外发生经济行为，必须订立书面合同

B. 正式对外订立的合同，必须由企业法定代表人签名并加盖有关印章

C. 公司文本一般由法律部门起草，总经理审核

D. 企业对影响重大或法律关系复杂的合同文本，应该组织内部有关部门进行审核

【考点母题——万变不离其宗】企业内部信息传递风险的主要表现及应对

内部信息传递是企业内部各管理层之间通过内部报告形式传递生产经营管理信息的过程，**定向传递有效信息**，对贯彻落实企业发展战略、识别企业生产经营活动的内外部风险具有重要作用。
（1）企业内部信息传递存在的风险**主要表现**有（ ）。
A. 内部报告系统缺失、功能不健全、内容不完整，可能影响生产经营的信息无法及时传递和有序运行 B. 内部信息传递不通畅、不及时，可能导致决策失误、相关政策措施难以落实 C. 内部信息传递中泄露商业秘密，可能削弱企业核心竞争力

续表

(2)企业应对合同管理风险的**管控措施**有(　)。	
内部报告指标体系建立	A. 企业应认真研究发展战略、风险控制要求、绩效考核标准，结合各管理层级的定位、特点和实际需求，**建立科学规范、级次分明的内部报告指标体系**；该指标体系**还需与全面预算管理相结合**，将预算控制的全过程和结果及时向企业管理层报告
内部报告编制	B. 企业内部报告的**编制应充分考虑报告使用者的需求**，确保编制内容简洁明了、通俗易懂，便于企业各管理层和全体员工掌握相关信息 C. 企业还需**完善内、外部信息的收集和传递机制**，按照标准对信息进行分类和汇总，确认信息来源，对信息的真实性、合理性、时效性进行审核和鉴别 D. 企业需要**建立内部报告审核制度**，确保内部报告信息质量符合要求
内部报告传递流程	E. 企业应**制定严密的内部报告传递流程**，充分利用信息技术，强化内部报告信息集成和共享，将内部报告纳入企业统一信息平台，构建科学的内部报告网络体系 F. 企业可**采取奖励措施等方式**，拓宽内部报告渠道，广泛收集高质量、合理化的建议
内部报告使用	G. **企业各级管理人员**在预算控制、生产经营管理决策和业绩考核时，**应充分利用内部报告提供的信息**；基于内部报告信息，对企业生产经营活动中的内外部风险进行有效评估，涉及突出问题和重大风险的，需及时启动应急预案 H. 企业应**明确内部报告的保密内容、保密程度和传递范围**，从内部信息传递的时间、空间、流程等方面采取严格的保密措施，防止商业秘密通过企业内部报告被泄露 I. 企业应建立**内部报告保管制度**，按照制度要求妥善保管内部报告
内部报告评价工作	J. 企业应建立**内部报告评估制度**，定期对内部报告的及时性及内部信息传递的全面性、完整性、安全性、有效性进行评价，评估内部报告在企业生产经营活动中起到的**作用**
内部报告反舞弊管理	N. 企业需**建立反舞弊机制**，对员工进行道德准则培训，设立员工信箱、投诉热线等，鼓励员工及企业利益相关方举报和投诉企业内部的违法违规、舞弊等行为 K. **完善举报人保护制度**，明确举报责任主体、举报程序等 L. 企业还需建立**反舞弊情况通报制度**，定期就反舞弊的情况进行通报，反思评价现有的控制缺陷，确保反舞弊机制持续优化

【考点母题——万变不离其宗】企业信息系统风险的主要表现及应对

信息系统是企业内部控制信息数据集成、转化和提升的信息化管理平台，可减少人为操纵因素，保障信息沟通的安全性和有效性，促进企业全面提升现代化管理水平。
(1)企业信息系统存在的风险**主要表现**有(　)。
A. 信息系统缺乏规划或规划不合理，可能造成信息孤岛或重复建设，导致企业经营管理效率低下 B. 系统开发不符合内部控制要求，授权管理不当，可能导致无法利用信息技术实施有效控制，甚至出现系统性风险 C. 系统运行维护和安全措施不到位，可能导致信息泄露或损毁，系统无法正常运行

续表

(2)企业应对信息系统风险的**管控措施**有( )。	
信息系统规划	A. 企业应根据发展战略和业务需要，进行信息系统建设，**制定信息系统整体规划和中长期发展计划** B. 信息系统规划**要与企业组织架构、业务范围、技术能力等相匹配**，各业务部门充分沟通，避免相互脱节 C. 基于信息系统整体建设规划提出的**项目建设方案**，应明确建设目标、人员配备、职责分工、经费保障和进度安排等相关内容，并按照规定的权限和程序审批后实施 D. 企业信息系统**归口管理部门**应当组织内部各单位提出建设需求和关键控制点，规范开发流程，明确系统设计、编程、安装调试、验收、上线等全过程的管理要求，严格按照建设方案、开发流程和相关要求组织开发工作
信息系统开发实施	E. 企业应基于对开发需求的分析，**编制系统需求说明书，建立设计评审制度**，严格控制设计变更流程，按规范执行相应的审批程序 F. 企业开发信息系统，可采取**自行开发、外购调试、业务外包等方式**，应当将生产经营管理流程、关键控制点和处理规则嵌入系统程序，实现手工环境下那难以实现的控制功能 G. 企业应执行统一的编程规范，使用版本控制 H. 企业应按照不同业务的控制要求，通过信息系统中的**权限管理功能**控制用户的操作权限，**避免将不相容职责的处理权限授予同一用户** I. 企业信息系统归口管理部门需加强对信息系统开发全过程的跟踪管理 J. 企业应组织独立于开发单位的**专业机构**对开发完成的信息系统进行**验收测试**，确保在功能、性能、控制要求和安全性等方面符合系统建设需求 K. 企业需**制定科学的上线计划和新旧系统转换方案**，确保新旧系统顺利切换和平稳衔接，系统上线涉及数据迁移的，还应制定详细的**数据迁移计划**，并对迁移结构进行**测试**
信息系统的运行与维护	L. 企业应**制定信息系统工作程序、信息管理制度以及各模块子系统的具体操作规范等**，及时跟踪、发现和解决系统运行中存在的问题 M. 企业**要指定专人负责系统运行的日常维护**，做好系统运行记录，对异常情况和突发事件要及时响应上报 N. 信息系统操作人员**不得擅自**进行系统软件的删除、修改等操作，**不得擅自**升级、改变系统软件版本，**不得擅自**改变软件系统环境配置 O. 企业需建立**信息系统资产管理制度**，完善信息系统设备管理要求
信息系统评估	P. 企业应**建立健全信息系统风险评估制度**，定期开展信息系统风险评估工作，及时发现系统安全问题，并采取有效措施进行整改

第五节　法律风险和合规风险与应对

一、法律风险和合规风险的含义及其影响因素

法律风险是指企业在经营过程中**因自身经营行为的不规范或者外部法律环境发生重大变化**而造成不利法律后果的可能性；

合规风险是指企业**因违反法律或监管要求**而受到制裁、遭受金融损失以及**因未能遵守所有适用法律、法规、行为准则或相关标准**而给企业信誉带来损失的可能性。

考点 9　法律风险和合规风险的影响因素（★★客观题）

【考点母题——万变不离其宗】法律风险和合规风险的影响因素

(1) 分析企业的法律风险和合规风险的来源时，应主要考虑的因素有（　）。
A. 国内外与企业相关的政治、法律环境变化可能引发的风险 B. 影响企业的新法律法规和政策颁布可能引发的风险 C. 员工的道德操守不当可能引发的风险 D. 企业签订重大协议和有关贸易合同的条款设计不当等可能引发的风险 E. 企业发生重大法律纠纷案件所引发的风险 F. 企业和竞争对手的知识产权可能引发的风险

【考点子题——举一反三，真枪实练】

[28] (例题 · 多选题) 甲公司是一家环保设备制造商，2010 年甲公司把以投资建设环保项目为由从银行取得的贷款转而投入了房地产开发。几年后，由于政府宏观调控政策出台和房地产业的收缩，甲公司投入房地产开发的大部分资金无法收回，经营陷入危机。上述案例所涉及的风险有（　）。

A. 法律和合规风险　　B. 技术风险

C. 操作风险　　D. 政治风险

[29] (例题 · 多选题) 下列风险分组正确的有（　）。

①甲公司在 A 国投资办厂，A 国实行外汇管制政策。

②乙公司的某个大客户破产，大量应收账款成为坏账。由于未能如期收回货款，导致乙公司不能向其供货商付款。

③丙公司的销售部经理虚报销售额，以获取年终超额绩效奖。

④丁公司的供货商抬高商品价格。

⑤戊公司为一家纺织企业，常年向美国出口服装。美国政府宣布削减中国纺织品进口配额后，该企业遭受重创。

A. ①⑤为政治风险；③为运营风险　　B. ②涉及了市场风险

C. ②涉及了财务风险；④为市场风险　　D. ③为财务风险

二、法律风险和合规风险的主要表现与应对

考点10 法律风险和合规风险的主要表现与应对（★★客观题）

法律风险和合规风险在企业风险管理实务中一般按照**法律责任风险、行为规范风险和监管风险**分别采取相应的应对措施。

【考点母题——万变不离其宗】法律责任风险与应对

定义	法律责任风险是指因个人或团体的疏忽或过失行为，造成他人的财产损失或人身伤亡，按照法律、契约应负法律责任或契约责任的风险。**具体到企业经营管理中，是指**在业务活动中**发生违规行为，或因日常经营和业务活动违反法律规定**，导致发生争议、法律纠纷而造成经济损失的风险。
主要表现	(1)企业面对的法律责任风险的**主要表现**有（　）。
	A. 公司生产经营违反了相关法律法规或其他规定、流程手续、资质要求等，可能导致公司遭受法律制裁、监管处罚、重大财务损失和声誉损失 B. 公司面临外部诉讼纠纷时，未能积极妥善应对，或由于应诉行为不当，可能导致企业承担潜在利益损失
管控措施	(2)企业应对法律责任风险的**管控措施**有（　）。
	A. 公司管理层应根据企业的风险管理流程设计风险管理制度，建立法律合规问责和处罚制度，完善监控机制，制定纠正和预防措施，持续改进法律合规管理体系的有效性 B. 企业应配置专业的法务人员，建立法律管理相关的制度规范及符合企业核心利益的应对策略，各相关人员应严格执行制度规范 C. 企业应重视事后评估，透过案件处理，分析企业经营管理的现实和潜在风险，提出防范建议，提升企业法律纠纷案件管理的附加值

【考点母题——万变不离其宗】行为规范风险与应对

主要表现	(1)企业面对的行为规范风险的**主要表现**有（　）。
	A. 公司管理层**未**引导员工建立正确的价值观，员工或其他利益相关者的**潜在不道德行为**，可能导致企业声誉受到负面影响 B. 公司管理层**未**识别出舞弊的高风险岗位并对其风险进行控制，可能导致公司面临直接的经济损失或对公司形象产生负面影响

续表

<table>
<tr><td rowspan="2">管控措施</td><td>(2)企业应对行为规范风险的管控措施有(　)。</td></tr>
<tr><td>A. 企业应制定员工职业道德规范，并定期组织培训，要求员工确认知晓程度，关注潜在的利益冲突行为，并展开调查，以确保企业在法律规范下经营运作
B. 企业应制定廉洁及反舞弊管理措施，有效防范管理层违规决策、挪用企业资金、贪污企业资产、收受贿赂等行为，防范员工或合作伙伴的潜在违法行为，避免给企业带来直接经济损失或对企业形象产生负面影响</td></tr>
</table>

【考点母题——万变不离其宗】监管风险与应对

<table>
<tr><td>定义</td><td>监管风险是指由于法律或者监管规定的变化，可能影响企业正常运营，或削弱其竞争能力、生存能力的风险。</td></tr>
<tr><td rowspan="2">主要表现</td><td>(1)企业面对的监管风险的主要表现有(　)。</td></tr>
<tr><td>A. 企业未能有效识别进口产品在出口海关、出口国可能遇到的监管要求，或者未能准确理解政府贸易规定、海关规定，可能导致企业的经济损失或交易失败
B. 企业未能识别和防范由于违反国家和劳动保障机构制定的相关法规(包括个人所得税、薪酬、休假、反歧视等)，可能导致企业面临人事合规带来的风险
C. 上市公司未能识别和防范证券监督管理要求，如证券交易所的股票交易规则以及内控标准等，可能导致企业面临潜在的合规和法律风险
D. 企业未能识别并遵守国家健康、安全和环保方面的法律与规范；未对员工提供适当的安全、环保意识培训；安全管理体系不健全，或相关管理制度无法有效执行；缺少突发事件报告体系，可能导致企业财产损失
E. 企业未能按时向税务机关、工商机关等提交税务报告、年检报告等资料，受到监管机构的监察批评或处罚，可能导致企业信用及声誉受损</td></tr>
<tr><td rowspan="2">管控措施</td><td>(2)企业应对监管险的管控措施有(　)。</td></tr>
<tr><td>A. 企业应关注政府贸易的监管要求，识别和防范政府贸易规定、海关规定、地缘政治规则和跨国交易带来的潜在风险，在交易前要收集大量信息，明确交易过程中的不确定因素，对可能存在的风险做基本预判，并制定相应的应对方案
B. 企业应严格招聘程序，加强对劳动者入职审查，建立并执行合法合规的劳动合同管理制度、合理的工资结构，制定符合实际的绩效考核机制，规避人事合规风险给企业带来的纠纷
C. 企业应关注证券监管机构的监管要求，建立完善的证券业务制度规范，对执业行为的合规性进行审查监督，强化岗位制约和监督，严格限定不同岗位人员的操作权限，降低因违规操作给企业带来风险的可能性
D. 企业应严格遵守法律法规，建立完善的安全管理体系，对突发事件制定相关的应急预案，定期组织员工培训，加强员工的安全、环保意识，提升员工自身能力，使劳动生产在保证劳动者健康、企业财产不受损失、人民生命安全的前提下顺利进行
E. 企业应时刻关注政府监管要求，严格按照要求报送税务报告、年检报告等，加强对财税风险的监控，评估预测财税风险，并制定相应的应急预案，防范企业因财税风险而受到监管处罚</td></tr>
</table>

【本章考点子题答案及解析】

[1] 【答案：ABCD】选项均可能影响甲公司的战略风险。

[2] 【答案与解析】本案例中，L 公司所存在的战略风险主要表现为：

(1)战略制定风险。“L 公司的‘多元化’战略是通过盲目投资开展的。L 公司在制定战略时，只关注当时市场上盈利较高的行业，既未对自身战略资源适配情况进行详细的分析，也未对即将投资行业的周期性进行分析，导致制定的战略脱离实际，战略实施困难重重。”

(2)战略实施风险。“L 公司没有提前配置恰当的战略实施人员、足够的战略资源来支持多元化进程，也未对并购后成立的子公司进行有效整合，致使这些子公司大多处于长期大额亏损状态，虽有少数子公司盈利，但由于规模过小，无法填补其余企业的亏损”；“L 公司一直忽略主业的发展，同时子公司的长期亏损导致 L 公司资金链紧张，没有足够的资金支持主业发展，主业的市场占有率从最高点的 20%一路下降到不足 1%”。

(3)战略调整风险。“这些战略调整没有涉及抛售严重亏损的子公司，没有触及 L 公司面临的真正风险，L 公司的主打产品也在被国内外竞争者不断挤压的市场上被消费者渐渐淡忘”。

(4)战略复盘整改风险。“L 公司未曾认真、系统复盘过自己的多元化战略制定、实施和调整的过程；没有深入思考过多元化战略给公司带来了什么，其实施和调整的效果是否达到预期目标；没有仔细查找公司采取多元化战略以后主业逐渐衰落、公司整体经营每况愈下的原因何在”。

[3] 【答案与解析】本案例中，SZ 公司面临的市场风险如下：

(1)市场趋势风险。

①企业未开展对整体市场、竞争对手的分析以及对不同层次客户需求的调研，未制定有效的市场竞争策略，可能导致企业失去现有市场份额，影响公司的市场竞争力。“SZ 公司在没有对市场现状和走势进行深入分析、对竞争对手的竞争策略以及各类客户的需求进行周密调研的情况下，提出未来发展规划”；“SZ 口服液销量持续大幅下降……直至市场全部丧失”。

②企业未能把握监管当局的政策导向及宏观环境市场环境的变化，可能导致企业产品、服务的推广及销售受到影响。“SZ 公司在广告法规执行尚不完善的 90 年代，宣传 SZ 口服液能够包治百病”：“没有适应政府监管趋紧和消费者偏好的变化。及时调整产品结构、开发新产品”：“SZ 口服液销量持续大幅下降……直至市场全部丧失”。

③企业未能预测并适应消费者偏好的变化，从而未能及时调整产品和服务结构，可能导致企业失去核心市场地位。“SZ 公司……没有适应……消费者偏好的变化，及时调整产品结构、开发新产品”：“SZ 口服液销量持续大幅下降……直至市场全部丧失”。

(2)分销风险。

①企业未制定完善的品牌战略，未有效细分品牌，未制定有效的品牌管理措施，可能导致企业丧失知名度。“管理层采取了‘销售为王’的政策，没有重视和开展品牌建设、对 SZ 口服液进行有效的品牌管理”；“1999 年，SZ 公司的 200 多个子公司停业，所有的工作站和办事处几乎全部关闭。2000 年，SZ 公司网站消失，全国销售近乎停止”。

②企业对核心产品过分依赖，或者企业的产品过于单一，可能导致企业不能通过增加品种提高产品附加值，也不能积极应对市场波动。“SZ 公司……没有适应……消费者偏好的变化，及时调整产品结构、开发新产品”；“SZ 口服液销量持续大幅下降，SZ 公司没能推出后续产品以弥

补不断缩小的市场份额”。

③企业未能建立分销商评级及监管机制，分销商表现不佳，可能导致公司声誉受到影响。“一些分销商为了扩大产品的销售，无限夸大 SZ 口服液的功效”；“SZ 公司及其经销商对 SZ 口服液的虚假宣传被事实戳穿并遭媒体多次曝光”。

④企业未能在目标市场实现既定的销售任务，可能导致企业战略目标及经营目标难以落实。“SZ 公司的销售额比上一年锐减 10 亿元，第一次出现年度销售任务未完成的情况，造成多项经营目标没有达到”。

⑤企业未能建立规范的客户管理体系和客户服务流程，未能有效维护与目标客户的关系，可能导致企业形象受损。“SZ 公司……没有制定客户管理制度和客户服务流程，一些销售人员对客户态度粗暴、服务不周，引起不少客户对公司反感并流失”。……

[4]【答案与解析】本案例中，D 公司的财务风险主要表现为以下几个方面：

(1)筹资管理风险：未按审批的筹资方案执行筹资活动，擅自改变资金用途。“D 公司……经批准的筹资方案中列明筹资用途为向子公司增资和项目建设。2018 年，D 公司将募集资金从专户转出并用于向 A 公司支付设备款，A 公司又按照 D 公司的要求将收到的资金转付给指定供应商”。

(2)全面预算管理风险：预算缺乏刚性、执行不力、考核不严，可能导致预算管理流于形式。“A 公司……该支付款项已超出公司年度采购预算，但未经额外审批”。

(3)财务报告风险：编制财务报告违反会计法律法规和国家统一的会计制度；提供虚假财务报告。“D 公司在年度报告中虚假披露募集资金用途为项目建设，且未存在用途变更”；“D 公司……向 B 公司进行了多次采购，以银行承兑汇票方式支付货款 1 000 万元(票据承兑专艮行为资信较差的地方性银行且票据尚未到期)，同时财务会计冲销了应付账款，不符合金融资产终止确认条件……未在 2017 年财务报表中披露与 B 公司的关联交易信息，导致其披露的 2017 年度财务报表失真。”

(4)投资管理风险：投资决策失误，引发盲目扩张或丧失发展机遇，可能导致资金链断裂或资金使用效益低下；未按审批的投资方案执行投资活动，未对投资项目开展有效的后续跟踪和监控，或对投资项目处置不当，可能澎响企业投资收益。“D 公司……买入 5 000 万元的 F 公司可转换债券……该笔投资未经充分的评估测算且投资款支付时未经授权审批，造成资金的违规支付公司由于经营不善导致破产，该笔债券投资无法兑付，导致 D 公司遭受巨大亏损。”

(5)资金营运管理风险：资金调度不合理、营运不畅，可能导致企业陷入财务困境；资金活动管控不严，可能导致资金被挪用、侵占、抽逃或遭受欺诈。“该笔投资未经充分的评估测算且投资款支付时未经授权审批，造成资金的违规支付……投资无法兑付，导致 D 公司遭受巨大亏损”；“D 公司对汇率波动预估不足，未能及时采取有效措施管控汇率波动风险，造成公司年度汇兑损失高达 1 000 万元”。

应对上述风险，D 公司应采取如下管控措施。

(1)应对筹资管理风险的管控措施：D 公司应当严格按照筹资方案确定的用途使用资金，由于市场环境变化等确需改变资金用途的，应当履行相应的审批程序。

(2)应对全面预算管理风险的管控措施：①明确预算执行责任。②加强资金收付业务的预算控制，对于超预算或预算外的资金支付，应当实行严格的审批制度。③建立预算执行实时监控制度，及时发现和纠正预算执行中的偏差，确保各项业务运营均符合预算要求。④建立健全预算执行情况内部反馈和报告制度，以及预算执行情况分析制度。⑤建立完善的预算执行考核制度。

(3)应对财务报告风险的管控措施：①按照国家统一的会计制度规定，根据登记完整、核对无误的会计账簿记录和其他有关资料编制财务报告，做到内容完整、数字真实、计算准确。②依照法律法规和国家统一的会计制度的规定，及时对外提供财务报告。

(4)应对投资管理风险的管控措施：①加强对投资方案的可行性研究，重点对投资目标、规模、方式、资金来源、风险与收益等作出客观评价。②按照规定的权限和程序对投资项目进行决策审批，重点审查投资方案是否合理可行，投资项目是否符合国家产业政策及相关法律法规的规定、是否符合企业整体战略目标和规划；尽调工作是否充分、尽调发现的，问题及风险是否可控、是否符合企业资产流动性要求、风险等级是否满足公司风险承受能力、是否具有而应的资金熊力投入资金能否按时收回、预期收益能否实现等。重大投资项目，应当按照规定的权限和程序实行集体决策或者联签制度。③投资方案发生重大变更的，应当重新履行相应审批程序。

(5)应对资金营运管理风险的管控措施：以业务发生为基础，严格规范资金的收支条件、程序和审批权限，确保资金收付有依据。

[5]【答案与解析】①企业组织效能、管理现状、企业文化，高、中层管理人员和重要业务流程中专业人员的知识结构、专业经验 等方面可能引发的风险。“公司治理结构相对混乱”；“‘重结果，轻人才’的管理模式”。

②质量、安全、环保、信息安全等管理中发生失误导致的风险。“2017 年一名安全研究员在天志公司的网络安全方面发现了一个非常严重的漏洞。这个漏洞会导致天志公司的所有旧密钥毫无用处，从而可能造成天志公司服务器上的用户信息、飞行日志等私密信息能够被下载”。

③因企业内、外部人员的道德风险或业务控制系统失灵导致的风险。“在公司运作的各个领域(采购、财务、研发设计、工厂制造、行政管理以及销售)均出现了舞弊行为，可见这次串通勾结行为范围极广，危害程度极 大”。

④企业现有业务流程和信息系统操作运行情况的监管、运行评价及持续改进能力方面引发的风险。“缺乏内部 信息的披露。作为一家非上市的民营企业，天志公司没有对外披露重大事项的要求和压力，导致公司内部治理 缺乏良性运行和监督机制，在信息不对称的情况下，舞弊、泄密等问题极易产生”。

[6]【答案：C】股东大会依法行使企业的经营决策权，错误。董事会有最终决策权，而不是股东大会。所以，选项 C 错误。

[7]【答案：A】“康美药业马兴田夫妇的一股独大使得公司缺乏科学决策、良性运行机制和执行力，导致公司步履维艰，难以实现发展战略”，表明康美药业的运营风险主要来自于组织架构方面，所以选 A。

[8]【答案与解析】(1)审计委员会负责监督、核实公司重大投资决策，存在不当之处。

理由：监督、核实公司重大投资决策是战略委员会的主要职责。

薪酬委员会的召集人由董事长兼总经理的刘某担任，存在不当之处。

理由：董事会下设的专门委员会原则上都应由独立董事构成。

风险管理委员会召集人由董事长兼总经理的刘某担任，存在不当之处。

理由：风险管理委员会的召集人应由不兼任总经理的董事长担任；董事长兼任总经理的，召集人应由外部董事或独立董事担任。

风险管理委员会负责审议并向股东大会提交企业全面风险管理年度工作报告，存在不当之处。

理由：董事会负责审议并向股东大会提交企业全面风险管理年度工作报告。

(2)风险管理委员会对董事会负责，主要履行以下职责：

①提交全面风险管理年度报告；

②审议风险管理策略和重大风险管理解决方案；

③审议重大决策、重大风险、重大事件和重要业务流程的判断标准或判断机制，以及重大决策的风险评估报告；

④审议内部审计部门提交的风险管理监督评价审计综合报告；

⑤审议风险管理组织机构设置及其职责方案；

⑥办理董事会授权的有关全面风险管理的其他事项。

[9]【答案与解析】依据《企业内部控制应用指引第 1 号——组织架构》，煌水乳业存在的主要风险包括：

①治理结构形同虚设，缺乏科学决策、良性运行机制和执行力，可能导致企业经营失败，难以实现发展战略。“煌水乳业自上市以来，董事会主席兼 CEO 的张凯始终维持公司最大股东身份，对公司具有绝对的控制和管理权力，掌控公司所有的重大事项决策权，并直接负责公司所有业务的运营和管理”。

②内部机构设计不科学，权责分配不合理，可能导致职能缺失。“煌水乳业公司未设置监事会，监事会的职能主要由审计委员会以及独立董事履行，……煌水乳业的独立董事及其聘用的会计师事务所都没有严格履行其对公司财务报告审核监督的责任”。

[10]【答案与解析】①治理结构形同虚设，缺乏科学决策、良性运行机制和执行力，可能导致企业经营失败，难以实现发展 战略。“天志公司领导层面对业务的迅速扩张，将注意力集中在极力扩大经营规模、追求足够的市场份额和企业利润，而忽略组织内部治理，致使腐败、泄密等问题频繁产生”。

②内部机构设计不科学，权责分配不合理，可能导致机构重叠、职能交叉或缺失、推诿扯皮，运行效率低下。“产品在开发时由两个团队分头去做，谁的产品好就用谁的，产品未被选用的团队会被公司淘汰。这一管理模式带来诸多问题，如研发过程中两个团队恶性竞争、人才流失严重、被选用的团队为防以后被淘汰而滋生腐败动机等”。

[11]【答案与解析】①人力资源缺乏或过剩、结构不合理、开发机制不健全，可能导致企业发展战略难以实现。“赛马机制一直是团队竞争发展的管理模式……‘重结果，轻人才’的文化氛围大大地降低了员工的归属感，难以形成凝聚力、向心力”。

②人力资源激励约束制度不合理、关键岗位人员管理不完善，可能导致人才流失、经营效率低下或关键技术、商业秘密和国家机密泄露。“产品在开发时由两个团队分头去做，谁的产品好就用谁的，产品未被选用的团队 会被公司淘汰。这一管理模式带来诸多问题，如研发过程中两个团队恶性竞争、人才流失严重、被选用的团队为防以后被淘汰而滋生腐败动机等”。

③人力资源退出机制不当，可能导致法律诉讼或企业声誉受损。“产品未被选用的团队会被公司淘汰。这一管 理模式带来诸多问题，如研发过程中两个团队恶性竞争、人才流失严重、被选用的团队为防以后被淘汰而滋生 腐败动机等……离职员工对天志公司负面评价很多”。

[12]【答案：BCD】本题考核“企业内部控制应用指引第 4 号——社会责任”的知识点。履行社会责

任，需关注的主要风险包括：

①安全生产措施不到位，责任不落实，可能导致企业发生安全事故；②产品质量低劣，侵害消费者利益，可能导致企业巨额赔偿、形象受损，甚至破产；③环境保护投入不足，资源耗费大，造成环境污染或资源枯竭，可能导致企业巨额赔偿、缺乏发展后劲，甚至停业；④促进就业和员工权益保护不够，可能导致员工积极性受挫，影响企业发展和社会稳定。所以，选项BCD正确。而选项A属于企业文化需关注的主要风险。

[13]【答案：BCD】企业应当避免在正常经营情况下批量辞退员工，增加社会负担。选项A错误，其余为教材原文表述。

[14]【答案：ABC】本题考核“企业内部控制应用指引第7号——采购业务”的知识点。企业除小额零星物资或服务外，不得安排同一机构办理采购业务全过程，所以选项A错误；对于超预算和预算外采购项目，应先履行预算调整程序，由具备相应审批权限的部门或人员审批后，再行办理请购手续，所以选项B错误。大宗采购等应当采用招投标方式确定采购价格，其他商品或劳务的采购，应当根据市场行情制定最高采购限价，并对最高采购限价适时调整，所以选项C错误。

[15]【答案：ABCD】大宗采购应当采用招标方式，一般物资或劳务等的采购可以采用询价或定向采购的方式，小额零星物资或劳务等的采购可以采用直接购买等方式。所以选项AC正确。企业应当指定专人通过函证等方式，定期与供应商核对应付账款、应付票据、预付账款等往来款项。所以选项B正确。重要和技术性较强的采购业务，应当组织相关专家进行论证，实行集体决策和审批。所以选项D正确。

[16]【答案：A】选项A属于运营风险中“重要业务流程专业人员的知识结构、专业经验等方面可能引发的风险”；选项C本来属于22版教材运营风险中“期货等衍生品业务中发生失误带来的风险”，但23版教材把这一条运营风险的影响因素删掉了，所以不选。

[17]【答案：CD】企业应该建立严格的采购验收制度，确定检验方式，由专门的验收机构或验收人员对采购项目的品种、规格、数量、质量等相关内容进行验收，并出具验收证明，选项B错误。手机芯片占公司手机生产成本的40%以上，应采取大宗采购，大宗采购应该采取招投标的方式进行，选项A错误。

[18]【答案与解析】①供应商选择不当，采购方式不合理，招投标或定价机制不科学，授权审批不规范，可能导致采购物资质次价高，出现舞弊或遭受欺诈。“让供应商报底价，然后伙同供应商往上加价，加价部分双方按比例分成”；“利用手中权力，以技术规格要求为由指定供应商或故意以技术不达标把正常供应商踢出局，让可以给回扣的供应商进 短名单，长期拿回扣”；“以降价为借口，淘汰正常供应商，让可以给回扣的供应商进短名单并做成独家垄断，然后涨价，双方分成”；“利用内部信息和手中权力与供应商串通收买验货人员，对品质不合格的物料不进行验 证，导致质次价高的物料长期独家供应”；“内外勾结，搞皮包公司，利用手中权力以皮包公司接单，转手把单分给工厂，中间差价分成”。

②采购验收不规范，付款审核不严，可能导致采购物资、资金损失或信用受损。“在2018年由于公司供应链贪腐造成平均采购价格超过合理水平20%以上，保守估计造成超过10亿元人民币损失。在公司运作的各个领域(采购、财务、研发设计、工厂制造、行政管理以及销售)均出现了舞弊行为，可见这次串通勾结行为范围极广，危害程度极大”。

[19]【答案：ACD】企业至少应当于每年年度终了开展全面盘点清查，所以选项A错误；对代管、

代销、暂存、受托加工的存货，应单独存放和记录，避免与本单位存货混淆，所以选项 C 错误；企业内部除存货管理、监督部门及仓储人员外，其他部门和人员接触存货，应当经过相关部门特别授权，选项 D 错误。所以本题选择 ACD。

[20]【答案与解析】(1)根据《企业内部控制应用指引第 7 号——采购业务》，秦川公司在采购业务上存在以下内部控制弱点及改进建议：

①采购部经理每季度初，以定向集中采购方式采购手机芯片的做法存在内部控制弱点。手机芯片采购属于公司重要和技术性较强的采购业务，应当组织相关专家进行论证，实行集体决策和审批。

②秦川公司缺乏采购申请制度，应当建立采购申请制度。秦川公司应依据购买物资或接受劳务的类型，确定归口管理部门，授予相应的请购权，明确相关部门或人员的职责权限及相应的请购和审批程序。

③秦川公司采购手机芯片没有合理选择采购方式。每季度手机芯片购买数量较大，应按大宗采购处理，采用招标方式来采购，合理确定招投标的范围、标准、实施程序和评标规则。

④采购的芯片到公司后的验收环节存在内部控制弱点。手机芯片技术性较强，且采购量较大，秦川公司的验收部门对手机芯片的品种、规格、数量、质量等相关内容进行验收，还应进行专业测试。

(2)根据《企业内部控制应用指引第 8 号——资产管理》，秦川公司在存货管理环节存在以下内部控制弱点及改进建议：

①保管员负责登记芯片、手机成品等存货明细账存在内部控制弱点。存货的保管和记账职责未进行分离，存货的保管和记账属于不相容职务，应该由不同的人来担任保管和记账职责。

②仓库保管员收到和领用存货环节存在内部控制弱点。仓库保管员收到存货时没有办理入库手续，而且领取原材料未进行审批控制。存货入库应该办理入库手续，同时领用原材料应该有审批制度。

③秦川公司的存货盘点存在内部控制弱点。仓库保管员有空闲时间也会对存货进行实地盘点的做法错误。公司应当建立存货定期盘点制度，至少应每年年末开展盘点清算，结果应当形成书面报告。

[21]【答案：D】选项 A：对已贴现但仍承担收款风险的票据以及逾期票据，应当进行追索监控和跟踪管理；选项 B：销售部门负责应收款项的催收；选项 C：重大的销售业务谈判应当吸收财会、法律等专业人员参加，并形成完整的书面记录。所以，选项 D 正确。

[22]【答案与解析】(1)根据《企业内部控制应用指引第 9 号——销售业务》，东方公司赊销业务需防范的主要风险是：客户信用管理不到位，结算方式选择不当，账款回收不力等，可能导致销售款项不能收回或遭受欺诈。

由于东方公司产品供过于求，制定赊销政策是为了掌握销售主动权，吸引客户，防范“因销售政策和策略不当、市场预测不准确或销售渠道管理不当等可能导致的销售不畅、库存积压，经营难以为继”的风险。

(2)根据《企业内部控制应用指引第 9 号——销售业务》“内部控制要求与规范”，东方公司销售程序规定中存在以下内部控制弱点：

①由于赊销额度经公司批准后，不得变更，造成公司未根据市场变化及时调整信用销售的策略，存在内部控制弱点。公司应当加强市场调查，合理确定信用方式，并根据市场变化及时调

整信用销售的策略。

②销售部负责客户信用档案的管理，对于重要客户的资信材料，一般情况下不得变更，这一规定存在内部控制弱点。公司应当健全客户的信用档案，关注重要客户资信变动情况，采取有效措施，防范信用风险。

③公司对所有客户都建立了严格的信用保证制度，不能灵活运用信用销售等策略促进销售目标实现，存在内部控制弱点。企业应当对客户进行分类，对于境外客户和新开发的客户，应当建立严格的信用保证制度。

④重大的销售业务仅由销售部门参与，存在内部控制弱点。重大的销售业务谈判应当吸收财会、法律等专业人员参加，并形成完整的书面记录，审批人员应当对销售合同草案进行严格审核。

⑤公司规定由财务部门负责催收应收账款，存在控制弱点。应由销售部门负责应收账款的催收，财务部门负责办理资金结算并监控款项的回收。

[23]【答案与解析】(1)①应当关注重要客户的资信变动情况，甲公司的信用状况已经发生重大变化，而张某依据以往甲公司信用不错而签订合同，存在内部控制缺陷。

②企业在销售合同订立前，应当与客户进行业务洽谈、磋商或谈判。重大的销售业务谈判应当吸收财会、法律等专业人员参加，并形成完整的书面记录。重要的销售合同，应当征询法律顾问或专家的意见。而张某直接签订了合同，存在内部控制缺陷。

③销售部门应当按照经批准的销售合同开具相关销售通知。发货和仓储部门应当对销售通知进行审核。而张某电话通知仓储部门按合同三天内给甲公司发送全部货物，存在内部控制缺陷。

④销售部门负责货款的催收，而华星公司由财务部催收，存在内部控制缺陷。

(2)①在预算管理组织与领导环节存在内部控制缺陷。华星公司于 2015 年年底由财务总监牵头各部门负责人成立预算管理小组的做法错误。华星公司应该设立预算管理委员会，而且成员由企业负责人及内部相关部门负责人组成。

②在预算编制环节存在内部控制缺陷。华星公司预算管理小组不应只根据发展战略和年度生产经营计划直接编制预算并由总经理下发各部门，而是应该综合考虑预算期内经济政策、市场环境等因素，按照上下结合、分级编制、逐级汇总的程序，编制年度全面预算。

③在预算审核环节存在内部控制缺陷。年度预算草案由总经理审核通过并下发各部门的做法错误。应该由华星公司董事会审核全面预算草案。

④在预算执行环节存在内部控制缺陷。华星公司销售部发现当年预算难以完成，自行把预算销售额调整为 4500 万元，然后就详细情况通告了预算管理小组的做法错误。华星公司的预算应当保持稳定，不得随意调整，由于市场环境、国家政策或不可抗力等客观因素导致预算执行发生重大差异确需调整预算的，应当履行严格的审批程序。

[24]【答案：ABD】企业应当建立和完善工程项目各项管理制度，全面梳理各个环节可能存在的风险点，规范工程立项、招标、造价、建设、验收等环节的工作流程，明确相关部门和岗位的职责权限，做到可行性研究与决策、概预算编制与审核、项目实施与价款支付、竣工决算与审计等不相容职务相互分离，强化工程建设全过程的监控，确保工程项目的质量、进度和资金安全。所以，选项 C 错误，选项 ABD 正确。

[25]【答案：AB】选项 A：重大工程项目的立项，应当报经董事会或类似权力机构集体审议批准；选项 B：在确定中标人前，企业不得与投标人就投标价格、投标方案等实质性内容进行谈判；

所以，选项 AB 是错误的。

[26]【答案与解析】应用指引中提及的外包业务风险中的三项风险：

①外包范围和价格确定不合理，承包方选择不当，可能导致企业遭受损失；

②业务外包监控不严、服务质量低劣，可能导致企业难以发挥业务外包的优势；

③业务外包存在商业贿赂等舞弊行为，可能导致企业相关人员涉案及企业遭受经济损失和品牌受损。

可实施的管控措施包括(以下回答五条就可以)：

①明确职责权限，加强过程监控，避免核心业务外包；

②建立和完善业务外包管理制度，如重大业务外包决策应由总会计师、分管会计工作负责人参与，报董事会或类似权利机构审批；明确选择承包方的方式、标准及条件以及应用于选择承包方时的有关保密工作；

③应用《企业内部控制应用指引第 15 号—全面预算》的管控措施确保外包方案的可行性；

④应用《企业内部控制应用指引第 16 号—合同管理》的管控措施明确外包内容、承包方与企业双方的责任与义务，服务和质量标准、保密协议等条款；

⑤建立与承包方的沟通与协调，及时搜集相关信息以便有效地解决业务过程存在的问题；

⑥对重大外包业务或各种意外情况做出预计及建立应急机制；

⑦外包业务的费用结算和会计处理；

⑧对承包方履约能力的持续评估，若有重大违约行为，应及时终止合同；

⑨做好业务外包的验收工作。

[27]【答案：D】本题考核“内部控制应用指引——合同管理”的知识点。企业对外发生经济行为，除即时结清方式外，应当订立书面合同，选项 A 错误。正式对外订立的合同，应当由企业法定代表人或由其授权的代理人签名或加盖有关印章，选项 B 错误。合同文本一般由业务承办部门起草、法律部门审核，选项 C 错误。重大合同或法律关系复杂的特殊合同应当由法律部门参与起草，选项 D 正确。

[28]【答案：AD】合规风险是指因违反法律或监管要求而受到制裁、遭受金融损失以及因未能遵守适用法律法规行为准则或相关标准而给企业信誉带来损失的可能性，未按规定用途使用贷款使甲公司面临法律和合规风险，选项 A 正确。政治风险是指完全或部分由政府官员行使权力和政府组织的行为而产生的不确定性，政府宏观调控政策的出台使甲公司面临政治风险，选项 D 正确。

[29]【答案：ABC】③ 说的为运营风险，而不是财务风险，所以 D 项有误，ABC 三项都是正确的。